Winfried Schwabe
Bastian Finkel

Lernen mit Fällen
Allgemeines Verwaltungsrecht und Verwaltungsprozessrecht

Winfried Schwabe
Bastian Finkel

Lernen mit Fällen

Allgemeines Verwaltungsrecht und Verwaltungsprozessrecht

Materielles Recht
& Klausurenlehre

8., überarbeitete Auflage, 2016

AchSo! | BOORBERG

Bibliografische Information der Deutschen Nationalbibliothek | Die Deutsche Nationalbibliothek verzeichnet diese Publikation in der Deutschen Nationalbibliografie; detaillierte bibliografische Daten sind im Internet über www.dnb.de abrufbar.

8. Auflage, 2016
ISBN 978-3-415-05685-5

Gesamtherstellung: Beltz Bad Langensalza GmbH, Neustädter Straße 1–4, 99947 Bad Langensalza

Richard Boorberg Verlag GmbH & Co KG | Scharrstraße 2 | 70563 Stuttgart
Stuttgart | München | Hannover | Berlin | Weimar | Dresden
www.boorberg.de

Vorwort

Die 8. Auflage bringt das Buch auf den Stand von Februar 2016. Rechtsprechung und Literatur sind bis zu diesem Zeitpunkt berücksichtigt und eingearbeitet.

Dem Leser legen wir ans Herz, zunächst die Hinweise zur sinnvollen Arbeit mit diesem Buch – gleich folgend auf der nächsten Seite – sorgfältig durchzusehen.

Köln, im März 2016

Winfried Schwabe
Bastian Finkel

Zur Arbeit mit diesem Buch

Das Buch bietet dem Leser *zweierlei* Möglichkeiten:

Zum einen kann er anhand der Fälle das ***materielle Recht*** erlernen. Zu jedem Fall gibt es deshalb zunächst einen sogenannten »Lösungsweg«. Hier wird Schritt für Schritt die Lösung erarbeitet, das notwendige materielle Recht aufgezeigt und in den konkreten Fallbezug gebracht. Der Leser kann so in aller Ruhe die einzelnen Schritte nachvollziehen, in unzähligen Querverweisungen und Erläuterungen die Strukturen, Definitionen und sonst notwendigen Kenntnisse erwerben, die zur Erarbeitung der Materie, hier also konkret des Allgemeinen Verwaltungsrechts und des Verwaltungsprozessrechts, unerlässlich sind.

Zum anderen gibt es zu jedem Fall nach dem gerade beschriebenen ausführlichen Lösungsweg noch das klassische ***Gutachten*** im Anschluss. Dort findet der Leser dann die »reine« Klausurfassung, also den im Gutachtenstil vollständig ausformulierten Text, den er in der Klausur zum vorliegenden Fall hätte anfertigen müssen, um die Bestnote zu erzielen. Anhand des Gutachtens kann der Leser nun sehen, wie das erarbeitete Wissen tatsächlich nutzbar gemacht, sprich in ***Klausurform*** gebracht wird. Der Leser lernt die klassische Gutachtentechnik im Verwaltungsrecht: Gezeigt wird unter anderem, wie man richtig subsumiert, mit welchen Formulierungen man in der verwaltungsrechtlichen Klausur arbeiten sollte, wie man einen Meinungsstreit angemessen darstellt, wie man einen Obersatz und einen Ergebnissatz vernünftig aufs Papier bringt, wie man Wichtiges von Unwichtigem trennt, usw. usw.

Und noch ein Tipp zum Schluss: Die im Buch zitierten Paragrafen sollten auch dann nachgeschlagen und gelesen werden, wenn der Leser meint, er kenne sie schon. Das ist leider zumeist ein Irrtum. Auch das Verwaltungsrecht erschließt sich nur mit der sorgfältigen Lektüre des Gesetzes. Wer anders arbeitet, verschwendet seine Zeit.

Inhaltsverzeichnis

1. Abschnitt

Die Klagearten nach der VwGO

3. Abschnitt

Der Verwaltungsakt: Aufhebung und Nebenbestimmungen

4. Abschnitt

Sonstigen Handlungsformen der Verwaltung

5. Abschnitt

Verwaltungsvollstreckung und vorläufiger Rechtsschutz

1. Abschnitt

Die Klagearten nach der VwGO

Fall 1

Süßer die Glocken nie klangen

Rechtsstudent R wohnt direkt neben einer katholischen Kirche und ist ziemlich genervt vom Glockengeläut. Zum einen wird stündlich die Uhrzeit mit einer entsprechenden Anzahl von Glockenschlägen angezeigt; zum anderen gibt es regelmäßiges Geläut aus liturgischen Gründen, so zum Beispiel bei den sonn- und feiertäglichen Gottesdiensten. Als dann am 13. März 2016 zum 3. Jahrestag der Wahl von Papst *Franziskus* die Glocken fast eine Stunde lang ununterbrochen bimmeln und R damit an der Vorbereitung für die am Folgetag stattfindende Klausur im Verwaltungsrecht hindern, platzt ihm endgültig der Kragen.

Er will jetzt gerichtlich prüfen lassen, ob er gegen die Kirche sowohl wegen des Glockenläutens zur Zeitangabe, als auch wegen des Läutens aus liturgischen Gründen vorgehen kann. R ist sich allerdings nicht sicher, bei welchem Gericht er eine entsprechende Klage einreichen muss.

Ist für die Klage der Rechtsweg zum Verwaltungsgericht eröffnet?

Schwerpunkte: Eröffnung des Verwaltungsrechtswegs; § 40 Abs. 1 VwGO; öffentlich-rechtliche Streitigkeit; Abgrenzung zu privatrechtlichen Streitigkeiten; sakrales und nicht sakrales Glockenläuten.

Lösungsweg

Einstieg: Hier kommt etwas Neues. Anders als in »normalen« Klausuren, die man während des Studiums im Straf- oder im Bürgerlichen Recht bislang angefertigt hat, muss man sich im Verwaltungsrecht nicht mehr nur mit der materiellen Rechtslage befassen, sondern in der Regel umfassend die Entscheidung eines (Verwaltungs-) Gerichts vorbereiten. Dementsprechend kommt man als Kandidat leider nicht daran vorbei, sich auch mit ***prozessualen*** Fragen eines Falls auseinander zu setzen. Ein Verwaltungsgericht beschäftigt sich nämlich erst und nur dann mit der materiellen Rechtslage (der sogenannten »**Begründetheit**«), wenn die erhobene Klage auch ***zulässig*** ist. Das ist im Bürgerlichen Recht – also vor den Zivilgerichten – grundsätzlich zwar auch so, die Prüfung dessen bereitet dort aber im Vergleich zum öffentlichen Recht so gut wie nie Schwierigkeiten und wird daher in den universitären Übungsarbeiten im Regelfall auch nicht abgefragt.

Hier im Verwaltungsrecht ist das – wie gesagt – anders und deshalb müssen wir uns dieser Problematik auch widmen. Das Gericht wird einer Klage nur stattgeben, wenn sie ***zulässig*** und begründet ist. Für die Lösung in der verwaltungsrechtlichen Klausur bedeutet dies, dass sich das anzufertigende Gutachten grundsätzlich in zwei Teile trennt, die ***Zulässigkeit*** und die ***Begründetheit***.

Wir werden uns in diesem Buch daher zunächst mal die ***Zulässigkeit*** einer verwaltungsgerichtlichen Klage näher ansehen und die einzelnen Prüfungsschritte sorgfältig durchgehen. Beachte bitte, dass die folgenden Erläuterungen für ***sämtliche*** weiteren Fälle, in denen natürlich auch fast immer die Zulässigkeit der Klage untersucht werden muss, Geltung haben. Besondere Aufmerksamkeit ist also geboten, und wer dazu dann noch den Gesetzestext (**§ 40 VwGO!**) aufgeschlagen neben sich liegen hat, hat reelle Chancen, einen vernünftigen Einstieg in die Materie zu finden. Alles klar?!

Gut. Dann können wir anfangen und beginnen im vorliegenden Fall mit der ersten Frage einer jeden Klausur im Rahmen der Zulässigkeit, nämlich der nach der ***Eröffnung des Verwaltungsrechtswegs***.

Durchblick: Streng genommen, ist diese Eröffnung des Verwaltungsrechtswegs eigentlich (noch) gar kein Teil der klassischen Zulässigkeitsprüfung. Das liegt daran, dass im Falle des Nichtvorliegens dieser Voraussetzung die Klage nicht etwa unzulässig wäre, sondern gemäß § 173 VwGO in Verbindung mit § 17a Abs. 2 Satz 1 GVG von Amts wegen an das zuständige Gericht ***verwiesen*** wird. Das Gericht trifft also bloß keine Entscheidung in der Sache, weshalb die Eröffnung des Verwaltungsrechtswegs eine sogenannte »**Sachentscheidungsvoraussetzung**« und keine eigentliche Zulässigkeitsvoraussetzung im Hinblick auf die Klage ist (*Hufen*, VerwProzessR, § 10 Rz. 1; *Ipsen*, AllgVerwR, Rz. 1165; *Geiger* in VBlBW 2004, 336; *Leifer* in JuS 2004, 956). Es hat sich allerdings in der universitären Ausbildung seit Jahrzehnten bundesweit so eingebürgert, dass die Eröffnung des Verwaltungsrechtswegs dennoch stets als erster Teil der Zulässigkeit geprüft wird. Wir wollen das deshalb zukünftig auch so handhaben und im Übrigen zur dogmatischen Einordnung dieses Prüfungspunktes in der Klausur kein Wort mehr verlieren. Für den (unwahrscheinlichen) Fall, dass man in einer Fallbearbeitung zum Ergebnis kommt, dass der Verwaltungsrechtsweg tatsächlich nicht eröffnet ist, sollte man aber klarstellen, dass dies dann nicht zur Unzulässigkeit, sondern zur weiter oben dargestellten Verweisung führt. Das reicht. Merken.

Zum Fall: Unser R will gegen die Kirche klagen, da ihm das Glockengeläut auf den Nerv geht. Gefragt ist nun (allein) danach, ob diese Klage vor dem Verwaltungsgericht erhoben werden könnte, also ob der Rechtsweg zu den Verwaltungsgerichten überhaupt eröffnet ist. Das wollen wir jetzt – als ersten Punkt der Zulässigkeit einer möglichen Klage – sorgfältig prüfen, also:

Die Eröffnung des Verwaltungsrechtswegs

I. Aufdrängende Spezialzuweisung

Als Erstes muss man sich immer die Frage stellen, ob eine spezialgesetzliche Regelung ausdrücklich erklärt, dass der Verwaltungsrechtsweg eröffnet ist. Auf die Generalklausel des § 40 Abs. 1 Satz 1 VwGO ist in diesen Fällen nicht mehr einzugehen. Das in den Lehrbüchern häufig zitierte Standardbeispiel für eine solche Spezialzuweisung ist **§ 126 Abs. 1 BRRG** (Beamtenrechtsrahmengesetz). Hiernach ist »für alle Klagen der Beamten (…) aus dem Beamtenverhältnis der Verwaltungsrechtsweg gegeben« (= Spezialzuweisung). Zu Beginn der Klausur muss man sich also Gedanken darüber machen, in welchem ***Spezial****gesetz* solche Regelungen zum zu bearbeitenden Fall zu finden sind.

Feinkost: Im Zuge der Förderalismusreform wurden die beamtenrechtlichen Regelungen des Bundes übrigens grundlegend umgestaltet. Unter anderem das BRRG wurde dabei weitgehend außer Kraft gesetzt. Die Rechtswegzuweisung des § 126 BRRG bleibt jedoch einstweilen gültig (vgl. hierzu *Terhechte* in NVwZ 2010, 996).

Als solches Spezialgesetz kommt im vorliegenden Fall das Bundesimmissionsschutzgesetz (BImschG) in Betracht, weil man das Glockengeläut möglicherweise als Beeinträchtigung im Sinne des Gesetzes ansehen könnte. An dieser Stelle können wir es dem Leser indessen leicht machen und mitteilen, dass dort, also in dem BImschG, keine ausdrücklichen Zuweisungen zu den Verwaltungsgerichten enthalten sind.

Beachte: Spezialzuweisungen der eben genannten Art kann es grundsätzlich nur in ***Bundesgesetzen*** geben (*Hufen*, VerwProzessR, § 11 Rz. 10; Ausnahme: § 187 VwGO, hierzu: *Eyermann/Geiger* § 187 VwGO Rz. 1 ff.). Dies erklärt sich aus dem Kompetenzverhältnis zwischen Bund und Ländern. Nach Art. 74 Abs. 1 Nr. 1 GG ist das gerichtliche Verfahren Gegenstand der sogenannten ***konkurrierenden*** Gesetzgebung. Nach Art. 72 Abs. 1 GG haben die Länder in solchen Bereichen solange die Gesetzgebungskompetenz, bis der Bund von seiner Gesetzgebungskompetenz durch Gesetz Gebrauch gemacht hat. Die verschiedenen gerichtlichen Verfahren hat der Bund allesamt selbst durch Gesetz geregelt (StPO, ZPO usw.). So auch im Bereich der Verwaltungsgerichtsbarkeit (Verwaltungsgerichtsordnung → die VwGO). Die Länder haben also in diesen Bereichen keine Gesetzgebungskompetenz, können folglich auch keine Gesetze schaffen, die Spezialzuweisungen zu den Verwaltungsgerichten enthalten (*Posser/Wolff/Reimer* § 40 VwGO Rz. 224.1; lesenswert zur Thematik »aufdrängende Spezialzuweisung« *Ehlers* in JURA 2008, 183).

<u>ZE.</u>: Für den vorliegenden Fall existiert keine spezialgesetzliche Zuweisung zu den Verwaltungsgerichten.

II. Die Generalklausel → § 40 Abs. 1 Satz 1 VwGO

Mangels einer aufdrängenden Spezialzuweisung kann sich der Verwaltungsrechtsweg nur nach der Generalklausel des **§ 40 Abs. 1 Satz 1 VwGO** ergeben. Hiernach ist der Verwaltungsrechtsweg in allen (**1.**) *öffentlich-rechtlichen Streitigkeiten* (**2.**) *nichtverfassungsrechtlicher Art* gegeben, soweit die Streitigkeit nicht (**3.**) durch *Bundesgesetz einem anderen Gericht ausdrücklich zugewiesen* ist (abdrängende Sonderzuweisung).

1. Öffentlich rechtliche Streitigkeit

Die erste Voraussetzung von **§ 40 Abs. 1 Satz 1 VwGO** ist das Vorliegen einer öffentlich-rechtlichen Streitigkeit. Um festzustellen, ob eine Streitigkeit öffentlich-rechtlicher Natur ist, muss zunächst geklärt werden, ***worum*** überhaupt gestritten wird. Erst danach kann man klären, ob die bestimmte Streitigkeit auch öffentlich-rechtlich ist.

Hier: Unser R möchte sich gegen das Läuten der Glocken wehren. Gestritten wird also über die Rechtmäßigkeit dieses Handelns.

Fraglich ist demnach, ob gerade ***diese*** Streitigkeit öffentlich-rechtlicher Natur ist. Die Beantwortung dieser Frage hängt davon ab, ob das zugrunde liegende Rechtsverhältnis, aus dem der Klageanspruch hergeleitet wird, als privat- oder öffentlich-rechtlich zu qualifizieren ist (BVerwGE **71**, 183; BGHZ **103**, 255). Zur Abgrenzung im Einzelfall werden (hauptsächlich) drei große Abgrenzungstheorien vertreten, nämlich:

→ Die ***modifizierte Subjektstheorie*** (auch ***Sonderrechtstheorie*** genannt) stellt unmittelbar auf die dem Rechtsstreit zugrunde liegenden Normen ab. Berechtigen oder verpflichten diese einen Träger öffentlicher Gewalt, sind sie ***Sonderrecht*** des Staates, also öffentlich-rechtlicher Natur (BVerwG NVwZ **2015**, 991; OVG Münster NJW **2001**, 698; *Kopp/Schenke* § 40 VwGO Rz. 11; *Erichsen* in JURA 1980, 105; *Schoch/Schneider/Bier/Ehlers/Schneider* § 40 VwGO Rz. 225).

→ Die ***Subordinationstheorie*** stellt darauf ab, ob zwischen den Beteiligten ein Über- und Unterordnungsverhältnis besteht, ob also der (große) Staat über dem (kleinen) Bürger steht. Treten sich beide gleichberechtigt gegenüber, liegt kein öffentlich-rechtliches Verhältnis, sondern ein Privatrechtsverhältnis vor (BGHZ **97**, 312; *Redeker/von Oertzen* § 40 VwGO Rz. 8; *Thiel/Garcia-Scholz* in JA 2001, 957).

→ Die ***Interessentheorie*** untersucht schließlich, ob die streitentscheidenden Normen (wie auch die modifizierte Subjektstheorie) dem öffentlichen Interesse dienen, ob sie also Interessen der Allgemeinheit widerspiegeln (BVerfGE **58**, 300; *Dolderer* in DVBl 1998, 19; *Kuhla/Hüttenbrink*, Verwaltungsprozess, C Rz. 12).

Problem: Die dargestellten Theorien können in komplizierten Fällen isoliert keine Lösung bieten. Bei unproblematischen Konstellationen kommen sie allerdings im Zweifel immer zum selben Ergebnis. In eindeutigen Fällen, in denen die Streitigkeit fraglos auf öffentlich-rechtlichen Normen beruht, ist es demzufolge überflüssig, alle Abgrenzungstheorien abzuhandeln, um die Rechtsnatur der jeweiligen Streitigkeit zu bestimmen (vgl. etwa den Fall des BVerwG in NJW **2007**, 2275). Für die Falllösung sollte man sich daher auf eine der Theorien berufen (vorzugsweise die modifizierte Subjektstheorie) und die anderen schlicht ignorieren. Man kann und sollte dann wie folgt formulieren:

»...eine Streitigkeit ist öffentlich-rechtlicher Natur, wenn die streitentscheidenden Normen solche des öffentlichen Rechts sind, sie also einzig einen Hoheitsträger berechtigen oder verpflichten. Gestritten wird vorliegend über (...). Dies richtet sich nach den §§ X, Y, Z, die einzig einen Hoheitsträger ermächtigen...«

Zum Fall: Unser R will gegen die Kirche klagen und das Läuten der Glocken verbieten lassen. Leider ist das (natürlich!) kein unproblematischer Fall, sonst würde er hier ja auch nicht stehen. Vielmehr haben wir es mit einem echten Prüfungsklassiker zu tun, der sehr gerne in universitären Übungsarbeiten und auch im Examen abgefragt wird. Wie man das Ganze unter Berücksichtigung der eben gelernten Theorien auflöst, schauen wir uns jetzt mal an:

Stellt man für die Bestimmung der Rechtsnatur des vorliegenden Falls auf die ***Sonderrechtstheorie*** oder die ***Interessentheorie*** ab, muss zunächst geklärt werden, welche Normen streitentscheidend sind. Hier liegt aber schon das erste Problem. Abwehransprüche gegen störende Immissionen können nämlich im bürgerlich-rechtlichen Nachbarschaftsverhältnis (§§ 1004, 906 BGB) wurzeln oder sich als Anwendungsfall des öffentlich-rechtlichen Unterlassungsanspruchs – gegebenenfalls auch in Verbindung mit dem BImschG und dem jeweiligen LImschG – darstellen. Von daher lässt sich zunächst nicht eindeutig sagen, ob privatrechtliche oder öffentlich-rechtliche Normen streitentscheidend sind, sodass weder die Sonderrechtstheorie, noch die Interessentheorie weiterhelfen. Auch die Subordinationstheorie, nach der das öffentliche Recht durch ein Über- und Unterordnungsverhältnis, das Zivilrecht dagegen durch ein Verhältnis der Gleichordnung geprägt ist, hilft nicht weiter. Selbst wenn sich ein Abwehranspruch auf Vorschriften des Privatrechts stützen ließe, also grundsätzlich ein Verhältnis prinzipieller Gleichordnung vorläge, ist zu berücksichtigen, dass ein solcher privatrechtlicher Abwehranspruch aus dem BGB gleichwohl ***einseitig*** ein Verbot ausspricht.

<u>ZE.</u>: Mittels der Abgrenzungstheorien lässt sich also nicht eindeutig klären, ob die Streitigkeit öffentlich-rechtlicher Natur ist.

Vorsicht: Anders sähe die Situation übrigens aus, wenn ein Betroffener nicht die Kirche als Störer verklagt, sondern gegen die zuständige Ordnungsbehörde vorgeht, um diese gerichtlich zu verpflichten, gegen die kirchliche Störung einzuschreiten. Ein behördliches Einschreiten gegen die Kirche würde sich jedenfalls aus dem BImschG und dem jeweiligen LImschG herleiten lassen. Diese eindeutig öffentlich-rechtlichen Normen wären streitentscheidend und damit auch die Rechtsnatur öffentlich-rechtlichen Charakters. In diesen Fällen ist grundsätzlich der Verwaltungsrechtsweg – unproblematisch – eröffnet (OVG Lüneburg NVwZ **1991**, 801; *Huber* in JA 2005, 119; *Odendahl* in JuS 1998, 1032).

Das haben wir hier aber leider nicht, wie gesagt, unser R will ausdrücklich gegen die ***Kirche*** vorgehen. Und das löst man so:

Die Bestimmung der Rechtsnatur der Streitigkeit beim Vorgehen gegen die Kirche

Ausgangspunkt zur Bestimmung der Rechtsnatur der Streitigkeit könnte der rechtliche Status der Kirchen sein. Durch Art. 140 GG in Verbindung mit Art. 137 Abs. 5 WRV (Weimarer Reichsverfassung!) ist klargestellt, dass es sich bei der katholischen Kirche um eine ***Körperschaft des öffentlichen Rechts*** handelt. Durch Art. 140 GG in Verbindung mit Art. 138 Abs. 2 WRV wird ihr die Rechtsmacht verliehen, Gegenstände ihres Vermögens zu öffentlichen Sachen zu widmen. Dies gilt unstreitig für Gegenstände, die gottesdienstlichen Zwecken dienen (zum Beispiel Kirchenglocken). In diesem Zusammenhang spricht man von **»res sacrae«** (*Lorenz* in JuS 1995, 492; *Müller-Volbehr* in NVwZ 1991, 144). Hierbei ist jedoch zu beachten, dass die öffentlich-rechtliche Zuordnung eines kirchlichen Gegenstands nicht automatisch die Rechtsnatur einer diesbezüglichen Streitigkeit bestimmt. Wichtig ist nämlich, ob die »res sacrae« auch innerhalb ihres öffentlich-rechtlichen ***Widmungszwecks*** genutzt wird oder ob es sich um die Wahrnehmung von Eigentümerbefugnissen außerhalb des Widmungszwecks handelt (BVerwG NJW **1994**, 956; *Goerlich* in BayVBl 1984, 221).

Für die Klärung der Frage, ob das streitige Glockenläuten eine Nutzung innerhalb des öffentlich-rechtlichen Widmungszwecks darstellt, muss man daher zwischen dem Zeitschlagen und dem liturgischen Geläut unterscheiden:

→ Das liturgische (oder auch »sakrale«) Glockenläuten – wie zum Beispiel der Ruf zum Kirchgang, die Verkündung eines neuen oder auch die Verabschiedung eines alten Papstes – gehört zu den Kernbereichen kirchlicher Tätigkeit. Daher erfolgt diese Nutzung ***innerhalb*** des Widmungszwecks und ist daher öffentlich-rechtlicher Natur (BVerwGE **68**, 62; OVG Saarlouis NVwZ **1992**, 72). Folglich ist auch die diesbezügliche Streitigkeit eine öffentlich rechtliche.

→ Das Glockenläuten zur Zeitangabe diente ursprünglich der Zeiteinteilung des Tages und des Arbeitsrhythmus der Menschen (VGH München NVwZ-RR **2004**, 829; *Huber* in JA 2005, 119). Unabhängig davon, ob man dies früher der sakralen Tätigkeit der Kirche zuordnen konnte, ist dies heutzutage jedenfalls nicht mehr möglich. Dies wird allein daraus deutlich, dass selbst manche Kirchengemeinden diesem Glockenläuten keine sakrale Bedeutung (mehr) zugestehen (BVerwG NJW **1994**, 956). Daher erfolgt dieses Glockenläuten ***außerhalb*** des öffentlichen Widmungszwecks. Die Streitigkeit hierüber ist somit keine öffentlich rechtliche (LG Aschaffenburg NJW **2001**, 237).

Beachte noch: Bei ***stiftungsrechtlichen Aufsichtsmaßnahmen*** liegen regelmäßig keine Akte öffentlicher Gewalt, sondern rein ***innerkirchliche*** Maßnahmen vor. Diese unterliegen demzufolge auch keiner Kontrolle durch die staatliche Gerichtsbarkeit. In einem Fall, den das OVG Lüneburg zu entscheiden hatte, ging es um eine durch eine kirchliche Stiftung organisierte Bibliothek in *Emden*. Als es dort zu erheblichen finanziellen Unstimmigkeiten kam, wies die Kirche die Stiftung an, den verantwortlichen Pfarrer, der der Stiftung vorstand, abzuberufen. Als der Pfarrer sich dagegen vor dem Verwaltungsgericht wehren wollte, erklärte dieses sich für unzuständig (lesenswert: OVG Lüneburg NVwZ **2011**, 448 und BVerwG NVwZ **2014**, 1101).

Zurück zu unserem Fall: Nur die Streitigkeit über das liturgische Glockenläuten ist eine öffentlich-rechtliche im Sinne des § 40 Abs. 1 Satz 1 VwGO. Beachte aber, dass dies noch nicht das endgültige Urteil über das Zeitschlagen der Glocken ist, da kommt gleich noch eine Finte.

Wir bleiben zunächst aber im Aufbauschema, und zwar:

2. Streitigkeit nichtverfassungsrechtlicher Art

Auch Verfassungsstreitigkeiten sind öffentlich-rechtliche Streitigkeiten, die aber nicht vor den Verwaltungsgerichten, sondern vor den ***Verfassungsgerichten*** ausgetragen werden. Deshalb müssen an dieser Stelle solche Streitigkeiten herausgefiltert werden. Eine Streitigkeit ist allerdings noch keine Verfassungsstreitigkeit, wenn sie zum Beispiel grundrechtliche Relevanz hat (dies ergibt sich schon aus § 90 Abs. 2 Satz 1 BVerfGG – lesen, bitte). Eine Streitigkeit wird erst zur verfassungsrechtlichen, wenn (**1**) zwei Verfassungsorgane unmittelbar über (**2**) spezifisches Verfassungsrecht streiten, das ist die sogenannte ***doppelte Verfassungsunmittelbarkeit*** (*Hufen*, VerwProzessR, § 11 Rz. 69 f.; kritisch etwa *Haack* in DVBl 2014, 1566).

Zum Fall: In unserem Fall streiten weder Verfassungsorgane, noch streiten die Parteien über spezifisches Verfassungsrecht, sodass die vorliegende Streitigkeit auch nichtverfassungsrechtlicher Art ist.

> **Tipp:** Die gerade erläuterte »**doppelte Verfassungsunmittelbarkeit**« hilft in nahezu allen Fällen, eine verfassungsrechtliche Streitigkeit zu bestimmen. Es gibt allerdings einige wenige Ausnahmen, in denen die doppelte Verfassungsunmittelbarkeit zwar abzulehnen ist, trotzdem aber eine verfassungsrechtliche Streitigkeit vorliegt. Solche Ausnahmen sind zum Beispiel die Klagen von Bürgern auf Erlass eines Parlamentsgesetzes oder über die Zulässigkeit eines Volksbegehrens (*Kopp/Schenke* § 40 VwGO Rz. 32a; *Thiel/Garcia-Scholz* in JA 2001, 957). Im Regelfall bietet aber die doppelte Verfassungsunmittelbarkeit – wie gesagt – ein taugliches Abgrenzungskriterium und sollte daher auch angewandt werden (vgl. zur Abgrenzung von verfassungsrechtlichen Streitigkeiten *Ehlers* in JURA 2008, 183).

<u>ZE.</u>: Die vorliegende Streitigkeit ist nichtverfassungsrechtlicher Art.

3. Keine abdrängende Sonderzuweisung

Der Verwaltungsrechtsweg ist allerdings nicht eröffnet, wenn die Streitigkeit einem anderen Gericht durch Bundes- (§ 40 Abs. 1 Satz 1 Halbsatz 2 VwGO) oder – im Falle landesrechtlicher Streitigkeiten – Landesgesetz (§ 40 Abs. 1 Satz 2 VwGO) ausdrücklich zugewiesen ist.

Aufdrängende Spezialzuweisungen erklären die Verwaltungsgerichte ausdrücklich für zuständig, durch ***abdrängende*** Sonderzuweisungen werden demgegenüber Zuständigkeiten anderer Gerichte als den Verwaltungsgerichten begründet (*Schenke*, VerwProzessR, Rz. 136). Solche Sonderzuweisungen kommen sowohl an ordentliche Gerichte (vgl.: Art. 14 Abs. 3 Satz 3 GG, § 40 Abs. 2 Satz 1 VwGO, Art. 34 Satz 3 GG i.V.m. § 839 BGB, § 23 EGGVG) als auch an besondere Verwaltungsgerichte (zum Beispiel: § 33 Abs. 1 FGO – Finanzgerichte, § 51 SGG – Sozialgerichte) in Betracht. Beispiele zu abdrängenden Sonderzuweisungen stehen bei *Ehlers* in JURA 2008, 359.

Hier: Eine solche abdrängende Sonderzuweisung ist nicht ersichtlich.

ZE.: Die Voraussetzungen des § 40 Abs. 1 Satz 1 VwGO liegen hinsichtlich des liturgischen Glockengeläuts vor. Der Verwaltungsrechtsweg ist für diese Streitigkeit jedenfalls eröffnet.

Feinkost: Folge des gerade dargestellten Ergebnisses wäre bei genauer Betrachtung eine Rechtswegspaltung: Denn die Streitigkeit über das liturgische Glockenläuten müsste vor einem Verwaltungsgericht, die Streitigkeit über das Zeitschlagen vor einem Zivilgericht ausgetragen werden. Möglicherweise kann die Streitigkeit aber wegen **§ 17 Abs. 2 GVG** (lesen!) insgesamt vor einem Verwaltungsgericht ausgetragen werden. Hiernach hat das zuständige Verwaltungsgericht den Rechtsstreit grundsätzlich in vollem Umfang, unter allen rechtlichen und tatsächlichen Gesichtspunkten zu entscheiden. Der § 17 Abs. 2 GVG erweitert die Rechtswegzuständigkeiten des Verwaltungsgerichts insoweit auch auf zuständigkeitsfremde Klagegründe. Voraussetzung ist allerdings, dass ein einheitlicher Streitgegenstand vorliegt (BGH NJW **1991**, 1686; OLG Koblenz ZMR **1997**, 77). Dieser wird durch das ***Klagebegehren*** und den zugrunde liegenden ***Lebenssachverhalt*** bestimmt (BVerwGE **96**, 25; *Kopp/Schenke* § 90 VwGO Rz. 7). Fraglich ist also, ob beide in Streit stehenden Arten des Glockenläutens einen einheitlichen Lebenssachverhalt darstellen. Das BVerwG stellt insofern auf die oben schon dargestellte Doppelnatur des kirchlichen Glockenläutens ab. Aufgrund der Tatsache, dass auf der einen Seite die Ausübung einer öffentlichen Sachherrschaft und auf der anderen Seite die Nutzung von Eigentümerbefugnissen vorliegt, lehnt es einen einheitlichen Lebenssachverhalt ab. Dass diese Betrachtung eine an sich unerwünschte Rechtswegaufspaltung zur Folge hat, sei unvermeidlich (BVerwG NJW **1994**, 956).

Ergebnis: Der Verwaltungsrechtsweg ist nur hinsichtlich des liturgischen Glockenläutens eröffnet. Gegen das Zeitschlagen muss R vor einem Zivilgericht klagen.

Übrigens: Die Frage, ob man dann letztlich mit einer solchen Klage gegen das Gebimmel der Kirchenglocken auch Erfolg hat, beantwortet sich wie folgt: Im Hinblick auf das liturgische Glockenläuten (= zum Gottesdienst rufen, Papst huldigen usw.) findet grundsätzlich das BImSchG (= Bundesimmissionsschutzgesetz) Anwendung mit der Folge, dass die dort verankerten Grenzwerte nicht überschritten werden dürfen; allerdings unterliegt dieses Läuten dem Schutz der ***Religionsfreiheit*** aus Art. 4 Abs. 2 GG und stellt daher regelmäßig keine »erhebliche Belästigung« im Sinne des § 3 Abs. 1 BImSchG dar (OVG Lüneburg NVwZ **1991**, 801; VG Würzburg NVwZ **1999**, 799; *Huber* in JA 2005, 119). Die vom BImSchG festgelegten Grenzwerte erfahren insoweit eine Einschränkung. Das nicht liturgische Läuten (= Zeitschlagen) unterliegt natürlich auch den allgemeinen Anforderungen des BImSchG, genießt allerdings ***nicht*** den Schutz des Art. 4 Abs. 2 GG und wird daher so bewertet wie jede andere Lärmbelästigung auch. Wenn die Glocken also zu laut sind, kann man in der Regel erfolgreich auf Unterlassung klagen (vgl. dazu auch VGH Mannheim NVwZ **2012**, 837 und OLG Celle NZM **2012**, 286 = NJW-RR 2011, 1585 sowie *Huber* in JA 2005, 119).

Gutachten

Und jetzt kommt, wie weiter vorne im Vorspann (vgl. dort: »Zur Arbeit mit diesem Buch«) schon angekündigt, die ausformulierte Lösung, also das, was der Kandidat dem Prüfer als Klausurlösung des gestellten Falles vorsetzen sollte, das **Gutachten**.

Hierzu vorab noch zwei Anmerkungen:

1.) Zunächst ist wichtig zu verstehen, dass diese ausformulierte Lösung – also das Gutachten – sich sowohl vom Inhalt als auch vom Stil her maßgeblich von dem eben dargestellten Lösungsweg, der ausschließlich der ***inhaltlichen*** Erarbeitung der Materie diente, unterscheidet:

In der ausformulierten (Klausur-) Lösung haben sämtliche Verständniserläuterungen nichts zu suchen. Da darf nur das rein, was den konkreten Fall betrifft und ihn zur Lösung bringt. Inhaltlich darf sich die Klausurlösung, die man dann zur Benotung abgibt, ausschließlich auf die gestellte Fall-Frage beziehen. Abschweifungen, Erläuterungen oder Vergleiche, wie wir sie oben in den Lösungsweg haufenweise zur Erleichterung des Verständnisses eingebaut haben, dürfen ***nicht*** in das Niedergeschriebene aufgenommen werden. Die ausformulierte Lösung ist mithin deutlich kürzer und inhaltlich im Vergleich zum gedanklichen Lösungsweg erheblich abgespeckt. Wie gesagt, es darf nur das rein, was den konkreten Fall löst. Alles andere ist überflüssig und damit – so ist das bei Juristen – ***falsch***.

2.) Man sollte sich als Jura-StudentIn rechtzeitig darüber im Klaren sein, dass die Juristerei eine Wissenschaft ist, bei der – mit ganz wenigen Ausnahmen – nur das ***geschriebene*** Wort zählt. Sämtliche Gedanken und gelesenen Bücher sind leider so gut wie wertlos, wenn die gewonnenen Erkenntnisse vom Kandidaten nicht vernünftig, das heißt in der juristischen Gutachten- bzw. Subsumtionstechnik, zu Papier gebracht werden können. Die Prüfungsaufgaben bei den Juristen, also die Klausuren und Hausarbeiten, werden nämlich bekanntermaßen ***geschrieben***, und nur dafür gibt es dann auch die Punkte bzw. Noten. Übrigens auch und gerade im Examen.

Deshalb ist es außerordentlich ratsam, frühzeitig die für die juristische Arbeit ausgewählte (Gutachten-) Technik zu erlernen. Die Gutachten zu den Fällen stehen aus genau diesem Grund hier stets im Anschluss an den jeweiligen Lösungsweg und sollten im höchsteigenen Interesse dann auch nachgelesen werden. Es ist nur geringer Aufwand, hat aber einen beachtlichen Lerneffekt, denn der Leser sieht jetzt, wie das erworbene Wissen tatsächlich nutzbar gemacht wird. Wie gesagt: In der juristischen Prüfungssituation zählt nur das ***geschriebene*** Wort. Alles klar!?

Und hier kommt der (Gutachten-) Text für unseren ersten Fall:

Verwaltungsrechtsweg

Mangels aufdrängender Spezialzuweisung kann sich der Verwaltungsrechtsweg nur nach § 40 Abs. 1 Satz 1 VwGO ergeben. Hiernach ist der Verwaltungsrechtsweg eröffnet, wenn eine öffentlich-rechtliche Streitigkeit nichtverfassungsrechtlicher Art vorliegt, sofern die Streitigkeit nicht durch Bundesgesetz einem anderen Gericht zugewiesen ist.

I. Die Streitigkeit ist öffentlich-rechtlicher Natur, wenn die streitentscheidenden Normen solche des öffentlichen Rechts sind. Dies folgt entweder daraus, dass sie einzig einen Hoheitsträger berechtigen oder verpflichten (Sonderrechtstheorie) oder dem öffentlichen Interesse dienen (Interessentheorie). Abwehransprüche gegen störende Immissionen können im bürgerlich-rechtlichen Nachbarschaftsverhältnis (§§ 1004, 906 BGB) wurzeln oder sich als Anwendungsfall des öffentlich-rechtlichen Unterlassungsanspruchs (gegebenenfalls auch in Verbindung mit dem BImschG und dem jeweiligen LImschG) darstellen. Von daher lässt sich von vornherein nicht sagen, ob privatrechtliche oder öffentlich-rechtliche Normen streitentscheidend sind, sodass weder die Sonderrechtstheorie, noch die Interessentheorie im vorliegenden Fall zu einem Abgrenzungsergebnis führen.

Auch die Subordinationstheorie, nach der das öffentliche Recht durch ein Über- und Unterordnungsverhältnis, das Zivilrecht dagegen durch ein Verhältnis der Gleichordnung geprägt ist, hilft nicht weiter. Selbst wenn sich ein Abwehranspruch auf Vorschriften des Privatrechts stützen ließe, also grundsätzlich ein Verhältnis prinzipieller Gleichordnung vorläge, ist zu berücksichtigen, dass ein solcher privatrechtlicher Abwehranspruch aus dem BGB gleichwohl einseitig ein Verbot ausspricht. Mittels der Abgrenzungstheorien lässt sich also nicht eindeutig klären, ob die Streitigkeit öffentlich-rechtlicher Natur ist.

Ausgangspunkt zur Bestimmung der Rechtsnatur der Streitigkeit könnte der rechtliche Status der Kirchen sein. Durch Art. 140 GG i.V.m. Art. 137 Abs. 5 WRV ist klargestellt, dass es sich bei der katholischen Kirche um eine Körperschaft des öffentlichen Rechts handelt. Durch Art. 140 GG i.V.m. Art. 138 Abs. 2 WRV wird ihr die Rechtsmacht verliehen, Gegenstände ihres Vermögens zu öffentlichen Sachen zu widmen. Dies gilt unstreitig für Gegenstände, die gottesdienstlichen Zwecken dienen, sogenannten »res sacrae«. Hierbei ist jedoch zu beachten, dass die öffentlich-rechtliche Zuordnung eines kirchlichen Gegenstands nicht automatisch die Rechtsnatur einer diesbezüglichen Streitigkeit bestimmt. Wichtig ist nämlich, dass die »res sacrae« auch innerhalb ihres öffentlich-rechtlichen Widmungszwecks genutzt wird und es sich um die Wahrnehmung von Eigentümerbefugnissen außerhalb des Widmungszwecks handelt.

Für die Klärung der Frage, ob das streitige Glockenläuten eine Nutzung innerhalb des öffentlich-rechtlichen Widmungszwecks darstellt, muss man zwischen dem Zeitschlagen und dem liturgischen Geläut unterscheiden. Das liturgische Glockengeläut gehört zu den Kernbereichen kirchlicher Tätigkeit. Daher erfolgt diese Nutzung innerhalb des Widmungszwecks und ist daher öffentlich-rechtlicher Natur. Folglich ist auch die diesbezügliche Streitigkeit eine öffentlich-rechtliche. Das Glockenläuten zur Zeitangabe dagegen kann heutzutage nicht mehr dem eigentlichen Kernbereich kirchlicher Tätigkeit zugeordnet werden. Demzufolge erfolgt dieses Glockenläuten außerhalb des öffentlichen Widmungszwecks. Die Streitigkeit hierüber ist daher keine öffentlich-rechtliche.

Nur die Streitigkeit über das liturgische Glockenläuten ist folglich eine öffentlich-rechtliche.

II. Weiterhin streiten weder Verfassungsorgane, noch streiten die Parteien über spezifisches Verfassungsrecht, sodass die Streitigkeit auch nichtverfassungsrechtlicher Art ist. Darüber hinaus ist keine abdrängende Sonderzuweisung ersichtlich.

III. Nur die Streitigkeit über das liturgische Glockenläuten erfüllt die Voraussetzungen des § 40 Abs. 1 Satz 1 VwGO, sodass eigentlich nur diesbezüglich der Verwaltungsrechtsweg eröffnet ist. Möglicherweise kann die Streitigkeit aber aufgrund von § 17 Abs. 2 GVG insgesamt vor einem Verwaltungsgericht ausgetragen werden. Danach hat das zuständige Verwaltungsgericht den Rechtsstreit grundsätzlich in vollem Umfang, unter allen rechtlichen und tatsächlichen Gesichtspunkten zu entscheiden.

Der § 17 Abs. 2 GVG erweitert die Rechtswegzuständigkeiten des Verwaltungsgerichts insoweit auch auf zuständigkeitsfremde Klagegründe. Voraussetzung ist allerdings, dass ein einheitlicher Streitgegenstand vorliegt. Dieser wird durch das Klagebegehren und den zugrunde liegenden Lebenssachverhalt bestimmt. Fraglich ist also, ob beide in Streit stehenden Arten des Glockenläutens einen einheitlichen Lebenssachverhalt darstellen. Hierfür muss auf die oben schon dargestellte Doppelnatur des kirchlichen Glockenläutens abgestellt werden. Aufgrund der Tatsache, dass auf der einen Seite die Ausübung einer öffentlichen Sachherrschaft und auf der anderen Seite die Nutzung von Eigentümerbefugnissen vorliegt, kann kein einheitlicher Lebenssachverhalt angenommen werden. Demzufolge ist der Verwaltungsrechtsweg hinsichtlich des Zeitschlagens auch nicht über § 17 Abs. 2 GVG eröffnet.

Ergebnis: Der Verwaltungsrechtsweg ist nur hinsichtlich des liturgischen Glockenläutens eröffnet. Gegen das Zeitschlagen muss R vor einem Zivilgericht klagen.

Fall 2

Alkohol ist keine Lösung!

Rechtsstudent R hat sein Studium mangels Erfolgserlebnissen hingeschmissen und in der Stadt X im Bundesland L eine Kneipe eröffnet. Die nach den §§ 2–4 GastG notwendige Erlaubnis ist ihm von der zuständigen Behörde erteilt worden.

Schon nach wenigen Wochen fällt R den Gästen durch wiederholt übermäßigen Alkoholgenuss und unflätiges Benehmen auf. Dies erfährt auch die zuständige Ordnungsbehörde, die unter Berufung auf die mehrfache Alkoholisierung des R die erteilte Gaststättenerlaubnis widerruft. R legt daraufhin eine Woche später Widerspruch bei der Behörde ein, die die Erlaubnis widerrufen hat. Acht Tage darauf erhält er einen Widerspruchsbescheid, in dem sein Einwand als unbegründet zurückgewiesen wird. R erhebt am nächsten Tag Klage beim zuständigen Verwaltungsgericht. Er möchte erreichen, dass der Widerruf der Gaststättenerlaubnis zurückgenommen wird.

Unter welchen Voraussetzungen ist diese Klage zulässig? Es ist davon auszugehen, dass Behörden nach dem im Bundesland L geltenden Ausführungsgesetz zur VwGO selbst zu verklagen sind und Beteiligte eines gerichtlichen Verfahrens sein können.

Schwerpunkte: Die Anfechtungsklage nach § 42 Abs. 1 Var. 1 VwGO; Aufbau der Zulässigkeitsprüfung; Eröffnung des Verwaltungsrechtswegs; öffentlich-rechtliche Streitigkeit; der Verwaltungsakt nach § 35 Satz 1 VwVfG; allgemeine und besondere Sachentscheidungsvoraussetzungen; die Adressatentheorie.

Lösungsweg

Vorab: Auch in diesem Fall wollen wir uns (nur) mit der Zulässigkeit der Klage beschäftigen und die Begründetheit zunächst einmal außen vor lassen (vgl. dazu später Fall 7). Wir haben im ersten Fall ja schon gelernt, dass verwaltungsrechtliche Klausuren immer auch einen prozessualen Teil haben, der von den Kandidaten bewältigt werden muss. Das Verwaltungsgericht gibt einer Klage eben nur statt, wenn sie ***zulässig*** und begründet ist. Im vorliegenden Fall werden wir uns nun mit den Einzelheiten der Zulässigkeitsprüfung einer Klage vertraut machen und dabei das in der Klausur zu verwendende Grundmuster kennenlernen.

Beachte: Die Klausurlösungen im Verwaltungsrecht bieten im Rahmen der Zulässigkeit der Klage zwar den Vorteil, dass man seine Lösung prima schematisch aufbauen kann (und muss!). Dies darf allerdings keinesfalls falsch verstanden werden. Eine schematische Darstellung ersetzt natürlich keine eigenen Gedanken. Man kann diese Gedanken indessen sehr strukturiert aufbauen. Diesen Vorteil sollte man sich unbedingt zu Eigen machen und der Klausur durch ***klare Gliederungsebenen*** eine entsprechende Übersicht verleihen (kommt gleich). Hierdurch erleichtert man dem Leser die Korrektur der Arbeit, was sich natürlich auch auf die Punktevergabe auswirkt. Eine Klausur, die eine optische Zumutung und unübersichtlich in der Darstellung ist, wird definitiv schlechter abschneiden als eine gut strukturierte gleichen Inhalts. Merken.

Die Zulässigkeit der Klage

Einstieg: Jede Zulässigkeit kann man in ***vier*** große Teile trennen, die in einer Klausur oder Hausarbeit stets zu prüfen sind, und zwar:

Zunächst hat man zu klären, ob der ***Rechtsweg zu den Verwaltungsgerichten*** eröffnet ist (**I.**). Wie das im Einzelnen funktioniert, haben wir im ersten Fall des Buches schon gesehen (vgl. dort). Danach muss man auf der zweiten Ebene darstellen, mit welcher ***Klageart*** das Begehren verfolgt werden kann (= statthafte Klageart – **II.**). Hat man die Klageart ermittelt, ergibt sich der Inhalt des dritten Teils quasi automatisch: Es sind die ***besonderen Sachentscheidungsvoraussetzungen*** der jeweiligen Klageart zu prüfen (**III.**). Zum Schluss lässt man sich noch zu den ***allgemeinen Sachentscheidungsvoraussetzungen*** aus, die unabhängig von der Klageart grundsätzlich dieselben sind (**IV.**).

Durchblick: Die einzelnen Voraussetzungen innerhalb der Zulässigkeitsprüfung nennt man ***Sachentscheidungsvoraussetzungen,*** weil ein Gericht nur eine Entscheidung »in der Sache« trifft, wenn die Klage überhaupt zulässig ist (*Kopp/Schenke* vor § 40 VwGO Rz. 2). In den Lehrbüchern und Skripten unterscheiden sich oftmals die Terminologien. Wenn in anderer Literatur von »Zulässigkeitsvoraussetzungen« die Rede ist, braucht man sich keine Sorgen zu machen; gemeint ist grundsätzlich dasselbe (»Sachentscheidungsvoraussetzungen« meint grundsätzlich »Zulässigkeitsvoraussetzungen«, vgl. aber bitte die Erläuterungen zum Verwaltungsrechtsweg in Fall 1 vorne). Unterschiedliche Begriffsbestimmungen treten im öffentlichen Recht übrigens schon mal häufiger auf. Wir werden diese in unserem Buch an den jeweiligen Stellen der Prüfung aufzeigen und mögliche Unklarheiten beseitigen.

Jetzt aber zu den Einzelheiten der inhaltlichen Prüfung der Zulässigkeit der Klage, und die sehen so aus:

I. Die Eröffnung des Verwaltungsrechtswegs

Zunächst muss der Rechtsweg zu den Verwaltungsgerichten eröffnet sein. Die Prüfung dessen haben wir im vorherigen Fall schon gelernt, und zwar:

1. Aufdrängende Spezialzuweisung

Fraglich ist zunächst, ob eine aufdrängende Spezialzuweisung den Rechtsweg zu den Verwaltungsgerichten ausdrücklich für eröffnet erklärt. Vorliegend geht es um den Widerruf einer Gaststättenerlaubnis, die sich nach dem **GastG** (Gaststättengesetz) regelt. Und hier wollen wir es dann leserfreundlich kurz machen und mitteilen, dass es in den wenigen Paragrafen des GastG keine Norm gibt, die den Verwaltungsrechtsweg ausdrücklich für eröffnet erklärt. Eine aufdrängende Spezialzuweisung liegt mithin nicht vor.

2. Die Generalklausel → § 40 Abs. 1 Satz 1 VwGO

Der Verwaltungsrechtsweg ist nach § 40 Abs. 1 Satz 1 VwGO eröffnet, wenn eine ***öffentlich-rechtliche Streitigkeit nichtverfassungsrechtlicher Art*** vorliegt, die ***keinem anderen Gericht*** ausdrücklich zugewiesen ist. Im vorliegenden Fall streiten keine Verfassungsorgane über ihre unmittelbaren Rechte und Pflichten aus der Verfassung, sodass eine verfassungsrechtliche Streitigkeit jedenfalls ausscheidet. Auch ist keine abdrängende Sonderzuweisung an ein anderes Gericht ersichtlich, sodass nur zu klären bleibt, ob eine öffentlich-rechtliche Streitigkeit vorliegt. Unser R wehrt sich gegen den Widerruf seiner Gaststättenerlaubnis. Gestritten wird also über die Rechtmäßigkeit dieses Verwaltungshandelns. Fraglich ist demnach, ob gerade diese Streitigkeit öffentlich-rechtlicher Natur ist.

> **Beachte:** Die im ersten Fall unseres Buches schon ausführlich dargestellten Abgrenzungstheorien zur Bestimmung der Rechtsnatur der Streitigkeit (modifizierte Subjektstheorie/Sonderrechtstheorie, Subordinationstheorie, Interessentheorie) kommen, wie gesagt, in den meisten Fällen grundsätzlich zum selben Ergebnis und bedürfen daher auch keiner eingehenden Erörterung oder gar argumentativen Abgrenzung. Das kann man hier am vorliegenden Fall prima sehen: Der Widerruf der Gaststättenerlaubnis richtet sich nach **§ 15 Abs. 2 GastG** (i.V.m. **§ 4 Abs. 1 Nr. 1 GastG**). Diese Normen berechtigen (und verpflichten!) einzig die zuständige Behörde (also einen Hoheitsträger), eine Gaststättenerlaubnis zu widerrufen; sie sind also ***Sonderrecht*** des Staates. Dadurch, dass die Behörde kraft hoheitlicher Befugnisse in den Rechtskreis des Bürgers eingreifen kann, liegt auch ein ***Über- und Unterordnungsverhältnis*** vor. Schließlich dienen die Normen dem ***öffentlichen Interesse***, sollen sie doch die Allgemeinheit vor unzuverlässigen Gastwirten schützen (*Metzner* § 4 GastG Rz. 8). Sämtliche Theorien führen mithin zum gleichen Ergebnis (zur Darstellung in der Klausur vgl. bitte das Gutachten weiter unten).

<u>ZE.</u>: Die Streitigkeit ist öffentlich-rechtlicher Natur, demzufolge sind die Voraussetzungen des § 40 Abs. 1 Satz 1 VwGO erfüllt. Der Verwaltungsrechtsweg ist eröffnet.

Klausurtipp: Man kann zu den dargestellten Voraussetzungen des § 40 Abs. 1 Satz 1 VwGO in der Klausur rein theoretisch immer irgendwelche Ausführungen zum Besten geben – und den Prüfer damit meistens ziemlich ärgern, denn: Sowohl der Prüfungspunkt »nichtverfassungsrechtliche Streitigkeit« als auch »keine abdrängende Sonderzuweisung« sind im Zweifel unproblematisch und sollten daher regelmäßig auch sehr kurz gehalten werden, sofern der Fall diesbezüglich keine expliziten Hinweise enthält (was normalerweise nicht der Fall ist). Zur Frage der »öffentlich-rechtlichen Streitigkeit« hingegen sollte man indes immer zwei oder drei Sätze zu Papier bringen, denn die stehen auch beim Korrektor oftmals auf dem Lösungsblatt und werden dementsprechend erwartet (vgl. insoweit auch das Gutachten zum Fall weiter unten).

II. Die statthafte Klageart

Nachdem wir festgestellt haben, dass der Verwaltungsrechtsweg eröffnet ist, muss geklärt werden, mit welcher Klageart das Begehren des Klägers verfolgt werden kann. Gerade dieses Begehren (also was will der Kläger eigentlich genau?) ist der Anknüpfungspunkt für die Entscheidung, welche Klageart einschlägig ist (lies: **§ 88 VwGO**). Zunächst muss also aus dem Sachverhalt ermittelt werden, was der Kläger begehrt.

Zum Fall: Unser R möchte, dass der Widerruf der Gaststättenerlaubnis zurückgenommen wird. Entscheidender Gesichtspunkt für den R ist demnach, dass die Handlung der Behörde aus der Welt geschaffen wird.

Hierfür kann die ***Anfechtungsklage*** nach **§ 42 Abs. 1 Var. 1 VwGO** die statthafte Klageart sein, sofern R die Aufhebung eines ***Verwaltungsaktes*** begehrt (§ 42 Abs. 1 VwGO lesen, bitte!). Unproblematisch ist insoweit zunächst, dass er die *Aufhebung* des Verwaltungshandelns begehrt. Bei diesem Verwaltungshandeln muss es sich allerdings um einen ***Verwaltungsakt*** handeln (*Frenz* in JA 2011, 433).

Ein solcher Verwaltungsakt ist nach **§ 35 Satz 1 VwVfG** eine ***hoheitliche Maßnahme*** **(1)**, die eine ***Behörde*** **(2)** zur ***Regelung*** **(3)** eines ***Einzelfalls*** **(4)** auf dem Gebiet des ***öffentlichen Rechts*** **(5)** trifft und die auf ***unmittelbare Rechtswirkung nach außen*** **(6)** gerichtet ist.

Beachte: An dieser Stelle begegnet uns nun zum ersten Mal das Verwaltungsverfahrensgesetz des Bundes. Oben hatten wir dargestellt, dass es nur ein Bundesgesetz gibt, das das Verwaltungs***gerichts***verfahren regelt – die VwGO. Hinsichtlich des behördlichen Verfahrens sieht die Situation indessen anders aus: Das Verwaltungsverfahren der Bundesbehörden kann nur durch ein ***Bundesgesetz***, das der Landesbehörden nur durch ein jeweiliges ***Landesgesetz*** geregelt werden (*Ehlers* in JURA 2003, 30). Daher gibt es in jedem Bundesland ein eigenes VwVfG. Diese sind jedoch allesamt nahezu inhaltsgleich mit dem VwVfG des Bundes. Die weiteren Darstellungen in diesem Buch nehmen deshalb immer Bezug auf das VwVfG des Bundes. Grundlagen des Verwaltungsverfahrens kann man sich übrigens bei *Pünder* in der JuS 2011 ab Seite 289 anlesen.

1. Die Voraussetzungen von § 35 Satz 1 VwVfG

Ein Verwaltungsakt liegt nach § 35 Satz 1 VwVfG also vor, wenn die soeben benannten sechs Voraussetzungen erfüllt sind. Zum Teil übrigens werden in dem ein oder anderen Lehrbuch die Merkmale drei und vier zu einer einheitlichen Tatbestandsvoraussetzung (Einzelfallregelung) zusammengezogen. Wir halten uns hier in unserem Buch aber lieber an den Wortlaut des Gesetzes und belassen es demnach bei den sechs Voraussetzungen, und die prüfen wir jetzt mal:

a) Unter einer ***hoheitlichen Maßnahme*** ist jede einseitige staatliche Handlung zu verstehen, die Erklärungsgehalt hat (*Voßkuhle/Kaufhold* in JuS 2011, 34; *Stelkens/Bonk/Sachs* § 35 VwVfG Rz. 104). Der behördliche Widerruf unseres Falls erfüllt problemlos diese Voraussetzung.

b) Eine ***Behörde*** ist nach der Legaldefinition des **§ 1 Abs. 4 VwVfG** (lesen) jede Stelle, die Aufgaben der öffentlichen Verwaltung wahrnimmt. Problematisch kann dies zum Beispiel dann werden, wenn eine Behörde einen Privaten beauftragt, für sie tätig zu werden. Hierbei ist darauf abzustellen, inwieweit der Private auf Veranlassung der Behörde mit deren Wissen und Wollen tätig geworden ist (BVerwG JuS **2012**, 479 = NVwZ **2012**, 506) Im Sachverhalt wird ausdrücklich von einer Behörde gesprochen, auch diese Hürde bereitet in unserem Fall demzufolge keine Schwierigkeiten.

c) Das Merkmal der ***Regelung*** dient der Abgrenzung zu schlichtem Verwaltungshandeln und liegt vor, wenn die Maßnahme unmittelbar auf die Herbeiführung einer Rechtsfolge gerichtet ist (BVerwG NJW **1988**, 87; OVG Schleswig NJW **1993**, 952), das heißt, wenn Rechte und Pflichten des Betroffenen unmittelbar begründet, geändert, aufgehoben, festgestellt oder verneint werden (*Voßkuhle/Kaufhold* in JuS 2011, 34). Der Widerruf dient der Aufhebung der Gaststättenerlaubnis (Rechtsfolge) und stellt somit eine Regelung dar.

d) Der erforderliche ***Einzelfallbezug*** liegt vor, wenn die Maßnahme einen *individuellen* Charakter hat, also einen bestimmten Adressaten (Adressatenkreis) anspricht. Dies gilt unabhängig davon, ob die Regelung *abstrakt* (= Vielzahl an Fällen) oder *konkret* (= einzelner Fall) ist (VGH München NVwZ **1998**, 1205; OVG Münster OVGE **16**, 205). Kein Einzelfall im Sinne des § 35 Satz 1 VwVfG liegt allerdings vor, wenn eine Regelung überhaupt keinen Individualbezug aufweist. In diesen Fällen kann entweder eine Rechtsnorm vorliegen – generell/abstrakt – oder aber eine Allgemeinverfügung – generell/konkret (OVG Saarbrücken NVwZ **2011**, 190). Letztere ist wegen der mangelnden individuellen Bestimmtheit zwar kein Verwaltungsakt, wird aber gemäß § 35 Satz 2 VwVfG wegen der Konkretheit – bei gleichzeitiger Bestimmbarkeit des Adressatenkreises! – der Regelung als solcher behandelt (*Kahl* in JURA 2001, 505; *Stelkens/Bonk/Sachs* § 35 VwVfG Rz. 206; *Maurer,* AllgVerwR, § 9 Rz. 31).

Zum leichteren Verständnis des gerade Gesagten folgendes Schema:

	Abstrakt (Vielzahl an Fällen)	**Konkret** (einzelner Fall)
Generell (= Adressatenkreis unbestimmt)	**Rechtsnorm**	**Allgemeinverfügung** Sonderfall des § 35 Satz 2 VwVfG, geregelt wird eine bestimmte Situation (Einzelfall) für einen generellen (aber bestimmbaren!) Adressatenkreis.
Individuell (= Adressatenkreis bestimmt)	**Verwaltungsakt** Dem Adressaten wird eine bestimmte Handlungspflicht auferlegt für eine Vielzahl von Fällen (Bsp.: Streue immer die Straße, wenn es schneit).	**Verwaltungsakt** Dem Adressaten wird eine bestimmte Handlungspflicht für einen bestimmten Einzelfall auferlegt (Bsp.: Verlassen Sie jetzt das Gelände).

Zum Fall: Vorliegend wird eine konkret-individuelle Regelung getroffen (= einzelner Fall/bestimmter Adressat). Die Regelung ist mithin eine Einzelfallregelung im Sinne des § 35 Satz 1 VwVfG.

e) Ob eine Maßnahme dem Gebiet des ***öffentlichen Rechts*** zuzuordnen ist, haben wir schon im Rahmen der Eröffnung des Verwaltungsrechtswegs (§ 40 Abs. 1 Satz 1 VwGO) erörtert. Insofern können wir an dieser Stelle nach oben verweisen.

f) Schließlich muss die Maßnahme auch ***Außenwirkung*** haben. Diese ist anzunehmen, wenn die Regelung Bereiche außerhalb der Verwaltung betrifft, wenn also verwaltungsexterne Bereiche berechtigt oder verpflichtet werden (BVerwG NJW **1988**, 87; VG Wiesbaden NVwZ-RR **2007**, 528; *Maurer,* AllgVerwR, § 9 Rz. 26). Dies ist zum Beispiel bei innerdienstlichen Weisungen nicht der Fall (OVG Hamburg DVBl **2014**, 1337). Die Regelung unseres Falls betrifft den R als Bürger, wirkt also außerhalb der Verwaltung und hat damit die erforderliche Außenwirkung.

Klausurtipp: Die einzelnen Voraussetzungen des § 35 Satz 1 VwVfG müssen nicht immer sklavisch abgeprüft werden, wenn der Fall eindeutig ist und offensichtlich ein Verwaltungsakt vorliegt. Souveräner ist es dann, nach dem Obersatz (»*Es muss ein Verwaltungsakt nach § 35 Satz 1 VwVfG vorliegen*«) sofort auf den problematischen Punkt einzugehen. Man kann dann etwa formulieren: »*Fraglich ist einzig, ob die hoheitliche Maßnahme auch Regelungscharakter hat*« oder »*Fraglich ist hierbei nur, ob der Regelung auch Außenwirkung zukommt. Das ist dann der Fall, wenn...*«. Ob die einzelnen Tatbestandsmerkmale eines Verwaltungsakts vorliegen, ist im Zweifel anhand einer objektiven Auslegung vom Empfängerhorizont aus zu bestimmen, so wie wir es aus dem Zivilrecht kennen (→ §§ 133, 157 BGB analog, vgl. etwa VGH Kassel DÖV **2015**, 760).

ZE.: Der Widerruf der Gaststättenerlaubnis stellt einen Verwaltungsakt im Sinne des § 35 Satz 1 VwVfG dar.

2. Belastend und nicht erledigt

Damit ein Verwaltungsakt mittels Anfechtungsklage aufgehoben werden kann, muss dieser des Weiteren zum einen ***belastend*** sein und darf sich zum anderen noch ***nicht erledigt*** haben (*Ehlers* in JURA 2004, 30; *Kopp/Schenke* § 42 VwGO Rz. 58).

Der Aspekt der Belastung ist logisch, denn: Nur was belastet, stört – und bedarf der Beseitigung. Mit der Anfechtungsklage dürfen zudem nur sogenannte ***gegenständliche*** Verwaltungsakte angegriffen werden, also solche, die sich nicht erledigt haben. Dies ergibt sich aus **§ 113 Abs. 1 Satz 4 VwGO**, der für Fälle erledigter Verwaltungsakte explizit die Fortsetzungsfeststellungsklage benennt (BFH NVwZ **2008**, 351).

Definition: Ein Verwaltungsakt erledigt sich, wenn er all seine in die Zukunft weisenden Rechtswirkungen verloren hat, also bei Wegfall jeglicher Beschwer (OVG Münster UPR **1996**, 458; *Stelkens/Bonk/Sachs* § 43 VwVfG Rz. 204). Das Gesetz nennt für die Erledigung in § 43 Abs. 2 VwVfG beispielhaft Fälle.

Zum Fall: Der Widerruf der Gaststättenerlaubnis (= Verwaltungsakt) ist selbstverständlich belastend, dem R wird etwas genommen. Darüber hinaus liegt auch keine Erledigung vor, der Verwaltungsakt ist nicht gegenstandslos geworden. Somit ist die Anfechtungsklage nach § 42 Abs. 1 Var. 1 VwGO die statthafte Klageart.

Feinkost: Gegenstand dieser Anfechtungsklage ist übrigens der ursprüngliche Verwaltungsakt in der Gestalt, die er durch den Widerspruchsbescheid erfahren hat, bitte lies **§ 79 Abs. 1 Nr. 1 VwGO**. Der Anfechtungsklage ist zwar der ursprüngliche Verwaltungsakt zugrunde zu legen, jedoch mit dem Inhalt und der Begründung, die er durch den Widerspruchsbescheid erfahren hat (BVerwGE **62**, 81; *Dawin* in NVwZ 1987, 873; *Kopp/Schenke* § 79 VwGO Rz. 1; *Müller* in NJW 1982, 1370). Es handelt sich also nur um ***eine*** Klage, nicht um eine Klagehäufung von zwei Anfechtungsklagen gegen die beiden Bescheide. Merken.

ZE.: Die Voraussetzungen des § 42 Abs. 1 VwGO liegen vor. Die Anfechtungsklage ist die statthafte Klageart.

III. Besondere Sachentscheidungsvoraussetzungen

Nachdem wir festgestellt haben, dass das klägerische Begehren des R mittels einer Anfechtungsklage verfolgt werden kann, ist nun zu untersuchen, welche besonderen Voraussetzungen an die Zulässigkeit einer solchen Anfechtungsklage gestellt werden. Hierbei hilft erfreulicherweise ein Blick ins Gesetz, nämlich in die VwGO. Unter der Überschrift »Teil II – Verfahren« finden wir im achten Abschnitt die »Besonderen Vorschriften für Anfechtungs- und Verpflichtungsklagen (§§ 68–80b)«. Die werden wir uns gleich in aller Ruhe ansehen, beginnen aber noch weiter vorne, denn in **§ 42 Abs. 2 VwGO** wird die erste besondere Sachentscheidungsvoraussetzung explizit aufgeführt, nämlich:

1. Die Klagebefugnis

Nach **§ 42 Abs. 2 VwGO** muss der Kläger geltend machen, durch den Verwaltungsakt in ***seinen Rechten*** verletzt zu sein. Der Grund hierfür ist, dass die VwGO Individualschutzcharakter aufweist; Popular- und Verbandsklagen sind grundsätzlich ausgeschlossen (*Ehlers* in JURA 2004, 30; *Schoch* in NVwZ 1999, 457). Der Kläger muss also gerade darlegen, dass er in ***seinen*** Rechten verletzt ist (BVerwG NVwZ **2009**, 109). Sofern ein solches individuelles Rechtsschutzbegehren vorliegt, darf nach der sogenannten ***Möglichkeitstheorie*** die geltend gemachte Rechtsverletzung nach keiner Betrachtungsweise von vornherein ausgeschlossen sein (BVerwG NVwZ **2009**, 109; BVerwGE **104**, 115; OVG Bautzen NVwZ **2002**, 110; *Hipp/Hufeld* in JuS 1998, 804; *Ipsen*, AllgVerwR, Rz. 1053).

In Anfechtungssituationen stellt sich diese Prüfung grundsätzlich eher einfach und unproblematisch dar. Ist der Kläger nämlich Adressat eines belastenden Verwaltungsaktes, kann nicht von vornherein ausgeschlossen werden, dass er zumindest in seinem Recht aus Art. 2 Abs. 1 GG verletzt ist (= ***Adressatentheorie*** oder ***Adressatenformel***, BVerwG NJW **2004**, 698; BVerwG NJW **1988**, 2753; *Hufen*, VerwProzessR, § 14 Rz. 77 ff.). Dies resultiert daher, dass der Kläger jedenfalls in seiner allgemeinen Handlungsfreiheit (Art. 2 Abs. 1 GG) verletzt ist, sofern der Verwaltungsakt rechtswidrig ist. An dieser Stelle bei der Klagebefugnis ist eine solche Rechtsverletzung dann übrigens nur ***geltend zu machen***, das heißt, die tatsächliche Rechtswidrigkeit des Verwaltungsaktes ist hier (noch) ***nicht*** zu prüfen (BVerwG JuS **2015**, 955); dies ist allein eine Frage der Begründetheit der Klage. Merken.

Zum Fall: Als Adressat eines belastenden Verwaltungsaktes ist es jedenfalls möglich, dass R in seinem Recht aus Art. 2 Abs. 1 GG verletzt ist. Demnach ist er gemäß § 42 Abs. 2 VwGO klagebefugt.

2. Das Vorverfahren

Als erste Regelung des 8. Abschnitts der VwGO normiert **§ 68**, dass vor Erhebung der Anfechtungsklage die Rechtmäßigkeit und die Zweckmäßigkeit des Verwaltungsaktes in einem ***Vorverfahren*** nachzuprüfen sind.

Dieses Vorverfahren beginnt mit der Erhebung des Widerspruchs (§ 69 VwGO). Die Erhebung muss gemäß § 70 Abs. 1 VwGO innerhalb eines Monats, nachdem der Verwaltungsakt dem Beschwerten *bekannt gegeben* worden ist (zu Einzelheiten der Bekanntgabe und zur Fristberechnung vgl. Fall 3), schriftlich oder zur Niederschrift bei der Behörde erfolgen, die den Verwaltungsakt erlassen hat. Diese Behörde (= Erlassbehörde) hilft dem Widerspruch ab und entscheidet über die Kosten, wenn sie den Widerspruch für begründet hält (§ 72 VwGO). Hierdurch verliert der Verwaltungsakt seine Beschwer. Hält sie ihn nicht für begründet – Regelfall in der Klausur – leitet sie ihn an die Widerspruchsbehörde (§ 73 Abs. 1 Nr. 1–3 VwGO) weiter. Diese erlässt dann nach § 73 Abs. 1 VwGO einen Widerspruchsbescheid, mittels dessen entweder die Beschwer beseitigt oder bestätigt wird.

Eine Anfechtungsklage ist demzufolge nur zulässig, wenn die Widerspruchsbehörde die Entscheidung der Erlassbehörde bestätigt, der Beschwer also nicht abgeholfen hat. Hieraus verdeutlichen sich die Hauptgründe des Vorverfahrens: Zum einen sollen die Gerichte entlastet werden. Dies wird dadurch erreicht, dass die Verwaltung sich zuerst selbst kontrolliert, bevor gerichtlicher Rechtsschutz angestrebt werden kann. Und hieraus resultiert dann zum anderen ein gesteigerter Rechtsschutz für den Bürger (*Ehlers* in JURA 2004, 30; *Ogorek* in JA 2002, 222).

Durchblick: Mit dem 6. Gesetz zur Änderung der Verwaltungsgerichtsordnung vom 1. November 1996 (BGBl I-1996 Seite 1626) hat der Bundesgesetzgeber mit einer Änderung in § 68 VwGO bereits vor 20 Jahren auch den Landesgesetzgebern die Möglichkeit eröffnet, durch gesetzliche Regelungen von der Notwendigkeit der Durchführung eines Vorverfahrens abzuweichen. Von dieser Möglichkeit haben inzwischen einige Bundesländer durch teilweise oder vollständige Abschaffung des Vorverfahrens Gebrauch gemacht (einen guten Überblick liefern *Shirvani/Heidebach* in DÖV 2010, 254 und *Schmidt/Nauheim/Skrobek* in DVP 2014, 3). Einzelheiten regeln die jeweiligen Ausführungsgesetze der Länder zur VwGO. Da sich die Darstellung in diesem Buch aber nicht auf die einzelnen Landesrechte beziehen kann und das Vorverfahren in § 68 VwGO eben (noch) nicht bundesweit abgeschafft ist, werden wir im weiteren Verlauf die Voraussetzungen des Vorverfahrens grundsätzlich in der Fall-Lösung der Vollständigkeit halber auch prüfen. Wer sich in einem Bundesland befindet, in dem das Vorverfahren inzwischen abgeschafft worden ist (das steht in der Regel im jeweiligen Ausführungsgesetz zur VwGO), braucht sich diesen Teil der Prüfung dann nicht zu merken bzw. kann ihn – ohne schlechtes Gewissen! – überlesen. Zur Vertiefung der auch politisch streitigen Frage zur Abschaffung des Vor- bzw. Widerspruchsverfahrens vgl. bitte aus der umfangreichen Literatur: *Steinbeiss-Winkelmann* in NVwZ 2009, 686; *Holzner* in DÖV 2008, 217; *Biermann* in DÖV 2008, 395 und *Dolde/Porsch* in VBlBW 2008, 428.

Zum Fall: R hat innerhalb der Frist des § 70 Abs. 1 VwGO Widerspruch nach § 69 VwGO eingelegt. Die Widerspruchsbehörde hat nach § 73 Abs. 1 VwGO einen ablehnenden Widerspruchsbescheid erlassen. R hat das Vorverfahren nach § 68 Abs. 1 VwGO somit ordnungsgemäß durchgeführt.

Beachte: Neben den in § 68 Abs. 1 VwGO geregelten Ausnahmen von der Notwendigkeit eines Vorverfahrens wird dessen Durchführung für ***entbehrlich*** gehalten, wenn sein Zweck bereits auf andere Weise erreicht worden ist oder nicht mehr erreicht werden kann (BVerwGE **27**, 181). In diesen Fällen ist ein Widerspruch zwar zulässig, aber nicht mehr zwingend. Dies sollte in einer Klausur auch entsprechend klargestellt werden (*Schübel-Pfister* in JuS 2011, 420; instruktiv hierzu die Entscheidungen des BVerwG in NVwZ **2014**, 676 und NVwZ **2011**, 501).

3. Die Klagefrist

Die §§ 68–73 VwGO normieren die Einzelheiten des Vorverfahrens. Hieran schließt sich mit **§ 74 Abs. 1 VwGO** die Regelung über die Klagefrist an. Nach **§ 74 Abs. 1 Satz 1 VwGO** muss die Anfechtungsklage innerhalb eines Monats nach Zustellung des Widerspruchsbescheids erhoben werden. War ein Vorverfahren nicht erforderlich, muss die Klage innerhalb eines Monats nach Bekanntgabe des Verwaltungsaktes erhoben werden (**§ 74 Abs. 1 Satz 2 VwGO**).

Zum Fall: R hat einen Tag nach Erhalt des Widerspruchsbescheids die Klage eingereicht. Die Frist des § 74 Abs. 1 VwGO ist gewahrt.

Feinkostabteilung: Einen guten Überblick zur Bekanntgabe von Verwaltungsakten gibt es bei *Schoch* in JURA 2011 auf Seite 23. Die ***Zustellung*** ist übrigens die förmliche Art der Bekanntgabe. Sofern ein Gesetz die Zustellung voraussetzt, richtet sich diese bei Bundesbehörden nach dem Verwaltungszustellungsgesetz des Bundes (VwZG) und bei Landesbehörden nach dem jeweiligen Zustellungsgesetz des Landes. Da die meisten Zustellungsgesetze der Länder aber ohnehin auf das VwZG Bezug nehmen, werden auch wir uns hier auf dieses Gesetz beschränken. Das VwZG ist durch das Gesetz zur Novellierung des Verwaltungszustellungsrechts zum 1. Februar 2006 neu gefasst worden (BGBl 2005-I Seite 2354), vgl. hierzu *Teggethoff* in JA 2007, 131. Mit Fragen elektronischer Zustellung setzen sich *Weidemann/Barthel* in DVP 2010 ab Seite 486 auseinander.

4. Der Klagegegner

Die insoweit maßgebliche Vorschrift im 8. Abschnitt der VwGO ist **§ 78** – die Regelung über den richtigen Beklagten (Klagegegner). Die Klage ist nach **§ 78 Abs. 1 Nr. 1 VwGO** gegen den Bund, das Land oder die Körperschaft, deren Behörde den Verwaltungsakt erlassen hat, zu richten (sogenanntes ***Rechtsträgerprinzip*** – vgl. *Kopp/Schenke* § 78 VwGO Rz. 3; *Ehlers* in JURA 2004, 30). Grundsätzlich ist der Klagegegner nach dieser Alternative zu bestimmen, es sei denn, dass es eine landesrechtliche Regelung im Sinne des **§ 78 Abs. 1 Nr. 2 VwGO** gibt, die normiert, dass die ***Erlassbehörde*** selbst Klagegegner ist. Von dieser Ermächtigung haben folgende Länder Gebrauch gemacht: Brandenburg (§ 8 Abs. 2 BbgVwGG), Mecklenburg-Vorpommern (§ 14 Abs. 2 GOrgG), Niedersachsen (§ 79 NJG), Nordrhein-Westfalen (§ 5 Abs. 2 AG VwGO), das Saarland (§ 17 Abs. 2 AG VwGO), Sachsen-Anhalt (§ 8 Abs. 2 AG VwGO) und Schleswig-Holstein (§ 6 Satz 2 AG VwGO).

Durchblick: Das eben benannte Rechtsträgerprinzip sorgt gelegentlich für Verwirrung. Zur Vermeidung dessen sollte man sich bitte Folgendes klar machen: Nach dem Grundgesetz gibt es eine Kompetenzverteilung zwischen Bund und Ländern hinsichtlich der Frage, wer bestimmte Gesetze ***erlassen*** darf (Art. 70 ff. GG). Daneben trifft das Grundgesetz aber auch Regelungen darüber, wer die Gesetze ***ausführt***: Die Länder führen zum einen ihre eigenen Gesetze selbst aus (Art. 30 GG); daneben führen sie aber auch in der Regel die Bundesgesetze aus (Art. 83 GG). Nur in Ausnahmefällen (Art. 86 ff. GG) führt der Bund seine Gesetze durch bundeseigene Verwaltung selbst aus. Unproblematisch ist demzufolge die Bestimmung des Rechtsträgers, wenn eine Bundesbehörde (= Bund) oder eine reine Landesbehörde (= Land) gehandelt hat. Schwieriger wird es, wenn eine Behörde als Organ **mehrerer Rechtsträger** tätig wird. Dies ist zum Beispiel beim Landrat als unterer Landesbehörde des Staates oder als Organ des Selbstverwaltungsträgers Landkreis der Fall. Hier muss dann zur Bestimmung des jeweiligen Klagegegners untersucht werden, wessen Aufgabe die Behörde gerade wahrnimmt – eine des Landes als übertragene Aufgabe oder eine Selbstverwaltungsangelegenheit (*Eyermann/Happ* § 78 VwGO Rz. 14; *Kopp/Schenke* § 78 VwGO Rz. 6; *Schoch/Schneider/Bier/Meissner* § 78 VwGO Rz. 33; anders: *Ehlers* in FS *Menger* (1985), Seite 379, Fn. 65, der bei Zuständigkeitsübertragungen auf die Selbstverwaltungskörperschaft abstellt).

Zum Fall: Nach § 78 Abs. 1 Nr. 2 VwGO i.V.m. dem hier geltenden Ausführungsgesetz zur VwGO (Fallfrage!) ist die Erlassbehörde selbst richtiger Klagegegner. Auf das Rechtsträgerprinzip des § 78 Abs. 1 Nr. 1 VwGO ist somit nicht einzugehen.

Beachte noch: Umstritten ist, an welche Stelle der juristischen Fallbearbeitung die Frage des richtigen Klagegegners gehört. Nach einer Auffassung, der auch wir hier im Buch folgen, handelt es sich um eine Regelung der passiven Prozessführungsbefugnis, die innerhalb der ***Zulässigkeit*** abzuhandeln ist (VGH Kassel NVwZ-RR **2005**, 519; *Kopp/Schenke* § 78 VwGO Rz. 1). Nach anderer Ansicht regelt § 78 VwGO eine Frage der Passivlegitimation als Teil der Begründetheit (BVerwG NVwZ-RR 2003, 41; *Eyermann/Happ* § 78 VwGO Rz. 1). Der Meinungsstreit hat in der Regel keine praktische Konsequenz, weshalb der Prüfungsstandort – wie üblich – vom Bearbeiter auch nicht problematisiert werden sollte (vgl. *Rozek* in JuS 2007, 601). Man entscheidet sich für eine Variante – und gut. Merken.

IV. Die allgemeinen Sachentscheidungsvoraussetzungen

Nach den besonderen – klageartabhängigen – Sachentscheidungsvoraussetzungen sind zuletzt die ***allgemeinen*** Sachentscheidungsvoraussetzungen zu prüfen. Unsere Darstellung beschränkt sich dabei grundsätzlich auf die **ordnungsgemäße Klageerhebung** (§§ 81, 82 VwGO), die **Zuständigkeit** des **Gerichts** (§§ 45 ff., 52 ff. VwGO), die **Beteiligten-** und **Prozessfähigkeit** (§§ 61, 62 VwGO) und das **allgemeine Rechtsschutzbedürfnis**. Eine ausführliche Darstellung allgemeiner Sachentscheidungsvoraussetzungen in der verwaltungsrechtlichen Klausur findet man bei *Ehlers* in JURA 2007, 830 und JURA 2008, 183, 359 und 506. Falls es im Sachverhalt keine prüfungsrelevanten Hinweise gibt – z.B. der Kläger ist minderjährig oder hat die Klage als Flaschenpost oder in James-Bond-Geheimtinte aufgegeben –, kann man diese Voraussetzungen übrigens im Zweifel entweder ganz weglassen oder sie in gebotener Kürze (zwei Sätze zur Beteiligten- und Prozessfähigkeit) darstellen. Machen wir mal:

1. Die Beteiligtenfähigkeit

Definition: Unter Beteiligtenfähigkeit ist die Eignung zu verstehen, als Subjekt eines Prozessrechtsverhältnisses (**§ 63 VwGO**) an einem Verwaltungsgerichtsprozess teilzunehmen (BVerwG BeckRS **2014**, 52985; *Schoch/Schneider/Bier* § 61 VwGO Rz. 2). Unter welchen Voraussetzungen dies möglich ist, normiert **§ 61 Nr. 1–3 VwGO**.

Zum Fall: R ist als natürliche Person beteiligtenfähig i.S.d. § 61 Nr. 1 VwGO. In unserem Bundesland L gibt es eine landesrechtliche Ausführungsregel zu § 61 Nr. 3 VwGO (Vorschrift ***und*** Fallfrage lesen!), dementsprechend ist die Behörde beteiligtenfähig.

2. Die Prozessfähigkeit

Definition: ***Prozessfähigkeit*** bedeutet, die Eignung zu besitzen, Verfahrenshandlungen selbst vornehmen zu können (*Schenke*, VerwProzessR, Rz. 477; *Schoch/Schneider/Bier* § 62 VwGO Rz. 2). Die Voraussetzungen hierzu finden sich in **§ 62 Abs. 1–4 VwGO**.

Zum Fall: R ist als – unterstellt – geschäftsfähige Person nach § 62 Abs. 1 Nr. 1 VwGO prozessfähig. Die Behörde kann nicht selbst handeln. Sie muss sich gemäß § 62 Abs. 3 VwGO vertreten lassen.

ZE.: Die Voraussetzungen, die das Gesetz an die Beteiligten- bzw. Prozessfähigkeit stellt, sind im vorliegenden Fall erfüllt.

Ergebnis: Die Klage des R ist zulässig.

Gutachten

I. Verwaltungsrechtsweg

Mangels aufdrängender Spezialzuweisung kann sich der Verwaltungsrechtsweg nur nach § 40 Abs. 1 Satz 1 VwGO ergeben. Demnach ist der Verwaltungsrechtsweg eröffnet, wenn eine öffentlich-rechtliche Streitigkeit nichtverfassungsrechtlicher Art vorliegt, sofern die Streitigkeit nicht durch Bundesgesetz einem anderen Gericht zugewiesen ist. Fraglich ist allein das Vorliegen einer öffentlich-rechtlichen Streitigkeit. Eine solche ist gegeben, wenn die streitentscheidenden Normen solche des öffentlichen Rechts sind. Dies ist anzunehmen, wenn die Normen nicht jedermann, sondern einen Hoheitsträger berechtigen oder verpflichten. Streitig ist der Widerruf einer Gaststättenerlaubnis nach § 15 GastG. Hierin werden die zuständigen Behörden (§ 30 GastG), also Hoheitsträger, verpflichtet. Die streitentscheidende Norm ist öffentlich- rechtlicher Natur und daher auch die Streitigkeit. Der Verwaltungsrechtsweg ist nach § 40 Abs. 1 Satz 1 VwGO eröffnet.

II. Statthafte Klageart

Die statthafte Klageart richtet sich nach dem Begehren des Klägers (§ 88 VwGO). R möchte, dass der Widerruf seiner Gaststättenerlaubnis aufgehoben wird. Dieses Begehren kann in Form einer Anfechtungsklage (§ 42 Abs. 1 Var. 1 VwGO) statthaft sein, wenn der Widerruf der Gaststättenerlaubnis ein für R belastender Verwaltungsakt war. Es liegt eine hoheitliche Maßnahme einer Behörde vor. Diese ist – wie oben festgestellt – öffentlich-rechtlicher Natur. Geregelt wird darüber hinaus ein Einzelfall, der in den Rechtskreis des R einwirkt, also Außenwirkung hat. Folglich sind die Voraussetzungen des § 35 Satz 1 VwVfG erfüllt; der Widerruf stellt einen Verwaltungsakt dar. Dieser entzieht R eine Begünstigung und ist daher auch belastend. Gegenstand der Anfechtungsklage ist der ursprüngliche Verwaltungsakt in der Gestalt, die er durch den Widerspruchsbescheid erfahren hat, § 79 Abs. 1 Nr. 1 VwGO. Folglich ist eine Anfechtungsklage nach § 42 Abs. 1 Var. 1 VwGO statthaft.

III. Besondere Sachentscheidungsvoraussetzungen

1. Klagebefugnis

Als Adressat eines belastenden Verwaltungsaktes ist es jedenfalls nicht ausgeschlossen, dass R in seinem Recht aus Art. 2 Abs. 1 GG verletzt ist. Demnach ist er gemäß § 42 Abs. 2 VwGO klagebefugt.

2. Vorverfahren

Nach § 68 Abs. 1 VwGO muss vor Erhebung der Anfechtungsklage die Recht- und Zweckmäßigkeit des Verwaltungsaktes in einem behördlichen Vorverfahren geklärt werden. R hat ein Vorverfahren durch Erhebung des Widerspruchs eingeleitet (§ 69 VwGO). Dies geschah auch innerhalb der Frist des § 70 Abs. 1 VwGO. Die Widerspruchsbehörde hat nach § 73 Abs. 1 VwGO einen ablehnenden Widerspruchsbescheid erlassen. R hat das Vorverfahren nach § 68 Abs. 1 VwGO ordnungsgemäß durchgeführt.

3. Klagefrist

Die Klage ist gemäß § 74 Abs. 1 VwGO fristgemäß innerhalb eines Monats nach Zustellung des Widerspruchsbescheids erhoben worden.

4. Klagegegner

Klagegegner ist nach § 78 Abs. 1 Nr. 2 VwGO i.V.m. mit dem landesrechtlichen Ausführungsgesetz zur VwGO die Erlassbehörde selbst.

IV. Allgemeine Sachentscheidungsvoraussetzungen

R ist als natürliche Person nach § 61 Nr. 1 VwGO und die Behörde nach § 61 Nr. 3 VwGO i.V.m. dem landesrechtlichen Ausführungsgesetz zur VwGO beteiligtenfähig. R ist als geschäftsfähige Person nach § 62 Abs. 1 Nr. 1 VwGO prozessfähig. Die Behörde muss sich nach Maßgabe des § 62 Abs. 3 VwGO im Prozess vertreten lassen.

Ergebnis: Die Klage des R ist zulässig.

Aufbaumuster zur Zulässigkeit einer Anfechtungsklage

I. Verwaltungsrechtsweg

1. **Aufdrängende Spezialzuweisung**

   falls (-) weiter mit…

2. **Generalklausel, § 40 Abs. 1 Satz 1 VwGO**

   a. öffentlich-rechtliche Streitigkeit (→ Abgrenzung öffentliches Recht/Privatrecht)

   b. nichtverfassungsrechtlicher Art (→ doppelte Verfassungsunmittelbarkeit)

   c. keine abdrängende Sonderzuweisung

II. Statthafte Klageart

→ § 42 Abs. 1 Var. 1 VwGO

1. belastender Verwaltungsakt (→ § 35 Satz 1 VwVfG)
2. nicht erledigt (→ ansonsten an **§ 113 Abs. 1 Satz 4 VwGO** denken!)

III. Besondere Sachentscheidungsvoraussetzungen

1. Klagebefugnis (→ § 42 Abs. 2 VwGO)
2. Vorverfahren (→ § 68 Abs. 1 Satz 1 VwGO; **Ausnahmen:** § 68 Abs. 1 Satz 2 VwGO!)
3. Klagefrist (→ § 74 Abs. 1 VwGO)
4. Klagegegner (→ § 78 Abs. 1 VwGO)

IV. Allgemeine Sachentscheidungsvoraussetzungen

→ nur wenn problematisch, u.a.:

1. ordnungsgemäße Klageerhebung (→ §§ 81 ff. VwGO)
2. sachliche und örtliche Zuständigkeit des Gerichts (→ §§ 45 ff. VwGO)
3. Beteiligtenfähigkeit (→ § 61 VwGO)
4. Prozessfähigkeit (→ § 62 VwGO)
5. Allgemeines Rechtsschutzbedürfnis

Fall 3

Glücksritter

Rechtsstudent R will seine Finanzen aufbessern und mietet daher eine leer stehende Gewerbeeinheit in der Stadt X an, um dort eine Spielhalle zu eröffnen. Aufgrund seines Studiums ist ihm bekannt, dass es für die Eröffnung eines solchen Etablissements einer Erlaubnis nach § 33i Abs. 1 GewO bedarf. R wendet sich an die zuständige Ordnungsbehörde der Stadt X, reicht alle notwendigen Unterlagen ein und beantragt die erforderliche Erlaubnis. Drei Wochen darauf erhält er ein Schreiben der Behörde, in dem diese ausführt, R sei die Erlaubnis gemäß § 33i Abs. 2 Nr. 1 i.V.m. § 33c Abs. 2 GewO zu versagen. R besitze nicht die notwendige Zuverlässigkeit, weil er – was zutrifft – vor zwei Jahren wegen illegalen Glücksspiels rechtskräftig verurteilt worden ist. Die Behörde hat das Schreiben am 02. Februar mittels einfachen Briefs bei der Post aufgegeben; einen Tag später ist es bei R eingetroffen.

Das Schreiben lässt R zunächst liegen und legt erst am 05. März schriftlich Widerspruch bei der Behörde ein mit der Behauptung, er habe einen Anspruch auf Erteilung der Erlaubnis. Zwei Wochen später erhält er einen negativen Widerspruchsbescheid und erhebt unmittelbar danach Klage beim Verwaltungsgericht.

Ist diese Klage zulässig?

Schwerpunkte: Die Verpflichtungsklage nach § 42 Abs. 1 Var. 2 VwGO; Aufbau der Zulässigkeitsprüfung; Statthaftigkeit; allgemeine und besondere Sachentscheidungsvoraussetzungen; Möglichkeitstheorie; Frist des § 70 Abs. 1 VwGO; Bekanntgabe nach § 41 Abs. 2 VwVfG; Fristberechnung nach den §§ 187 ff. BGB.

Lösungsweg

Die Zulässigkeit der Klage

Vorbemerkung: Die Prüfung der Zulässigkeit dieses Falls unterscheidet sich in der Herangehensweise nicht von der Prüfung des vorherigen Falls. Man muss sich erneut mit den Fragen auseinander setzen, ob der Verwaltungsrechtsweg eröffnet ist und welche Klageart für das Begehren des Klägers statthaft ist. Erst nachdem das geklärt ist, kann man eine Aussage darüber treffen, welchen Inhalt der dritte Prüfungspunkt – besondere Sachentscheidungsvoraussetzungen – haben wird. Die hieran anschließenden allgemeinen Sachentscheidungsvoraussetzungen sind ja bekanntermaßen klageartunabhängig. Der Reihe nach:

I. Der Verwaltungsrechtsweg

Zunächst muss der Rechtsweg zu den Verwaltungsgerichten eröffnet sein.

1. Aufdrängende Spezialzuweisung

Aufgrund der Angaben im Sachverhalt ist klar, dass der Fall seinen thematischen Schwerpunkt im Gewerberecht hat. Wir müssen also als Erstes in der Gewerbeordnung (GewO) suchen, ob es eine Norm gibt, die für die vorliegende Sachverhaltskonstellation eine Spezialzuweisung zu den Verwaltungsgerichten bereithält. In der GewO – das können wir hier verraten – finden sich allerdings keine Spezialzuweisungen zu den Verwaltungsgerichten, sodass sich der Verwaltungsrechtsweg nur nach der Generalklausel des **§ 40 Abs. 1 VwGO** ergeben kann.

Beachte: Bis heute hat der Gesetzgeber von der Möglichkeit, Spezialzuweisungen zu schaffen, übrigens nur sehr spärlich Gebrauch gemacht (*Hufen*, VerwProzessR, § 11 Rz. 10). Ein Überblick der entsprechenden Normen findet sich etwa bei *Schoch/Schmidt-Aßmann/Pietzner* § 40 VwGO Rz. 37 ff.

2. Die Generalklausel → § 40 Abs. 1 Satz 1 VwGO

Der Verwaltungsrechtsweg ist nach § 40 Abs. 1 Satz 1 VwGO eröffnet, wenn eine öffentlich-rechtliche Streitigkeit nichtverfassungsrechtlicher Art vorliegt, die keinem anderen Gericht ausdrücklich zugewiesen ist (Gesetz lesen!).

Offensichtlich streiten im vorliegenden Fall keine Verfassungsorgane über ihre unmittelbaren Rechte und Pflichten aus der Verfassung, sodass eine verfassungsrechtliche Streitigkeit jedenfalls ausscheidet. Auch ist keine abdrängende Sonderzuweisung an ein anderes Gericht ersichtlich, sodass nur zu klären bleibt, ob eine öffentlich-rechtliche Streitigkeit vorliegt.

Wiederholung: In den ersten beiden Fällen des Buches haben wir schon gelernt, dass die unterschiedlichen Theorien zur Bestimmung der Rechtsnatur einer Streitigkeit in den meisten Fällen zu den gleichen Ergebnissen führen und daher auch nicht breitgetreten werden dürfen. Und das gilt auch hier: Gestritten wird nämlich über die Erteilung einer ***Erlaubnis*** nach § 33i Abs. 1 GewO. Hiernach ist nur die zuständige Behörde – also ein Hoheitsträger – berechtigt, eine Erlaubnis zu erteilen. Die streitentscheidenden Normen sind also ***Sonderrecht*** des Staates. Dadurch, dass die Behörde kraft hoheitlicher Befugnisse den Rechtskreis des Bürgers gestalten kann, liegt auch ein ***Über-*** und ***Unterordnungsverhältnis*** vor. Schließlich dient die Norm auch dem öffentlichen Interesse, ist Leitgedanke des Normzwecks doch der Schutz vor übermäßiger gewerbsmäßiger Ausnutzung des menschlichen Spieltriebs (*Tettinger/Wank/Ennuschatt* Vor §§ 33c ff. GewO Rz. 11). Nach der Sonderrechtstheorie, der Subordinations- und der Interessentheorie liegt demnach eine öffentlich-rechtliche Streitigkeit vor. Alle Theorien führen mithin zum selben Ergebnis (zur Darstellung dessen in der Klausur vgl. bitte wie immer das Gutachten im Anschluss weiter unten).

ZE.: Die Voraussetzungen des § 40 Abs. 1 Satz 1 VwGO sind erfüllt, der Verwaltungsrechtsweg ist mithin eröffnet.

II. Statthafte Klageart

Ausgangspunkt der statthaften Klageart ist das Begehren des Klägers (§ 88 VwGO). Unser R möchte, dass ihm die nach § 33i Abs. 1 GewO notwendige Erlaubnis erteilt wird. Er begehrt also eine ***Leistung***. Für diese begehrte Leistung – Erteilung der Erlaubnis – kommt insofern die ***Verpflichtungsklage*** nach **§ 42 Abs. 1 Var. 2 VwGO** als besondere Leistungsklage in Betracht. Diese ist statthaft, wenn der ***Erlass*** eines Verwaltungsaktes begehrt wird (bitte lies: § 42 Abs. 1 VwGO). Sofern die Erteilung einer Erlaubnis nach § 33c GewO einen ***Verwaltungsakt*** nach § 35 Satz 1 VwVfG darstellt, ist die Verpflichtungsklage nach § 42 Abs. 1 Var. 2 VwGO also die statthafte Klageart.

Wir erinnern uns bitte:

> Ein ***Verwaltungsakt*** ist gemäß § 35 Satz 1 VwVfG eine *hoheitliche Maßnahme* (**1**), die eine *Behörde* (**2**) zur *Regelung* (**3**) eines *Einzelfalls* (**4**) auf dem Gebiet des *öffentlichen Rechts* (**5**) trifft und die auf *unmittelbare Rechtswirkung nach außen* (**6**) gerichtet ist.

Subsumtion: Die Erteilung einer Erlaubnis nach § 33i Abs. 1 GewO ist zweifelsohne eine *hoheitliche Maßnahme* einer *Behörde* auf dem Gebiet des *öffentlichen Rechts*. Sie setzt eine Rechtsfolge (»Ab jetzt hast du die beantragte Genehmigung!«), stellt daher eine *Regelung* dar. Diese Regelung betrifft einen konkreten Sachverhalt und einen individuellen Adressaten (den R), mithin einen *Einzelfall*. Als Folge wird eine natürliche Person – also ein verwaltungsexterner Bereich – aus der Erlaubnis berechtigt. Sie hat daher auch *Außenwirkung*.

ZE.: Alle Voraussetzungen des § 35 Satz 1 VwVfG liegen vor. Die beantragte Erlaubnis ist ein Verwaltungsakt.

ZE.: Die statthafte Klageart ist somit im vorliegenden Fall die Verpflichtungsklage gemäß § 42 Abs. 1 Var. 2 VwGO.

III. Besondere Sachentscheidungsvoraussetzungen

Die besonderen Sachentscheidungsvoraussetzungen der Verpflichtungsklage ergeben sich, wie auch bei der Anfechtungsklage, zum einen aus § 42 Abs. 2 VwGO (Klagebefugnis) und zum anderen aus den Regelungen der §§ 68 ff. VwGO.

1. Die Klagebefugnis

Nach **§ 42 Abs. 2 VwGO** muss der Kläger geltend machen, durch die Ablehnung oder Unterlassung des Verwaltungsaktes in ***seinen Rechten*** verletzt zu sein. Die Voraussetzung der Klagebefugnis gilt also ebenso wie bei der Anfechtungsklage. Anders als bei der Anfechtungsklage gibt es hier aber nun keine Lösung nach der Adressatentheorie (siehe dazu Fall 2). Der Adressat eines abgelehnten Verwaltungsaktes ist nicht schon aufgrund dieser Ablehnung klagebefugt im Hinblick auf die Verpflichtungsklage. Der Art. 2 Abs. 1 GG – auf den sich die Adressatentheorie stützt – enthält nämlich keinen allgemeinen Leistungsanspruch (*Hufen*, VerwProzessR, § 15 Rz. 17; *Jarass/Pieroth* Art. 2 GG Rz. 13). Klagebefugt ist demnach nur, wer geltend macht, ein ***subjektives Recht*** auf Erlass des Verwaltungsaktes, also einen ***Anspruch*** zu haben (*Eyermann/Happ* § 42 VwGO Rz. 92).

Definition: Ein subjektiv-öffentliches Recht ist die dem Einzelnen aufgrund öffentlichen Rechts verliehene Rechtsmacht, von einem Träger öffentlicher Verwaltung ein konkretes Tun, Dulden oder Unterlassen verlangen zu können (*Scherzberg* in JURA 2006, 839; *Schmitt Glaeser/Horn*, VerwProzessR, Rz. 157; *Wahl* in DVBl 1996, 641; instruktiv: *Voßkuhle/Kaiser* in JuS 2009, 16).

Da sich den Grundrechten – mit Ausnahme von Art. 3 GG – grundsätzlich keine unmittelbaren Leistungsansprüche entnehmen lassen, ergeben sich Ansprüche in der Regel nur aus einfachem Recht oder aus den rechtsgeschäftlichen Erklärungen der Verwaltung, z. B. einer Zusicherung oder einem öffentlich-rechtlichen Vertrag (*Ehlers* in JURA 2004, 310). Dieser Anspruch muss allerdings im Rahmen der Klagebefugnis lediglich ***möglich*** sein (sogenannte »**Möglichkeitstheorie**«). Gerade bei Verpflichtungsklagen dürfen an diese Möglichkeit der Rechtsverletzung keine allzu hohen Anforderungen gestellt werden. Es gilt die ***Evidenzformel*** des BVerwG, wonach die Klagebefugnis nur dann ausgeschlossen ist, wenn die Verletzung des Rechts ***offensichtlich*** und ***eindeutig*** nach keiner Betrachtungsweise möglich ist (BVerwGE **44**, 1; *Hufen*, VerwProzessR, § 15 Rz. 25).

Zum Fall: Unser R trägt vor, einen Anspruch auf Erlaubniserteilung aus § 33i Abs. 1 GewO zu haben. Dieser Anspruch ist jedenfalls nicht von vornherein ausgeschlossen, also möglich. R ist demnach gemäß § 42 Abs. 2 VwGO klagebefugt.

2. Das Vorverfahren

Nach **§ 68 Abs. 2 VwGO** bedarf es für die Verpflichtungsklage auch der Durchführung eines erfolglosen Vorverfahrens nach § 68 Abs. 1 VwGO. Der Ablauf dieses Vorverfahrens erfolgt ebenso wie bei der Anfechtungsklage nach den Vorschriften der §§ 69–73 VwGO.

Der Normalfall in der Klausur sieht nun so aus, dass der Sachverhalt Angaben dazu enthält, dass der Kläger das Widerspruchsverfahren erfolglos durchgeführt hat. Die Prüfung von § 68 VwGO beschränkt sich in diesen Fällen auch genau auf diese Feststellung. Man schreibt dann: »*Das nach § 68 VwGO erforderliche Vorverfahren hat der Kläger erfolglos durchgeführt.*« Damit ist alles gesagt. ***Anders*** sieht die Situation allerdings aus, wenn der Sachverhalt konkrete Daten enthält, wann der Kläger den Verwaltungsakt erhalten hat und wann beziehungsweise in welcher Form er sich dann an die Behörde gewandt hat. Sobald solche Informationen im Sachverhalt genannt werden, müssen die Alarmglocken läuten; denn dann ist zu prüfen, ob möglicherweise die Monatsfrist des § 70 Abs. 1 VwGO verstrichen ist oder die Schriftform verletzt wurde. Und so ist das ja bei uns:

Der R hat das Schreiben der Behörde (die Ablehnung) am 03. Februar erhalten. Am 05. März legt er bei der Behörde Widerspruch ein. Möglicherweise war zu diesem Zeitpunkt die Monatsfrist des § 70 Abs. 1 VwGO schon verstrichen.

Die Fristberechnung im Rahmen des § 70 Abs. 1 VwGO

Um festzustellen, ob die Einlegung des Widerspruchs verfristet war, muss man natürlich wissen, wie diese Frist zu berechnen ist. Fristberechnungen sind standardisierte Abläufe, die immer nach demselben Muster ablaufen und – wenn man es einmal kapiert hat – eigentlich relativ simpel funktionieren. Und zwar:

Ausgangspunkt ist natürlich der **§ 70 Abs. 1 Satz 1 VwGO**, wonach der Widerspruch innerhalb eines Monats ***nach Bekanntgabe*** zu erheben ist.

Definition: Unter ***Bekanntgabe*** ist die Eröffnung des VA, das heißt die Tatsache des Ergehens und des Inhalts des Verwaltungsaktes mit Wissen und Wollen der Erlassbehörde zu verstehen (*Kopp/Ramsauer* § 41 VwVfG Rz. 7; *Redeker/von Oertzen* § 70 VwGO Rz. 2, 2a).

Wie eine solche Bekanntgabe abzulaufen hat, erklärt **§ 41 VwVfG**. Für die Übermittlung eines schriftlichen Verwaltungsaktes durch die Post im Inland gilt zum Beispiel nach § 41 Abs. 2 VwVfG eine ***Dreitagesfiktion***. Das heißt, der Verwaltungsakt gilt an dem dritten Tage nach der Aufgabe zur Post als bekannt gegeben, und zwar unabhängig davon, ob er tatsächlich früher zugegangen ist (BVerwG NVwZ **1988**, 63; *Stelkens/Bonk/Sachs* § 41 VwVfG Rz. 63). In unserem Fall wurde der Brief am 02. Februar zur Post gegeben. Nach § 41 Abs. 2 VwVfG gilt er folglich am 05. Februar (02. Februar + 3 Tage) als bekannt gegeben. Die Tatsache, dass R das Schreiben schon am 03. Februar tatsächlich erhalten hat, spielt also keine Rolle.

<u>ZE.</u>: Damit haben wir die erste Hürde des § 70 Abs. 1 Satz 1 VwGO übersprungen und das Datum der Bekanntgabe ermittelt; es ist der 05. Februar.

Beachte: Als Bekanntgabe eines Verwaltungsakts kann auch die Übermittlung per E-Mail genügen, sofern diese mit echtem Bekanntgabungswillen abgesetzt wurde und der Empfänger diesen Zugangsweg auch der Behörde gegenüber eröffnet hat. Hier gelten bei Privatpersonen strengere Anforderungen als bei Unternehmen oder beispielsweise bei Rechtsanwälten (vgl. OVG Münster NVwZ-RR **2015**, 172).

Im zweiten Schritt müssen wir jetzt prüfen, ob die Einreichung des Widerspruchs am 05. März nun auch der weiteren Voraussetzung des § 70 Abs. 1 VwGO **»innerhalb eines Monats nach Bekanntgabe«** genügt. Und hierfür müssen wir natürlich klären, wie bzw. nach welchen Normen eine solche Monatsfrist bestimmt wird.

Feinkostabteilung: An dieser Stelle taucht nun zunächst ein (Schein-) Problem auf, das mit der Rechtsnatur des Widerspruchs zu tun hat. Einer Ansicht nach bestimmt sich die Berechnung der Monatsfrist aus § 70 Abs. 1 VwGO nach den **§§ 79, 31 Abs. 1 VwVfG**, weil das Widerspruchsverfahren ein ***Verwaltungs****verfahren* ist. Diese Normen verweisen ihrerseits dann auf die §§ 187 ff. BGB (*Geis/Hinterseh* in JuS 2001, 1178; *Hufen*, VerwProzessR, § 6 Rz. 33). Einer anderen Meinung nach muss die Frist über **§ 57 Abs. 2 VwGO** berechnet werden, weil das Widerspruchsverfahren als Vorverfahren nach § 68 VwGO Voraussetzung des Verwaltungs***gerichts***verfahrens ist. Der § 57 Abs. 2 VwGO verweist auf die §§ 222, 224 ff. ZPO, die ihrerseits wieder auf die §§ 187 ff. BGB Bezug nehmen (*Kopp/Schenke* § 70 VwGO Rz. 6; *Eyermann/Rennert* § 70 VwGO Rz. 4). Beide Ansichten führen somit zu den **§§ 187 ff. BGB**, nur der Weg dahin ist ein anderer. Der Streit ist mithin eher akademischer Natur und kann in der Klausur daher auch ausgespart werden. Der clevere Kandidat formuliert daher so:

»Die Berechnung der Monatsfrist im Rahmen des § 70 Abs. 1 VwGO bestimmt sich – unabhängig davon, ob über die §§ 79, 31 Abs. 1 VwVfG oder über die §§ 57 Abs. 2 VwGO, 222, 224 ff. ZPO – jedenfalls nach den §§ 187 ff. BGB.«

Also: Die Monatsfrist des § 70 Abs. 1 VwGO richtet sich nach dem BGB, konkret den §§ 187 ff. BGB. Die schauen wir uns jetzt an; die Vorschriften sehen übrigens deutlich schwieriger aus, als sie tatsächlich sind. Wir lesen einfach mal das Gesetz: In **§ 187 Abs. 1 BGB** wird zunächst der ***Fristbeginn*** normiert.

»Ist für den Anfang einer Frist ein Ereignis (...) maßgebend, so wird bei der Berechnung der Frist der Tag nicht mitgerechnet, in welchen das Ereignis (...) fällt.«

Subsumtion: Das ***Ereignis*** im Sinne des § 187 Abs. 1 BGB ist hier die Bekanntgabe des VA. Dieses Ereignis wird also bei der Berechnung der Frist ***nicht*** mitgerechnet, der ***Fristbeginn*** ist somit immer der nächste Tag, also bei uns konkret der 06. Februar.

Das ***Fristende*** ergibt sich nun aus **§ 188 BGB**. Bitte lies zunächst § 188 Abs. 1 BGB.

Der passt allerdings nicht, denn unsere Frist wird ja nicht nach Tagen bestimmt, sondern nach Monaten. Und dafür gilt **§ 188 Abs. 2 BGB**. Nach § 188 Abs. 2 BGB endet

»eine Frist, die nach Wochen, nach Monaten (...) bestimmt ist, (...) mit dem Ablauf desjenigen Tages der letzten Woche oder des letzten Monats, welcher durch seine Benennung oder seine Zahl dem Tage entspricht, in den das Ereignis (...) fällt«.

Auch das ist nicht wirklich schwer: Die (Monats-) Frist endet also mit Ablauf desjenigen (zahlenmäßigen) Tages, in den das Ereignis fiel, nur eben einen Monat später. Das »Ereignis« war die Bekanntgabe des VA, und die war am **05. Februar** (s.o). Der zahlenmäßig entsprechende Tag ist demzufolge der **05. März**. Die Frist endet folglich mit Ablauf des 05. März (nachts um 24:00 Uhr). Alles klar?!

Zum Fall: Unser R hat die Frist des § 70 Abs. 1 VwGO mit Einlegung des Widerspruchs am 05. März also tatsächlich gewahrt. Dies erfolgte auch in der richtigen Form und bei der richtigen Behörde. Die Widerspruchsbehörde hat dem Begehren des R nicht stattgegeben, sodass er das nach § 68 Abs. 2 VwGO erforderliche Vorverfahren ordnungsgemäß durchgeführt hat.

Feinkost: Hat ein Vorverfahren gar nicht oder deutlich verspätet stattgefunden, muss man in der Klausur zwei Konstellationen im Hinterkopf haben:

→ War das Vorverfahren im konkreten Fall überhaupt erforderlich? Hier sind dann die Ausnahmeregelungen des **§ 68 Abs. 1 Satz 2 Nr. 1 und 2 VwGO** (lesen!) zu berücksichtigen (vgl. BVerwG NVwZ **2009**, 924).

→ Hat eine ordnungsgemäße Rechtsbehelfsbelehrung stattgefunden (**§ 58 Abs. 1 VwGO**)? Der Adressat des Verwaltungsaktes muss schriftlich auf die Möglichkeit und die Formalitäten eines Rechtsbehelfs hingewiesen worden sein (zum genauen Inhalt einer Rechtsbehelfsbelehrung: *Kopp/Schenke* § 58 VwGO Rz. 10 ff.; BVerwG NJW **2009**, 2322 sowie BVerwG NVwZ **2009**, 191). Andernfalls verlängert sich die Frist gemäß § 58 Abs. 2 VwGO auf ein Jahr. Merken.

3. Die Klagefrist

Die Monatsfrist des **§ 74 Abs. 1 VwGO** gilt nach **Abs. 2** für die Verpflichtungsklage entsprechend, wenn der Antrag auf Vornahme des Verwaltungsaktes abgelehnt worden ist. Demnach muss die Verpflichtungsklage innerhalb eines Monats nach Zustellung des Widerspruchsbescheids erhoben werden. War kein Vorverfahren erforderlich, muss die Klage innerhalb eines Monats nach Bekanntgabe des Verwaltungsaktes (= Ablehnung des Antrags!) erhoben werden – bitte lies: § 74 Abs. 1 Satz 2 VwGO.

Zum Fall: Unser R hat unmittelbar nach Erhalt des Widerspruchsbescheids Klage eingereicht. Die Frist des § 74 Abs. 1 VwGO ist gewahrt.

4. Der Klagegegner

Grundsätzlich gilt hinsichtlich des Klagegegners dasselbe, was schon zur Anfechtungsklage gesagt wurde (vgl. Fall 2). Nach dem Wortlaut des § 78 Abs. 1 VwGO wird indes nur der Fall geregelt, dass eine Behörde einen beantragten Fall unterlassen hat *(**Untätigkeitsklage**)*. Die häufige Form der Ablehnung eines Antrags *(**Versagungsgegenklage**)* wird nicht erwähnt. Nach allgemeiner Ansicht gilt § 78 Abs. 1 VwGO aber für *alle* Fälle der Verpflichtungsklage (*Schoch/Schneider/Bier/Meissner* § 78 VwGO Rz. 27; *Redeker/von Oertzen* § 78 VwGO Rz. 1).

Zum Fall: Im Sachverhalt gibt es keine Anhaltspunkte, in welchem Bundesland der Fall spielt. Demzufolge kann man auf die Regelung des § 78 Abs. 1 Nr. 2 VwGO nicht zurückgreifen – es gilt das Rechtsträgerprinzip des § 78 Abs. 1 Nr. 1 VwGO. Die Ordnungsbehörde der Stadt X hat vorliegend keine Aufgabe der Stadt wahrgenommen (→ keine Selbstverwaltungsangelegenheit), sondern eine auf das Land übertragene Aufgabe (vgl. § 155 GewO). Richtiger Klagegegner ist demzufolge auch das Land.

IV. Allgemeine Sachentscheidungsvoraussetzungen

Der Sachverhalt bietet keinen Anlass, am Vorliegen der allgemeinen Sachentscheidungsvoraussetzungen zu zweifeln. Daher können wir unsere Darstellung auf die Beteiligten- und Prozessfähigkeit beschränken. Sowohl R als natürliche Person als auch das Land als juristische Person sind beteiligtenfähig im Sinne des § 61 Nr. 1 VwGO. Der R ist als geschäftsfähige Person nach § 62 Abs. 1 Nr. 1 VwGO prozessfähig. Das Land kann als juristische Person nicht selbst handeln. Es muss sich gemäß § 62 Abs. 3 VwGO als Vereinigung vertreten lassen.

Ergebnis: Unter den genannten Voraussetzungen ist die Klage des R zulässig.

Gutachten

Zulässigkeit der Klage

I. Verwaltungsrechtsweg

Mangels aufdrängender Spezialzuweisung kann sich der Verwaltungsrechtsweg nur nach § 40 Abs. 1 Satz 1 VwGO ergeben. Hiernach ist der Verwaltungsrechtsweg eröffnet, wenn eine öffentlich-rechtliche Streitigkeit nichtverfassungsrechtlicher Art vorliegt, sofern die Streitigkeit nicht durch Bundesgesetz einem anderen Gericht zugewiesen ist. Eine öffentlich-rechtliche Streitigkeit ist anzunehmen, wenn die streitentscheidenden Normen einen Hoheitsträger berechtigen oder verpflichten. Streitig ist die Erteilung einer Erlaubnis nach § 33i Abs. 1 GewO. Diese Norm berechtigt die zuständige Behörde – einen Hoheitsträger – über die Erlaubnis zu entscheiden. Die streitentscheidende Norm ist mithin öffentlich-rechtlicher Natur. Weiterhin streiten weder Verfassungsorgane über ihre Rechte und Pflichten aus der Verfassung, die Streitigkeit ist also nichtverfassungsrechtlicher Art. Darüber hinaus ist auch keine abdrängende Sonderzuweisung ersichtlich. Somit ist der Verwaltungsrechtsweg nach § 40 Abs. 1 Satz 1 VwGO eröffnet.

II. Statthafte Klageart

Die statthafte Klageart richtet sich nach dem Begehren des Klägers (§ 88 VwGO). R verlangt die Erteilung einer Erlaubnis nach § 33i Abs. 1 GewO. Dieses Begehren kann in Form einer Verpflichtungsklage (§ 42 Abs. 1 Var. 2 VwGO) durchgesetzt werden, wenn die Erlaubnis einen Verwaltungsakt nach § 35 Satz 1 VwVfG darstellt. Die Erteilung einer Erlaubnis nach § 33i Abs. 1 GewO ist eine hoheitliche Maßnahme einer Behörde auf dem Gebiet des öffentlichen Rechts. Dadurch, dass sie eine bestimmte Handlung gestattet, setzt sie eine Rechtsfolge und stellt daher eine Regelung dar. Diese Regelung betrifft einen konkreten Sachverhalt und einen individuellen Adressaten (den R), mithin einen Einzelfall. Als Folge wird eine natürliche Person aus der Erlaubnis berechtigt, sie hat daher auch Außenwirkung. Alle Voraussetzungen des § 35 Satz 1 VwVfG liegen vor. Die Erteilung einer Erlaubnis nach § 33i Abs. 1 GewO ist somit ein Verwaltungsakt. Eine Verpflichtungsklage nach § 42 Abs. 1 Var. 2 VwGO ist statthaft.

III. Besondere Sachentscheidungsvoraussetzungen

1. Klagebefugnis

Nach § 42 Abs. 2 VwGO muss der Kläger geltend machen, durch die Ablehnung oder Unterlassung des Verwaltungsaktes in seinen Rechten verletzt zu sein. Klagebefugt ist, wer geltend macht, ein subjektives Recht auf Erlass des Verwaltungsaktes, also einen Anspruch zu haben. Dieser Anspruch muss lediglich möglich sein (Möglichkeitstheorie). Dies bedeutet, dass die Klagebefugnis nur ausgeschlossen ist, wenn die Verletzung des Rechts offensichtlich und eindeutig nach keiner Betrachtungsweise möglich ist. R trägt vor, einen Anspruch auf Erlaubniserteilung aus § 33i Abs. 1 GewO zu haben. Dieser Anspruch ist jedenfalls nicht von vornherein ausgeschlossen, also möglich. R ist daher nach § 42 Abs. 2 VwGO klagebefugt.

2. Vorverfahren

Nach § 68 Abs. 1 VwGO muss vor Erhebung der Anfechtungsklage die Recht- und Zweckmäßigkeit des Verwaltungsaktes in einem behördlichen Vorverfahren geklärt werden. Gemäß § 68 Abs. 2 VwGO gilt diese Voraussetzung auch für die Verpflichtungsklage. R hat ein solches Vorverfahren durch Erhebung des Widerspruchs eingeleitet (§ 69 VwGO). Fraglich ist allerdings, ob die Einlegung des Widerspruchs fristgemäß erfolgte. Nach § 70 Abs. 1 VwGO muss er innerhalb eines Monats nach Bekanntgabe des Verwaltungsaktes bei der Behörde, die den Verwaltungsakt erlassen hat, erhoben werden. Ein schriftlicher Verwaltungsakt, der durch die Post im Inland übermittelt wird, gilt mit dem dritten Tage nach der Aufgabe zur Post als bekannt gegeben (§ 41 Abs. 2 VwVfG).

Die Behörde hat den Verwaltungsakt mittels einfachen Briefs am 02. Februar bei der Post aufgegeben. Die Bekanntgabe erfolgte drei Tage später, also am 05. Februar. Dass R den Brief tatsächlich schon am 03. Februar erhalten hat, ist unbeachtlich – bei § 41 Abs. 2 VwVfG handelt es sich um eine Fiktion zu Gunsten des Empfängers, die nicht verkürzt werden kann. Die Berechnung der Frist richtet sich – entweder über den Verweis § 57 Abs. 2 VwGO i.V.m. §§ 222 ff. ZPO oder über §§ 79, 31 Abs. 1 VwVfG – jedenfalls nach den §§ 187 ff. BGB. Die Frist beginnt gemäß § 187 Abs. 1 BGB einen Tag nach dem maßgeblichen Ereignis. Das Ereignis ist vorliegend die Bekanntgabe, Fristbeginn ist daher der 06. Februar. Die Frist endet nach § 188 Abs. 2 BGB einen Monat nach dem Tage des Ereignisses, also einen Monat nach der Bekanntgabe. Fristende ist demnach der 05. März.

R hat seinen Widerspruch am 05. März der Erlassbehörde überbracht. Die Erhebung erfolgte mithin fristgemäß. Das erforderliche Vorverfahren wurde durchgeführt.

3. Sonstige Voraussetzungen

Die Klage ist gemäß § 74 Abs. 1 VwGO fristgemäß innerhalb eines Monats nach Zustellung des Widerspruchsbescheids erhoben worden.Mangels gesetzlicher Regelungen i.S.d. § 78 Abs. 1 Nr. 1 VwGO im Bundesland der Stadt X richtet sich der Klagegegner nach § 78 Abs. 1 Nr. 1 VwGO. Hiernach ist der Bund, das Land oder die Körperschaft, deren Behörde gehandelt hat, richtiger Beklagter. Dies ist das Land.

IV. Allgemeine Sachentscheidungsvoraussetzungen

R ist als natürliche Person und das Land als juristische Person gemäß § 61 Nr. 1 VwGO beteiligtenfähig. Als geschäftsfähige Person ist R nach § 62 Abs. 1 Nr. 1 VwGO prozessfähig. Das Land muss sich nach Maßgabe des § 62 Abs. 3 VwGO im Prozess vertreten lassen.

Ergebnis: Die Klage des R ist zulässig.

Aufbaumuster zur Zulässigkeit einer Verpflichtungsklage

I. Verwaltungsrechtsweg

1. **Aufdrängende Spezialzuweisung**
   falls (-) weiter mit…
2. **Generalklausel, § 40 Abs. 1 Satz 1 VwGO**
   a. öffentlich-rechtliche Streitigkeit (→ Abgrenzung öffentliches Recht/Privatrecht)
   b. nichtverfassungsrechtlicher Art (→ doppelte Verfassungsunmittelbarkeit)
   c. keine abdrängende Sonderzuweisung

II. Statthafte Klageart

→ § 42 Abs. 1 Var. 2 VwGO

→ Erlass eines Verwaltungsaktes (→ § 35 Satz 1 VwVfG)

III. Besondere Sachentscheidungsvoraussetzungen

1. Klagebefugnis (→ § 42 Abs. 2 VwGO)
2. Vorverfahren (→ § 68 Abs. 1 Satz 1 VwGO; **Ausnahmen:** § 68 Abs. 1 Satz 2 VwGO!)
3. Klagefrist (→ § 74 Abs. 2 VwGO)
4. Klagegegner (→ § 78 Abs. 1 VwGO)

IV. Allgemeine Sachentscheidungsvoraussetzungen

→ nur wenn problematisch, u.a.:

1. ordnungsgemäße Klageerhebung (→ §§ 81 ff. VwGO)
2. sachliche und örtliche Zuständigkeit des Gerichts (→ §§ 45 ff. VwGO)
3. Beteiligtenfähigkeit (→ § 61 VwGO)
4. Prozessfähigkeit (→ § 62 VwGO)
5. Allgemeines Rechtsschutzbedürfnis

Fall 4

Der Hüter des Rechts

Rechtsstudent R braucht Praxisbezug und hat sich entschlossen, regelmäßig das örtliche Landgericht zu besuchen. Schon nach wenigen Prozessen bekommt R allerdings den Eindruck, dass die Richter sich nicht intensiv genug um die Belange der Betroffenen kümmern und häufig ungerechte Urteile aussprechen. R beschließt, diesen Missstand zu beheben und beginnt daher, während der Verhandlungen die Richter unter anderem als »faule Rechtsverdreher« und »opportunistische Duckmäuser« zu beschimpfen. R wird daraufhin mehrfach aufgefordert, sich angemessen zu verhalten, was er allerdings beharrlich verweigert. Eines Morgens dann wird R vom Präsidenten des Landgerichts persönlich ein als »Hausverbot« bezeichnetes Schreiben überreicht. In diesem heißt es unter anderem, dass es dem R ab sofort für ein Jahr verboten ist, das Gerichtsgebäude zu betreten. Das Gerichtsgebäude ist Eigentum des Landes X.

Gegen dieses Hausverbot legt R zwei Monate später Widerspruch ein, der als unbegründet abgewiesen wird. Eine Woche darauf erhebt R Klage vor dem Verwaltungsgericht. Drei Tage später erhält er zu seiner Verblüffung ein Schreiben des Landgerichtspräsidenten, in dem das Hausverbot aufgehoben wird. R ist sich nicht sicher, ob er bei zukünftigen Besuchen nicht dennoch wieder mit einem Hausverbot belegt wird.

Er fragt, ob und unter welchen Voraussetzungen seine Klage gegen das Hausverbot jetzt (noch) zulässig ist?

Schwerpunkte: Die Fortsetzungsfeststellungsklage nach § 113 Abs. 1 Satz 4 VwGO; Aufbau der Zulässigkeitsprüfung; die Erledigung von Verwaltungsakten; der Landgerichtspräsident als Behörde gemäß § 1 Abs. 4 VwVfG; allgemeine und besondere Sachentscheidungsvoraussetzungen; das Vorverfahren; die rügelose Einlassung zur Sache.

Lösungsweg

Achtung: Hier kommt jetzt wieder etwas Neues. Der aufmerksame Leser wird bemerkt haben, dass die bzw. eine Besonderheit dieses Falles darin liegt, dass unser R eine Klage erhoben hat, der eigentliche Grund seiner Beschwerde (das Hausverbot) zwischenzeitlich allerdings weggefallen ist. Bei genauer Betrachtung geht die Klage daher zumindest aktuell sozusagen »ins Leere«. Und es stellt sich natürlich jetzt die

Frage, wie in solchen Fällen zu verfahren ist. Die Praxisrelevanz dieser Frage ist übrigens enorm, denn solche Situationen kommen nicht nur in den universitären Übungsarbeiten, sondern vor allem auch im richtigen Leben tatsächlich ziemlich häufig vor. Das sind also die Konstellationen, in denen der Bürger eine Klage erhebt und sich dann im – zumeist sehr langen! – Laufe des verwaltungsgerichtlichen Verfahrens der eigentliche Grund der Klage erledigt. Ist die Klage dann unzulässig oder etwa unbegründet oder sogar beides?

Das schauen wir uns jetzt mal in Ruhe an und orientieren uns dabei selbstverständlich an den bislang im Buch bereits gewonnenen Erkenntnissen, also schön der Reihe nach:

Die Zulässigkeit der Klage

I. Der Verwaltungsrechtsweg

Mangels aufdrängender Spezialzuweisungen kann sich der Rechtsweg zu den Verwaltungsgerichten nur nach der Generalklausel des **§ 40 Abs. 1 Satz 1 VwGO** ergeben. Gestritten wird über die Rechtmäßigkeit des erteilten Hausverbots. Diese Streitigkeit ist weder verfassungsrechtlicher Art noch durch abdrängende Zuweisungen an andere Gerichte verwiesen. Demnach ist nur noch zu untersuchen, ob eine ***öffentlich-rechtliche Streitigkeit*** vorliegt.

1. Die Abgrenzungstheorien

Die Streitigkeit ist öffentlich-rechtlicher Natur, wenn die streitentscheidenden Normen solche des öffentlichen Rechts sind. Dies folgt entweder daraus, dass sie einzig einen Hoheitsträger berechtigen oder verpflichten (**Sonderrechtstheorie**) oder dem öffentlichen Interesse dienen (**Interessentheorie**).

Problem: Für die Bestimmung der Rechtsnatur des Hausrechts und der daraus fließenden Befugnis zum Aussprechen eines Hausverbots kommen im vorliegenden Fall sowohl Vorschriften des ***Privatrechts*** als auch solche des ***öffentlichen Rechts*** in Betracht: Das Gerichtsgebäude ist Eigentum des Landes X. Der Präsident des Landgerichts könnte das Hausverbot daher auf die Vorschriften über die ***privatrechtliche*** Eigentümer- oder Besitzergewalt (§§ 859 ff., 903, 1004 BGB) gestützt haben (vgl. BGH NJW **2012**, 1725). Andererseits ist das Gebäude auch öffentlichen Zwecken gewidmet, sodass sich die Rechtsgrundlage für das Hausverbot aus der öffentlich-rechtlichen Sachherrschaft ergeben kann, sich also auf ein ***öffentliches*** Hausrecht stützen lässt (*Ipsen/Koch* in JuS 1992, 809; *Maurer*, AllgVerwR, § 3 Rz. 24). Die streitentscheidenden Normen lassen sich daher nicht eindeutig bestimmen. Demzufolge lässt sich die Rechtsnatur des Hausverbots weder nach der Sonderrechtstheorie noch nach der Interessentheorie feststellen. Auch die ***Subordinationstheorie***, nach der das öffentliche Recht durch ein Über- und Unterordnungsverhältnis, das Zivilrecht dagegen durch ein Verhältnis der Gleichordnung geprägt ist, hilft nicht weiter. Selbst wenn der Landgerichtspräsident das Hausverbot auf Vorschriften des Privatrechts gestützt hätte, er mit R also in einem Verhältnis prinzipieller Gleichordnung stünde, ist zu berücksichtigen, dass der Präsident des Landgerichts den Zutritt zu dem Gerichtsgebäude aufgrund der §§ 859 ff., 903, 1004 BGB gleichwohl ***einseitig*** verbieten könnte.

Feinkost: Trotzdem übrigens ist ein erteiltes Hausverbot jedenfalls öffentlich-rechtlicher Natur, wenn die Verwaltung einen der Form nach eindeutigen Verwaltungsakt (sogenannter »formeller Verwaltungsakt« – *Kopp/Ramsauer* § 35 VwVfG Rz. 16; *Schenke* in NVwZ 1990, 1009) erlässt. Dann nimmt sie durch diese Rechtsform das Regime des öffentlichen Rechts in Anspruch, ohne dass es darauf ankommt, ob sie es auch in Anspruch nehmen ***durfte*** (*Beaucamp* in JA 2003, 231; *Ipsen/Koch* in JuS 1992, 809). In unserem Fall gibt es jedoch keine Anhaltspunkte für eine eindeutige öffentlich-rechtliche Handlungsform, sodass auch diese Überlegung nicht weiterhilft.

2. Die Lösung von Hausverbotsfällen

Die Zuordnung eines Hausverbots ist in Fällen wie dem vorliegenden, in denen auch die Handlungsform nicht eindeutig auf einen Verwaltungsakt schließen lässt, umstritten. Hauptsächlich werden zwei Meinungen vertreten:

- Teilweise wird auf den ***Zweck des Besuches*** abgestellt, anlässlich dessen das Hausverbot ausgesprochen wird. Wenn der Betroffene wirtschaftliche Belange in dem Dienstgebäude verfolge (z.B. als Vertreter für Büromaterial), könne man ein entsprechendes Hausverbot als privatrechtlich qualifizieren; betrete der Besucher das Gebäude zur Wahrnehmung öffentlich-rechtlicher Angelegenheiten – z.B. zur Einreichung eines Antrags –, sei das Hausverbot öffentlich-rechtlich (BVerwGE **35**, 103; VG Berlin NVwZ-RR **2002**, 33; OVG Münster NJW **1998**, 1425; VGH Mannheim NJW **1984**, 2500). Unser R betritt hier das Dienstgebäude vornehmlich zu privaten (Bildungs-) Zwecken, sodass das Hausverbot nach dieser Ansicht als privatrechtliches zu qualifizieren wäre.
- Das Abstellen auf den Zweck des Besuchs wirft allerdings oftmals das Problem auf, dass nicht immer eindeutig geklärt werden kann, zu welchem Zweck ein Besucher ein Verwaltungsgebäude tatsächlich betritt. Vor allem kann dies nicht nach objektiven Kriterien bestimmt werden. Der Betroffene trägt schließlich keinen Aufkleber auf der Stirn, der besagt, warum er das Gebäude betritt. Die überwiegende Literatur und Teile der Rechtsprechung untersuchen daher den ***Zweck des Hausverbots***. Das Hausverbot sei öffentlich-rechtlich, wenn es zur Sicherung der Erfüllung öffentlicher Aufgaben im Gebäude dient. Hiervon sei in der Regel auszugehen, sodass ein Hausverbot in einem öffentlichen Gebäude grundsätzlich öffentlich-rechtlicher Natur sei (OVG Münster NWVBl **2006**, 101; VG Berlin NVwZ-RR **2010**, 783; VG Neustadt LKRZ **2010**, 178; *Maurer*, AllgVerwR, § 3 Rz. 24; weitere Nachweise bei *Stelkens* in JURA 2010, 363).

Wir wollen in unserem Fall der zweiten gerade genannten Ansicht – ohne Wertung – den Vorzug gewähren und dies mit der durch die objektiven Beurteilungskriterien garantierten Rechtssicherheit begründen (*Beaucamp* in JA 2003, 231; *Bull*, AllgVerwR, Rz. 858; *Hufen*, VerwProzessR, § 11 Rz. 53); zur argumentativen Darstellung dessen in der Klausur vgl. bitte das Gutachten weiter unten.

Das Gerichtsgebäude ist ein öffentliches Gebäude. Daher ist davon auszugehen, dass das erteilte Hausverbot der Sicherung öffentlicher Aufgaben diente und somit auch öffentlich-rechtlicher Natur ist.

<u>ZE.</u>: Die Streitigkeit ist öffentlich-rechtlicher Natur und der Verwaltungsrechtsweg daher nach § 40 Abs. 1 Satz 1 VwGO eröffnet.

II. Die statthafte Klageart

Die statthafte Klageart richtet sich wie immer nach dem Klagebegehren (§ 88 VwGO). Unser R begehrt die Aufhebung des vom Landgerichtspräsidenten verhängten Hausverbots, um das Gerichtsgebäude ungehindert betreten zu können. Da der Zutritt zu dem Gerichtsgebäude nicht von einer besonderen Zulassung abhängig ist, würde bereits eine Aufhebung des Hausverbots dem von R verfolgten Begehren entsprechen.

1. Die Anfechtungsklage

Als statthafte Klageart kommt daher die Anfechtungsklage nach § 42 Abs. 1 Var. 1 VwGO in Betracht. Hierfür muss es sich bei dem Hausverbot um einen Verwaltungsakt im Sinne des § 35 Satz 1 VwVfG handeln.

Wir erinnern uns bitte:

> Ein ***Verwaltungsakt*** ist gemäß § 35 Satz 1 VwVfG eine *hoheitliche Maßnahme* **(1)**, die eine *Behörde* **(2)** zur *Regelung* **(3)** eines Einzelfalls **(4)** auf dem Gebiet des *öffentlichen Rechts* **(5)** trifft und die auf *unmittelbare Rechtswirkung nach außen* **(6)** gerichtet ist.

Problematisch ist allein, ob der Landgerichtspräsident eine ***Behörde*** im Sinne von § 35 Satz 1 VwVfG ist. Eine Behörde ist nach **§ 1 Abs. 4 VwVfG** jede Stelle, die Aufgaben hoheitlicher Verwaltung wahrnimmt. Zwar handelt es sich bei der Person des Landgerichtspräsidenten um einen Richter und nicht um einen Verwaltungsbeamten. Die Gerichts***verwaltung*** hat allerdings die Aufgabe, die ordnungsgemäße Erfüllung der Gerichtstätigkeit zu ermöglichen. Hierin ist ***kein*** Akt der Rechtsprechung zu sehen. Soweit die Gerichtspräsidenten verwaltend tätig werden, wie zum Beispiel bei der Verhängung eines Hausverbots, sind sie Verwaltungsbehörden (*Kopp/Ramsauer* § 1VwVfG Rz. 57; *Wolff/Bachof/Stober*, Verwaltungsrecht II, § 45 Rz. 27). Das Hausverbot stellt daher die Maßnahme einer Behörde zur Regelung eines Einzelfalles mit Außenwirkung, also einen Verwaltungsakt nach § 35 Satz 1 VwVfG dar.

Problem: Dieser Verwaltungsakt muss allerdings noch wirksam sein, er darf sich also noch ***nicht erledigt*** haben. Mit Eintritt der Erledigung nämlich wird der Verwaltungsakt gemäß **§ 43 Abs. 2 VwVfG** unwirksam, sodass eine Gestaltungsklage wie die Anfechtungsklage ins Leere läuft. Eine trotz Erledigung aufrechterhaltene Anfechtungsklage wird das Verwaltungsgericht deshalb als ***unzulässig*** abweisen (*Fechner* in NVwZ 2000, 121; *Ogorek* in JA 2002, 222).

Erledigung tritt nach § 43 Abs. 2 VwVfG unter anderem durch Aufhebung des Verwaltungsaktes ein. Der Landgerichtspräsident hat das Hausverbot – also den Verwaltungsakt – mit einem weiteren Schreiben ausdrücklich aufgehoben. Daher ist Erledigung eingetreten, der Verwaltungsakt ist wegen § 43 Abs. 2 VwVfG nicht mehr wirksam. Demzufolge bleibt für die Anfechtungsklage kein Raum (mehr).

2. Die Fortsetzungsfeststellungsklage

Die Tatsache, dass sich ein Verwaltungsakt erledigt hat, heißt allerdings nicht, dass dadurch auch zwingend der Prozess beendet ist (BFH NVwZ **2008**, 351).

> **Denn:** Nach **§ 113 Abs. 1 Satz 4 VwGO** (lesen, bitte) spricht das Gericht in solchen Fällen auf Antrag des Klägers durch Urteil aus, dass der Verwaltungsakt rechtswidrig gewesen ist. Ursprünglich war die Klage auf ein Gestaltungsurteil, die Aufhebung des Verwaltungsaktes, angelegt. Durch einen Antrag nach § 113 Abs. 1 Satz 4 VwGO wird nach Erledigung nun ein sogenanntes ***Feststellungsurteil*** ermöglicht. Der Kläger muss den Feststellungsantrag hierbei übrigens nicht ausdrücklich stellen, es genügt, wenn sich das Begehren schlüssig aus seinem Verhalten ergibt (*Ogorek* in JA 2002, 222). Und dies ist bereits dann der Fall, wenn der Kläger trotz Erledigung des Verwaltungsaktes davon absieht, die Klage zurückzunehmen (BVerwGE **61**, 128; *Eyermann/Schmidt* § 113 VwGO Rz. 67). Merken.

Voraussetzung für die Fortführung der Anfechtungsklage in Form der Fortsetzungsfeststellungsklage ist neben der Erledigung eines Verwaltungsaktes, dass diese Erledigung **»vorher«** stattgefunden hat (BVerwG NVwZ **2009**, 122). Einen ausdrücklichen Bezugspunkt, was unter »vorher« zu verstehen ist, enthält die Norm allerdings nicht. Aus der Systematik der Vorschrift – § 113 VwGO steht im 10. Abschnitt (»Urteile und andere Entscheidungen«) – und der Formulierung ergibt sich jedoch, dass unter »vorher« der Zeitraum zwischen ***Klageerhebung*** und ***Urteilsverkündung*** zu verstehen ist (*Fechner* in NVwZ 2000, 121; *Schenke*, VerwProzessR, Rz. 321). Vom direkten Anwendungsbereich der Norm sind folglich nicht die Fälle erfasst, in denen sich der Verwaltungsakt schon vor Klageerhebung erledigt.

Zum Fall: Das Hausverbot gegen R hat sich – wie oben dargestellt – erledigt. Die Erledigung ist eingetreten, ***nachdem*** unser R Anfechtungsklage erhoben hat – und ***bevor*** das Urteil gesprochen wurde. Sofern R einen diesbezüglichen Antrag stellt, ist seine Klage nunmehr als Fortsetzungsfeststellungsklage statthaft. Diesen Antrag muss R allerdings nicht ausdrücklich stellen, es genügt vielmehr, dass er seine Klage nicht zurücknimmt.

Feinkostabteilung: Der Anwendungsbereich der Fortsetzungsfeststellungsklage ist nicht auf den Wortlaut von § 113 Abs. 1 Satz 4 VwGO beschränkt. In Verpflichtungssituationen ist eine analoge Anwendung der Fortsetzungsfeststellungsklage weitgehend anerkannt (BVerwGE **106**, 295; OVG Münster NVwZ **2004**, 508; *Kopp/Schenke* § 113 VwGO Rz. 9). Weiterhin wird eine Analogie in den Situationen diskutiert, in denen sich der Verwaltungsakt bereits vor Klageerhebung, also nicht »vorher« im Sinne von § 113 Abs. 1 Satz 4 VwGO erledigt. Die Frage, ob in solchen Konstellationen eine Analogie notwendig oder die allgemeine Feststellungsklage (§ 43 Abs. 1 VwGO) statthaft ist, ist äußerst umstritten (lesenswert: *Schenke* in JuS 2007, 697; *Heinze/Sahan* in JA 2007, 805; *Finger* in VR 2004, 145; *Ogorek* in JA 2002, 222; *Weber* in BayVBl 2003, 488). Schließlich ist auch eine entsprechende Anwendung des § 113 Abs. 1 Satz 4 VwGO in den Fällen in Erwägung zu ziehen, in denen sowohl ein Verpflichtungsbegehren vorliegt als auch eine Erledigung vor Klageerhebung (sogenannte ***doppelte Analogie***: *Kopp/Schenke* § 113 VwGO Rz. 9; *Rozek* in JuS 1995, 414). Eine Entscheidung des BVerwG (NVwZ **2007**, 1311) dürfte die Diskussion um den Anwendungsbereich der Fortsetzungsfeststellungsklage nach § 113 Abs. 1 Satz 4 VwGO in Abgrenzung zur allgemeinen Feststellungsklage nach § 43 Abs. 1 VwGO wieder anheizen (vgl. auch *Schübel-Pfister* in JuS 2008, 329 und *Ingold* in JA 2009, 711). Das Gericht wendet dort – entgegen üblicher Praxis – in bestimmten Fällen der Erledigung ***vor*** Klageerhebung die allgemeine Feststellungsklage als richtige Klageart an und nicht mehr die Fortsetzungsfeststellungsklage nach § 113 Abs. 1 Satz 4 VwGO analog.

III. Besondere Sachentscheidungsvoraussetzungen

Die Fortsetzungsfeststellungsklage setzt die ursprünglich eingereichte Anfechtungsklage fort. Sie ist daher nur zulässig, sofern die eigentlich erhobene Anfechtungsklage zulässig war (VGH München DVBl **1992**, 1492; *Hufen*, VerwProzessR, § 18 Rz. 55). Demzufolge sind die besonderen Zulässigkeitsvoraussetzungen der Anfechtungsklage zu prüfen, die bis zur Erledigung des Verwaltungsaktes gerichtlich anhängig war. Hinzu kommt allerdings als erster Prüfungspunkt – und explizit genannte eigene Voraussetzung des § 113 Abs. 1 Satz 4 VwGO – das

1. Feststellungsinteresse

Nach § 113 Abs. 1 Satz 4 VwGO setzt die gerichtliche Feststellung der Rechtswidrigkeit eines erledigten Verwaltungsaktes ein ***berechtigtes Interesse*** des Klägers voraus. Darunter wird allgemein jedes vernünftige rechtliche, wirtschaftliche oder ideelle Interesse verstanden (BVerwG NVwZ **2013**, 1550; OVG Lüneburg NVwZ-RR **2007**, 103; *Ogorek* in JA 2002, 222; *Eyermann/Schmidt* § 113 VwGO Rz. 84).

→ Ein ***rechtliches*** Interesse ist gegeben, wenn die Wahrscheinlichkeit nahe liegend ist, dass die Behörde eine neue Entscheidung mit dem Inhalt des erledigten Verwaltungsaktes erlassen wird (***Wiederholungsgefahr*** – BVerwG NVwZ-RR **2002**, 323; BVerwG NVwZ **1994**, 282; BayVGH GewArch **2015**, 460).

→ Ein ***wirtschaftliches*** Interesse ist anzunehmen, wenn das Urteil des Verwaltungsgerichts für einen späteren ***Staatshaftungsprozess*** dienen soll. In diesen Fällen soll der Kläger nicht um die Früchte seines bereits eingeleiteten Prozesses gebracht werden (BVerwG NVwZ **2011**, 618; BVerwG DVBl **2004**, 1294; VGH Kassel NVwZ **2012**, 1350). Voraussetzung ist allerdings, dass sich der Verwaltungsakt erst ***nach*** der Klageerhebung erledigt, da der Betroffene andernfalls unmittelbar auf Schadensersatz klagen kann (vgl. VGH München NVwZ-RR **2013**, 614).

→ Von einem ***ideellen*** Interesse ist schließlich auszugehen, wenn die behördliche Maßnahme diskriminierend war und das Persönlichkeitsrecht des Klägers beeinträchtigt hat (***Rehabilitationsinteresse*** – BVerwG DVBl **1991**, 51; OVG Münster NVwZ **1995**, 628; VGH München NJOZ **2009**, 2695). Maßgend ist hierfür, ob bei objektiver und vernünftiger Betrachtungsweise abträgliche Nachwirkungen der Maßnahme fortbestehen, denen durch eine gerichtliche Feststellung der Rechtswidrigkeit des Verwaltungshandelns wirksam begegnet werden könnte (BVerWG NVwZ **2013**, 1550).

Beachte: Neben diesen drei Hauptanwendungsfällen wird ein Feststellungsinteresse zum Teil auch angenommen, wenn die behördliche Maßnahme einen »tiefgreifenden Grundrechtseingriff« darstellt (vgl. dazu den sehr instruktiven Fall des OVG Lüneburg in NVwZ-RR **2007**, 103, in dem es darum ging, ob die Polizei aus Gefahrenabwehrgründen einen ganzen Ort – *Gorleben* – abriegeln darf). Hieraus resultiert in Ausnahmesituationen ein Feststellungsinteresse, wenn die direkte Belastung durch die Maßnahme sich nach dem typischen Verfahrensablauf auf eine Zeitspanne beschränkt, in welcher der Betroffene entgegen seinem verfassungsrechtlich garantierten Anspruch auf effektiven Rechtsschutz eine gerichtliche Entscheidung kaum erlangen kann (BVerwG NVwZ **1999**, 991; BVerwG NJW **1997**, 2534; OVG Lüneburg NVwZ-RR **2007**, 103; OVG Münster NVwZ **2004**, 508). Das wäre etwa die Überprüfung der Nichtversetzung im Schul- oder Hochschulbereich oder auch das Verbot einer Parteiveranstaltung (BVerwG JuS **2000**, 198). Die Gruppe »tiefgreifender Eingriffe« wurde zuletzt vom VGH München weiterentwickelt: In einem Fall aus dem Bereich der Sportwettenvermittlung führte der VGH aus, dass sich das durch die Art des Eingriffs begründete ideelle Feststellungsinteresse auch im Hinblick auf die Verletzung ***europarechtlich*** garantierter Grundfreiheiten ergeben kann (VGH München BayVBl **2013,** 214; einschränkend hierzu aber: BVerwG VR **2014**, 31). Diese Erweiterungen der Hauptanwendungsfälle sind indessen nicht ohne Kritik: In der Literatur wird zum Teil etwa eingewandt, dass durch diese Rechtsprechung der Anwendungsbereich der Fortsetzungsfeststellungsklage in unüberschaubarer Weise ausgedehnt würde (*Ogorek* in JA 2002, 222; differenzierend hierzu: *Kopp/Schenke* § 113 VwGO Rz. 145, 146).

Zum Fall: Der R hat vor, auch in Zukunft das Gericht zu besuchen und befürchtet weitere Hausverbote. Diese sind auch wahrscheinlich, wenn R sich wieder genauso benimmt wie früher. Ein Feststellungsinteresse nach § 113 Abs. 1 Satz 4 VwGO unter dem Gesichtspunkt der Wiederholungsgefahr ist daher anzunehmen.

2. Die Klagebefugnis

Nach **§ 42 Abs. 2 VwGO** muss der Kläger geltend machen, durch den Verwaltungsakt in seinen Rechten verletzt zu sein. Als ***Adressat*** des Hausverbots, eines belastenden Verwaltungsaktes, erscheint eine Verletzung des R zumindest in seinen Rechten aus Art. 2 Abs. 1 GG möglich. Mithin ist er nach den Grundsätzen der Adressatentheorie klagebefugt.

3. Das Vorverfahren

R muss nach § 68 Abs. 1 Satz 1 VwGO vor Klageerhebung ein Vorverfahren in Form eines erfolglosen Widerspruchs durchgeführt haben. Einen solchen Widerspruch hat R eingereicht; dieser wurde von der Widerspruchsbehörde als ***unbegründet*** zurückgewiesen. Aufgrund des negativen Widerspruchsbescheides hat R das Vorverfahren also grundsätzlich durchgeführt.

Problem: Fraglich ist aber, wie es sich auswirkt, dass er den Widerspruch erst zwei Monate, nachdem er das Schreiben des Gerichtspräsidenten erhalten hat, eingereicht hat. Wir wissen aus dem letzten Fall, dass gemäß **§ 70 Abs. 1 Satz 1 VwGO** der Widerspruch innerhalb ***eines Monats*** nach Bekanntgabe des Verwaltungsaktes zu erheben ist. Diese Frist war nach ***zwei*** Monaten indessen offensichtlich abgelaufen. Der Widerspruch war demzufolge eigentlich schon ***unzulässig*** und nicht erst – wie von der Behörde entschieden – unbegründet. Inwiefern eine Behörde berechtigt ist, über einen eigentlich verfristeten Widerspruch sachlich zu entscheiden und ob ein trotz Verfristung erteilter Widerspruchsbescheid den Voraussetzungen des § 68 Abs. 1 Satz 1 VwGO genügt, ist sehr umstritten:

- Nach Ansicht der Rechtsprechung und Teilen der Literatur ist die Widerspruchsbehörde verfahrensrechtlich die »**Herrin des Vorverfahrens**« und hat die Befugnis, über einen verspäteten Widerspruch sachlich zu entscheiden und so das Verfahren trotz eigentlicher Unzulässigkeit wieder zu eröffnen. Einschränkungen soll es nur geben, wenn in gefestigte und unanfechtbare Rechtspositionen Dritter eingegriffen werde, zum Beispiel bei einem Widerspruch gegen einen Verwaltungsakt mit Drittwirkung. Für den Entzug einer derart gesicherten Rechtsposition wäre eine Ermächtigungsgrundlage erforderlich (→ §§ 48, 49 VwVfG), die sich den §§ 68 ff. VwGO nicht entnehmen lässt (BVerwGE **15**, 306; BVerwGE **57**, 344; VGH Mannheim NVwZ-RR **2002**, 6; *Deckenbrock/Patzer* in JURA 2003, 476; *Frenz* in JA 2011, 433; *Redeker/von Oertzen* § 70 VwGO Rz. 8).

Zum Fall: Ein Verwaltungsakt mit Drittwirkung lag nicht vor. Nach der vorgestellten Ansicht konnte die Behörde folglich über den eigentlich verfristeten Widerspruch des R sachlich bescheiden und ihn als unbegründet zurückweisen. Demzufolge hätte R ein ordnungsgemäßes Vorverfahren nach § 68 Abs. 1 Satz 1 VwGO durchgeführt.

- Nach der Gegenansicht ist die Widerspruchsbehörde ***nicht*** befugt, über einen verfristeten Widerspruch zu entscheiden. Anderenfalls würden die Vorschriften über die Wiedereinsetzung in den vorigen Stand (§ 70 Abs. 2 VwGO i.V.m. § 60 VwGO) und die Widerspruchsfrist ausgehebelt. Ein Verzicht auf ein ordnungsgemäßes Vorverfahren wäre nur zulässig, wenn die Behörde befugt wäre, über das Vorverfahren zu disponieren. Disponibel seien aber nur Gegenstände, die allein den Interessen des Verfügenden dienen. Das Vorverfahren habe zwar die Funktion der behördlichen Selbstkontrolle – insoweit wäre Dispositionsbefugnis zu bejahen. Daneben diene es aber auch der Entlastung der Gerichte, somit nicht allein den Interessen der Behörde. Zudem schade eine solche Rechtsfortbildung auch der Rechtssicherheit (*Erichsen* in JURA 1992, 645; *Kopp/Schenke* § 70 VwGO Rz. 9; *Schoch/Schneider/Bier/Dolde/Porsch* § 70 VwGO Rz. 40).

Zum Fall: Aufgrund der fehlenden Entscheidungsbefugnis der Widerspruchsbehörde hätte R nach dieser Meinung die Voraussetzung des § 68 VwGO nicht erfüllt, die Klage wäre unzulässig.

Lösung: Der zweiten Auffassung ist insoweit zuzustimmen, als dass das Vorverfahren nicht allein den Interessen des Verfügenden dient. Gegen eine Ablehnung der Dispositionsbefugnis spricht indes die vornehmliche Schutzrichtung des Vorverfahrens. Es handelt sich um ein ***Verwaltungs***verfahren, das hauptsächlich der Selbstkontrolle der Verwaltung dient und daher zu ihrer Verfügung stehen muss. Dies wird umso deutlicher, wenn man sich klar macht, dass der Schutz von Bürger und Gericht gerade aus der erneuten inhaltlichen Überprüfung resultiert. Von Vertretern der zweiten Ansicht wird zwar eingewandt, dass die Fristregelung in § 70 Abs. 2 VwGO zwingendes Recht sei und der Verweis auf die Wiedereinsetzung in den vorigen Stand (§ 60 VwGO) alle Fragen der Fristversäumnis abschließend erfasse. Konsequenz dessen wäre aber ein schlichtweg übertriebener Formalismus, wenn nach Eintritt der Bestandskraft die Widerspruchsbehörde an diese gebunden wäre, während die Ausgangsbehörde stets nach den §§ 48 ff. VwVfG (**lesen!**) vorgehen könne. Die Widerspruchsbehörde hat verfahrensrechtliche Sachherrschaft und kann daher auch trotz der Verfristung noch entscheiden (*Deckenbrock/Patzer* in JURA 2003, 476). Durch den Verweis auf § 60 VwGO regelt § 70 Abs. 2 VwGO außerdem nur einen ***Anspruch des Bürgers*** auf sachliche Auseinandersetzung mit seinem Begehren, trifft aber nicht zwingend eine abschließende Aussage über die Kompetenzen der Widerspruchsbehörde (BVerwGE **15**, 306; BVerwGE **57**, 344). Der ersten Ansicht ist daher zuzustimmen, eine sachliche Einlassung auf einen verfristeten Widerspruch führt also ***nicht*** zur Unzulässigkeit der später eingereichten Klage, sofern keine schützenswerten Rechtspositionen Dritter betroffen sind.

<u>ZE.</u>: Die Behörde war berechtigt, über den verfristeten Widerspruch zu entscheiden. Das erforderliche Vorverfahren ist somit ordnungsgemäß vom Kläger durchgeführt worden, was insbesondere nicht am an sich verfristeten Widerspruch scheitert.

Klausurtipp: Diesen gerade dargestellten Streit über die Frage des verfristeten Widerspruchs kann man selbstverständlich genauso gut und »gleichgültig« im besten

Sinne des Wortes in die andere Richtung entscheiden. Dann ist allerdings klausurtaktisch zu berücksichtigen, dass man sich im Anschluss mit einer möglichen Wiedereinsetzung in den vorigen Stand nach § 60 VwGO auseinander setzen muss. Sofern die Voraussetzungen hierfür nicht vorliegen, muss die weitere Klausur im Rahmen eines Hilfsgutachtens gelöst werden, wenn der Bearbeitervermerk dies zulässt.

Und noch was: Wenn in einem Sachverhalt mitgeteilt wird, dass der Widerspruch offensichtlich verfristet ist (so wie z.B. bei uns, wenn da etwa steht, dass er ***zwei*** Monate nach der jeweiligen Maßnahme eingelegt wurde), kann und muss (!) man auf eine genaue und eingehende Darstellung der Fristberechnung verzichten. Sofern der Klausursteller nämlich einen so großen Zeitrahmen angegeben hat, kommt es ihm ersichtlich ***nicht*** auf die konkrete Berechnung der Frist an. In solchen Konstellationen liegt das Problem dann an einer anderen Stelle, wie etwa in unserem Fall: Die Behörde hat sich trotz Verfristung sachlich eingelassen und den Widerspruch als ***unbegründet*** und nicht – was eigentlich richtig gewesen wäre – als ***unzulässig*** zurückgewiesen. Der clevere Kandidat erkennt dies und hält sich demnach bitte brav zurück bei der Fristberechnung, ein oder zwei Sätze reichen (vgl. insoweit das Gutachten zum Fall weiter unten). Merken.

4. Die Klagefrist

Die Klagefrist des **§ 74 Abs. 1 Satz 1 VwGO** hat R gewahrt.

5. Der Klagegegner

Klagegegner ist nach § 78 Abs. 1 Nr. 1 VwGO der Rechtsträger, dessen Behörde gehandelt hat. Rechtsträger der Landgerichte, wie auch der Amts- und Oberlandesgerichte, sind die Länder. Der Klagegegner ist mithin das Land X.

IV. Die allgemeinen Sachentscheidungsvoraussetzungen

Sowohl R als natürliche Person als auch das Land X als juristische Person sind beteiligtenfähig im Sinne des § 61 Nr. 1 VwGO. Der R ist als geschäftsfähige Person nach § 62 Abs. 1 Nr. 1 VwGO prozessfähig. Das Land X kann als juristische Person nicht selbst handeln. Es muss sich gemäß § 62 Abs. 3 VwGO als Vereinigung vertreten lassen.

Ergebnis: Die Klage des R ist als Fortsetzungsfeststellungsklage zulässig, obwohl der Landgerichtspräsident das Hausverbot zurückgenommen, der Verwaltungsakt sich also erledigt hat. Der für die Fortsetzungsfeststellungsklage nach § 113 Abs. 1 Satz 4 VwGO erforderliche Antrag muss nicht ausdrücklich gestellt werden, es genügt wenn R die Klage nicht zurücknimmt.

Gutachten

Zulässigkeit

I. Verwaltungsrechtsweg

Mangels aufdrängender Spezialzuweisungen kann sich der Rechtsweg zu den Verwaltungsgerichten nur nach der Generalklausel des § 40 Abs. 1 Satz 1 VwGO ergeben. Gestritten wird über die Rechtmäßigkeit des erteilten Hausverbots. Diese Streitigkeit ist weder verfassungsrechtlicher Art noch durch abdrängende Zuweisungen an andere Gerichte verwiesen. Demnach ist nur noch zu untersuchen, ob eine öffentlich-rechtliche Streitigkeit vorliegt.

Die Streitigkeit ist öffentlich-rechtlicher Natur, wenn die streitentscheidenden Normen solche des öffentlichen Rechts sind. Dies folgt entweder daraus, dass sie einzig einen Hoheitsträger berechtigen oder verpflichten (Sonderrechtstheorie) oder dem öffentlichen Interesse dienen (Interessentheorie). Für die Bestimmung der Rechtsnatur des Hausrechts und der daraus fließenden Befugnis zum Aussprechen eines Hausverbots kommen aber sowohl Vorschriften des Privatrechts als auch solche des öffentlichen Rechts in Betracht: Das Gerichtsgebäude ist Eigentum des Landes X. Der Präsident des Landgerichts könnte das Hausverbot daher auf die Vorschriften über die privatrechtliche Eigentümer- oder Besitzergewalt (§§ 859, 903, 1004 BGB) gestützt haben. Allerdings ist das Gebäude auch öffentlichen Zwecken gewidmet, sodass sich die Rechtsgrundlage für das Hausverbot aus der öffentlich-rechtlichen Sachherrschaft ergeben kann, sich also möglicherweise auf ein öffentliches Hausrecht stützen lässt. Die streitentscheidenden Normen lassen sich daher nicht eindeutig bestimmen. Daher lässt sich die Rechtsnatur des Hausverbots weder nach der Sonderrechtstheorie noch nach der Interessentheorie ausmachen. Auch die Subordinationstheorie, nach der das öffentliche Recht durch ein Über- und Unterordnungsverhältnis, das Zivilrecht dagegen durch ein Verhältnis der Gleichordnung geprägt ist, hilft nicht weiter. Selbst wenn der Landgerichtspräsident das Hausverbot auf Vorschriften des Privatrechts gestützt hätte, er mit R also in einem Verhältnis prinzipieller Gleichordnung stünde, ist zu berücksichtigen, dass der Präsident des Landgerichts den Zutritt zu dem Gerichtsgebäude aufgrund der §§ 859, 903, 1004 BGB gleichwohl einseitig verbieten könnte.

Für die Bestimmung der Rechtsnatur eines solchen Hausverbots könnte man auf den Zweck des Besuches abstellen, anlässlich dessen das Hausverbot ausgesprochen wird. Verfolgt der Betroffene wirtschaftliche Belange in dem Dienstgebäude, könnte man ein entsprechendes Hausverbot als privatrechtlich qualifizieren; betritt der Besucher das Gebäude zur Wahrnehmung öffentlich-rechtlicher Angelegenheiten als öffentlich-rechtlich. Das Abstellen auf den Zweck des Besuchs wirft allerdings oftmals das Problem auf, dass nicht immer eindeutig geklärt werden kann, zu welchem Zweck ein Besucher ein Verwaltungsgebäude betritt. Vor allem kann dies nicht nach objektiven Kriterien bestimmt werden. Demzufolge ist es schwer, klare und eindeutige Ergebnisse für Hausverbote in öffentlichen Gebäuden zu erzielen, sofern man den Zweck des Besuchs als allein taugliches Abgrenzungskriterium verwendet. Sinnvoller erscheint es daher, auf den Zweck des Hausverbots abzustellen. Dieses ist öffentlich-rechtlich, wenn es zur Sicherung der Erfüllung öffentlicher Aufgaben im Gebäude dient. Hiervon ist in der Regel auszugehen, sodass ein Hausverbot in einem öffentlichen Gebäude grundsätzlich öffentlich-rechtlicher Natur ist.

Das Gerichtsgebäude ist ein öffentliches Gebäude. Daher ist davon auszugehen, dass das erteilte Hausverbot der Sicherung öffentlicher Aufgaben diente und somit auch öffentlich-rechtlicher Natur ist. Folglich ist die Streitigkeit öffentlich-rechtlicher Natur und der Verwaltungsrechtsweg daher nach § 40 Abs. 1 Satz 1 VwGO eröffnet.

II. Statthafte Klageart

Die statthafte Klageart richtet sich nach dem Klagebegehren (§ 88 VwGO). R begehrt die Aufhebung des vom Landgerichtspräsidenten verhängten Hausverbots, um das Gerichtsgebäude ungehindert betreten zu können. Da der Zutritt zu dem Gerichtsgebäude nicht von einer besonderen Zulassung abhängig ist, würde bereits eine Aufhebung des Hausverbots dem von R verfolgten Begehren entsprechen.

Als statthafte Klageart kommt daher die Anfechtungsklage nach § 42 Abs. 1 Var. 1 VwGO in Betracht. Hierfür muss es sich bei dem Hausverbot um einen Verwaltungsakt i.S.d. § 35 Satz 1 VwVfG handeln. Problematisch ist allein, ob der Landgerichtspräsident eine Behörde im Sinne von § 35 Satz 1 VwVfG ist. Eine Behörde ist nach § 1 Abs. 4 VwVfG jede Stelle, die Aufgaben hoheitlicher Verwaltung wahrnimmt. Zwar handelt es sich bei der Person des Landgerichtspräsidenten um einen Richter und nicht um einen Verwaltungsbeamten. Die Gerichtsverwaltung hat allerdings die Aufgabe, die ordnungsgemäße Erfüllung der Gerichtstätigkeit zu ermöglichen. Hierin ist kein Akt der Rechtsprechung zu sehen. Soweit die Gerichtspräsidenten verwaltend tätig werden, wie zum Beispiel bei der Verhängung eines Hausverbots, sind sie Verwaltungsbehörden. Das Hausverbot stellt daher die Maßnahme einer Behörde zur Regelung eines Einzelfalles mit Außenwirkung, also einen Verwaltungsakt nach § 35 Satz 1 VwVfG dar.

Dieser Verwaltungsakt muss allerdings noch wirksam sein, darf sich also noch nicht erledigt haben. Erledigung tritt nach § 43 Abs. 2 VwVfG unter anderem durch Aufhebung des Verwaltungsaktes ein. Der Landgerichtspräsident hat das Hausverbot – also den Verwaltungsakt – mit einem weiteren Schreiben ausdrücklich aufgehoben. Daher ist Erledigung eingetreten, der Verwaltungsakt ist nicht mehr wirksam. Demzufolge war die Anfechtungsklage zwar ursprünglich statthafte Klageart, ist durch die Erledigung aber nicht mehr statthaft. Die Klage kann aber in Form einer Fortsetzungsfeststellungsklage nach § 113 Abs. 1 Satz 4 VwGO fortgeführt werden, sofern R dies beantragt. Der Antrag muss nicht ausdrücklich gestellt werden, es reicht aus, dass R davon absieht, die Klage zurückzunehmen. Voraussetzung für die Fortführung der Anfechtungsklage in Form der Fortsetzungsfeststellungsklage ist neben der Erledigung eines Verwaltungsaktes, dass diese Erledigung im Zeitraum zwischen Klageerhebung und Urteilsverkündung, also »vorher« eingetreten ist. Das Hausverbot gegen R hat sich, wie oben dargestellt, erledigt. Die Erledigung ist eingetreten, nachdem R Anfechtungsklage erhoben hat und bevor das Urteil gesprochen wurde. Sofern R davon absieht, die Klage zurückzunehmen, ist seine Klage nunmehr als Fortsetzungsfeststellungsklage statthaft.

III. Besondere Sachentscheidungsvoraussetzungen

1. Feststellungsinteresse

Nach § 113 Abs. 1 Satz 4 VwGO setzt die gerichtliche Feststellung der Rechtswidrigkeit eines erledigten Verwaltungsaktes ein berechtigtes Interesse des Klägers voraus. Hierunter wird allgemein jedes vernünftige rechtliche, wirtschaftliche oder ideelle Interesse verstanden. Ein solches rechtliches Interesse ist gegeben, wenn die Wahrscheinlichkeit nahe liegend ist, dass die Behörde eine neue Entscheidung mit dem Inhalt des erledigten Verwaltungsaktes erlassen wird, also Wiederholungsgefahr besteht. R hat vor, auch in Zukunft das Gericht zu besuchen und er befürchtet weitere Hausverbote. Diese sind auch wahrscheinlich, wenn R sich wieder genauso benimmt wie früher. Ein Feststellungsinteresse nach § 113 Abs. 1 Satz 4 VwGO unter dem Gesichtspunkt der Wiederholungsgefahr ist daher anzunehmen.

2. Klagebefugnis

Neben dem Feststellungsinteresse muss die ursprünglich anhängige Anfechtungsklage auch im Übrigen zulässig gewesen sein. Nach § 42 Abs. 2 VwGO muss der Kläger geltend machen, durch den Verwaltungsakt in seinen Rechten verletzt zu sein. Als Adressat des Hausverbots, eines belastenden Verwaltungsaktes, erscheint eine Verletzung des R zumindest in seinen Rechten aus Art. 2 Abs. 1 GG möglich. Mithin ist er nach den Grundsätzen der Adressatentheorie klagebefugt.

3. Vorverfahren

R muss nach § 68 Abs. 1 Satz 1 VwGO vor Klageerhebung ein Vorverfahren in Form eines ordnungsgemäßen Widerspruchsverfahrens durchgeführt haben. Einen solchen Widerspruch hat R eingereicht und er wurde von der Widerspruchsbehörde als unbegründet zurückgewiesen. Aufgrund des negativen Widerspruchsbescheides hat R das Vorverfahren grundsätzlich durchgeführt. Fraglich ist aber, wie es sich auswirkt, dass er den Widerspruch erst zwei Monate, nachdem er das Schreiben des Gerichtspräsidenten erhalten hat, eingereicht hat. Nach § 70 Abs. 1 Satz 1 VwGO ist der Widerspruch aber innerhalb eines Monats nach Bekanntgabe des Verwaltungsaktes zu erheben. Diese Frist war nach zwei Monaten offensichtlich abgelaufen. Der Widerspruch war demzufolge eigentlich schon unzulässig. Inwiefern eine Behörde berechtigt ist, über einen eigentlich verfristeten Widerspruch sachlich zu entscheiden und ob ein trotz Verfristung erteilter Widerspruchsbescheid den Voraussetzungen des § 68 Abs. 1 Satz 1 VwGO genügt, ist umstritten.

a) Einer Ansicht nach ist die Widerspruchsbehörde verfahrensrechtlich »Herrin des Vorverfahrens« und hat die Befugnis, über einen verspäteten Widerspruch sachlich zu entscheiden und so das Verfahren trotz eigentlicher Unzulässigkeit wieder zu eröffnen. Einschränkungen soll es nur geben, wenn in gefestigte und unanfechtbare Rechtspositionen Dritter eingegriffen werde, zum Beispiel bei einem Widerspruch gegen einen Verwaltungsakt mit Drittwirkung. Für den Entzug einer derart gesicherten Rechtsposition wäre eine Ermächtigungsgrundlage erforderlich (§§ 48, 49 VwVfG), die sich den §§ 68 ff. VwGO nicht entnehmen lässt. Ein Verwaltungsakt mit Drittwirkung lag nicht vor. Nach dieser Ansicht konnte die Behörde folglich den eigentlich verfristeten Widerspruch des R sachlich bescheiden und ihn als unbegründet zurückweisen. Demzufolge hätte R ein erfolgloses Vorverfahren nach § 68 Abs. 1 Satz 1 VwGO durchgeführt.

b) Nach der Gegenansicht ist die Widerspruchsbehörde nicht befugt, über einen verfristeten Widerspruch zu entscheiden. Anderenfalls würden die Vorschriften über die Wiedereinsetzung in den vorigen Stand (§ 70 Abs. 2 VwGO i.V.m. § 60 VwGO) und die Widerspruchsfrist ausgehebelt. Ein Verzicht auf ein ordnungsgemäßes Vorverfahren wäre nur zulässig, wenn die Behörde befugt wäre, über das Vorverfahren zu disponieren. Disponibel seien aber nur Gegenstände, die allein den Interessen des Verfügenden dienen. Das Vorverfahren habe zwar die Funktion der behördlichen Selbstkontrolle – insoweit wäre Dispositionsbefugnis zu bejahen. Daneben diene es aber auch der Entlastung der Gerichte, somit nicht allein den Interessen der Behörde. Zudem schade eine solche Rechtsfortbildung auch der Rechtssicherheit. Aufgrund der fehlenden Entscheidungsbefugnis der Behörde hätte R die Voraussetzung des § 68 VwGO nach dieser Meinung nicht erfüllt, die Klage wäre unzulässig.

c) Der zweiten Meinung ist zuzugeben, dass das Vorverfahren nicht allein den Interessen des Verfügenden dient. Gegen eine Ablehnung der Dispositionsbefugnis spricht indes die vornehmliche Schutzrichtung des Vorverfahrens. Es handelt sich um ein Verwaltungsverfahren, welches hauptsächlich der Selbstkontrolle der Verwaltung dient und daher zu ihrer Verfügung stehen muss. Dies wird umso deutlicher, wenn man sich klar macht, dass der Schutz von Bürger und Gericht gerade aus der erneuten inhaltlichen Überprüfung resultiert. Von Vertretern der zweiten Ansicht wird zwar eingewandt, dass die Fristregelung in § 70 Abs. 2 VwGO zwingendes Recht sei und der Verweis auf die Wiedereinsetzung in den vorigen Stand (§ 60 VwGO) alle Fragen der Fristversäumnis abschließend erfasse. Konsequenz dessen wäre aber ein schlichtweg übertriebener Formalismus, wenn nach Eintritt der Bestandskraft die Widerspruchsbehörde an diese gebunden wäre, während die Ausgangsbehörde stets nach den §§ 48 ff. VwVfG vorgehen könne. Die Widerspruchsbehörde hat verfahrensrechtliche Sachherrschaft und kann daher auch trotz der Verfristung noch entscheiden. Durch den Verweis auf § 60 VwGO regelt § 70 Abs. 2 VwGO außerdem nur einen Anspruch des Bürgers auf sachliche Auseinandersetzung mit seinem Begehren, trifft aber nicht zwingend eine abschließende Aussage über die Kompetenzen der Widerspruchsbehörde. Der ersten Ansicht ist daher zu folgen, eine sachliche Einlassung auf einen verfristeten Widerspruch führt nicht zur Unzulässigkeit der später eingereichten Klage, sofern keine schützenswerte Rechtsposition Dritter betroffen ist. Daher hat R das Vorverfahren ordnungsgemäß durchgeführt.

4. Sonstige besondere Sachentscheidungsvoraussetzungen

Die Klagefrist des § 74 Abs. 1 Satz 1 VwGO hat R gewahrt. Klagegegner ist nach § 78 Abs. 1 Nr. 1 VwGO der Rechtsträger der Behörde. Rechtsträger der Landgerichte sind die Länder. Klagegegner ist mithin das Land X.

IV. Allgemeine Sachentscheidungsvoraussetzungen

Sowohl R als natürliche Person als auch das Land X als juristische Person sind beteiligtenfähig i.S.d. § 61 Nr. 1 VwGO. R ist als geschäftsfähige Person nach § 62 Abs. 1 Nr. 1 VwGO prozessfähig. Das Land X kann als juristische Person nicht selbst handeln. Es muss sich gemäß § 62 Abs. 3 VwGO als Vereinigung vertreten lassen.

Ergebnis: Die Klage des R ist als Fortsetzungsfeststellungsklage weiterhin zulässig, sofern R seine Klage nicht zurücknimmt.

Aufbaumuster für die Zulässigkeit einer Fortsetzungsfeststellungsklage

I. Verwaltungsrechtsweg

1. **Aufdrängende Spezialzuweisung**
   falls (-) weiter mit…
2. **Generalklausel, § 40 Abs. 1 Satz 1 VwGO**
   a. öffentlich-rechtliche Streitigkeit (→ Abgrenzung öffentliches Recht/Privatrecht)
   b. nichtverfassungsrechtlicher Art (→ doppelte Verfassungsunmittelbarkeit)
   c. keine abdrängende Sonderzuweisung

II. Statthafte Klageart

→ 113 Abs. 1 Satz 4 VwGO

1. Erledigung eines Verwaltungsaktes (→ §§ 35 Satz 1, 43 Abs. 2 VwVfG)
2. »vorher«

→ in Verpflichtungssituationen und bei Erledigung vor Klageerhebung **analoge** Anwendung von § 113 Abs. 1 Satz 4 VwGO berücksichtigen!

III. Besondere Sachentscheidungsvoraussetzungen

1. Feststellungsinteresse (→ § 113 Abs. 1 Satz 4 VwGO)
2. Klagebefugnis (→ § 42 Abs. 2 VwGO)
3. Vorverfahren (→ § 68 Abs. 1 Satz 1 VwGO; **Ausnahmen:** § 68 Abs. 1 Satz 2 VwGO!)
4. Klagefrist (→ § 74 Abs. 1 VwGO)
5. Klagegegner (→ § 78 Abs. 1 VwGO)

IV. Allgemeine Sachentscheidungsvoraussetzungen

→ nur wenn problematisch, u.a.:

1. ordnungsgemäße Klageerhebung (→ §§ 81 ff. VwGO)
2. sachliche und örtliche Zuständigkeit des Gerichts (→ §§ 45 ff. VwGO)
3. Beteiligtenfähigkeit (→ § 61 VwGO)
4. Prozessfähigkeit (→ § 62 VwGO)
5. Allgemeines Rechtsschutzbedürfnis

Fall 5

Der Mitternachtskick

Familie F wohnt in der oberbergischen Gemeinde G direkt neben dem örtlichen Sportplatz, der von der Gemeinde betrieben wird und bis vor kurzem ausschließlich vom Fußballverein »1. FCG 1904« genutzt wurde. Vor einigen Wochen beschloss die Gemeinde, etwas gegen die zunehmende Verwahrlosung der Jugend zu unternehmen. Der Rat der Gemeinde stattete den Sportplatz mit einer aufwendigen Flutlichtanlage aus und veranstaltet seitdem freitags und samstags abends einen sogenannten »Mitternachtskick«. An diesen Abenden wird für die Jugendlichen der Umgebung zwischen 22.00 und 0.00 Uhr ein betreutes Fußballtraining angeboten, um den Jugendlichen eine Alternative zu Kneipenbesuchen und sonstigem Drogenkonsum zu bieten.

Seither ist die Wochenendruhe der Familie F empfindlich gestört. Vater V sieht sich erheblich in seinen (Schlaf-) Rechten verletzt und will daher wissen, inwiefern ihm gerichtlicher Rechtsschutz zur Seite steht. V fragt im Übrigen, ob er eine mögliche Klage auch per E-Mail einreichen kann; der Postweg sei ihm zu unsicher, seitdem die Post privatisiert ist.

Ist eine Klage des V unter diesen Umständen zulässig?

Schwerpunkte: Die allgemeine Leistungsklage – Aufbau und Sachentscheidungsvoraussetzungen; die Eröffnung des Verwaltungsrechtswegs bei öffentlich-rechtlichen Immissionen; der Begriff der Daseinsvorsorge; Klagebefugnis bei der Leistungsklage; die Klageeinreichung per E-Mail.

Lösungsweg

Zulässigkeit der Klage

I. Der Verwaltungsrechtsweg

Zunächst muss der Rechtsweg zu den Verwaltungsgerichten eröffnet sein.

Mangels einer aufdrängenden Spezialzuweisung kann sich der Verwaltungsrechtsweg nur nach der Generalklausel des **§ 40 Abs. 1 Satz 1 VwGO** ergeben. Wir suchen also wieder eine öffentlich-rechtliche Streitigkeit nichtverfassungsrechtlicher Art, die keinem anderen Gericht (abdrängend) zugewiesen ist. V möchte, dass das nächtliche Fußballspielen auf dem Sportplatz eingestellt wird, weil dadurch Lärm verursacht wird, den V für rechtswidrig hält. Rechtlich gesehen möchte er also eine Störung abwehren (= **Unterlassungsanspruch**). Gestritten wird folglich über das Bestehen eines solchen Unterlassungsanspruchs. Dieser Streit ist jedenfalls nicht verfassungsrechtlicher Art und auch nicht durch Sonderzuweisung von den Verwaltungsgerichten abgedrängt. Entscheidende Frage für die Eröffnung des Verwaltungsrechtswegs nach § 40 Abs. 1 Satz 1 VwGO ist mithin (wieder einmal) die Frage, ob die Streitigkeit ***öffentlich-rechtlicher*** Art ist.

Eine Streitigkeit ist jedenfalls dann öffentlich-rechtlicher Natur, wenn die ***streitentscheidenden*** Normen solche des öffentlichen Rechts sind (Interessentheorie und Sonderrechtstheorie). Hierfür muss aber feststehen, welche Normen den Rechtsstreit in der Sache entscheiden. Der in Streit stehende Unterlassungsanspruch kann sich sowohl aus zivilrechtlichen Abwehrrechten (§§ 823, 1004 BGB), als auch aus einem (möglicherweise auch ungeregelten) öffentlich-rechtlichen Unterlassungsanspruch ergeben. Die streitentscheidenden Normen sind also gerade abhängig davon, ob die Rechtsnatur der Streitigkeit öffentlich-rechtlichen oder privatrechtlichen Charakters ist. Weder die Interessentheorie noch die Sonderrechtstheorie stellen vorliegend ein taugliches Abgrenzungsinstrument dar. Auch die Subordinationstheorie hilft nicht weiter, da sowohl zivilrechtliche als auch öffentlich-rechtliche Unterlassungsansprüche nicht von prinzipieller Gleichordnung geprägt sind.

Wir haben also erneut eine Ausnahmekonstellation, in der man über den klassischen Weg der Abgrenzungstheorien die Frage nach der Rechtsnatur der Streitigkeit nicht lösen kann.

Beachte: In den sogenannten **»Immissionsfällen«** – also Situationen, in denen jemand oder etwas durch einwirkende Luftverunreinigungen, Geräusche oder sonstige Einwirkungen gestört wird (*Kaller*, Rechtslexikon, S. 160) – bestimmt sich die Rechtsnatur des Eingriffs nach dem Zweck der Sache oder Einrichtung, von der die Immission ausgeht. Wird die Störung gerade durch die ***Erfüllung eines öffentlichen Zwecks*** – zum Beispiel als Teil der Daseinsvorsorge – verursacht, oder steht sie in unmittelbarem ***funktionalen Zusammenhang*** mit einem solchen Zweck, ist die Streitigkeit öffentlich-rechtlicher Art (VGH München NVwZ-RR **2007**, 462; VG Arnsberg NVwZ **1999**, 450; *Büchner/Schlotterbeck*, VerwProzessR, Rz. 104). Unter ***Daseinsvorsorge*** als ein Hauptaspekt öffentlicher Zwecke sind grundsätzlich staatliche Leistungen zur Deckung der Lebensbedürfnisse der Allgemeinheit zu verstehen (*Doerfert* in JA 2006, 316; *Heinze* in BayVBl 2004, 33; *Veith* in VBlBW 2004, 161). Einfacher gesagt: Brot und Spiele.

Feinkost: Wurde eine öffentliche Einrichtung zur Nutzung einem Privaten überlassen und geht von diesem die Störung aus, kann der öffentlich-rechtliche Unterlassungsanspruch gegen den Hoheitsträger nur auf eine ***Einwirkung*** auf diesen Privaten gerichtet sein. Möchte man in diesen Fällen gegen den Störer selbst vorgehen, steht lediglich der Zivilrechtsweg offen (OLG Köln NVwZ **1989**, 290; *Hufen*, VerwProzessR, § 11 Rz. 54).

Zum Fall: Die Gemeinde stellt den Sportplatz zum einen dem ortsansässigen Fußballverein zur Verfügung. Im Zusammenhang mit dessen privater Nutzung könnte man auf die Idee kommen, den öffentlich-rechtlichen Charakter der Immission (Lärm) abzulehnen. Die Störung geht indes nicht von einer Veranstaltung des Vereins aus, sondern von den nächtlichen Fußballspielen am Wochenende. Diese werden von der Gemeinde abgehalten, um Jugendliche von der Straße zu holen. Die Gemeinde betätigt sich damit in einem klassischen Bereich der Daseinsvorsorge, versucht sie doch, die Jugendlichen aus den Kneipen und vom sonstigen Drogenkonsum fernzuhalten. Sie dient dadurch einem wichtigen Lebensbedürfnis der Allgemeinheit. Die Störung wird daher durch die Erfüllung eines öffentlichen Zwecks verursacht. Folglich ist die Rechtsnatur dieses Eingriffs auch ***öffentlich-rechtlicher*** Natur, mithin auch die Streitigkeit.

ZE.: Somit sind alle Voraussetzungen des § 40 Abs. 1 Satz 1 VwGO erfüllt, der Verwaltungsrechtsweg ist eröffnet.

II. Statthafte Klageart

Ausgehend vom Begehren des Klägers (§ 88 VwGO) ist zu ermitteln, welche Klageart statthaft ist. Unser V begehrt, dass die nächtlichen Fußballspiele unterlassen werden. Für die Bestimmung der richtigen Klageart ist zu prüfen, welcher Handlungsform die Veranstaltung der Fußballspiele zuzuordnen ist. Sofern ein Verwaltungsakt oder eine Allgemeinverfügung vorliegt (§ 35 VwVfG), ist die ***Anfechtungsklage*** nach § 42 Abs. 1 VwGO statthaft. Andernfalls kommt die sogenannte **»allgemeine Leistungsklage«** in Form der Unterlassungsklage in Betracht.

1. Die Anfechtungsklage

Diese ist zulässig, wenn die Veranstaltung der Fußballspiele seitens der Gemeinde einen Verwaltungsakt darstellt (lies: § 42 Abs. 1 VwGO und § 35 Satz 1 VwVfG).

Bei der Veranstaltung der Fußballspiele durch den Rat der Gemeinde G handelt es sich zweifellos um eine hoheitliche Maßnahme einer Behörde. Wie oben im Rahmen des Verwaltungsrechtswegs dargestellt, ist diese Maßnahme auch auf dem Gebiet des öffentlichen Rechts angesiedelt. Fraglich erscheint indessen, ob auch eine ***Regelung*** vorliegt. Eine solche setzt jedenfalls voraus, dass durch die Maßnahme eine bestimmte Rechtsfolge gesetzt wird (*Knack/Henneke* § 35 VwVfG Rz. 22; *Obermayer* § 35 VwVfG Rz. 34). Das bedeutet, Rechte des Betroffenen müssen unmittelbar begründet, geändert, aufgehoben, mit bindender Wirkung festgestellt oder verneint werden (BVerwGE **36**, 192; OVG Lüneburg NVwZ **1982**, 385). Zielt eine hoheitliche Maßnahme indes nicht auf den Eintritt einer Rechtsfolge, sondern auf einen tatsächlichen Erfolg ab, liegt eine ***schlicht-hoheitliche*** Maßnahme – ein ***Realakt*** – und demzufolge ***kein*** Verwaltungsakt vor (*Obermayer* § 35 VwVfG Rz. 71; *Remmert* in JURA 2007, 736).

Die Veranstaltung der Fußballspiele an sich setzt keine Rechtsfolge. Zwar wird V durch die Veranstaltungen in seinen Rechten betroffen, diese werden aber weder geändert noch aufgehoben, mithin nicht geregelt. V wird lediglich ***faktisch*** betroffen.

<u>ZE.</u>: Die Veranstaltung der Fußballspiele hat ***keinen*** Regelungscharakter und stellt daher auch keinen Verwaltungsakt nach § 35 Satz 1 VwVfG dar. Eine Anfechtungsklage nach § 42 Abs. 1 VwGO scheidet mithin als statthafte Klageart aus.

2. Die allgemeine Leistungsklage

Die allgemeine Leistungsklage ist in der VwGO nicht ausdrücklich geregelt. Sie wird aber in einigen Normen des Gesetzes als existent vorausgesetzt, so zum Beispiel in den §§ 43 Abs. 2, 111, 113 Abs. 4 VwGO. Insbesondere aufgrund der Rechtsschutzgarantie des **Art. 19 Abs. 4 GG** ist sie mittlerweile in der Rechtsprechung und Wissenschaft allgemein anerkannt (BVerwGE **77**, 268; OVG Münster NVwZ **1983**, 357; *Schoch/Schneider/Bier/Wahl/Schütz* § 42 VwGO Rz. 150). Die allgemeine Leistungsklage ist eine Art ***Auffangklage*** für alle Leistungsbegehren, die nicht einen Verwaltungsakt zum Gegenstand haben. Sie ist subsidiär zur Anfechtungs- und zur Verpflichtungsklage (*Kopp/Schenke* § 42 VwGO Rz. 13; *Stollenwerk* in VBlBW 1996, 154) und kommt daher in Betracht, wenn die ***Vornahme*** (sogenannte »**Vornahmeklage**«) oder die ***Abwehr*** (sogenannte »**Unterlassungsklage**«) schlichten Verwaltungshandelns begehrt wird (BVerwGE **100**, 83; *Ehlers* in JURA 2006, 351).

Zum Fall: Der V möchte gegen die Veranstaltung der Fußballspiele vorgehen, also schlicht-hoheitliches Verwaltungshandeln abwehren. Hierfür ist die allgemeine Leistungsklage in Form der Unterlassungsklage die statthafte Klageart.

III. Besondere Sachentscheidungsvoraussetzungen

Es stellt sich jetzt natürlich die Frage, welche besonderen Voraussetzungen an die Zulässigkeit einer solchen allgemeinen Leistungsklage gestellt werden.

1. Die Klagebefugnis?

Für Anfechtungs- und Verpflichtungsklagen normiert § 42 Abs. 2 VwGO die Notwendigkeit einer Klagebefugnis. Hinsichtlich der nicht geregelten allgemeinen Leistungsklage fehlt in der VwGO eine entsprechende Vorschrift. Fraglich ist, ob auch für die allgemeine Leistungsklage der Kläger in analoger Anwendung des § 42 Abs. 2 VwGO klagebefugt sein muss. Diese Frage ist (natürlich) umstritten:

- ***Teilweise*** wird vertreten, dass mangels ausfüllungsbedürftiger Regelungslücke eine Analogie abzulehnen sei (*Achterberg* in DVBl 1981, 278; *Erichsen* in JURA 1992, 384; *Schoch* in JuS 1987, 783). Dies sei darauf zurückzuführen, dass die Notwendigkeit des Ausschlusses von Popularklagen schon über die auch für die Leistungsklage geltende allgemeine Voraussetzung der ***Prozessführungsbefugnis*** erfüllt sei. Unter der Prozessführungsbefugnis ist das Recht zu verstehen, über ein behauptetes – im Prozess streitiges Recht – im eigenen Namen einen Rechtsstreit zu führen (BVerwG BayVBl **1998**, 760; *Kopp/Schenke* Vorb. § 40 VwGO Rz. 23). Nach dieser Ansicht wäre die Klagebefugnis keine Zulässigkeitsvoraussetzung der allgemeinen Leistungsklage, da die Überprüfung der entsprechenden Voraussetzungen im Rahmen der Prozessführungsbefugnis erfolgen könne.

- Die ***herrschende Meinung*** sieht dies indessen anders: Richtig an der gerade geschilderten Ansicht sei zwar, dass es jemandem, der sich auf fremde Rechte beruft, auch an der Prozessführungsbefugnis mangelt. Hierdurch können Popularklagen ausgeschlossen werden. Das Rechtsschutzsystem der VwGO ist jedoch – wie sich gerade aus § 42 Abs. 2 VwGO ergibt – auf ***Individualrechtsschutz*** angelegt (*Kopp/Schenke* § 42 VwGO Rz. 62). Dies zeigt sich insbesondere, wenn man bedenkt, dass auch Art. 19 Abs. 4 GG eine Rechtsschutzgarantie nur für die Verletzung ***eigener*** Rechte gewährt (*Maunz/Dürig* Art. 19 GG Rz. 117; *Umbach/Clemens* Art. 19 GG Rz. 162). Demzufolge setzt auch die Klagebefugnis voraus, dass jemand die Verletzung subjektiver Rechte geltend macht. Wer sich aber auf ein nur ***vermeintlich*** bestehendes subjektives Recht beruft, kann zwar prozessführungsbefugt, nicht jedoch klagebefugt sein (*EyermannHapp* § 42 VwGO Rz. 71 ff.). Die Klagebefugnis unterscheidet sich in diesem Punkt von der Prozessführungsbefugnis. Es ist daher die Notwendigkeit einer Klagebefugnis ***analog*** § 42 Abs. 2 VwGO auch für die allgemeine Leistungsklage zu verlangen (BVerwGE **100**, 262; OVG Münster DVBl **2015**, 514; VGH Mannheim NVwZ **1991**, 185; *Ehlers* in JURA 2006, 351; *Frenz* in JA 2010, 328; *Hipp/Hufeld* in JuS 1998, 802; *Kopp/Schenke* § 42 VwGO Rz. 62).

Mit den genannten Argumenten wollen wir uns dann auch der zweiten gerade dargestellten Auffassung anschließen und die Klagebefugnis somit innerhalb der Zulässigkeit der allgemeinen Leistungsklage prüfen.

Zum Fall: Unser V macht Abwehransprüche wegen des störenden Lärms, der von dem Fußballplatz ausgeht, geltend. Hierfür kann er sich auf die **§§ 3 Abs. 1, 22 Abs. 1 und 23 Abs. 1 BImSchG** berufen. Ob dem V tatsächlich aus diesen Normen Abwehransprüche zustehen, ist jedenfalls nicht von vornherein ausgeschlossen. V ist daher nach § 42 Abs. 2 VwGO analog klagebefugt.

Tipp: In der Klausur muss man die dargestellte Problematik zwar kurz darstellen, in der Regel aber nicht entscheiden. Sie kann nämlich dahinstehen, wenn der Kläger jedenfalls klagebefugt ist. In diesem Fall – da sind sich alle Beteiligten einig – geht die Zulässigkeitsprüfung ohnehin weiter. Entweder weil man auf das Erfordernis der Klagebefugnis verzichtet, oder aber weil ihre Voraussetzungen vorliegen (wie man das Ganze dann in der Klausur zutreffend darstellt, steht weiter unten im Gutachten zum Fall; nachlesen schadet sicher nicht).

2. Der Klagegegner

Für die Anfechtungs- und Verpflichtungsklagen normiert § 78 VwGO, wonach sich der richtige Klagegegner bestimmt. Für die allgemeine Leistungsklage fehlt indes eine solche Regelung. Wie wir bereits aus den vorherigen Fällen wissen, kann man dem § 78 VwGO aber das ***Rechtsträgerprinzip*** entnehmen. Anfechtungs- und Verpflichtungsklagen sind demnach – vorbehaltlich landesgesetzlicher Bestimmungen i.S.d. § 78 Abs. 1 Nr. 2 VwGO – gegen den Rechtsträger des handelnden Organs zu richten. Dieses Grundprinzip lässt sich auch auf alle anderen Klagearten, folglich auch auf die allgemeine Leistungsklage übertragen (*Hufen*, VerwProzessR, § 12 Rz. 44; *Kopp/Schenke* § 78 VwGO Rz. 2). Der Klagegegner ist bei der allgemeinen Leistungsklage der ***sachliche Streitgegner***, also derjenige Verwaltungsträger, gegen den sich der geltend gemachte Anspruch richtet (*Schenke*, VerwProzessR, Rz. 554).

Zum Fall: Die Gemeinde G ist als vermeintlicher Störer auch sachlicher Streit- und damit Klagegegner.

3. Weitere besondere Sachentscheidungsvoraussetzungen

Als weitere besondere Sachentscheidungsvoraussetzungen der Anfechtungs- und Verpflichtungsklage sind das Vorverfahren (§ 68 VwGO) und die Klagefrist (§ 74 VwGO) zu prüfen. Hinsichtlich der allgemeinen Leistungsklage fehlen entsprechende Regelungen. Die allgemeine Leistungsklage hat somit grundsätzlich keine weiteren Sachentscheidungsvoraussetzungen (*Erichsen* in JURA 1992, 384; *Stollenwerk* in VBlBW 1996, 154).

Achtung: Grundsätzlich gibt es für die allgemeine Leistungsklage also weder ein Vorverfahren noch ist eine Klagefrist zu beachten. Es gibt insoweit allerdings eine sehr wichtige und vor allem klausurrelevante ***Ausnahme***. Nach **§ 126 Abs. 3 BRRG** nämlich gelten für alle ***beamtenrechtlichen*** Klagen inklusive der Leistungsklage die Voraussetzungen des 8. Abschnitts der VwGO. Für allgemeine Leistungsklagen aus dem Bereich des Beamtenrechts sind mithin sowohl § 68 VwGO als auch § 74 VwGO zu beachten. In Klausuren, die das Beamtenrecht zum Gegenstand haben, muss man demnach sowohl an § 126 Abs. 1 BRRG – hinsichtlich der aufdrängenden Spezialzuweisung – als auch an § 126 Abs. 3 BRRG denken.

IV. Allgemeine Sachentscheidungsvoraussetzungen

Im Gegensatz zu den vorherigen Fällen gibt es vorliegend einen Anhaltspunkt, nicht nur die Beteiligten- und die Prozessfähigkeit der Parteien zu untersuchen. V möchte die Klage unbedingt per E-Mail einreichen. Es stellt sich also die Frage, ob diese Art der Klageeinreichung den §§ 81, 82 VwGO genügt.

1. Ordnungsgemäße Klageerhebung

Nach **§ 81 Abs. 1 VwGO** ist die Klage vor dem Verwaltungsgericht ***schriftlich*** oder zur Niederschrift des Urkundsbeamten der Geschäftsstelle zu erheben.

Fraglich ist nun natürlich, ob diese Vorschrift eine Klageeinreichung per **E-Mail** ermöglicht. ***Schriftlichkeit*** im Sinne des § 81 Abs. 1 VwGO setzt grundsätzlich die eigenhändige Unterschrift voraus, um sicherzustellen, dass die Klageschrift auch tatsächlich von der als Urheber genannten Person stammt (OVG Münster NVwZ **2008**, 344; *Redeker/von Oertzen* § 81 VwGO Rz. 4; *Eyermann/Geiger* § 81 VwGO Rz. 3).

> **Durchblick:** Die Rechtsprechung hat im Laufe der Zeit Ausnahmen von der eigenhändigen Unterschrift zugelassen, um der technischen Entwicklung der neueren Kommunikationsmedien gerecht zu werden. Seit langem ist daher etwa die Übermittlung mittels Telegramms anerkannt (RGZ **139**, 45; BVerwGE **3**, 56). Hinzu kamen in jüngerer Vergangenheit die Klageeinreichungen mittels Fernschreibens (BVerfGE **74**, 228; BGHZ **87**, 63) und Telefax (BVerwGE **77**, 83; VGH Kassel NJW **1992**, 3055). Entscheidend war bei allen anerkannten Kommunikationsmitteln aber, dass der Urheber zweifelsfrei aus dem Dokument hervorging, um dem Zweck des Schriftlichkeitserfordernisses – eine klare Zuordnung zwischen Verfasser und Inhalt des Schriftsatzes – zu genügen (BVerwGE **81**, 32; *Eyermann/Geiger* § 81 VwGO Rz. 3). Bei der Übermittlung mittels Telefax wird daher gefordert, dass das Original eigenhändig unterschrieben ist (BVerwG HFR **2004**, 1145; OVG Münster NWVBl **1991**, 315). Die Diskussion um die Zuordnung des Verfassers wurde erneut angeregt, als die technische Möglichkeit entwickelt wurde, ein Telefax direkt vom Computer zu schicken, ohne dass es eines vorherigen Ausdrucks bedurfte (sogenanntes **»Computerfax«**). In solchen Fällen soll auch ohne Unterschrift dem Schriftformerfordernis genügt werden, sofern die Umstände ***zweifelsfrei*** ergeben, dass das Telefax mit ***Wissen und Wollen*** des erkennbaren Absenders gezielt in den Verkehr gebracht worden ist (BVerwG HFR **2004**, 1145; VG Karlsruhe NJW **1998**, 77). Dieses Kriterium hat der gemeinsame Senat der obersten Gerichtshöfe des Bundes dahingehend konkretisiert, dass eine eingescannte Unterschrift vorhanden sein muss (GmS-OGB NJW **2000**, 2340). Zuletzt hat das BVerwG auch über eine Klageeinreichung mittels eines sogenannten »Funkfaxes« positiv entschieden (NJW **2006**, 1989; hierzu *Schübel-Pfister* in JuS 2007, 24 und FG Köln DB **2010**, 320).

Fraglich ist nun, ob diese Gedanken auch auf eine Übermittlung per **E-Mail** übertragen werden können. Vordergründig gibt es kaum Divergenzen zwischen einem Computerfax und einer E-Mail. Entscheidender Unterschied ist indes die Manipulationsgefahr der E-Mail-Übertragung im Internet. Einer Anlehnung an die Rechtsprechung zum Computerfax bedarf es allerdings auch nicht (mehr). Der Gesetzgeber hatte zunächst im Jahre 2001 durch das »Gesetz zur Anpassung der Formvorschriften des Privatrechts und anderer Vorschriften an den modernen Rechtsverkehr« (BGBl 2001-I S. 1542) **§ 86a** in die VwGO eingefügt. Diese Vorschrift ist aber mittlerweile auch schon wieder überholt. Durch Gesetz vom 22. März 2005 (BGBl 2005-I S. 837) wurde eine entsprechende Regelung in **§ 55a VwGO** (lesen, bitte!) aufgenommen. Mithilfe der benannten Vorschrift – Entsprechungen finden sich etwa in den §§ 130a ZPO, 46c ArbGG, 65a SGG und 52a FGO – wird nun unter anderem ermöglicht, dass ein Kläger seine Klageschrift auch mittels E-Mail übermitteln kann, sofern das Dokument mit einer ***digitalen Signatur*** nach dem Signaturgesetz (BGBl 2001-I Seite 876) versehen wird (OVG Koblenz DÖV **2006**, 791). Darüber hinaus muss die für das betreffende Gericht zuständige Bundes- oder Landesbehörde mittels Rechtsverordnung bestimmt haben, ab wann und wie elektronische Dokumente bei den jeweiligen Gerichten eingereicht werden können. Eine E-Mail ohne digitale Signatur genügt diesem Formerfordernis des § 55a VwGO nicht (OVG Koblenz DÖV **2006**, 791). Der BGH hat jüngst für die Zivilgerichtsbarkeit entschieden, dass das verwendete Zertifikat im Zeitpunkt der Signatur *freigeschaltet* sein muss (BGH MDR **2010**, 460; kritisch dazu *Hadidi/Mödl* in NJW 2010, 2097).

Zum Fall: V kann seine Klage mittels E-Mail einreichen, sofern er das Dokument mit einer digitalen Signatur nach dem Signaturgesetz versieht (§ 55a VwGO) und diese Übermittlungsform aufgrund einer (Landes-) Rechtsverordnung bei dem zuständigen Verwaltungsgericht schon möglich ist.

Das mit der »**digitalen Signatur**« geht übrigens – leicht abgekürzt – so, dass man bei einem privaten Anbieter Hard- und Software erwerben muss, die dann ermöglicht, dass man von seinem PC aus dem jeweils angefertigten Schriftstück (also der Datei) eine persönliche Signatur verpasst (Kosten: je nach Anbieter um die 100 Euro/Jahr). Diese macht erkennbar, dass die entsprechende Datei nur von einer bestimmten Person kommen kann und ist zumeist eine Kombination aus vielen Zahlen und Buchstaben, sodass Individualität gesichert ist. **Beachte noch:** Die Einführung des § 55a VwGO ändert übrigens nichts an der oben dargestellten Rechtsprechung zum Computerfax, da ein solches kein elektronisches Dokument im Sinne des § 55a VwGO ist (BVerwG NJW **2006**, 1989; *Kopp/Schenke* § 55a VwGO Rz. 5; a.A. *Bader* § 81 VwGO Rz. 11).

2. Beteiligten- und Prozessfähigkeit

Sowohl V als natürliche Person als auch die Gemeinde G als juristische Person sind beteiligtenfähig nach § 61 Nr. 1 VwGO. V ist als geschäftsfähige Person nach § 62 Abs. 1 Nr. 1 VwGO prozessfähig. Die Gemeinde G kann als juristische Person nicht selbst handeln. Sie muss sich gemäß § 62 Abs. 3 VwGO als Vereinigung vertreten lassen.

Ergebnis: Die von V angestrebte Klage ist unter den genannten Voraussetzungen zulässig.

Gutachten

Zulässigkeit

I. Verwaltungsrechtsweg

Mangels einer aufdrängenden Spezialzuweisung kann sich der Verwaltungsrechtsweg nur aus § 40 Abs. 1 Satz 1 VwGO ergeben. Hierfür muss eine öffentlich-rechtliche Streitigkeit nichtverfassungsrechtlicher Art, die keinem anderen Gericht zugewiesen ist, vorliegen. V möchte, dass das nächtliche Fußballspielen auf dem Sportplatz eingestellt wird. Er möchte einen Abwehranspruch gegen die Gemeinde durchsetzen.

Eine Streitigkeit ist nach der Interessentheorie und der Sonderrechtstheorie jedenfalls dann öffentlich-rechtlicher Natur, wenn die streitentscheidenden Normen solche des öffentlichen Rechts sind. Hierfür muss aber feststehen, welche Normen den Rechtsstreit in der Sache entscheiden. Der in Streit stehende Anspruch kann sich sowohl aus zivilrechtlichen Unterlassungsansprüchen (§§ 823, 1004 BGB), als auch aus einem – möglicherweise auch ungeregelten – öffentlich-rechtlichen Unterlassungsanspruch ergeben. Die streitentscheidenden Normen sind also gerade abhängig davon, ob die Rechtsnatur der Streitigkeit öffentlich-rechtlichen oder privatrechtlichen Charakters ist. Weder die Interessentheorie noch die Sonderrechtstheorie stellen demnach vorliegend ein taugliches Abgrenzungsinstrument dar. Auch die Subordinationstheorie hilft nicht weiter, da auch zivilrechtliche Unterlassungsansprüche nicht von prinzipieller Gleichordnung geprägt sind.

In Fällen, in denen Abwehrrechte gegen störende Immissionen in Streit stehen, lässt sich die Rechtsnatur des Eingriffs nach dem Zweck der Sache oder Einrichtung, von der die Immission ausgeht, bestimmen. Wird die Störung gerade durch die Erfüllung eines öffentlichen Zwecks – zum Beispiel als Teil der Daseinsvorsorge – verursacht oder steht sie in unmittelbarem funktionalem Zusammenhang mit einem solchen Zweck, ist die Streitigkeit öffentlich-rechtlicher Art. Unter Daseinsvorsorge als ein Hauptaspekt öffentlicher Zwecke sind grundsätzlich staatliche Leistungen zur Deckung der Lebensbedürfnisse der Allgemeinheit zu verstehen.

Die Gemeinde stellt den Sportplatz zum einen dem ortsansässigen Fußballverein zur Verfügung. Die Störung geht von den nächtlichen Fußballspielen am Wochenende aus. Diese werden von der Gemeinde abgehalten, um Jugendliche von der Straße zu holen. Die Gemeinde betätigt sich in einem klassischen Bereich der Daseinsvorsorge, versucht sie doch Jugendliche auf die richtige Bahn zu bringen. Sie dient dadurch einem wichtigen Lebensbedürfnis der Allgemeinheit. Die Störung wird daher durch die Erfüllung eines öffentlichen Zwecks verursacht. Folglich ist die Rechtsnatur dieses Eingriffs auch öffentlich-rechtlicher Natur, mithin auch die Streitigkeit.

Darüber hinaus streiten keine Verfassungsorgane über ihre unmittelbaren Rechte und Pflichten aus der Verfassung. Schließlich ist auch keine abdrängende Sonderzuweisung ersichtlich, sodass alle Voraussetzungen des § 40 Abs. 1 Satz 1 VwGO erfüllt sind. Der Verwaltungsrechtsweg ist daher nach § 40 Abs. 1 Satz 1 VwGO eröffnet.

II. Statthafte Klageart

Die statthafte Klageart richtet sich nach dem Begehren des Klägers (§ 88 VwGO). V begehrt, dass die nächtlichen Fußballspiele unterlassen werden. Für die Bestimmung der richtigen Klageart ist zu ermitteln, welcher Handlungsform die Veranstaltung der Fußballspiele zuzuordnen ist. Sofern ein Verwaltungsakt oder eine Allgemeinverfügung vorliegt (§ 35 VwVfG), ist die Anfechtungsklage nach § 42 Abs. 1 VwGO statthaft. Andernfalls kommt die allgemeine Leistungsklage in Form der Unterlassungsklage in Betracht. Bei der Veranstaltung der Fußballspiele durch die Gemeinde G handelt es sich zweifellos um eine hoheitliche Maßnahme einer Behörde auf dem Gebiet des öffentlichen Rechts. Dieser Maßnahme mangelt es indes an einer bestimmten Rechtsfolge, sodass sie keinen Regelungscharakter hat. Folglich liegt kein Verwaltungsakt nach § 35 VwVfG vor.

Daher kommt für die Abwehr der störenden Immissionen nur die allgemeine Leistungsklage in Betracht. Diese ist in der VwGO nicht ausdrücklich geregelt, wird aber in einigen Normen als existent vorausgesetzt (so zum Beispiel in: § 43 Abs. 2, § 111, § 113 Abs. 4 VwGO) und ist aufgrund der Rechtsschutzgarantie des Art. 19 Abs. 4 GG allgemein anerkannt. Die allgemeine Leistungsklage kommt in Betracht, wenn die Vornahme oder die Abwehr (Unterlassungsklage) schlichten Verwaltungshandelns begehrt wird.

V möchte gegen die Veranstaltung der Fußballspiele vorgehen, also schlicht-hoheitliches Verwaltungshandeln abwehren. Hierfür ist die allgemeine Leistungsklage in Form der Unterlassungsklage statthafte Klageart.

III. Besondere Sachentscheidungsvoraussetzungen

1. Klagebefugnis

Für Anfechtungs- und Verpflichtungsklagen normiert § 42 Abs. 2 VwGO die Notwendigkeit einer Klagebefugnis. Hinsichtlich der nicht geregelten allgemeinen Leistungsklage fehlt in der VwGO eine entsprechende Regelung. Fraglich ist, ob auch für die allgemeine Leistungsklage der Kläger in analoger Anwendung des § 42 Abs. 2 VwGO klagebefugt sein muss. Teilweise wird vertreten, dass mangels ausfüllungsbedürftiger Regelungslücke eine Analogie abzulehnen sei. Dies sei darauf zurückzuführen, dass die Notwendigkeit des Ausschlusses von Popularklagen schon über die auch für die Leistungsklage geltende allgemeine Voraussetzung der Prozessführungsbefugnis erfüllt sei. Dem wird der Individualschutzcharakter der VwGO entgegengehalten, der im Grundsatz nur Rechtsschutz bei Verletzung subjektiver Rechte gewähre. Diesem Erfordernis genüge aber die Prozessführungsbefugnis nicht.

Der Streit muss indes nicht entschieden werden, wenn V ohnehin klagebefugt ist, also die Verletzung subjektiver Rechte geltend machen kann und diese Verletzung jedenfalls nicht von vornherein ausgeschlossen ist. V macht Abwehransprüche wegen des störenden Lärms, der von dem Fußballplatz ausgeht, geltend. Hierfür kann er sich auf die §§ 3 Abs. 1, 22 Abs. 1 und 23 Abs. 1 BImSchG berufen. Ob dem V tatsächlich aus diesen Normen Abwehransprüche zustehen, ist jedenfalls nicht von vornherein ausgeschlossen. V ist daher nach § 42 Abs. 2 VwGO analog klagebefugt. Der Streit bedarf keiner Entscheidung.

2. Klagegegner

Für die Anfechtungs- und Verpflichtungsklagen normiert § 78 VwGO, wonach sich der richtige Klagegegner bestimmt. Für die allgemeine Leistungsklage fehlt indes eine solche Regelung. Klagegegner bei der allgemeinen Leistungsklage ist der sachliche Streitgegner, also derjenige Verwaltungsträger, gegen den sich der geltend gemachte Anspruch richtet. Die Gemeinde G ist als vermeintlicher Störer auch sachlicher Streitgegner und damit Klagegegner.

3. Weitere besondere Sachentscheidungsvoraussetzungen

Als weitere besondere Sachentscheidungsvoraussetzungen der Anfechtungs- und Verpflichtungsklage sind das Vorverfahren (§ 68 VwGO) und die Klagefrist (§ 74 VwGO) zu prüfen. Hinsichtlich der allgemeinen Leistungsklage fehlen entsprechende Regelungen. Die allgemeine Leistungsklage hat somit grundsätzlich keine weiteren Sachentscheidungsvoraussetzungen.

IV. Allgemeine Sachentscheidungsvoraussetzungen

1. Ordnungsgemäße Klageeinreichung

V möchte seine Klage per E-Mail einreichen. Nach § 81 Abs. 1 VwGO muss eine Klage schriftlich bei Gericht erhoben werden. Diese Schriftlichkeit erfordert grundsätzlich eine eigenhändige Namensunterschrift. Hiervon wurden aber im Laufe der Zeit Ausnahmen zugelassen. Die Übermittlung mittels eines Telefaxes, sofern das Originaldokument unterschrieben ist, wurde mittlerweile anerkannt. Auch bei einem Computerfax soll der Zweck der Vorschrift – um eine eindeutige Zuordnung des Urhebers und dessen bewusste Übermittlung zu gewährleisten – erfüllt sein, wenn die Umstände zweifelsfrei ergeben, dass das Telefax mit Wissen und Wollen des erkennbaren Absenders gezielt in den Verkehr gebracht worden ist. Dies soll durch eine eingescannte Unterschrift verdeutlicht werden. Durch Einführung des § 55a VwGO hat der Gesetzgeber indes verdeutlicht, dass eine E-Mail diesen Voraussetzungen auch bei einer eingescannten Unterschrift nicht genügt. Voraussetzung ist vielmehr, dass ein Dokument mit einer digitalen Signatur im Sinne des Signaturgesetzes versehen wird (§ 55a VwGO) und mittels Rechtsverordnung elektronische Dokumente für das bestimmte Gericht schon zugelassen worden sind.

V kann, sofern die Voraussetzungen des § 55a VwGO erfüllt sind, seine Klage per E-Mail einreichen. Andernfalls muss er sich eines Telefaxes oder eines Computerfaxes bedienen, wenn er nicht den herkömmlichen Postweg nutzen möchte.

2. Beteiligten- und Prozessfähigkeit

Sowohl V als natürliche Person als auch die Gemeinde G als juristische Person sind beteiligtenfähig nach § 61 Nr. 1 VwGO. V ist als geschäftsfähige Person nach § 62 Abs. 1 Nr. 1 VwGO prozessfähig. Die Gemeinde G kann als juristische Person nicht selbst handeln. Sie muss sich gemäß § 62 Abs. 3 VwGO als Vereinigung vertreten lassen.

Ergebnis: Die Klage des V ist unter den genannten Voraussetzungen zulässig.

Aufbaumuster zur Zulässigkeit einer allgemeinen Leistungsklage

I. Verwaltungsrechtsweg

1. **Aufdrängende Spezialzuweisung**
   falls (-) weiter mit…
2. **Generalklausel, § 40 Abs. 1 Satz 1 VwGO**
   a. öffentlich-rechtliche Streitigkeit (→ Abgrenzung öffentliches Recht/Privatrecht)
   b. nichtverfassungsrechtlicher Art (→ doppelte Verfassungsunmittelbarkeit)
   c. keine abdrängende Sonderzuweisung

II. Statthafte Klageart

→ ausdrücklich nicht vorgesehen, aber u.a. in §§ 43 Abs. 2, 111, 113 Abs. 4 VwGO erwähnt

1. Vornahme/Abwehr schlicht-hoheitlichen Verwaltungshandelns
2. in der Regel Abgrenzung zu einem Verwaltungsakt

III. Besondere Sachentscheidungsvoraussetzungen

1. Klagebefugnis (→ § 42 Abs. 2 VwGO analog, str.)
2. Vorverfahren (→ nur in Fällen des § 126 Abs. 3 BRRG)
3. Klagefrist (→ nur in Fällen des § 126 Abs. 3 BRRG)
4. Klagegegner (→ Rechtsträgerprinzip)

IV. Allgemeine Sachentscheidungsvoraussetzungen

→ nur wenn problematisch, u.a.:

1. ordnungsgemäße Klageerhebung (→ §§ 81 ff. VwGO)
2. sachliche und örtliche Zuständigkeit des Gerichts (→ §§ 45 ff. VwGO)
3. Beteiligtenfähigkeit (→ § 61 VwGO)
4. Prozessfähigkeit (→ § 62 VwGO)
5. Allgemeines Rechtsschutzbedürfnis

Fall 6

Ein Herz für Tiere?

In der Stadt L am Rhein liegt das Unternehmen der B-AG (B). Die B entwickelt und vertreibt Arzneimittel. Im Rahmen der Produktentwicklung führt die B auch Versuche mit Tieren durch. Bis jetzt gab es nie Probleme mit den Behörden. Als in der lokalen Presse wahre Horrorgeschichten über Tierquälereien in den Laboren der B kursieren, schaltet sich das zuständige Veterinärsamt der Stadt L ein. Die Behörde fordert die B auf, alle Versuche an Tieren nach § 8a TierSchG anzuzeigen und für Tierversuche an Wirbeltieren die nach § 8 TierSchG erforderliche Genehmigung zu beantragen. Die B ist empört. Sie ist der Ansicht, dass der Großteil der Versuche noch nicht mal anzeigepflichtig ist, jedenfalls seien sie nicht genehmigungspflichtig. Ohne noch einmal mit der Behörde in Kontakt zu treten, reicht sie beim Verwaltungsgericht in L Klage ein und beantragt zu klären, dass die von ihr durchgeführten Tierversuche nicht genehmigungspflichtig sind.

Ist diese Klage zulässig?

Schwerpunkte: Die allgemeine Feststellungsklage – Aufbau und Sachentscheidungsvoraussetzungen; der Begriff des »Rechtsverhältnisses«; der Grundsatz der Subsidiarität; die Genehmigungspflichtigkeit eines Vorhabens; das Feststellungsinteresse; die Anwendung von § 42 Abs. 2 VwGO analog.

Lösungsweg

Zulässigkeit der Klage

I. Der Verwaltungsrechtsweg

Mangels aufdrängender Spezialzuweisung kann sich der Verwaltungsrechtsweg nur nach § 40 Abs. 1 Satz 1 VwGO ergeben. Hierfür muss eine öffentlich-rechtliche Streitigkeit nichtverfassungsrechtlicher Art vorliegen, die keinem anderen Gericht abdrängend zugewiesen ist. Gestritten wird über die ***Genehmigungspflichtigkeit*** von Tierversuchen. Diese Streitigkeit ist öffentlich-rechtlicher Natur, wenn die streitentscheidenden Normen einzig einen Hoheitsträger berechtigen oder verpflichten. Streitentscheidend sind vorliegend die Normen des TierSchG, die einzig die zuständige Behörde – mithin einen Hoheitsträger – berechtigen und verpflichten. Die Vorschriften sind daher Sonderrecht des Staates, die Streitigkeit folglich öffentlich-rechtlicher Natur.

Beachte: Zum gleichen Ergebnis kommt man hier auch – wie fast immer – mit der ***Interessentheorie***. Man muss dann herausarbeiten, ob die streitentscheidenden Normen dem öffentlichen Interesse dienen. Zweck des Gesetzes ist nach § 1 TierSchG, »*aus der Verantwortung des Menschen für das Tier als Mitgeschöpf dessen Leben und Wohlbefinden zu schützen*« (einfach ausgedrückt ergibt sich der Zweck auch schon aus dem Namen des Gesetzes: ***Tierschutz***). Dass der Schutz von Tieren im öffentlichen Interesse steht, zeigt im Übrigen schon die Tatsache, dass er Eingang im Katalog der konkurrierenden Gesetzgebungsgegenstände gefunden hat (lies: Art. 74 Abs. 1 Nr. 20 GG).

Weiterhin streiten auch keine Verfassungsorgane über ihre unmittelbaren Rechte und Pflichten aus der Verfassung, die Streitigkeit ist nichtverfassungsrechtlicher Art. Schließlich ist auch keine abdrängende Sonderzuweisung ersichtlich, sodass alle Voraussetzungen des § 40 Abs. 1 Satz 1 VwGO vorliegen und der Verwaltungsrechtsweg demnach eröffnet ist.

II. Statthafte Klageart

Ausgangspunkt für die Bestimmung der statthaften Klageart ist wie immer das Klagebegehren (§ 88 VwGO). An dieser Stelle ist allerdings jetzt besondere Vorsicht geboten, denn:

Wenn man den Sachverhalt nicht sorgfältig genug liest, könnte man der Ansicht sein, die B möchte für ihre Tierversuchsvorhaben eine Genehmigung nach § 8 TierSchG. Eine solche Genehmigung wäre zweifellos ein begünstigender Verwaltungsakt (*Lorz/Metzger* § 8 TierSchG Rz. 31), der nach erfolglosem Antrag und Widerspruchsverfahren gerichtlich mittels einer ***Verpflichtungsklage*** erstritten werden könnte. Dies möchte die B aber gar nicht. Sie ist vielmehr der Ansicht, dass sie für ihre Vorhaben ***keine*** Genehmigung braucht. Sie strebt eine gerichtliche Klärung an, dass ihre Tierversuche gerade ***nicht*** genehmigungspflichtig sind. Und hierfür kommt als statthafte Klageart die ***Feststellungsklage*** nach **§ 43 Abs. 1 VwGO** in Betracht. Anders als ein Anfechtungs- oder ein Leistungsurteil (z.B. bei der Verpflichtungsklage) führt ein Fetsstellungsurteil weder zu einer Rechtsänderung noch zu einem – auf ein Tun, Dulden oder Unterlassen gerichteten – vollstreckbaren Titel. Regelmäßig erstrebt der Kläger eine gerichtliche Feststellung, weil die Rechtslage unklar ist und eine Klarstellung verhaltenssteuernde Wirkung hat (*Ehlers* in JURA 2007, 179).

Durchblick: Die Feststellung der Genehmigungspflichtigkeit eines Vorhabens ist grundsätzlich eine Vorfrage, die sich inzident in einem Genehmigungsverfahren stellt. Nur wenn etwas Beantragtes überhaupt genehmigungspflichtig ist, kann eine Genehmigung auch erteilt werden. Die Frage nach der Genehmigungspflichtigkeit stellt sich dann erst zu Beginn der Begründetheitsprüfung einer Klage. Geht ein Betroffener indes schon davon aus, überhaupt nicht unter eine Genehmigungspflicht zu fallen, ist sein Klagebegehren so zu verstehen, dass er nur über ***diese*** Frage Feststellung beantragt. Gegebenenfalls möchte er hilfsweise – also für den Fall, dass das Vorhaben doch genehmigungspflichtig ist – dann die Erteilung einer Genehmigung durchsetzen. Diese Konstellationen zeigen, wie wichtig es ist, sich in der Klausur zu Beginn klar zu machen, was genau der Kläger überhaupt will. Nur bei sorgfältiger Würdigung des Klagebegehrens verhindert man, »am Fall vorbeizuschreiben«. Merken.

Der Gesetzgeber hat die Feststellungsklage in § 43 Abs. 1 VwGO für zwei Konstellationen vorgesehen. Zum einen kann das »Bestehen oder Nichtbestehen eines Rechtsverhältnisses« (Variante 1), zum anderen die »Nichtigkeit eines Verwaltungsaktes« (Variante 2) festgestellt werden. In unserem Fall geht es offensichtlich nicht um Feststellung der Nichtigkeit eines Verwaltungsaktes, sodass nur die Alternative der Feststellung eines Rechtsverhältnisses übrig bleibt. Prüfen wir mal:

1. Das »Rechtsverhältnis«

Ausgangspunkt der Frage, in welchen Fällen das Bestehen oder Nichtbestehen eines Rechtsverhältnisses mit der Feststellungsklage überprüft werden kann, ist die Bestimmung des Begriffs »Rechtsverhältnis«.

Definition: Unter einem ***Rechtsverhältnis*** wird im Allgemeinen die rechtliche Beziehung zwischen Personen oder von einer Person zu einer Sache verstanden. Diese Beziehung muss sich aus einem konkreten Sachverhalt aufgrund einer öffentlich-rechtlichen Vorschrift ergeben (BVerwG NZA **2010**, 718; BVerwGE **100**, 262; *Kopp/Schenke* § 43 VwGO Rz. 11; *Kunig* in JURA 1997, 326).

Ein solches Rechtsverhältnis muss ***konkret*** sein, das heißt, subjektive Rechte und Pflichten aus dem Rechtsverhältnis müssen in Streit stehen. Das ist zum Beispiel nicht der Fall, wenn eine Klage auf die Klärung einer abstrakten Rechtsfrage zielt (*Hufen*, VerwProzessR, § 18 Rz. 15 ff.; *Kunig* in JURA 1997, 326). Für Verwirrung sorgt bei den Studenten übrigens häufig die Möglichkeit der rechtlichen Beziehung von einer ***Person*** zu einer ***Sache***. Auch hierbei handelt es sich letztendlich um eine Beziehung zwischen ***Personen***, Gegenstand der Beziehung ist lediglich eine Sache, zum Beispiel in Form der ***Widmung*** einer öffentlichen Einrichtung (*Kopp/Schenke* § 43 VwGO Rz. 11; *Schenke*, VerwProzessR, Rz. 378). Eine Beziehung besteht in solchen Fällen nur vordergründig zwischen der betroffenen Person und der Sache. Eigentliche »Partner« dieser Beziehung sind aber die betroffene Person auf der einen Seite und die hinter der Sache stehende Rechtspersönlichkeit auf der anderen Seite.

Beispiele: Die Rechtsprechung hat als hinreichend konkrete Rechtsverhältnisse unter anderem angesehen: die Erlaubnis- oder Genehmigungspflichtigkeit von Vorhaben (BVerwGE **16**, 92; BVerwG NJW **1988**, 1534; VGH München BayVBl. **1969**, 436); Streit um Mitgliedschaftsrechte in Körperschaften (BVerwG NJW **1983**, 2208; VGH Mannheim NVwZ **1996**, 814); Streit über den Status als Körperschaft (BVerfGE **102**, 370; BVerwG NVwZ **2001**, 924); Streit über die Art und den Umfang von Dienstpflichten (BVerwG NJW **1983**, 2343; BVerwG NJW **1983**, 2589; BVerwGE **41**, 259).

Zum Fall: Hier stehen sich die B-AG und die Behörde gegenüber. Diese führt das Gesetz durch übertragene Aufgabe (§ 15 Abs. 1 TierSchG) für das Land aus. Die Behörde ist der Meinung, die Vorhaben der B-AG seien aufgrund von § 8 TierSchG genehmigungspflichtig. Diese Norm steht zwischen den Beteiligten und regelt, ob die Vorhaben der B-AG bei der Behörde genehmigt werden müssen. Diese möglicherweise bestehende Pflicht ist also die rechtliche Beziehung der beiden untereinander. Hierin ist das für die Feststellungsklage notwendige Rechtsverhältnis zu sehen.

2. Die Subsidiarität

Nach **§ 43 Abs. 2 Satz 1 VwGO** kann die Feststellung nicht begehrt werden, soweit der Kläger seine Rechte durch Gestaltungs- oder Leistungsklagen verfolgen kann oder hätte verfolgen können. Hiermit wird die ausdrückliche Subsidiarität der allgemeinen Feststellungsklage gegenüber den anderen Klagearten normiert (BVerwG NJW **2004**, 1815; *Hufen*, VerwProzessR, § 18 Rz. 8; *Kopp/Schenke* § 43 VwGO Rz. 26). Diese Subsidiarität ist eine Ausprägung des allgemeinen Rechtsschutzbedürfnisses. Eine Klage ist immer dann unzulässig, wenn der Kläger auf andere Weise schneller und effektiver zu seinem Recht kommt. Leistungs- und Gestaltungsurteile sind im Gegensatz zu Feststellungsurteilen nämlich vollstreckungsfähig und daher rechtsschutzintensiver (BVerwG BeckRS **2014**, 50981; BVerwG DÖV **2001**, 297). Der Kläger erhält also durch die Feststellungsklage den weniger effektiven Rechtsschutz (*Geis/Schmidt* in JuS 2012, 599). Zudem müssten die Gerichte ansonsten möglicherweise doppelt in Anspruch genommen werden (*Ehlers* in JURA 2007, 179). Darüber hinaus soll sichergestellt werden, dass die besonderen Sachentscheidungsvoraussetzungen von Anfechtungs- und Verpflichtungsklagen nicht umgangen werden (BVerwG DÖV **2003**, 123; BVerwG LKV **2001**, 316).

Beachte noch: Eine möglicherweise ursprünglich wegen Subsidiarität unzulässige Feststellungsklage kann jedoch später durch eine eingetretene Rechtsänderung, die die prozessuale Lage unter Umständen verändert, zulässig werden (lehrreich hierzu BVerwG NVwZ **2007**, 1311).

Klausurtipp: In der universitären Übungsarbeit sollte man dem Prüfer in jedem Falle – wenn auch nur kurz – mitteilen, dass man sich der angeordneten Subsidiarität der Feststellungsklage bewusst ist. Am besten gelingt das dadurch, dass man im Rahmen der statthaften Klageart zuerst die anderen in Betracht kommenden Klagen anprüft und ablehnt, bevor man zuletzt auf die Feststellungsklage eingeht. Das verursacht in der Regel nur geringen Aufwand, hat aber einen beachtlichen Effekt und verhindert vor allem die Randbemerkung »*Sie übersehen die Subsidiarität der Feststellungsklage!*«.

In eindeutigen Fällen, wie etwa dem vorliegenden, verfährt man demgegenüber noch anders: Da kann man dann sogleich auf die Feststellungsklage eingehen und erörtert im Rahmen dessen dann mit zwei oder drei Sätzen, dass die übrigen Klagearten aufgrund des eindeutigen Begehrens des Klägers nicht in Betracht kommen (wie man das dann am besten formuliert, steht weiter unten im Gutachten zum Fall, lesen!). Nur im Falle, dass über die Zulässigkeit einer ausdrücklich schon erhobenen »Feststellungsklage« (also wenn das so im SV steht) entschieden werden soll, kann und muss (!) man sofort auf die Feststellungsklage eingehen; mehr als ein Satz zur Subsidiarität ärgert dann den Prüfer (*Hufen*, VerwProzessR, § 18 Rz. 9).

III. Die besonderen Sachentscheidungsvoraussetzungen

Nachdem die Feststellungsklage als statthafte Klageart bestimmt wurde, stellt sich die Frage, welche besonderen Sachentscheidungsvoraussetzungen vorliegen müssen.

1. Das Feststellungsinteresse

Nach **§ 43 Abs. 1 VwGO** muss der Kläger ein berechtigtes Interesse an der baldigen Feststellung haben.

Unter einem solchen ***berechtigten Interesse*** ist jedes nach vernünftigen Erwägungen aufgrund eines Gesetzes oder nach allgemeinen Rechtsgrundsätzen anzuerkennende schutzwürdige Interesse zu verstehen (*Hufen*, VerwProzessR, § 18 Rz. 22; *Stern*, Verwaltungsprozessuale Probleme, Rz. 421). Der Begriff des berechtigten Interesses ist grundsätzlich genauso auszulegen wie bei der Fortsetzungsfeststellungsklage nach **§ 113 Abs. 1 Satz 4 VwGO** (VGH München NVwZ-RR **1999**, 378; *Eyermann/Schmidt* § 113 VwGO Rz. 106; *Kopp/Schenke* § 43 VwGO Rz. 23). Demzufolge ist auch bei der allgemeinen Feststellungsklage jedes als schutzwürdig anzusehende Interesse ***rechtlicher, wirtschaftlicher*** oder ***ideeller*** Art als berechtigtes Interesse anerkannt (BVerwGE **100**, 262; VGH München NVwZ-RR **1999**, 378; *Kopp/Schenke* § 43 VwGO Rz. 23).

Feinkostabteilung: Teilweise sieht das BVerwG einzelne Ausformungen dieses Interesses enger als bei der Fortsetzungsfeststellungsklage, so zum Beispiel in Fällen der Vorbereitung von Amtshaftungsprozessen (BVerwGE **81**, 228) oder bei diskriminierender Wirkung behördlicher Maßnahmen (BVerwG NJW **1997**, 2534). Aus Gründen der Lernökonomie und aufgrund des einfachen Arguments, dass der Gesetzgeber sowohl in § 43 Abs. 1 VwGO, als auch in § 113 Abs. 1 Satz 4 VwGO die gleiche Formulierung verwendet hat (*Kopp/Schenke* § 43 VwGO Rz. 23), sollte man sich für das Feststellungsinteresse sowohl bei der allgemeinen Feststellungsklage als auch bei der Fortsetzungsfeststellungsklage grundsätzlich die gleichen Grundsätze einprägen (vgl. insoweit vorne Fall 4).

Einer der Hauptfälle des berechtigten Interesses bei der Feststellungsklage ist gegeben, wenn die Rechtslage unklar ist, insbesondere, wenn ein Kläger anderer Auffassung ist als die zuständige Behörde und das zukünftige Verhalten des Klägers abhängig von der Feststellung ist (VGH Kassel NJW **1979**, 997; *Kopp/Schenke* § 43 VwGO Rz. 24). Dies ist vor allem dann der Fall, wenn der Kläger der Auffassung ist, dass er für ein bestimmtes Vorhaben keine behördliche Genehmigung benötigt, die Behörde aber insoweit anderer Auffassung ist (BVerwG NJW **1983**, 2584; *Duken* in NvWZ 1990, 443).

Zum Fall: Die B-AG ist der Ansicht, sie brauche für ihr Vorhaben keine Genehmigung nach § 8 TierSchG. Die Behörde sieht dies anders und ist der Auffassung, das Vorhaben sei genehmigungspflichtig. Aufgrund der Notwendigkeit, diese unklare Rechtslage aus der Welt zu schaffen, hat die B-AG ein berechtigtes (rechtliches) Interesse an der Feststellung. Das erforderliche Feststellungsinteresse liegt daher vor.

2. Die Klagebefugnis

Für Anfechtungs- und Verpflichtungsklagen normiert § 42 Abs. 2 VwGO die Notwendigkeit einer Klagebefugnis. Für die allgemeine Feststellungsklage fehlt eine entsprechende Regelung. Ebenso wie bei der allgemeinen Leistungsklage wird auch bei der Feststellungsklage eine analoge Anwendung des § 42 Abs. 2 VwGO diskutiert:

- Die ***Rechtsprechung*** und Teile der Literatur halten auch für die Feststellungsklage eine analoge Anwendung von § 42 Abs. 2 VwGO geboten, um Popularklagen auszuschließen. Die allgemeine Feststellungsklage diene zwar nicht der unmittelbaren Durchsetzung des materiellen Rechts, knüpfe jedoch trotzdem an subjektive Rechte des Klägers an (BVerwGE **119**, 245; VGH Mannheim VBlBW **2006**, 386; *Ehlers* in NVwZ 1990, 105; *Jaroschek* in JuS 2000, 53; *Stern*, Verwaltungsprozessuale Probleme, Rz. 466).
- Die ***herrschende Meinung*** in der Literatur indessen sieht die Notwendigkeit einer analogen Anwendung von § 42 Abs. 2 VwGO nicht gegeben. Popularklagen würden schon durch eine konsequente Prüfung des konkreten Rechtsverhältnisses und des erforderlichen Feststellungsinteresses ausgeschlossen. Daher mangele es an einer ausfüllungsbedürftigen planwidrigen Regelungslücke. Für eine analoge Anwendung von § 42 Abs. 2 VwGO sei daher kein Raum (*Hufen*, VerwProzessR, § 18 Rz. 26 ff.; *Kopp/Schenke* § 42 VwGO Rz. 63; *Schoch/Schneider/Bier/Wahl/Schütz* § 42 VwGO Rz. 33 ff.).

Lösung: Zwar ist die VwGO auf Individualrechtsschutz angelegt, was für eine pauschale Anwendung von § 42 Abs. 2 VwGO auf alle Klagearten sprechen könnte. Betrachtet man jedoch, dass ein Rechtsverhältnis nur feststellungsfähig ist, wenn der Kläger an dem Rechtsverhältnis selbst beteiligt ist oder zumindest selbst Rechte aus dem Rechtsverhältnis herleiten kann (BVerwG NVwZ **1991**, 471; *Kopp/Schenke* § 42 VwGO Rz. 63), spricht vieles dafür, dass durch die Prüfungspunkte »konkretes Rechtsverhältnis« und »Feststellungsinteresse« sowohl Popularklagen effektiv ausgeschlossen als auch der nötige Individualbezug geprüft werden und eine Analogie zu § 42 Abs. 2 VwGO nicht notwendig ist.

Diese Streitfrage muss indes in der Klausur – wie auch bei der allgemeinen Leistungsklage – im Zweifel gar nicht dargestellt bzw. ausgetragen werden. Denn die Anforderungen an die Klagebefugnis sind – wie schon erwähnt – nicht hoch. Das heißt, sofern der Kläger klagebefugt ist, bedarf der Streit auch hier keiner Entscheidung, da man in der Klausur in jedem Falle weiterprüfen kann: Entweder weil eine

Klagebefugnis nicht erforderlich ist, oder aber weil sie problemlos vorliegt (zur Darstellung dessen in der Klausur vgl. das Gutachten zum Fall unten und jüngst OVG Lüneburg NVwZ-RR **2011**, 451). Sofern man zu dem ungewöhnlichen Ergebnis kommt, dass der Kläger nicht klagebefugt ist, sollte man in der Prüfung noch einmal zurückgehen und gucken, ob wirklich ein ***konkretes Rechtsverhältnis*** in Streit steht, an dessen Überprüfung der Kläger ein ***berechtigtes Interesse*** hat.

Zum Fall: Die B-AG ist der Ansicht, ihre Forschungsvorhaben ohne eine entsprechende Genehmigung durchführen zu können. Dieses genehmigungsfreie Forschen ist das subjektive Recht, das die B-AG durch einen negativen Umkehrschluss aus § 8 TierSchG herleiten kann. Dass dieses Recht besteht und verletzt ist, ist jedenfalls nicht von vornherein ausgeschlossen, also möglich. Demzufolge ist die B-AG auch klagebefugt im Sinne von § 42 Abs. 2 VwGO analog. Die Frage, ob eine solche Analogie überhaupt erforderlich ist, braucht daher nicht beantwortet zu werden.

3. Der Klagegegner

Die Vorschrift des § 78 VwGO ist wegen seiner systematischen Stellung im achten Abschnitt der VwGO auf die allgemeine Feststellungsklage nicht anwendbar (*Kopp/Schenke* § 78 VwGO Rz. 2). Wie auch bei der allgemeinen Leistungsklage lässt sich auf die allgemeine Feststellungsklage das ***Rechtsträgerprinzip*** übertragen (*Hufen*, VerwProzessR, § 12 Rz. 44; *Kopp/Schenke* § 78 VwGO Rz. 2). Klagegegner ist der sachliche Streitgegner, also derjenige Verwaltungsträger, demgegenüber das streitige Rechtsverhältnis festgestellt werden soll (*Eyermann/Happ* § 78 VwGO Rz. 10; *Schenke*, VerwProzessR, Rz. 554).

Zum Fall: Dieser Rechtsträger ist vorliegend das Land, das daher auch richtiger Klagegegner ist.

4. Weitere besondere Sachentscheidungsvoraussetzungen

Als weitere besondere Sachentscheidungsvoraussetzungen der Anfechtungs- und Verpflichtungsklage sind grundsätzlich das Vorverfahren (§ 68 VwGO) und die Klagefrist (§ 74 VwGO) zu prüfen. Hinsichtlich der allgemeinen Feststellungsklage fehlen – wie auch bei der allgemeinen Leistungsklage – entsprechende Regelungen. Die allgemeine Feststellungsklage hat daher grundsätzlich ***keine*** weiteren Sachentscheidungsvoraussetzungen (*Hufen*, VerwProzessR, § 18 Rz. 30, 31; *Kuhla/Hüttenbrink*, Verwaltungsprozess, D Rz. 226). Merken.

Wichtig: Grundsätzlich gibt es also für die allgemeine Feststellungsklage weder ein Vorverfahren noch ist eine Klagefrist zu beachten. Wie schon bei der allgemeinen Leistungsklage dargestellt (vgl. den vorherigen Fall), gibt es auch bei der allgemeinen Feststellungsklage ***eine*** klausurrelevante Ausnahme: Nach **§ 126 Abs. 3 BRRG** gelten für alle beamtenrechtlichen Klagen (inklusive der Feststellungsklage!) die Voraussetzungen des 8. Abschnitts der VwGO. Für allgemeine Feststellungsklagen aus dem Bereich des Beamtenrechts gelten mithin sowohl § 68 VwGO als auch § 74 VwGO. Zur Wiederholung: In Klausuren, die das Beamtenrecht zum Gegenstand haben, muss man sowohl an **§ 126 Abs. 1 BRRG** – hinsichtlich der aufdrängenden Spezialzuweisung – als auch an **§ 126 Abs. 3 BRRG** – hinsichtlich der besonderen Sachentscheidungsvoraussetzungen— denken.

IV. Allgemeine Sachentscheidungsvoraussetzungen

1. Beteiligtenfähigkeit

Die B-AG ist als juristische Person nach § 61 Nr. 1 VwGO beteiligtenfähig. Die Behörde ist nach § 61 Nr. 3 VwGO (i.V.m. den landesrechtlichen Ausführungsgesetzen) ebenfalls beteiligtenfähig.

2. Prozessfähigkeit

Sowohl die B-AG als auch die Behörde müssen sich im Prozess nach Maßgabe des § 62 Abs. 3 VwGO vertreten lassen. Die Vertretung der B-AG übernimmt der Vorstand (§§ 76 Abs. 1, 78 Abs. 1 AktG). Für Behörden treten in der Regel die Behördenleiter auf (*Kopp/Schenke* § 62 VwGO Rz. 15).

Ergebnis: Die Feststellungsklage der B-AG ist zulässig.

Gutachten

Zulässigkeit

I. Verwaltungsrechtsweg

Mangels aufdrängender Spezialzuweisung kann sich der Verwaltungsrechtsweg nur aus § 40 Abs. 1 Satz 1 VwGO ergeben. Hierfür muss eine öffentlich-rechtliche Streitigkeit nichtverfassungsrechtlicher Art vorliegen, die keinem anderen Gericht abdrängend zugewiesen ist. Gestritten wird über die Genehmigungspflichtigkeit von Tierversuchen. Diese Streitigkeit ist öffentlich-rechtlicher Natur, wenn die streitentscheidenden Normen einzig einen Hoheitsträger berechtigen oder verpflichten. Streitentscheidend sind vorliegend Normen des TierSchG, die einzig die zuständige Behörde – mithin einen Hoheitsträger – berechtigen und verpflichten. Die Normen sind daher Sonderrecht des Staates, die Streitigkeit folglich öffentlich-rechtlicher Natur. Weiterhin streiten auch keine Verfassungsorgane über ihre unmittelbaren Rechte und Pflichten aus der Verfassung, die Streitigkeit ist nichtverfassungsrechtlicher Art. Schließlich ist auch keine abdrängende Sonderzuweisung ersichtlich, sodass alle Voraussetzungen des § 40 Abs. 1 Satz 1 VwGO vorliegen und der Verwaltungsrechtsweg demnach eröffnet ist.

II. Statthafte Klageart

Die statthafte Klageart richtet sich nach dem Begehren des Klägers (§ 88 VwGO). Die B-AG strebt eine gerichtliche Klärung über die Frage an, ob das von ihr geplante Vorhaben genehmigungspflichtig nach § 8 TierSchG ist. Sie möchte keine Genehmigung für ihr Vorhaben, da sie gerade davon ausgeht, nicht unter die Genehmigungspflicht zu fallen. Die Verpflichtungsklage kommt daher als statthafte Klageart nicht in Betracht. Auch möchte die B-AG nicht gegen eine Handlung der Behörde vorgehen. Es scheiden daher auch eine Anfechtungsklage oder eine allgemeine Leistungsklage aus. Letztendlich bleibt als einzig mögliche Klagart die allgemeine Feststellungsklage nach § 43 Abs. 1 VwGO übrig. Es kommt die Alternative der Feststellung über das Bestehen oder Nichtbestehen eines Rechtsverhältnisses in Betracht.

Unter einem Rechtsverhältnis wird im Allgemeinen die rechtliche Beziehung zwischen Personen oder von einer Person zu einer Sache verstanden. Diese Beziehung muss sich aus einem konkreten Sachverhalt aufgrund einer öffentlich-rechtlichen Vorschrift ergeben. Ein solches Rechtsverhältnis muss konkret sein, das heißt, subjektive Rechte und Pflichten des Rechtsverhältnisses müssen in Streit stehen. Zwischen der B-AG und der Behörde (die für das Land handelt, § 15 TierSchG) steht in Streit, ob die geplanten Vorhaben unter die Genehmigungspflicht nach § 8 TierSchG fallen. Diese öffentlich-rechtliche Norm regelt die rechtliche Beziehung zwischen den Beteiligten. Hierin ist ein Rechtsverhältnis zu sehen. Geklärt werden soll auch eine bestimmte strittige Frage bezüglich eines genau gekennzeichneten Sachverhalts und keine abstrakte Rechtsfrage, sodass das streitige Rechtsverhältnis auch ein konkretes ist. Andere Klagearten kommen wie ausgeführt nicht in Betracht, sodass auch die Subsidiaritätsklausel von § 43 Abs. 2 VwGO gewahrt ist. Die Feststellungsklage ist die statthafte Klageart.

III. Besondere Sachentscheidungsvoraussetzungen

1. Feststellungsinteresse

Nach § 43 Abs. 1 VwGO muss der Kläger ein berechtigtes Interesse an der baldigen Feststellung haben. Unter einem solchen berechtigten Interesse ist jedes nach vernünftigen Erwägungen aufgrund eines Gesetzes oder nach allgemeinen Rechtsgrundsätzen anzuerkennende schutzwürdige Interesse zu verstehen. Grundsätzlich ist jedes als schutzwürdig anzusehende Interesse rechtlicher, wirtschaftlicher oder ideeller Art als berechtigtes Interesse anerkannt. Einer der Hauptfälle des berechtigten Interesses rechtlicher Art ist gegeben, wenn die Rechtslage unklar ist, insbesondere, wenn ein Kläger anderer Auffassung ist als die zuständige Behörde und das zukünftige Verhalten des Klägers abhängig von der Feststellung ist. Dies ist vor allem immer dann der Fall, wenn der Kläger der Auffassung ist, dass er für ein bestimmtes Vorhaben keine behördliche Genehmigung benötigt, die Behörde aber insoweit anderer Meinung ist.

Die B-AG ist der Ansicht, sie brauche für ihr Vorhaben keine Genehmigung nach § 8 TierSchG. Die Behörde sieht dies anders und ist der Auffassung, das Vorhaben sei genehmigungspflichtig. Aufgrund der Notwendigkeit, diese unklare Rechtslage aus der Welt zu schaffen, hat die B-AG ein berechtigtes (rechtliches) Interesse an der Feststellung. Das erforderliche Feststellungsinteresse liegt daher vor.

2. Klagebefugnis

Für Anfechtungs- und Verpflichtungsklagen normiert § 42 Abs. 2 VwGO die Notwendigkeit einer Klagebefugnis. Für die allgemeine Feststellungsklage fehlt eine entsprechende Regelung. Teilweise wird für die Feststellungsklage erwogen, § 42 Abs. 2 VwGO analog anzuwenden, um Popularklagen auszuschließen. Die allgemeine Feststellungsklage diene zwar nicht der unmittelbaren Durchsetzung des materiellen Rechts, knüpfe jedoch trotzdem an subjektive Rechte des Klägers an. Dem wird entgegengehalten, dass schon durch die Voraussetzungen des konkreten Rechtsverhältnisses und des erforderlichen Feststellungsinteresses Popularklagen ausgeschlossen würden. Für eine analoge Anwendung mangele es daher an einer ausfüllungsbedürftigen planwidrigen Regelungslücke.

Dieser Streit bedarf indes keiner Entscheidung, wenn die B-AG jedenfalls klagebefugt ist. Die B-AG ist der Ansicht, ihre Forschungsvorhaben ohne eine entsprechende Genehmigung durchführen zu können. Dieses genehmigungsfreie Forschen ist das subjektive Recht, welches die B-AG durch einen negativen Umkehrschluss aus § 8 TierSchG herleiten kann. Dass dieses Recht besteht und verletzt ist, ist jedenfalls nicht von vornherein ausgeschlossen, also möglich. Demzufolge ist die B-AG auch klagebefugt im Sinne von § 42 Abs. 2 VwGO analog. Die Frage, ob eine solche Analogie überhaupt erforderlich ist, braucht daher nicht beantwortet zu werden.

3. Klagegegner

Die Vorschrift des § 78 VwGO ist wegen seiner systematischen Stellung im achten Abschnitt der VwGO auf die allgemeine Feststellungsklage nicht anwendbar. Klagegegner ist der sachliche Streitgegner, also derjenige Rechtsträger, demgegenüber das Bestehen oder Nichtbestehen des Rechtsverhältnisses festgestellt werden soll. Dies ist vorliegend das Land.

4. Sonstige besondere Sachentscheidungsvoraussetzungen

Weitere besondere Sachentscheidungsvoraussetzungen sind bei der allgemeinen Feststellungsklage nicht zu prüfen.

IV. Allgemeine Sachentscheidungsvoraussetzungen

Sowohl die B-AG als auch das Land sind als juristische Personen nach § 61 Nr. 1 VwGO beteiligtenfähig. Beide müssen sich im Prozess nach Maßgabe des § 62 Abs. 3 VwGO vertreten lassen. Die Vertretung der B-AG übernimmt der Vorstand (§§ 76 Abs. 1, 78 Abs. 1 AktG).

Ergebnis: Die Klage der B-AG ist zulässig.

Aufbaumuster zur Zulässigkeit einer allgemeinen Feststellungsklage

I. Verwaltungsrechtsweg

1. **Aufdrängende Spezialzuweisung**
   falls (-) weiter mit…
2. **Generalklausel, § 40 Abs. 1 Satz 1 VwGO**
   a. öffentlich-rechtliche Streitigkeit (→ Abgrenzung öffentliches Recht/Privatrecht)
   b. nichtverfassungsrechtlicher Art (→ doppelte Verfassungsunmittelbarkeit)
   c. keine abdrängende Sonderzuweisung

II. Statthafte Klageart

→ § 43 Abs. 1 VwGO

1. Bestehen oder Nichtbestehen eines Rechtsverhältnisses <u>oder</u>
2. Nichtigkeit eines Verwaltungsaktes
3. Subsidiarität (→ § 43 Abs. 2 VwGO, gilt ***nicht*** für die Nichtigkeitsfeststellung)

III. Besondere Sachentscheidungsvoraussetzungen

1. Feststellungsinteresse (→ § 43 Abs. 1 VwGO)
2. Klagebefugnis (→ § 42 Abs. 2 VwGO analog, str.)
3. Vorverfahren (→ nur in Fällen des § 126 Abs. 3 BRRG)
4. Klagefrist (→ nur in Fällen des § 126 Abs. 3 BRRG)
5. Klagegegner (→ Rechtsträgerprinzip)

IV. Allgemeine Sachentscheidungsvoraussetzungen

→ nur wenn problematisch, u.a.:

1. ordnungsgemäße Klageerhebung (→ §§ 81 ff. VwGO)
2. sachliche und örtliche Zuständigkeit des Gerichts (→ §§ 45 ff. VwGO)
3. Beteiligtenfähigkeit (→ § 61 VwGO)
4. Prozessfähigkeit (→ § 62 VwGO)
5. Allgemeines Rechtsschutzbedürfnis

2. Abschnitt

Der Verwaltungsakt: Rechtmäßigkeit und Wirksamkeit

Fall 7

Alkohol ist immer noch keine Lösung

Rechtsstudent R hat sein Studium mangels Erfolgserlebnissen schon wieder hingeschmissen und in der Stadt X eine Studenten-Kneipe eröffnet. Die nach den §§ 2–4 GastG notwendige Erlaubnis ist ihm von der zuständigen Behörde erteilt worden.

Der neuen Belastung ist R aber nicht gewachsen. Er beginnt, schon vor der Arbeit zu trinken, um die anderen besoffenen Studenten ertragen zu können. Kaum ein Abend vergeht, an dem R nicht schon vor Mitternacht lallend hinter der Theke steht und erhebliche Probleme hat, die Kunden ordnungsgemäß zu bedienen. Einige Gäste bekommen dies mit und informieren die zuständige Ordnungsbehörde der Stadt X, die unter Berufung auf die mehrfache Alkoholisierung des R dessen Gaststättenerlaubnis widerruft. R reicht hiergegen nach erfolglosem Widerspruchsverfahren Klage beim Verwaltungsgericht in X ein.

Ist die – als zulässig zu unterstellende – Klage begründet?

Schwerpunkte: Die Begründetheit der Anfechtungsklage; die Ermächtigungsgrundlage des § 15 Abs. 2 GastG; der Begriff der »Zuverlässigkeit« im Sinne des § 4 Abs. 1 GastG; unbestimmte Rechtsbegriffe; Konkretisierung durch gesetzliche Beispiele; die gebundene Entscheidung.

Lösungsweg

Einstieg: So. Wir starten jetzt mit dem Allgemeinen Verwaltungsrecht, also dem klassischen ***materiellen Recht***. Bislang hatten wir ja immer nur die Zulässigkeit der eingereichten Klagen untersucht; und das war auch nötig, denn wir mussten zunächst die einzelnen Klagearten und ihre Zulässigkeitsvoraussetzungen kennenlernen. Wie schon mehrfach erwähnt, im Verwaltungsrecht müssen in den Klausuren in der Regel ***Zulässigkeit*** und ***Begründetheit*** untersucht werden, deshalb brauchten wir als Erstes die Zulässigkeitsvoraussetzungen einer Klage (siehe vorne Fälle 1–6).

Ab hier jetzt werden wir uns zudem mit der sogenannten ***Begründetheit*** einer Klage befassen und beginnen mit einem Fall, den wir bereits kennen. Wir haben ihn – leicht abgeändert – weiter vorne im Buch schon mal behandelt (vgl. oben Fall 2). Dort allerdings hatten wir uns allein auf die Prüfung der ***Zulässigkeit*** der Klage beschränkt. Dieses Fällchen werden wir nun vervollständigen und uns mit der Frage beschäftigen, ob die Behörde die vormals erteilte Erlaubnis nach dem GastG tatsächlich – also rechtmäßig – widerrufen durfte (= Begründetheitsprüfung). Und weil wir den Fall vorne im Hinblick auf die Zulässigkeit der Klage bereits untersucht haben, dürfen wir hier – ausnahmsweise! – diese Zulässigkeit der Klage ungeprüft annehmen und uns allein auf die Begründetheit konzentrieren (bitte noch mal die Fallfrage lesen). Das hat im Übrigen den Vorteil, dass wir jetzt mehr Platz haben, das Grundmuster einer Begründetheitsprüfung bei der Anfechtungsklage in Ruhe zu betrachten. Es ist eminent wichtig und wird uns später unter anderem als Vorlage für die weiteren Begründetheitsprüfungen dienen.

Inhaltlicher Einstieg: Der Widerruf der Gaststättenerlaubnis ist der ***Verwaltungsakt***, dessen Rechtmäßigkeit mit der ***Anfechtungsklage*** untersucht wird. Sofern das Gericht dazu kommt, dass der Widerruf rechtswidrig war, wird es den Verwaltungsakt aufheben und der R hätte seine ursprünglich erteilte Erlaubnis wieder (zum Umfang der Rechtskraft eines Urteils, vgl. den instruktiven Fall aus BVerwG in DVBl. **2008**, 1247).

Die Begründetheit der Klage

Durchblick: In der Begründetheitsprüfung wird die materielle Rechtslage untersucht, um damit die entscheidende Frage zu beantworten, ob der Verwaltungsakt aufgehoben wird oder nicht. Auch für diese Prüfung gibt es – ähnlich wie bei der Zulässigkeit einer Klage – glücklicherweise ein Muster, das sich unmittelbar aus dem Gesetz ableiten lässt und deshalb nicht mal auswendig gelernt werden muss, nämlich:

Ausgangspunkt der Begründetheitsprüfung der Anfechtungsklage ist stets **§ 113 Abs. 1 Satz 1 VwGO** (lesen, bitte!). Hiernach hebt das Gericht den Verwaltungsakt und den etwaigen Widerspruchsbescheid auf, ***soweit er rechtswidrig*** und der Kläger dadurch ***in seinen Rechten verletzt*** ist. Voraussetzung für eine erfolgreiche Anfechtung sind folglich ***zwei*** Dinge: Zum einen die Rechtswidrigkeit des Verwaltungsaktes und zum anderen die daraus resultierende Verletzung der Rechte des Klägers. Aus dem Wortlaut des § 113 Abs. 1 Satz 1 VwGO kann man in der Klausur dementsprechend ohne weiteres den Obersatz der Begründetheit ableiten. Dieser lautet:

> *»Die Klage ist begründet, wenn der Verwaltungsakt rechtswidrig und der Kläger dadurch in seinen Rechten verletzt ist.«*

Tipp: Der zweite gerade genannte Gesichtspunkt – die Rechtsverletzung des Klägers – stellt in der Klausur im Regelfall den weniger schwierigen Teil dar. Dies folgt daraus, dass – wie schon bei der Klagebefugnis im Rahmen der Zulässigkeit dargestellt – im Falle der Rechtswidrigkeit des Verwaltungsaktes der Kläger jedenfalls in seinem Recht aus **Art. 2 Abs. 1 GG** verletzt ist. Eine detaillierte Aufarbeitung der Rechtsverletzung ist in der Falllösung daher auch eher der Ausnahmefall. Es genügt in der Regel, an dieser Stelle dann ***kurz*** darzustellen, ***welche*** Rechte des Klägers durch den rechtswidrigen Verwaltungsakt verletzt werden. Der Schwerpunkt der Prüfung im Rahmen des § 113 Abs. 1 Satz 1 VwGO liegt allerdings in neun von zehn Fällen bei der Feststellung, ob der Verwaltungsakt rechtswidrig gewesen ist.

> **Feinkostabteilung:** Anders sieht die Frage nach der Rechtsverletzung nur bei den sogenannten »Drittanfechtungsklagen« aus. Diese kommen vornehmlich im Baurecht vor und betreffen Situationen, in denen etwa der Kläger gegen die dem Nachbarn erteilte Baugenehmigung vorgehen will, weil ihm damit bzw. mit dem zu erbauenden Haus Sonnenlicht genommen wird. In solchen Fällen ist der Kläger dann nicht Adressat des angegriffenen Verwaltungsaktes gewesen, sondern lediglich Drittbeteiligter. Er wird durch den an einen Dritten erlassenen begünstigenden Verwaltungsakt (Baugenehmigung) belastet. Die Rechtsverletzung muss in diesen Fällen genau herausgearbeitet werden. Beruht die Rechtswidrigkeit des Verwaltungsaktes nicht auf einem Verstoß gegen eine ***drittschützende*** Norm, wird die Anfechtungsklage dann übrigens keinen Erfolg haben (*Eyermann/Schmidt* § 113 VwGO Rz. 86 ff.; *Kuhla/Hüttenbrink*, Verwaltungsprozess, D Rz. 152).

Zurück zu unserem Fall: Entscheidende Frage der Begründetheit ist somit grundsätzlich nur die Rechtswidrigkeit (beziehungsweise Rechtmäßigkeit) des Verwaltungsaktes. Ob ein Verwaltungsakt rechtmäßig ist, lässt sich in ***drei*** Schritten prüfen:

> **(I.)** Zunächst ist eine Rechtsgrundlage für den Erlass des Verwaltungsaktes erforderlich, die sogenannte ***Ermächtigungsgrundlage***. Danach ist zu klären, ob der Verwaltungsakt **(II.)** ***formell*** und schließlich **(III.)** ***materiell*** rechtmäßig erlassen wurde (vgl. zum Aufbau auch instruktiv *von Kielmanseg* in JuS 2013, 312).

I. Die Ermächtigungsgrundlage

Durchblick: Der Staat bedarf – jedenfalls in Bereichen der Eingriffsverwaltung – grundsätzlich einer rechtlichen Grundlage für sein Handeln (→ Grundsatz des Vorbehalts des Gesetzes: *Detterbeck* in JURA 2002, 235; *Gusy* in JA 2002, 610; *Maurer*, AllgVerwR, § 6 Rz. 3 ff.). Notwendig dafür ist ein Gesetz, das den handelnden Hoheitsträger zu der in Streit stehenden Maßnahme ***ermächtigt***. Deshalb nennt man dieses Gesetz bzw. diesen Prüfungspunkt in der Klausur auch »Ermächtigungsgrundlage«, wobei der neutrale Terminus ***Rechtsgrundlage*** auch verwendet werden kann. An dieser Stelle der Prüfung muss nun zunächst lediglich die Norm aufgezeigt werden kraft derer seitens der Verwaltung gehandelt wurde. Inwiefern der Vorgang dann auch rechtmäßig war, kommt erst im zweiten bzw. dritten Schritt.

Zum Fall: Der Widerruf der Gaststättenerlaubnis stellt einen für R belastenden Verwaltungsakt dar. Mit diesem Instrument hat die Behörde in den Rechtskreis des R ***eingegriffen***. Dieser Eingriff lässt sich auf § 15 Abs. 2, gegebenenfalls i.V.m. § 4 Abs. 1 Nr. 1 GastG stützen. Die Norm spricht eine bestimmte Rechtsfolge aus (»Die Erlaubnis ist zu widerrufen…«) und stellt damit eine taugliche Ermächtigungsgrundlage für das vorliegend in Frage stehende Verhalten der Verwaltung dar.

II. Die formelle Rechtmäßigkeit

Nachdem wir die Ermächtigungsgrundlage benannt haben, müssen wir als Nächstes untersuchen, ob der Verwaltungsakt auch formell rechtmäßig ist. Liegen bestimmte erforderliche, formelle Voraussetzungen nicht vor, ist der Verwaltungsakt dann natürlich formell rechtswidrig.

> **Vorsicht:** Diese formelle Rechtswidrigkeit führt indes nicht automatisch zur gerichtlichen Aufhebung des Verwaltungsaktes. Es müssen immer **§ 45 VwVfG** – Heilung von Verfahrens- und Formfehlern – und **§ 46 VwVfG** – Folgen von Verfahrens- und Formfehlern – berücksichtigt werden. Um diese Besonderheit der formellen Rechtmäßigkeit herauszuheben, sollte man die Formulierung von §§ 45, 46 VwVfG aufgreifen und von formellen ***Fehlern*** des Verwaltungsaktes sprechen.

Gegenstand der Untersuchung der formellen Rechtmäßigkeit sind stets drei Gesichtspunkte: Erstens die ***Zuständigkeit*** der handelnden Behörde, zweites die ***Verfahrens-*** und drittens die ***Formvorschriften***. Wir werden uns das jetzt mal etwas genauer anschauen, haben aber bitte für die Klausur schon mal im Hinterkopf, dass langatmige Ausführungen zur formellen Rechtmäßigkeit dort nur dann geboten sind, wenn der Sachverhalt konkrete Anhaltspunkte bietet. Ansonsten reicht zumeist eine kurze Erklärung, etwa: »Hinsichtlich der formellen Rechtmäßigkeit des Verwaltungsaktes bestehen keine Bedenken.«

1. Die Zuständigkeit

Unter Zuständigkeit ist die Zuordnung von Aufgaben zu einem Verwaltungsträger (z.B.: Bund, Länder und Gemeinden) und dessen handelnden Organen, also hauptsächlich den Behörden, zu verstehen (*Achterberg*, AllgVerwR, § 13 Rz. 19; *Bull*, AllgVerwR, Rz. 146). Das jeweils handelnde Organ muss sowohl ***sachlich*** als auch ***örtlich*** zuständig sein. Die ***sachliche*** Zuständigkeit bezieht sich auf die der Behörde zugewiesenen Sachaufgaben, also auf die Frage, ob die betreffende Materie ihrem Gegenstand nach einem bestimmten Verwaltungsträger und dessen Behörden zugeordnet ist (*Ipsen*, AllgVerwR, Rz. 228; *Maurer*, AllgVerwR, § 21 Rz. 47). Die ***örtliche*** Zuständigkeit grenzt hingegen ab, welche sachlich zuständige Behörde in räumlicher Abgrenzung zu anderen Behörden tätig werden kann, zum Beispiel der Oberbürgermeister der Stadt X oder der Stadt Y (*Ipsen*, AllgVerwR, Rz. 229; *Maurer*, AllgVerwR, § 21 Rz. 48).

> **Beachte:** Die Zuständigkeit des jeweils handelnden Organs beruht immer auf einer ***Rechtsnorm***. Diese Zuständigkeitsvorschriften sind allerdings häufig schwer zu finden, vor allem in der (Zeit-) Notsituation einer Klausur. Man braucht zumeist viel Geduld bei der Suche in den jeweiligen Gesetzen und sollte bitte die Nerven behalten. Beachte insoweit bitte insbesondere die Fälle, in denen Bundesgesetze durch Landesbehörden als eigene Aufgaben (Art. 83, 84 GG) oder im Auftrag des Bundes (Art. 85 GG) ausgeführt werden. In diesen Konstellationen ist es nämlich

grundsätzlich Sache der ***Länder***, die Behördenzuständigkeiten für die Ausführung der Bundesgesetze zu regeln (*Ipsen*, AllgVerwR, Rz. 629; *Jarass/Pieroth* Art 83 GG Rz. 4). Dementsprechend muss man in diesen Fällen auch die ***landesrechtlichen*** Gesetzessammlungen im Blick haben. Wichtig ist, dass man den Sachverhalt sorgfältig liest. Ist der Prüfer ein netter Mensch (so was kommt vor), hat im Sachverhalt ausdrücklich die »zuständige« Behörde gehandelt. Damit macht der Klausursteller deutlich, dass er keinerlei Ausführungen zur Zuständigkeit der Behörde lesen möchte mit der Folge, dass man zur Zuständigkeit auch nichts zu schreiben braucht.

Zum Fall: Hier hat sich tatsächlich ein netter Mensch den Sachverhalt ausgedacht, da steht nämlich, dass die »zuständige« Behörde gehandelt hat.

2. Das Verfahren

Dem Erlass eines Verwaltungsaktes liegt ein ***Verwaltungsverfahren*** zugrunde, das gesetzlich in den **§§ 9 ff. VwVfG** geregelt ist. Das Verwaltungsverfahren ist nach § 10 VwVfG an keine Form gebunden, sondern einfach, zweckmäßig und zügig durchzuführen. Demzufolge mangelt es grundsätzlich im Unterschied zum gerichtlichen Verfahren an Normen, die zwingend zu berücksichtigen sind (*Ipsen*, AllgVerwR, Rz. 638; *Kopp/Ramsauer* § 10 VwVfG Rz. 1). Eine klausurrelevante Ausnahme stellt das Gebot der ***Anhörung*** von Beteiligten nach § 28 VwVfG dar. Hiernach muss einem Beteiligten (**§ 13 VwVfG** – lesen!) vor Erlass eines Verwaltungsaktes, der in dessen Rechte eingreift, Gelegenheit gegeben werden, sich zu den für die Entscheidung erheblichen Tatsachen zu äußern. Das Recht auf Anhörung garantiert jeder Person die Möglichkeit, im Verwaltungsverfahren sachdienlich ihren Standpunkt vorzutragen. Es setzt auch voraus, dass die Verwaltung mit aller gebotenen Sorgfalt die entsprechenden Erklärungen des Betroffenen zur Kenntnis nimmt, indem sie sorgfältig und unparteiisch alle relevanten Gesichtspunkte des Einzelfalls untersucht und ihre Entscheidung eingehend begründet (EuGH NVwZ **2013**, 59). Hierbei ist aber auch zu beachten, dass **§ 28 Abs. 2 VwVfG** (lesen, bitte) zahlreiche Ausnahmen von der grundsätzlichen Anhörungspflicht zulässt.

Zum Fall: Der R ist als Adressat des Verwaltungsaktes Beteiligter nach § 13 Abs. 1 Nr. 2 VwVfG. Der Widerruf der Gaststättenerlaubnis ist ein belastender Verwaltungsakt und greift daher auch in die Rechte des R ein. Demzufolge musste R vor Erlass des Verwaltungsaktes angehört werden (**§ 28 Abs. 1 VwVfG**).

Problem: Davon steht im Sachverhalt kein Wort.

Lösung: Das ist bei verwaltungsrechtlichen Klausuren der Regelfall. Steht in einer verwaltungsrechtlichen Übungsarbeit nichts bzw. kein Wort über eine etwaige Anhörung des Beteiligten, kann und soll (!) man diese als gegeben voraussetzen. Über die (fehlende) Anhörung schreibt man nur dann etwas, wenn sich in der Aufgabenstellung ein entsprechender ausdrücklicher Hinweis findet; da stehen dann so Sätze wie:

»Eine Anhörung des X fand nicht statt.« Dann, und ***nur dann*** möchte der Prüfer eine Auseinandersetzung mit der entsprechenden Thematik sehen (schauen wir uns in einem späteren Fall noch an). Genau genommen müssen wir bei der verwaltungsrechtlichen Klausur im Normalfall dem Sachverhalt eigenmächtig etwas hinzufügen, nämlich die ordnungsgemäße Anhörung, es sei denn, der Sachverhalt gibt einen Hinweis auf das Gegenteil. Merken.

Zum Fall: Hier bei uns steht nichts in der Sachverhaltsschilderung, also gehen wir davon aus, dass der R ordnungsgemäß nach § 28 Abs. 1 VwVfG angehört wurde.

3. Die Form

Für den Erlass von Verwaltungsakten gilt nach **§ 37 Abs. 2 VwVfG** der Grundsatz der ***Formfreiheit***. Dieser Grundsatz wird in einigen Bereichen durchbrochen, für den Erlass bestimmter Verwaltungsakte gelten dann besondere Formvorschriften; **Beispiele:** § 8 Abs. 2 BeamtStG – Beamtenernennung; § 16 Abs. 1 StAG – Einbürgerung.

Beachte: Erlässt eine Behörde einen Verwaltungsakt allerdings schriftlich oder elektronisch, stellen die §§ 37 Abs. 3 und 39 Abs. 1 VwVfG zusätzliche Anforderungen auf. Zu beachten ist vor allem die Regelung des § 39 Abs. 1 VwVfG. Hiernach muss ein schriftlicher oder elektronischer Verwaltungsakt mit einer ***Begründung*** versehen werden. Nach § 39 Abs. 1 Satz 2 VwVfG sind hierbei die wesentlichen ***tatsächlichen*** und ***rechtlichen*** Gründe mitzuteilen, die zu der Entscheidung geführt haben. Die Begründung muss allerdings nicht »richtig« sein. Es müssen nur die Erwägungen angegeben werden, die nach Ansicht der Behörde zu der betreffenden Entscheidung geführt haben. Ob die Begründung den Erlass des Verwaltungsaktes sachlich rechtfertigt, ist eine Frage der ***materiellen*** Rechtmäßigkeit (*Kopp/Ramsauer* § 39 VwVfG Rz. 18; *Meyer* in NVwZ 1986, 513). Wie bei der Anhörungspflicht gibt es auch bei der Begründung von Verwaltungsakten einen Ausnahmenkatalog, der in § 39 Abs. 2 VwVfG steht. Sofern gegen das Begründungserfordernis verstoßen wird, ist allerdings – wie schon oben angemerkt – an die §§ 45, 46 VwVfG zu denken.

Zum Fall: Im Sachverhalt steht kein Wort über die Einhaltung der Formvorschriften.

Lösung: Siehe oben! Hier bei den Formvorschriften gelten für die Klausurbearbeitung die gleichen Regeln, die wir eben bereits zu der Frage der Anhörung gelernt haben, nämlich: Wenn im Sachverhalt nichts über die Einhaltung der Formvorschriften steht, kann man diese als beachtet (und eingehalten) voraussetzen bzw. annehmen. Der Klausursteller signalisiert mit einem entsprechenden Hinweis (»Dem Schreiben der Behörde lassen sich keine Gründe für die Ablehnung entnehmen«), ob und wann er Ausführungen zur nicht eingehaltenen Form sehen möchte. Ansonsten: Ein Satz genügt. Merken.

Zum Fall: Hier finden sich keine Hinweise auf einen Verstoß gegen Formvorschriften mit der Konsequenz, dass diese als eingehalten vorausgesetzt werden können.

ZE.: Der Widerruf erfolgte formell rechtmäßig.

III. Die materielle Rechtmäßigkeit

Als letzter Prüfungspunkt der Begründetheit kommt der eigentliche Kern der Prüfung. Wir müssen untersuchen, ob der streitige Verwaltungsakt ***materiell rechtmäßig*** ist oder nicht. Hierzu stellen sich im Wesentlichen ***drei*** Fragen, die entsprechend beantwortet werden müssen.

1.) Ist die betreffende Ermächtigungsgrundlage überhaupt rechtmäßig. **2.)** Liegen die Voraussetzungen, die die Ermächtigungsgrundlage aufstellt, vor. **3.)** Stimmt die angeordnete Rechtsfolge mit der Ermächtigungsgrundlage überein.

1. Die Rechtmäßigkeit der Ermächtigungsgrundlage

Wenn die Ermächtigungsgrundlage ihrerseits rechtswidrig ist, kann die darauf gestützte Maßnahme logischerweise nicht rechtmäßig sein. Dies folgt aus dem Vorbehalt des Gesetzes, der eine rechtmäßige Rechtsgrundlage erfordert (*Detterbeck* in JURA 2002, 235; *Gusy* in JA 2002, 610). Folglich ist – zumindest gedanklich – vorab die Rechtmäßigkeit der Ermächtigungsgrundlage zu untersuchen. Hierbei muss geklärt werden, ob die Ermächtigungsgrundlage mit höherrangigem Recht im Einklang steht (*Maurer*, AllgVerwR, § 10 Rz. 15; *Schwerdtfeger*, Öffentliches Recht, Rz. 81).

> **Beachte:** In der Regel wird in einer reinen Verwaltungsrechtsklausur die Rechtmäßigkeit der Ermächtigungsgrundlage keine Rolle spielen. Als Faustregel kann man sich merken, dass alle Normen, die sich in den großen Gesetzessammlungen befinden (z.B. Sartorius), in der Klausur nicht problematisiert werden müssen – es sei denn, es handelt sich um ein kürzlich geändertes oder neu eingeführtes Gesetz, das zudem heftig umstritten ist. ***Anders*** sieht die Situation aber aus, wenn im Sachverhalt ein ***fiktives*** Gesetz abgedruckt ist. In solchen Fällen sollte man die Rechtmäßigkeit dieser Ermächtigungsgrundlage jedenfalls andenken und bei augenscheinlichen Mängeln auch – im Hinblick auf die mögliche Verletzung von Grundrechten – überprüfen (Beispiel: Ein fiktives Gesetz gestattet der Verwaltung, den Führerschein zu entziehen, wenn der Autofahrer über 60 Jahre alt ist).

Zum Fall: An der Rechtmäßigkeit der Normen des GastG bestehen keine Bedenken, sodass in der gutachterlichen Lösung hierzu nichts geschrieben werden muss. Die Ermächtigungsgrundlage an sich ist rechtmäßig.

2. Die Tatbestandsvoraussetzungen der Ermächtigungsgrundlage

Ist die Rechtmäßigkeit der Ermächtigungsgrundlage festgestellt beziehungsweise unproblematisch, muss im nächsten Schritt geprüft werden, ob der erlassene Verwaltungsakt seinerseits die Voraussetzungen der Ermächtigungsgrundlage erfüllt. Hierzu ist zunächst die Norm auf ihre Bestandteile zu untersuchen, also was sind die Tatbestandsvoraussetzungen und was die angeordnete Rechtsfolge? Als Beispiel schauen wir uns mal die Ermächtigungsgrundlage des vorliegenden Falls (**§ 15 Abs. 2 GastG**) an und lesen bitte sorgfältig den Gesetzestext:

»*Die Erlaubnis ist zu widerrufen,* ***wenn nachträglich Tatsachen eintreten, die die Versagung der Erlaubnis nach § 4 Abs. 1 Nr. 1 rechtfertigen würden.***«

Der erste Teil der Norm, also der Text vor dem Komma, ist die angeordnete Rechtsfolge. Für den hier interessanten Prüfungspunkt relevant ist indessen zunächst nur der ***fett*** gekennzeichnete Teil, der den ***Tatbestand*** der Vorschrift darstellt. Die dort benannten Voraussetzungen müssen wir demnach prüfen, um damit dann die Rechtsfolge herbeiführen zu können.

Machen wir mal:

Erforderlich sind also nachträglich aufgetretene Tatsachen, die Versagungsgründe nach **§ 4 Abs. 1 Nr. 1 GastG** (bitte lesen) darstellen. Dieser § 4 Abs. 1 Nr. 1 GastG stellt auf Tatsachen ab, die die Annahme rechtfertigen, dass der Antragssteller die für den Gewerbebetrieb erforderliche Zuverlässigkeit nicht besitzt.

Durchblick: Bei der Beantwortung der Frage, was unter »Zuverlässigkeit« zu verstehen ist, muss man nun zunächst erkennen, dass dieser Begriff sehr weit gefasst ist und aus sich heraus keine eindeutige Bestimmung zulässt (was ist »zuverlässig«?). Die Existenz von zunächst nicht eindeutig bestimmbaren Vorschriften erklärt sich damit, dass der Gesetzgeber bei der Fassung von Normen nicht jede erdenkliche Situation erfassen und regeln kann. Tatbestandsvoraussetzungen müssen daher zum Teil sehr abstrakt und weit gefasst sein, um auch solche Konstellationen, die nicht von vornherein ganz konkret feststehen, mit zu umfassen. Solche Tatbestandsvoraussetzungen nennt man **»unbestimmte Rechtsbegriffe«** (*Maurer*, AllgVerwR, § 7 Rz. 27; *Peine*, AllgVerwR, Rz. 72; *Voßkuhle* in JuS 2008, 117). Der Rechtsanwender – in der Regel ist das die zuständige Behörde – muss solche unbestimmten Rechtsbegriffe vor der Anwendung im Einzelfall nun näher ausformen, um damit festlegen zu können, inwieweit ein relevanter Sachverhalt die Voraussetzungen einer gesetzlichen Vorschrift erfüllt. Es obliegt also diesem Rechtsanwender, mittels der Auslegung zu bestimmen, wie weit ein unbestimmtes Tatbestandsmerkmal reicht (OVG Münster DVBl **2013**, 995; *Maurer*, AllgVerwR, § 7 Rz. 29; *Peine*, AllgVerwR, Rz. 72) – sehr wichtiger Gedankengang, bitte mindestens noch einmal lesen.

> **Beachte:** Anschaulich wird dies, wenn man sich den vorliegenden Fall ansieht: Zwischen der Behörde und dem R ist streitig, ob R noch »zuverlässig« im Sinne des § 4 Abs. 1 Nr. 1 GastG ist und die Kneipe weiterbetreiben kann. Die Behörde hat jetzt also den Begriff der »Zuverlässigkeit« näher zu bestimmen und hat bei genauer Betrachtung übrigens nur zwei Entscheidungsmöglichkeiten: Entweder R besitzt diese Zuverlässigkeit oder eben nicht. Es gibt also aus Sicht der Behörde nur eine »richtige« Antwort, eine eingeschränkte Zuverlässigkeit sieht das Gesetz nämlich nicht vor. Um diese Antwort finden zu können, muss die Behörde ermitteln, wann man über-

haupt (abstrakt) »zuverlässig« ist im Sinne des § 4 Abs. 1 Nr. 1 GastG. Zur Auslegung von unbestimmten Rechtsbegriffen wie dem der »Zuverlässigkeit« bedient man sich grundsätzlich der allgemeinen Auslegungsmethoden, also Grammatik, Systematik, Gesetzeszweck und Historie. Bevor man mittels einer solchen Auslegung die Reichweite eines Tatbestandsmerkmals zu bestimmen versucht, hat man als Rechtsanwender allerdings zunächst noch zu klären, ob eine weitere Konkretisierung des Rechtsbegriffes (etwa vom Gesetzgeber selbst) vorgenommen wurde. Vielfach erfolgt eine solche Konkretisierung durch weiterführende gesetzliche Definitionen, Rechtsverordnungen, Rechtsprechung und bestimmte Arten von Verwaltungsvorschriften.

Achtung: Diese Auslegung einer Norm durch die Behörde (machen wir gleich) ist grundsätzlich gerichtlich voll überprüfbar. Und das liegt daran, dass es sich um Rechtsanwendung handelt, die aufgrund der Rechtsschutzgarantie des Art. 19 Abs. 4 GG vom Betroffenen gerichtlich überprüfbar sein ***muss*** (*Kempen* in NVwZ 2000, 1115; *Schwerdtfeger*, Öffentliches Recht, Rz. 77).

Für die Klausur: Die Feststellung voller gerichtlicher Überprüfbarkeit ist für die Falllösung wichtig. Denn es ist im Verwaltungsrecht der Regelfall, dass man die Erfolgsaussichten einer Klage begutachten muss. Hat man festgestellt, dass der unbestimmte Rechtsbegriff gerichtlich voll überprüfbar ist, muss man nun selbst herangehen und prüfen, welche Reichweite ihm wirklich zukommt bzw. ob die von der Behörde erfolgte Auslegung rechtmäßig ist. Man hat dann das Tatbestandsmerkmal dementsprechend eigenständig – ohne Rücksicht auf die Ansichten der Behörde – auszulegen und den Sachverhalt in Bezug zum Auslegungsergebnis zu setzen.

Zum Fall: § 4 Abs. 1 Nr. 1 GastG stellt auf die Zuverlässigkeit des Antragsstellers ab, die ***insbesondere*** nicht vorliegt, wenn dieser z.B. ***dem Trunke ergeben*** ist. Der Gesetzgeber hat also selbst weitergehende Definitionen des Begriffs der »Zuverlässigkeit« eingefügt, indem er beispielhaft Konstellationen aufzählt, in denen jemand jedenfalls nicht zuverlässig ist (*Metzner* § 4 GastG Rz. 49). Die Zuverlässigkeit im Sinne des Gesetzes ist demnach näher bestimmt durch ein weiteres Tatbestandsmerkmal. Im Einzelfall ist somit zu klären, ab welcher Intensität des Alkoholkonsums man »dem Trunke ergeben« ist. Eine (noch) weitergehende Konkretisierung hat der Gesetzgeber nicht vorgenommen, sodass man spätestens jetzt in der Klausur gezwungen ist, sich Gedanken darüber zu machen, was unter dem Begriff »dem Trunke ergeben« zu verstehen ist. Jetzt geht es also ans Eingemachte, sprich man muss argumentieren und mithilfe der Auslegungsmethoden möglichst lebensnah den Fall lösen. Und das geht dann zum Beispiel so:

Im vorliegenden Fall ist zu beachten, welchen Sinn und Zweck die in Frage stehende Norm aus dem GastG hat: Geschützt werden soll durch § 4 Abs. 1 Nr. 1 GastG selbstverständlich der Kunde, und zwar vor unzuverlässigen Gastwirten. Diesen Gastwirten kann man nämlich unterstellen, sich nicht ordnungsgemäß um ihre Gaststätte zu kümmern. Hierunter würde vor allem auch die Hygiene und damit unter Umständen die Gesundheit der Gäste leiden. Dementsprechend muss ein Zusammenhang bestehen zwischen dem »Trunke« und der Tätigkeit als Wirt. Ein paar Bierchen nach der Arbeit beeinflussen die Zuverlässigkeit wohl grundsätzlich nicht, es muss sich schon um exzessives Trinken handeln, das ein verlässliches Arbeiten auf Dauer nicht ermöglicht. Angesichts der Sachverhaltsschilderung dürfte man dies im vorliegenden Fall annehmen können, R ist ständig betrunken und steht lallend hinter der Theke.

Für die Oberschlauen: Wer natürlich besonders fleißig und strebsam ist, nix anderes zu tun und daher sämtliche Lehrbücher und Kommentare zum gesamten Verwaltungsrecht im Kopf hat, kann den vorliegenden Fall selbstverständlich auch mithilfe der entsprechenden Definition lösen, das sähe dann so aus:

Definition: ***Dem Trunke ergeben*** im Sinne des § 4 Abs. 1 Nr. 1 GastG ist, wer trunksüchtig, also nicht in der Lage ist, einem krankhaften Hang zum übermäßigen Genuss von alkoholischen Getränken zu widerstehen, mit anderen Worten: Wer aus einem Hang zum Genuss alkoholischer Getränke nicht mehr die Kraft hat, dem Anreiz zum übermäßigen Genuss solcher Getränke zu widerstehen. Wer sich nur gelegentlich oder auch öfter betrinkt, ist nicht dem Trunke ergeben, wohl aber, wer sich regelmäßig wiederkehrend, mehrmals wöchentlich oder in kurzen Abständen tagelang betrinkt (*Metzner* § 4 GastG Rz. 50).

Hier: Unser R betrinkt sich nahezu täglich vor Beginn der Arbeit und kann abends kaum noch stehen. Er trinkt zweifellos exzessiv und es ist zu befürchten, dass er die Aufgaben eines verlässlichen Gastwirts nicht mehr wahrnehmen kann. R ist folglich dem Trunke ergeben und daher nicht zuverlässig im Sinne von § 4 Abs. 1 Nr. 1 GastG. Diese Tatsache ist auch nachträglich, also ***nach*** Erteilung der Gaststättenerlaubnis eingetreten, sodass die Tatbestandsvoraussetzungen des § 15 Abs. 2 GastG insgesamt vorliegen.

Wie gesagt, so ginge das auch, und in einer Hausarbeit muss (!) man das dann auch sogar so machen. Für die ***Klausur*** indessen reicht die Herleitung des Ganzen aus dem Gesetzeszweck, gekoppelt mit lebensnaher Argumentation.

Dazu noch ein Tipp: Viele Studenten scheuen sich, in einer verwaltungsrechtlichen Klausur mit dem »richtigen Leben« zu argumentieren. Und zwar deshalb, weil sie meinen, sie müssten alles immer streng »juristisch-dogmatisch« lösen und dürften keine eigenen Gedanken einbringen. Die Klausuren leiden dann sehr häufig an einer Art »Begründungsarmut«, sprich: es fehlt der Lösung das oben erwähnte richtige Leben. Leider ist das genau das Gegenteil dessen, was vom Kandidaten im Regelfall gefordert wird. Tatsächlich sind die verwaltungsrechtlichen Aufgaben zwar vergleichsweise »formal« und im Gegensatz zum BGB oder StGB sehr strukturiert und einfältig. Es gibt allerdings stets einen Teil (oft die Auslegung der entscheidenden Ermächtigungsgrundlage), bei dem der Prüfer ***lebensnahe*** Argumentation sehen will. Da müssen dann Argumente her, die zeigen, ob man den Fall durchdacht hat und unter Abwägung der Umstände entscheiden kann. Ist diese Argumentation dann schlüssig und nachvollziehbar, spielt das Ergebnis letztlich keine Rolle mehr. Sämtliche Urteile der Verwaltungsgerichte (und etwa auch des Bundesverfassungsgerichts!) funktionieren übrigens nicht anders: Es gibt stets einen sehr formalen Teil, der eingehalten werden muss: Die Entscheidungen in der Sache aber fallen meist nach Abwägung der Umstände und mit höchst lebensnaher Argumentation. Bitte in Zukunft mal drauf achten.

3. Die Rechtsfolge

Die Tatsache, dass die Voraussetzungen der Ermächtigungsgrundlage erfüllt sind, reicht indes noch nicht aus, um feststellen zu können, ob ein Verwaltungsakt auch tatsächlich rechtmäßig ist oder nicht. Weiterhin muss die von der Behörde angeordnete Rechtsfolge mit der Rechtsfolge der Ermächtigungsnorm übereinstimmen (*Maurer*, AllgVerwR, § 7 Rz. 2 f.). Nach § 15 Abs. 2 GastG ist die Erlaubnis zu widerrufen, sofern die Voraussetzungen erfüllt sind. Die Behörde ***muss*** also zwingend widerrufen, wenn nachträglich Versagungsgründe nach § 4 Abs. 1 Nr. 1 GastG eintreten (»***ist*** zu widerrufen«). In den Konstellationen, in denen eine solche zwingende Rechtsfolge angeordnet wird, spricht man von ***gebundenen Entscheidungen***. Im Falle einer solchen Rechtsfolge beschränkt sich die Prüfung auf die Feststellung, ob die Rechtsfolge angeordnet wurde oder nicht. Eine weitergehende Entscheidungskompetenz – *ob* und *wie* gehandelt wird – steht einer Behörde in solchen Fällen nicht zu (*Schoch* in JURA 2010, 358; *Maurer*, AllgVerwR, § 7 Rz. 7).

Beachte noch: Den Gegensatz zu gebundenen Entscheidungen stellen die sogenannten ***Ermessensentscheidungen*** dar. Als Beispiel hierfür kann man sich mal § 15 Abs. 3 GastG ansehen. Hiernach »**kann**« die Erlaubnis widerrufen werden. Der Behörde steht also in diesen Fällen ein Ermessensspielraum zu (Einzelheiten dazu im nächsten Fall).

Zum Fall: Die handelnde Behörde hat die Gaststättenerlaubnis widerrufen und dadurch die gebundene Rechtsfolge angeordnet.

Ergebnis: Der Verwaltungsakt ist rechtmäßig, die Klage des R daher unbegründet.

Gutachten

Begründetheit

Die Klage ist begründet, soweit der Verwaltungsakt rechtswidrig und der Kläger dadurch in seinen Rechten verletzt ist (§ 113 Abs. 1 Satz 1 VwGO).

I. Ermächtigungsgrundlage

Als taugliche Ermächtigungsgrundlage kommt § 15 Abs. 2 GastG in Betracht.

II. Formelle Rechtmäßigkeit

Bedenken an der formellen Rechtmäßigkeit des Verwaltungsaktes bestehen nicht.

III. Materielle Rechtmäßigkeit

1. Tatbestandsvoraussetzungen

In § 15 Abs. 2 GastG wird normiert, dass die Erlaubnis zu widerrufen ist, wenn nachträglich Tatsachen eintreten, die die Versagung der Erlaubnis nach § 4 Abs. 1 Nr. 1 GastG rechtfertigen würden. Hiernach ist die Erlaubnis zu versagen, wenn der Antragssteller die für den Gewerbebetrieb erforderliche Zuverlässigkeit nicht besitzt. Beim Begriff der Zuverlässigkeit handelt es sich um einen unbestimmten Rechtsbegriff, dessen Reichweite mittels einer Auslegung zu ermitteln und die gerichtlich voll überprüfbar ist. Der Gesetzgeber hat in § 4 Abs. 1 Nr. 1 GastG beispielhafte Konstellationen eingefügt, in denen jemand jedenfalls nicht zuverlässig ist. Hiervon ist unter anderem auszugehen, wenn die betreffende Person dem Trunke ergeben ist. Ein solcher Zustand ist anzunehmen, wenn sich der Betroffene regelmäßig wiederkehrend, mehrmals wöchentlich oder in kurzen Abständen tagelang betrinkt. In diesen Fällen ist er nicht mehr in der Lage, die an einen ordentlichen Gastwirt zum Schutze seiner Gäste gestellten Anforderungen zu erfüllen.

R wurde mehrfach – oft tagelang – stark alkoholisiert angetroffen. Er hatte sich in seiner eigenen Kneipe regelmäßig betrunken. Folglich ist er dem Trunke ergeben und besitzt mithin nicht die erforderliche Zuverlässigkeit im Sinne des § 4 Abs. 1 Nr. 1 GastG. Diese Tatsache ist nachträglich, also nach Erteilung der Gaststättenerlaubnis eingetreten, sodass die Tatbestandsvoraussetzungen des § 15 Abs. 2 GastG vorliegen.

2. Rechtsfolge

Bei § 15 Abs. 2 GastG handelt es sich um eine gebundene Entscheidung. Die Behörde hatte hinsichtlich des Widerrufs der Gaststättenerlaubnis keinen Ermessensspielraum. Der Verwaltungsakt ist daher rechtmäßig.

Ergebnis: Die Klage des R ist unbegründet.

Fall 8

Künstlerpech für den Restaurator?

Malergeselle M arbeitet hauptberuflich als selbstständiger Restaurator von Steinwerken in der Stadt X im Bundesland L. Die Schwerpunkte seiner Arbeit sind Vorgänge zur Festigung und Reinigung bereits vorhandener Steinsubstanz, zur farblichen Anpassung und Erneuerung sowie zur Imprägnierung zum Schutz vor Umwelteinflüssen. Einen Hauptanteil der anfallenden Arbeiten stellt der Nachbau abgebrochener oder verwitterter Elemente dar. Hierzu muss er aus Steinrohlingen Kopien der auszutauschenden Teile herstellen. Eigene Werke schafft er nicht. M ist nicht in der Handwerksrolle eingetragen, hierfür ist nach § 7 HandwO die Meisterprüfung erforderlich.

Als die örtliche Handwerkskammer Kenntnis von der Tätigkeit des M bekommt, ordnet sie ihn dem Steinmetz- und Steinbildhauer-Handwerk zu und beantragt bei der zuständigen Behörde der Stadt X, dem M die Fortsetzung seines Steinmetz- und Steinbildhauer-Betriebes zu untersagen. Die Behörde schließt sich der Meinung der Handwerkskammer an und untersagt dem M die Fortführung seines Betriebes gemäß § 16 Abs. 3 HandwO. Mit seinem Widerspruch hiergegen macht M geltend, er führe keine Arbeiten des Steinmetz- und Steinbildhauer-Handwerks aus, eine Eintragung in die Handwerksrolle sei deshalb nicht erforderlich. Seine restaurierende Tätigkeit sei dem freiberuflichen und künstlerischen Bereich zuzuordnen. Eine handwerkliche Tätigkeit stelle sie jedenfalls nicht dar. Die Widerspruchsbehörde bestätigt die Betriebsuntersagung. Daraufhin reicht M Klage beim Verwaltungsgericht ein.

Wie wird das Gericht entscheiden? Es ist davon auszugehen, dass Behörden nach dem im Bundesland L geltenden Ausführungsgesetz zur VwGO selbst zu verklagen sind und Beteiligte eines gerichtlichen Verfahrens sein können.

Schwerpunkte: Die vollständige Überprüfung einer Klage; die Anfechtungsklage; Prüfungsaufbau und Voraussetzungen; Spezialzuweisungen der HandwO; der Begriff des »Gewerbebetriebes« und des »Handwerksbetriebes«; das behördliche Ermessen: Begriff und Bedeutung; die Ermessensreduzierung auf Null; Ermessensfehler.

Lösungsweg

Vorbemerkung: Mit diesem Fall (nachgebildet BVerwG NVwZ-RR **1991**, 347) sind wir nun endgültig in der konkreten Prüfungssituation, sprich der verwaltungsrechtlichen Klausur angekommen. Die Fallfrage »Wie wird das Gericht entscheiden?« signalisiert nämlich, dass wir die ***vollständige*** Entscheidung des Gerichts entwerfen müssen. Und das ist dann auch die übliche Klausursituation im Verwaltungsrecht und bedeutet, der Prüfer will sehen, dass wir ***Zulässigkeit*** und ***Begründetheit*** der Klage untersuchen. Bislang hatten wir uns ja entweder nur auf die Zulässigkeit der jeweiligen Klage (Fälle 1–6) bzw. auf die Begründetheit der Anfechtungsklage beschränkt (Fall 7).

Jetzt also kommt das volle Programm und dementsprechend werden auch die Sachverhaltsschilderungen (und natürlich auch die Lösungen) leider etwas umfangreicher und detaillierter. Das liegt daran, dass wir ab sofort neben der Zulässigkeit eben auch konkrete Sachverhalte auf ihre materielle Rechtmäßigkeit hin untersuchen müssen. Und da lässt es sich nicht vermeiden, sich mit ganz speziellen Sachverhalten aus dem richtigen Leben auseinander zu setzen und diese unter das entsprechende Gesetz sorgfältig zu subsumieren. Beachte hierbei bitte die Regel, dass im Zweifel jeder einzelne Satz des geschilderten Sachverhaltes wichtig ist und möglichst in der Lösung verwertet werden sollte.

Der richtige Einstieg: Ist denkbar einfach, aber unbedingt nötig, um nicht schon beim Prüfungsbeginn gleich mangelndes Fingerspitzengefühl bzw. mangelnde Kenntnisse der Materie zu offenbaren: Jede Klausur, in der man die vollständige Entscheidung des Verwaltungsgerichts entwerfen muss, beginnt der Klausurbearbeiter bitte mit einem der Fallfrage entsprechenden Satz, hier also etwa:

»Das Gericht wird der Klage stattgeben, wenn sie zulässig und begründet ist.«

Ein solcher, eigentlich sensationell banaler Satz gehört zwingend zum Verwaltungsrecht, steht ***immer*** am Anfang der Prüfung einer verwaltungsgerichtlichen Klage bzw. deren Erfolgsaussichten und zeigt dem Leser, dass der Kandidat zumindest grundsätzlich weiß, worum es geht und wie er anzufangen hat. Der clevere Rechtsstudent vergisst ihn deshalb auch nicht und hat damit jedenfalls am Anfang schon mal alles richtig gemacht. Merken. Also dann:

Das Gericht wird der Klage des M stattgeben, wenn sie zulässig und begründet ist.

A. Die Zulässigkeit der Klage

I. Der Verwaltungsrechtsweg

1. Aufdrängende Spezialzuweisung

Die HandwO enthält verschiedene aufdrängende Spezialzuweisungen zu den Verwaltungsgerichten. Nach **§ 12 HandwO** steht gegen die Entscheidung über die Eintragung in die Handwerksrolle dem Gewerbetreibenden und der IHK der Verwaltungsrechtsweg offen. Allerdings geht es vorliegend um eine ***Betriebsuntersagung*** –

und nicht um die Eintragung in die Handwerksrolle; diese ist nur mittelbar Gegenstand der Streitigkeit, sodass § 12 HandwO keine Anwendung findet.

Weiterhin hält **§ 16 Abs. 3 Satz 2 HandwO** (lesen) eine aufdrängende Spezialzuweisung bereit. Sofern die zuständige Behörde einen Antrag der Handwerkskammer auf Untersagung einer Betriebsfortführung ablehnt, steht der Handwerkskammer der Verwaltungsrechtsweg offen. In unserem Fall hat die Behörde aber gerade dem Antrag der Handwerkskammer entsprochen und dem M die Betriebsfortführung untersagt. Daher ist auch dieser der Kläger und nicht die Handwerkskammer; die hat ja alles so erhalten, wie sie es wollte. Es liegt folglich auch kein Fall des § 16 Abs. 3 Satz 2 HandwO vor. Dementsprechend ist keine aufdrängende Spezialzuweisung einschlägig.

2. Die Generalklausel → § 40 Abs. 1 Satz 1 VwGO

Mangels Spezialzuweisung kann sich der Verwaltungsrechtsweg daher nur nach der Generalklausel des § 40 Abs. 1 Satz 1 VwGO ergeben. Fraglich ist einzig, ob eine öffentlich-rechtliche Streitigkeit vorliegt. Die Beteiligten streiten über die Rechtmäßigkeit einer Betriebsuntersagung. Diese Streitigkeit ist öffentlich-rechtlicher Natur, wenn die streitentscheidenden Normen einzig einen Hoheitsträger berechtigen oder verpflichten, also Sonderrecht des Staates sind. Nach § 16 Abs. 3 Satz 1 HandwO ist die zuständige Behörde, mithin ein Hoheitsträger, berechtigt und gegebenenfalls verpflichtet, die Fortführung eines Betriebes zu untersagen. Aufgrund der Rechtsnatur der streitentscheidenden Normen ist die Streitigkeit somit eine öffentlich-rechtliche. Der Verwaltungsrechtsweg ist daher nach § 40 Abs. 1 Satz 1 VwGO eröffnet.

II. Statthafte Klageart

Die statthafte Klageart richtet sich gemäß § 88 VwGO nach dem tatsächlichen Begehren des Klägers. Der M möchte, dass die Betriebsuntersagung aus der Welt geschafft wird. Statthafte Klageart hierfür ist die ***Anfechtungsklage*** nach § 42 Abs. 1 Var. 1 VwGO. Bei einer solchen behördlichen Betriebsuntersagung auf dem Gebiet des öffentlichen Rechts handelt es sich um einen ***Verwaltungsakt*** nach § 35 Satz 1 VwVfG. Geregelt wird ein Einzelfall, der den Rechtskreis des M betrifft, mithin Außenwirkung hat. Gegenstand dieser Anfechtungsklage ist der ursprüngliche Verwaltungsakt in der Gestalt, die er durch den Widerspruchsbescheid erfahren hat (bitte lies § 79 Abs. 1 Nr. 1 VwGO).

> **Feinkostabteilung**: Ist es noch nicht zu einer Untersagungsverfügung gekommen, steht eine solche aber im Raum, kann taugliche Klageart die (vorbeugende) Feststellungsklage sein, an deren Zulässigkeit dann aber hohe Anforderungen gestellt werden (OVG Koblenz IBR **2014**, 646).

III. Besondere Sachentscheidungsvoraussetzungen

M ist Adressat eines ihn belastenden VA, eine Verletzung eigener subjektiver Rechte – jedenfalls von solchen aus Art. 2 Abs. 1 GG – erscheint zumindest möglich, sodass er nach den Grundsätzen der Adressatentheorie ***klagebefugt*** im Sinne des § 42 Abs. 2 VwGO ist. Das nach § 68 VwGO erforderliche Vorverfahren hat M ordnungsgemäß durchgeführt. Hinsichtlich der Einhaltung der Klagefrist nach § 74 Abs. 1 VwGO bestehen keine Bedenken. Klagegegner ist nach § 78 Abs. 1 Nr. 2 VwGO i.V.m. dem landesrechtlichen Ausführungsgesetz (siehe Fallfrage!) die Erlaßbehörde selbst.

IV. Allgemeine Sachentscheidungsvoraussetzungen

M ist als natürliche Person beteiligtenfähig nach § 61 Nr. 1 VwGO. Die Beteiligtenfähigkeit der Behörde ergibt sich aus § 61 Nr. 3 VwGO i.V.m. dem landesrechtlichen Ausführungsgesetz. Der M ist als – unterstellt – geschäftsfähige Person auch prozessfähig, § 62 Abs. 1 VwGO. Die Behörde ist nicht prozessfähig und muss sich nach Maßgabe des § 62 Abs. 3 VwGO vertreten lassen.

<u>ZE.</u>: Die Klage des M ist zulässig.

> **Klausurtipp:** Wenn die Zulässigkeitsprüfung – so wie hier – augenscheinlich keine ernsthaften Probleme enthält, kann und soll man die Sachentscheidungsvoraussetzungen knapp halten. Damit zeigt man dem Korrektor, dass man grundsätzlich in der Lage ist, eine solche Prüfung zutreffend aufzubauen, nervt ihn aber nicht mit kilometerlangen Antworten auf Fragen, die im konkreten Fall niemand gestellt hat. Durch die bewusste Kürze der Ausführungen macht man im Übrigen gleichzeitig schon mal deutlich, dass man erkannt hat, dass der Schwerpunkt der Klausur eher in der Begründetheit liegt. Schadet sicher nicht.

B. Die Begründetheit der Klage

Ausgangspunkt der Begründetheitsprüfung der Anfechtungsklage ist – wie wir seit dem vorherigen Fall wissen – der **§ 113 Abs. 1 Satz 1 VwGO**. Die Klage ist demnach begründet, wenn der Verwaltungsakt rechtswidrig und der Kläger dadurch in seinen Rechten verletzt ist (BVerwG DVBl **2008**, 1247).

Im letzten Fall haben wir insoweit auch schon gelernt, dass der Schwerpunkt der Prüfung innerhalb des § 113 Abs. 1 Satz 1 VwGO bei der Frage liegt, ob der VA rechtswidrig ist oder nicht. Die Rechtsverletzung des Klägers ist bei Rechtswidrigkeit des VA im Zweifel immer gegeben (vgl. insoweit die Ausführungen in Fall 7).

Ob ein Verwaltungsakt rechtmäßig oder nicht ist, prüfen wir bitte nach wie vor in ***drei*** Schritten, nämlich:

> **(I.)** Zunächst ist eine Rechtsgrundlage für den Erlass des Verwaltungsaktes erforderlich, die sogenannte ***Ermächtigungsgrundlage***. Danach ist zu klären, ob der

Verwaltungsakt **(II.)** ***formell*** und schließlich **(III.)** ***materiell*** rechtmäßig erlassen wurde.

I. Die Ermächtigungsgrundlage

Die Untersagung der Betriebsfortführung stellt einen für M belastenden Verwaltungsakt dar. Hierdurch hat die Behörde in den Rechtskreis des M eingegriffen. Ermächtigungsgrundlage für diesen Eingriff ist der **§ 16 Abs. 3 Satz 1 HandwO**.

II. Formelle Rechtmäßigkeit

Anhaltspunkte, die zu einer formellen Rechtswidrigkeit des Verwaltungsaktes führen können, sind nicht ersichtlich.

III. Materielle Rechtmäßigkeit

Schließlich muss der Verwaltungsakt auch materiell rechtmäßig sein. Hierzu stellen sich – wie im vorherigen Fall bereits erläutert – ***drei*** Fragen, die entsprechend beantwortet werden müssen, nämlich:

1.) Ist die betreffende Ermächtigungsgrundlage überhaupt rechtmäßig. **2.)** Liegen die Voraussetzungen, die die Ermächtigungsgrundlage aufstellt, vor. **3.)** Stimmt die angeordnete Rechtsfolge mit der Ermächtigungsgrundlage überein.

1. Die Rechtmäßigkeit der Ermächtigungsgrundlage

Es bestehen keine Zweifel an der Rechtmäßigkeit der HandwO, mithin auch nicht an der Vorschrift des § 16 Abs. 3 Satz 1 HandwO. Die Ermächtigungsgrundlage an sich ist somit rechtmäßig.

2. Die Tatbestandsvoraussetzungen der Ermächtigungsgrundlage

Voraussetzung für eine Betriebsuntersagung nach § 16 Abs. 3 Satz 1 HandwO ist, dass der selbstständige Betrieb eines ***Handwerks*** als stehendes Gewerbe ***entgegen den Vorschriften*** der HandwO ausgeübt wird. Nach § 1 Abs. 1 Satz 1 HandwO ist der selbstständige Betrieb eines stehenden Gewerbes denjenigen vorbehalten, die in der **Handwerksrolle** eingetragen sind. M ist ***nicht*** in der Handwerksrolle eingetragen. Sofern seine Tätigkeit einen Handwerksbetrieb im Sinne der §§ 1 Abs. 1 Satz 1, 16 Abs. 3 Satz 1 HandwO darstellt, führt er diesen mangels Eintragung entgegen den Vorschriften der HandwO aus. Nach **§ 1 Abs. 2 HandwO** (lesen!) liegt ein Handwerksbetrieb dann vor, wenn ein Gewerbebetrieb handwerksmäßig im Sinne der Anlage A zur Handwerksordnung (steht direkt hinter der HandwO) betrieben wird. Fraglich ist somit zum einen, ob es sich beim Betrieb des M um einen ***Gewerbebetrieb*** handelt (**a**), der zum anderen durch seine handwerksmäßige Ausgestaltung zum ***Handwerksbetrieb*** wird (**b**). Und genau das prüfen wir jetzt mal schön sorgfältig durch:

a) Gewerbebetrieb

Zu klären ist also zunächst, ob M einen ***Gewerbebetrieb*** führt.

Definition: Unter einem ***Gewerbe*** ist jede erlaubte, auf Gewinnerzielung gerichtete, dauerhaft ausgeübte, selbstständige Tätigkeit, die nicht Urproduktion, freier Beruf oder Verwaltung des eigenen Vermögens ist, zu verstehen (BVerwG NVwZ **1997**, 278; BVerwG NVwZ **1995**, 473).

Die Tätigkeit des M ist erlaubt und selbstständig. Er führt sie auch hauptberuflich aus (SV lesen!), sodass davon auszugehen ist, dass sie dauerhaft ausgeübt wird und auf Gewinnerzielung gerichtet ist. Schließlich ist sie auch nicht Urproduktion oder als reine Vermögensverwaltung zu klassifizieren.

Fraglich ist aber, ob sie nicht unter die Gruppe der ***freien Berufe*** fällt.

Definition: ***Freie Berufe*** sind Dienstleistungen höherer Art sowie wissenschaftliche, schriftstellerische und künstlerische Betätigungen (BVerwG DÖV **1987**, 1070; *Hufen* in JuS 1989, 765).

Die von M ausgeführte Tätigkeit könnte als ***Kunst*** zu klassifizieren sein. Obgleich der Kunstbegriff nur schwer zu definieren ist und sich seinem Wesen nach eigentlich einer abschließenden Definition entzieht (*Sachs* Art. 5 GG Rz. 182; *Pieroth/Schlink/Kingreen/Poscher*, Staatsrecht II, Rz. 610), wird unter ***Kunst*** herkömmlich

> »…jede freie schöpferische Gestaltung verstanden, in der Eindrücke, Erfahrungen, Erlebnisse des Künstlers durch das Medium einer bestimmten Formensprache zur unmittelbaren Anschauung gebracht werden (BVerfGE **30**, 173). Notwendig ist das Vorliegen einer ***eigenschöpferischen*** Leistung. Die Erneuerung einer bereits vorhandenen – künstlerischen – Gestaltung genügt nicht (OLG Karlsruhe NVwZ **1984**, 334; AG Hamburg, GewArch **1962**, 204).«

Zum Fall: M erschafft keine eigenen Werke. Seine Tätigkeit beschränkt sich auf die Restaurierung vorhandener Steinwerke. Auch die Kopie zu ersetzender Teile ist keine eigenschöpferische Leistung der Steinwerke. Der Schwerpunkt liegt in der Erneuerung einer bereits vorhandenen Gestaltung. Daher mangelt es an einer künstlerischen Tätigkeit, die die Annahme eines freien Berufes rechtfertigen würde. Folglich ist der von M geführte Betrieb ein ***Gewerbebetrieb***.

b) Handwerksbetrieb

Definition: Ein Gewerbebetrieb ist ein ***Handwerksbetrieb***, wenn er handwerksmäßig betrieben wird ***und*** vollständig oder in wesentlichen Tätigkeiten ein Gewerbe umfasst, das in der Anlage A zur Handwerksordnung aufgeführt ist (§ 1 Abs. 2 HandwO).

Der Begriff des ***handwerksmäßigen*** Betriebes dient hauptsächlich der Abgrenzung zu ***industriellen*** Betrieben (VGH Mannheim GewArch **2006**, 126; *Honig* § 1 HandwO Rz. 61 ff.; *Musielak/Detterbeck*, Das Recht des Handwerks, § 1 Rz. 35). Einen industriellen Betrieb führt M jedoch offensichtlich nicht, sodass es für die Bestimmung eines Handwerksbetriebes darauf ankommt, ob die Tätigkeit des M vollständig oder wesentlich ein Gewerbe umfasst, das in der Anlage A zur Handwerksordnung aufgeführt ist.

Nach Nr. 8 der Anlage A zur Handwerksordnung (abgedruckt direkt hinter der HandwO) gehören berufliche Tätigkeiten von Steinmetzen und Steinbildhauern zu den Tätigkeiten, die als Handwerk betrieben werden können. Zweifellos fällt die Tätigkeit des M in den Bereich des Steinmetz- und Steinbildhauerhandwerks. Diese Feststellung reicht indes noch nicht aus, um einen Handwerksbetrieb anzunehmen. Die betreffende Tätigkeit muss ***vollständig*** oder ***wesentlich*** ein Gewerbe der Anlage A zur Handwerksordnung umfassen. Der Gesetzgeber hat durch eine Novellierung im Jahr 2003 in § 1 Abs. 2 Satz 2 HandwO (lesen!) einen Negativkatalog eingefügt, der bestimmte Bereiche explizit als nicht wesentliche Bereiche deklariert. Unser Fall passt unter keine Nummer des Negativkatalogs, sodass auf diesem Wege nicht bestimmt werden kann, ob ein Handwerksbetrieb vorliegt oder nicht.

Sofern kein Fall des Negativkatalogs vorliegt, muss positiv festgestellt werden, ob die Tätigkeit vollständig oder wesentlich ein Gewerbe umfasst. Zwar kommt es nicht darauf an, dass in vollem Umfang ein handwerksfähiges Gewerbe ausgeübt wird. Ein Handwerksbetrieb kann auch dann vorliegen, wenn in ihm Tätigkeiten ausgeübt werden, die nur Teilbereiche eines Gewerbes der Anlage A der Handwerksordnung umfassen. Erforderlich ist aber, dass die ausgeführten Tätigkeiten zu den »wesentlichen Tätigkeiten« des betroffenen Handwerks gehören (BVerwG NVwZ-RR **1991**, 347; *Honig* § 1 HandwO Rz. 47). Wesentliche Tätigkeiten eines handwerksfähigen Gewerbes liegen vor, wenn es sich bei den Tätigkeiten, Verrichtungen und Arbeitsweisen um solche handelt, die den Kernbereich gerade dieses Handwerks ausmachen und ihm sein essenzielles Gepräge verleihen. Arbeitsvorgänge, die aus der Sicht des vollhandwerklich arbeitenden Betriebes als untergeordnet erscheinen, also lediglich einen Randbereich des betreffenden Handwerks erfassen, vermögen demnach die Annahme eines handwerklichen Betriebes nicht zu rechtfertigen (BVerwGE **67**, 273; VG Lüneburg GewArch **2000**, 156).

Zum Fall: Schwerpunktmäßig restauriert M Steinwerke. Diese Restaurationsarbeiten, die die Reinigung und Pflege (farbliche Anpassung und Imprägnierung) von Steinwerken zum Gegenstand haben, gehören nicht zum Kernbereich des Steinmetz- und Steinbildhauerhandwerks. Dieser wird eher von formenden beziehungsweise gestaltenden Tätigkeiten am Werkstoff Stein geprägt. Es ist jedoch andererseits zu berücksichtigen, dass ein Hauptanteil der Arbeit des M darin besteht, Teile von abgebrochenen oder verwitterten Steinwerken nachzubauen, um marode Werke wieder in Stand zu setzen. Dieser Teil der Arbeit ist eine gestaltende Tätigkeit am Werkstoff Stein und fällt daher in den Kernbereich des Steinmetz- und Steinbildhauerhandwerks. Daher gehört die Tätigkeit des M insgesamt zu den »wesentlichen« Tätigkeiten des betroffenen Handwerks. Der Betrieb des M ist folglich ein Handwerksbetrieb.

ZE.: M betreibt ein eintragungspflichtiges Handwerk im Sinne des § 1 Abs. 1 HandwO. Da er aber nicht in der Handwerksrolle eingetragen ist, führt er den Handwerksbetrieb entgegen den Vorschriften der HandwO. Sein Gewerbe ist auch ein stehendes Gewerbe, sodass die Voraussetzungen des § 16 Abs. 3 Satz 1 HandwO somit insgesamt vorliegen.

3. Die Rechtsfolge

Nach § 16 Abs. 3 Satz 1 HandwO ***kann*** die zuständige Behörde die Fortführung des Betriebes untersagen. Dem Rechtsanwender wird also hinsichtlich der Entscheidung ein ***Ermessen*** eingeräumt. Diesen Begriff des Ermessens wollen wir uns näher ansehen, er hat beachtliche, vor allem klausurrelevante Bedeutung im Verwaltungsrecht.

a) Begriff und Bedeutung des Ermessens

Ermessen bedeutet, dass der Behörde auf der ***Rechtsfolgenseite*** der entsprechenden Norm eine Handlungsfreiheit eingeräumt wurde. Das Gesetz wählt in diesen Fällen Formulierungen wie: »kann / darf / ist befugt / ist berechtigt«. Die Gegenbegriffe sind »ist« und »muss« und kennzeichnen die sogenannten gebundenen Entscheidungen (vgl. Fall 7). Ist als Rechtsfolge ein »soll« vorgesehen, muss die Behörde in der Regel die im Gesetz beschriebenen Rechtsfolgen treffen; in zu prüfenden Ausnahmefällen darf sie jedoch hiervon abweichend entscheiden (BVerwGE **90**, 88; *Schoch* in JURA 2010, 358). **Merke:** Das »soll« ist näher am »muss« als am »kann«.

Um zu überprüfen, ob die Behörde das ihr zustehende Ermessen rechtmäßig ausgeübt hat, muss sie gegebenenfalls den Zweck des Gesetzes ermitteln und alle wesentlichen Tatsachen würdigen (§ 40 VwVfG). Dem Richter steht zwar grundsätzlich die sogenannte »Letztentscheidungskompetenz« zu. Das gilt jedoch nicht ohne weiteres beim Ermessen. Gibt es mehrere rechtmäßige Entscheidungen, kann das Gericht nur überprüfen, ob sich die Maßnahme der Behörde innerhalb der durch das Gesetz eingeräumten Möglichkeiten hält (*Weidemann/Barthel* in DVP 2009, 178). Ausgangspunkt hierfür ist **§ 114 Satz 1 VwGO** (lesen, bitte!), der die Überprüfbarkeit von Ermessensentscheidungen auf eine ***Rechtmäßigkeitskontrolle*** beschränkt. Die ***Zweckmäßigkeit*** muss dabei außen vor bleiben. Entscheidend ist daher, ob der Behörde sogenannte **»Ermessensfehler«** unterlaufen sind (*Kopp/Schenke* § 114 VwGO Rz. 4; *Wolf/Bachof/Stober*, Verwaltungsrecht I, § 31 Rz. 45; *Beaucamp* in JA 2006, 74).

b) Die Ermessensfehler

In der Wissenschaft sind für die möglichen Ermessensfehler unterschiedliche Kategorisierungen geschaffen worden (vgl. *Beaucamp* in JA 2012, 193). Die Anzahl der einzelnen Fehlergruppen variieren von Autor zu Autor. Entscheidend ist daher nicht die Zuordnung eines Fehlers in eine bestimmte Gruppe, sondern dass man erkennt, in welchen Fällen überhaupt ein Ermessensfehler vorliegt. Folgende Möglichkeiten gibt es, einen Ermessensfehler zu begehen:

aa) Der Ermessensnichtgebrauch:

Ein ***Ermessensnichtgebrauch*** – auch Ermessensausfall oder Ermessensmangel – liegt vor, wenn die Behörde von ihrem Ermessen überhaupt keinen Gebrauch macht, obwohl ihr kraft Gesetzes Ermessen eingeräumt wird. Das kann zum Beispiel darauf beruhen, dass die Behörde irrtümlich annimmt, das Gesetz schreibe eine Rechtsfolge zwingend vor (BVerwGE **15**, 196; *Maurer*, AllgVerwR, § 7 Rz. 21).

bb) Die Ermessensüberschreitung:

Eine ***Ermessensüberschreitung*** liegt vor, wenn die Behörde eine Rechtsfolge setzt, die von der Norm nicht vorgesehen ist (*Kopp/Ramsauer* § 40 VwVfG Rz. 46; *Schoch* in JURA 2004, 462).

cc) Der Ermessensfehlgebrauch:

Ein ***Ermessensfehlgebrauch*** liegt vor, wenn die Entscheidung der Behörde entweder auf fehlerhafter Sachverhaltsaufklärung oder sachfremden Erwägungen beruht (*Kopp/Ramsauer* § 40 VwVfG Rz. 61 ff.; *Maurer*, AllgVerwR, § 7 Rz. 22).

dd) Missachtung von Grundrechten und allgemeine Verwaltungsgrundsätze:

Die Grundrechte und die allgemeinen Grundsätze für das Verwaltungshandeln sind objektive Grenzen des Ermessens (*Maurer*, AllgVerwR, § 7 Rz. 23; *Schoch* in JURA 2004, 462). An dieser – in Klausuren in der Regel wichtigsten – Stelle sind zu prüfen: → Verhältnismäßigkeitsgrundsatz; → Verletzung von Grundrechten; → Allgemeiner Gleichheitssatz (Art. 3 Abs. 1 GG) – Stichwort: Selbstbindung der Verwaltung. Von besonderer Bedeutung für die verwaltungsrechtliche Fallbearbeitung ist hierbei der ***Verhältnismäßigkeitsgrundsatz***. Er betrifft das Verhältnis zwischen den rechtlich relevanten Auswirkungen staatlichen Handelns und seiner Zwecksetzung. Die staatliche Maßnahme darf unter Berücksichtigung des verfolgten legitimen Zwecks nicht über das ***geeignete*** und ***erforderliche*** Maß hinaus ***unangemessen*** in Rechtspositionen des Bürgers eingreifen (*Voßkuhle* in JuS 2007, 429).

Geeignet ist eine staatliche Maßnahme bereits dann, wenn die Wahrscheinlichkeit der Zweckerreichung erhöht wird. Es genügt jede taugliche Förderung des beabsichtigten Erfolgs (BVerfG NJW **1984**, 556). ***Erforderlich*** ist eine Maßnahme nur dann, wenn sie unter den vorhandenen, gleichgeeigneten Maßnahmen das mildeste Mittel darstellt (*Reuter* in JURA 2009, 511). Gerade der Aspekt der Erforderlichkeit sollte in der Klausur zum Anlass genommen werden, Handlungsalternativen aufzuzeigen und diese anhand ihrer Eingriffsintensität zu bewerten. Zur Beurteilung der ***Angemessenheit*** einer staatlichen Maßnahme hat schließlich eine Abwägung zwischen dem legitimen Zweck und der mit der Maßnahme einhergehenden Belastung des Betroffenen zu erfolgen (*Reuter* in JURA 2009, 511).

c) Die Ermessensreduzierung auf Null:

In besonderen Fällen ist die Behörde dazu ***verpflichtet***, einzuschreiten und eine bestimmte Maßnahme zu treffen, obwohl das Gesetz der Behörde Ermessen einräumt. Eine solche sogenannte »Ermessensreduzierung auf Null« findet bei entsprechender Verdichtung der äußeren Ermessensgrenzen statt. Hauptanwendungsbereich ist das Gefahrenabwehrrecht in Fällen, in denen Grundrechte in besonders intensiver Weise tangiert sind. Zumeist geht es um den Schutz hochrangiger Rechtsgüter oder um Verletzungen der Gleichbehandlung (*Kopp/Ramsauer* § 40 VwVfG Rz. 30 ff.; *Schoch* in JURA 2004, 462). So kann etwa das polizeiliche Ermessen beim Einschreiten gegen Gegendemonstranten wegen Art. 8 GG zugunsten der bedrohten Versammlung derart reduziert sein, dass nur (noch) das Einschreiten rechtmäßig ist. Denkbar ist – aus einem anderen Bereich der Verwaltung – etwa auch, dass die Erteilung einer Aufenthaltserlaubnis an einen verheirateten Ausländer wegen Art. 6 GG zwingend ist, obwohl das Gesetz hier grundsätzlich Ermessen einräumt (vgl. §§ 1 Abs. 1, 4 Abs. 1, 7, 8 AufenthG).

Zum Fall: Die Behörde muss das eingeräumte Ermessen gemäß § 40 VwVfG entsprechend dem Zweck der Ermächtigung und innerhalb der gesetzlichen Grenzen fehlerfrei ausgeübt haben. Zweck der Ermächtigung aus § 16 Abs. 3 HandwO ist es, die Leistungsfähigkeit des Handwerks und die gebotene Qualität der handwerksmäßigen Verrichtung zu gewährleisten. Dies ist ohne Ablegung der Meisterprüfung, die nach § 7 HandwO Grundvoraussetzung für eine Eintragung in die Handwerksrolle ist, aber nicht sichergestellt (*Honig* § 1 HandwO Rz. 1 ff.). Bei Vorliegen der tatbestandlichen Voraussetzungen des § 16 Abs. 3 Satz 1 HandwO ist das Ermessen der Behörde daher in der Regel auf Null reduziert, wenn nicht ganz besondere Umstände eine abweichende Betrachtungsweise gebieten (BVerwG NVwZ **1987**, 132; VGH Kassel NVwZ **1991**, 280). Solche besonderen Umstände liegen nicht vor. Die Betriebsuntersagung ist daher – wie im Regelfall – die einzige sachgerechte Entscheidung. Die Betriebsuntersagung war daher rechtmäßig.

Feinkost: Zum selben Ergebnis kommt man übrigens auch, ohne auf eine Ermessensreduzierung abzustellen. Als einzig mögliche Ermessensfehler kämen vorliegend nur eine Verletzung von Art. 12 Abs. 1 GG oder ein Verstoß gegen den Verhältnismäßigkeitsgrundsatz in Betracht. Der Eingriff in die (subjektive) Berufswahlregelung wäre aufgrund des Schutzzweckes von § 16 Abs. 3 Satz 1 HandwO gerechtfertigt. Zudem wäre auch der Grundsatz der Verhältnismäßigkeit gewahrt. Die Betriebsuntersagung dient dem oben dargestellten legitimen Zweck. Sie ist zudem geeignet, erforderlich und angemessen.

IV. Ergebnis: Die Klage des M ist zwar zulässig, aber unbegründet. Deswegen wird das Gericht sie abweisen.

Gutachten

Das Gericht wird der Klage stattgeben, wenn sie zulässig und begründet ist.

A. Zulässigkeit

I. Verwaltungsrechtsweg

1. Aufdrängende Spezialzuweisung

Die HandwO enthält verschiedene aufdrängende Spezialzuweisungen zu den Verwaltungsgerichten. Nach § 12 HandwO steht gegen die Entscheidung über die Eintragung in die Handwerksrolle dem Gewerbetreibenden und der IHK der Verwaltungsrechtsweg offen. Vorliegend geht es aber um eine Betriebsuntersagung und nicht um die Eintragung in die Handwerksrolle, sodass § 12 HandwO keine Anwendung findet. Sofern die zuständige Behörde einen Antrag der Handwerkskammer auf Untersagung einer Betriebsfortführung ablehnt, steht der Handwerkskammer der Verwaltungsrechtsweg nach § 16 Abs. 3 Satz 2 HandwO offen. Im vorliegenden Fall hat die Behörde aber gerade dem Antrag der Handwerkskammer entsprochen und dem M die Betriebsfortführung untersagt. Demzufolge ist die Handwerkskammer auch nicht Klägerin, sodass kein Fall des § 16 Abs. 3 Satz 2 HandwO vorliegt. Dementsprechend ist keine aufdrängende Spezialzuweisung einschlägig.

2. Generalklausel, § 40 Abs. 1 Satz 1 VwGO

Mangels Spezialzuweisung kann sich der Verwaltungsrechtsweg daher nur nach der Generalklausel des § 40 Abs. 1 Satz 1 VwGO ergeben. Fraglich ist einzig, ob eine öffentlich-rechtliche Streitigkeit vorliegt. Die Beteiligten streiten über die Rechtmäßigkeit einer Betriebsuntersagung. Diese Streitigkeit ist öffentlich-rechtlicher Natur, wenn die streitentscheidenden Normen einzig einen Hoheitsträger berechtigen oder verpflichten, also Sonderrecht des Staates sind. Nach § 16 Abs. 3 Satz 1 HandwO ist die zuständige Behörde, mithin ein Hoheitsträger, berechtigt (und gegebenenfalls verpflichtet), die Fortführung eines Betriebes zu untersagen. Aufgrund der Rechtsnatur der streitentscheidenden Normen ist die Streitigkeit folglich eine öffentlich-rechtliche. Der Verwaltungsrechtsweg ist daher nach § 40 Abs. 1 Satz 1 VwGO eröffnet.

II. Statthafte Klageart

Die statthafte Klageart richtet sich gemäß § 88 VwGO nach dem tatsächlichen Begehren des Klägers. M möchte, dass die Betriebsuntersagung aus der Welt geschafft wird. Statthafte Klageart hierfür ist die Anfechtungsklage nach § 42 Abs. 1 Var. 1 VwGO. Bei einer solchen behördlichen Betriebsuntersagung auf dem Gebiet des öffentlichen Rechts handelt es sich um einen Verwaltungsakt nach § 35 Satz 1 VwVfG. Geregelt wird ein Einzelfall, der den Rechtskreis des M betrifft, mithin Außenwirkung hat. Gegenstand dieser Anfechtungsklage ist der ursprüngliche Verwaltungsakt in der Gestalt, die er durch den Widerspruchsbescheid erfahren hat (§ 79 Abs. 1 Nr. 1 VwGO).

III. Besondere Sachentscheidungsvoraussetzungen

M ist Adressat eines ihn belastenden VA, eine Verletzung eigener subjektiver Rechte – jedenfalls von solchen aus Art. 2 Abs. 1 GG – erscheint zumindest möglich, sodass er nach den Grundsätzen der Adressatentheorie klagebefugt im Sinne des § 42 Abs. 2 VwGO ist. Das nach § 68 VwGO erforderliche Vorverfahren hat M erfolglos durchgeführt. Hinsichtlich der Einhaltung der Klagefrist nach § 74 Abs. 1 VwGO bestehen keine Bedenken. Klagegegner ist nach § 78 Abs. 1 Nr. 2 VwGO i.V.m. dem landesrechtlichen Ausführungsgesetz die Erlassbehörde selbst.

IV. Allgemeine Sachentscheidungsvoraussetzungen

M ist als natürliche Person beteiligtenfähig nach § 61 Nr. 1 VwGO. Die Beteiligtenfähigkeit der Behörde ergibt sich aus § 61 Nr. 3 VwGO i.V.m. dem landesrechtlichen Ausführungsgesetz. Der M ist als – unterstellt – geschäftsfähige Person auch prozessfähig, § 62 Abs. 1 VwGO. Die Behörde ist nicht prozessfähig und muss sich nach Maßgabe des § 62 Abs. 3 VwGO vertreten lassen.

B. Begründetheit

Die Klage ist begründet, wenn der Verwaltungsakt rechtswidrig und der Kläger dadurch in seinen Rechten verletzt ist (§ 113 Abs. 1 Satz 1 VwGO).

I. Ermächtigungsgrundlage

Die Untersagung der Betriebsfortführung stellt einen für M belastenden Verwaltungsakt dar. Hierdurch hat die Behörde in den Rechtskreis des M eingegriffen. Ermächtigungsgrundlage für diesen Eingriff ist § 16 Abs. 3 Satz 1 HandwO.

II. Formelle Rechtmäßigkeit

Anhaltspunkte, die zu einer formellen Rechtswidrigkeit des Verwaltungsaktes führen können, sind nicht ersichtlich.

III. Materielle Rechtmäßigkeit

Schließlich muss der Verwaltungsakt auch materiell rechtmäßig sein.

1. Tatbestandsvoraussetzungen der Ermächtigungsgrundlage

Voraussetzung für eine Betriebsuntersagung nach § 16 Abs. 3 Satz 1 HandwO ist, dass der selbstständige Betrieb eines Handwerks als stehendes Gewerbe entgegen den Vorschriften der HandwO ausgeübt wird. Nach § 1 Abs. 1 Satz 1 HandwO ist der selbstständige Betrieb eines stehenden Gewerbes denjenigen vorbehalten, die in der Handwerksrolle eingetragen sind. M ist nicht in der Handwerksrolle eingetragen. Sofern seine Tätigkeit einen Handwerksbetrieb im Sinne der §§ 1 Abs. 1 Satz 1, 16 Abs. 3 Satz 1 HandwO darstellt und er dies als stehendes Gewerbe betreibt, führt er es mangels Eintragung entgegen den Vorschriften der HandwO aus.

Nach § 1 Abs. 2 HandwO ist ein Gewerbebetrieb ein Handwerksbetrieb, wenn er handwerksmäßig betrieben wird. Unter einem Gewerbe ist jede erlaubte, auf Gewinnerzielung gerichtete, dauerhaft ausgeübte, selbstständige Tätigkeit, die nicht Urproduktion, freier Beruf oder Verwaltung des eigenen Vermögens ist, zu verstehen.

Die Tätigkeit des M ist erlaubt und selbstständig. Er führt sie auch hauptberuflich aus, sodass davon auszugehen ist, dass sie dauerhaft ausgeübt wird und auf Gewinnerzielung gerichtet ist. Schließlich ist sie auch nicht Urproduktion oder als reine Vermögensverwaltung zu klassifizieren. Fraglich ist aber, ob sie nicht unter die Gruppe der freien Berufe fällt. Freie Berufe sind Dienstleistungen höherer Art sowie wissenschaftliche, schriftstellerische und künstlerische Betätigungen. Die von M ausgeführte Tätigkeit könnte als Kunst zu klassifizieren sein. Obgleich der Kunstbegriff nur schwer zu definieren ist und sich seinem Wesen nach einer abschließenden Definition entzieht, wird unter Kunst herkömmlich jede freie schöpferische Gestaltung, in der Eindrücke, Erfahrungen, Erlebnisse des Künstlers durch das Medium einer bestimmten Formensprache zur unmittelbaren Anschauung gebracht werden, verstanden. Voraussetzung ist jedenfalls das Vorliegen einer eigenschöpferischen Leistung. Die Erneuerung einer bereits vorhandenen (künstlerischen) Gestaltung genügt nicht. M erschafft keine eigenen Werke. Seine Tätigkeit beschränkt sich auf die Restaurierung vorhandener Steinwerke. Auch die Kopie zu ersetzender Teile ist keine eigenschöpferische Leistung. Der Schwerpunkt liegt in der Erneuerung einer bereits vorhandenen Gestaltung.

Daher mangelt es an einer künstlerischen Tätigkeit, die die Annahme eines freien Berufes rechtfertigen würde. Somit ist der von M geführte Betrieb ein Gewerbebetrieb.

Ein Gewerbebetrieb ist ein Handwerksbetrieb, wenn er handwerksmäßig betrieben wird und vollständig oder in wesentlichen Tätigkeiten ein Gewerbe umfasst, das in der Anlage A zur Handwerksordnung aufgeführt ist (§ 1 Abs. 2 HandwO). Der Begriff des handwerksmäßigen Betriebes dient hauptsächlich der Abgrenzung zu industriellen Betrieben. Einen industriellen Betrieb führt M jedoch nicht, sodass es für die Bestimmung eines Handwerksbetriebes darauf ankommt, ob die Tätigkeit des M vollständig oder wesentlich ein Gewerbe umfasst, das in der Anlage A zur Handwerksordnung aufgeführt ist.

Nach Nr. 8 der Anlage A zur Handwerksordnung gehören berufliche Tätigkeiten von Steinmetzen und Steinbildhauern zu den Tätigkeiten, die als Handwerk betrieben werden können. Zweifellos fällt die Tätigkeit des M in den Bereich des Steinmetz- und Steinbildhauerhandwerks. Weiterhin muss diese Tätigkeit vollständig oder wesentlich ein Gewerbe der Anlage A zur Handwerksordnung umfassen. Zwar kommt es nicht darauf an, dass in vollem Umfang ein handwerksfähiges Gewerbe ausgeübt wird. Ein Handwerksbetrieb kann auch dann vorliegen, wenn in ihm Tätigkeiten ausgeübt werden, die nur Teilbereiche eines Gewerbes der Anlage A der Handwerksordnung umfassen.

Erforderlich ist aber, dass die ausgeführten Tätigkeiten zu den wesentlichen Tätigkeiten des betroffenen Handwerks gehören. Wesentliche Tätigkeiten eines handwerksfähigen Gewerbes liegen vor, wenn es sich bei den Tätigkeiten, Verrichtungen und Arbeitsweisen um solche handelt, die den Kernbereich gerade dieses Handwerks ausmachen und ihm sein essenzielles Gepräge verleihen. Arbeitsvorgänge, die aus der Sicht des vollhandwerklich arbeitenden Betriebes als untergeordnet erscheinen, also lediglich einen Randbereich des betreffenden Handwerks erfassen, vermögen demnach die Annahme eines handwerklichen Betriebes nicht zu rechtfertigen. Schwerpunktmäßig restauriert M Steinwerke. Diese Restaurationsarbeiten, die die Reinigung und Pflege von Steinwerken zum Gegenstand haben, gehören nicht zum Kernbereich des Steinmetz- und Steinbildhauerhandwerks. Dieser wird eher von formenden beziehungsweise gestaltenden Tätigkeiten am Werkstoff

Stein geprägt. Hierbei ist jedoch zu berücksichtigen, dass ein Hauptteil der Arbeit von M darin besteht, Teile von Steinwerken nachzubauen, um marode Werke wieder in Stand zu setzen. Dieser Teil der Arbeit ist eine gestaltende Tätigkeit am Werkstoff Stein und fällt daher in den Kernbereich des Steinmetz- und Steinbildhauerhandwerks. Daher gehört die Tätigkeit des M insgesamt zu den wesentlichen Tätigkeiten des betroffenen Handwerks. Der Betrieb des M ist folglich ein Handwerksbetrieb.

M betreibt ein eintragungspflichtiges Handwerk im Sinne des § 1 Abs. 1 HandwO. Da er aber nicht in der Handwerksrolle eingetragen ist, führt er den Handwerksbetrieb entgegen den Vorschriften der HandwO. Sein Gewerbe ist auch ein stehendes Gewerbe, sodass die Voraussetzungen des § 16 Abs. 3 Satz 1 HandwO insgesamt vorliegen.

2. Rechtsfolge

Nach § 16 Abs. 3 Satz 1 HandwO kann die zuständige Behörde die Fortführung des Betriebes untersagen. Dem Rechtsanwender wird also hinsichtlich der Entscheidung Ermessen eingeräumt. Die Behörde muss das eingeräumte Ermessen gemäß § 40 VwVfG entsprechend dem Zweck der Ermächtigung und innerhalb der gesetzlichen Grenzen fehlerfrei ausgeübt haben. Die gerichtliche Überprüfbarkeit beschränkt sich nach § 114 VwGO auf eine Rechtmäßigkeitskontrolle. Zweck der Ermächtigung ist es, die Leistungsfähigkeit des Handwerks und die gebotene Qualität der handwerksmäßigen Verrichtung zu gewährleisten. Dies ist ohne Ablegung der Meisterprüfung, welche nach § 7 HandwO Grundvoraussetzung für eine Eintragung in die Handwerksrolle ist, aber überhaupt nicht sichergestellt. Bei Vorliegen der tatbestandlichen Voraussetzungen des § 16 Abs. 3 Satz 1 HandwO ist das Ermessen der Behörde daher in der Regel auf Null reduziert, wenn nicht ganz besondere Umstände eine abweichende Betrachtungsweise gebieten. Solche liegen nicht vor. Die Betriebsuntersagung ist daher wie im Regelfall die einzige sachgerechte Entscheidung. Die Betriebsuntersagung war daher rechtmäßig.

IV. Ergebnis: Die Klage des M ist zwar zulässig, aber unbegründet. Deswegen wird das Gericht sie abweisen.

Fall 9

Versprochen ist versprochen!

Rechtsstudent R wohnt in der S-Straße der kreisfreien Stadt K. Infolge eines Ausbaus dieser Straße im Jahr 2014 steigt das Verkehrsaufkommen erheblich. R klagt daher gegen den Ausbau der Straße. In der mündlichen Verhandlung im März 2016 erklärt der Vertreter (V) des beklagten Oberbürgermeisters (OB), dass der Rat der K am 18.11.2015 beschlossen habe, zur Reduzierung des Verkehrs in der S-Straße verkehrsberuhigende Maßnahmen durchzuführen. V gibt daher nach Erörterung der Sach- und Rechtslage zur Niederschrift des Gerichts folgende Erklärung ab:

»Der OB verpflichtet sich, auf der S-Straße eine Geschwindigkeitsbeschränkung auf 30 km/h durch entsprechende Straßenschilder (§ 41 Abs. 2 StVO – Zeichen 274.1) anzuordnen.«

Der Rechtsstreit wird daraufhin gütlich beigelegt. Der Erklärung des V kommt der OB in der Folgezeit allerdings nicht nach. Als R schließlich die Durchführung der versprochenen Maßnahme schriftlich beantragt, wird dies mit der Begründung abgelehnt, dass V seine Erklärung vor Gericht in Unkenntnis eines späteren Beschlusses des Rates vom Januar 2016 abgegeben habe. Durch diesen wurde der vorige Beschluss aufgehoben, weil erst abgewartet werden sollte, wie sich der Verkehr durch einen geplanten Schwimmbadneubau in einer Nebenstraße entwickeln würde. Dieses Schwimmbad sei mittlerweile eröffnet worden und durch Einholung eines Fachgutachtens stehe jetzt fest, dass eine isolierte Entlastung der S-Straße eine erheblich höhere Belastung der angrenzenden Straßen und des Verkehrsflusses zur Folge hätte.

Nach erfolglosem Widerspruch reicht R fristgerecht Klage beim Verwaltungsgericht ein mit dem Ziel, den OB als zuständige Straßenverkehrsbehörde zu verpflichten, die von V abgegebene Erklärung umzusetzen und die entsprechenden Straßenschilder aufzustellen. In der mündlichen Verhandlung ficht der OB die Erklärung des V wegen Irrtums vorsorglich an und kündigt deren Widerruf an.

Wird das Gericht der Klage des R stattgeben? Es ist zu unterstellen, dass das landesrechtliche Ausführungsgesetz zur VwGO vorsieht, dass Behörden selbst zu verklagen sind und sie auch als Beteiligte eines Rechtsstreits auftreten können.

Schwerpunkte: Die Verpflichtungsklage; Allgemeinverfügung nach § 35 Satz 2 VwVfG; das subjektive Recht auf Erlass einer verkehrsregelnden Maßnahme; § 38 VwVfG als Anspruchsgrundlage für den Erlass eines VA; die Begriffe der Zusicherung; der Umfang der Zusicherungsfähigkeit; die Wirksamkeit einer Zusicherung; die Bindungswirkung gemäß § 38 Abs. 3 VwVfG.

Lösungsweg

Vorab: Das ist ein schwerer Fall, der schwerste des Buches bislang. Um ihn in den Griff zu bekommen, muss man – wie immer – den Sachverhalt sehr sorgfältig gelesen und vor allem die zeitlichen Abläufe präsent haben. Nicht irritieren lassen darf man sich insbesondere dadurch, dass auf den ersten Blick eigentlich ja ***zwei*** Klagen in Frage stehen: Der R hatte bereits gegen den Ausbau der Straße geklagt und will jetzt per neuer Klage das Aufstellen des Schildes, das ihm im ersten Verfahren »versprochen« worden war, durchsetzen. Dieses erste Verfahren ist bei genauer Betrachtung für uns nur insoweit von Bedeutung, als dass R dort vom OB (bzw. V als dessen Vertreter) die Erklärung im Hinblick auf das Aufstellen des Schildes erhalten hatte. Ansonsten war der Rechtsstreit nach Auskunft des Sachverhaltes gütlich beigelegt worden, demnach auch hier rechtlich nicht mehr relevant bzw. bindend. Entscheiden müssen wir nur und ausschließlich die jetzt erhobene Klage des R, mit der er erreichen will, dass die damals abgegebene Erklärung auch umgesetzt wird.

Und genau das prüfen wir jetzt – und beginnen selbstredend mit dem Standardsatz:

Das Gericht wird der Klage des R stattgeben, wenn sie zulässig und begründet ist.

A. Zulässigkeit

I. Verwaltungsrechtsweg

Mangels aufdrängender Spezialzuweisung kann sich der Verwaltungsrechtsweg nur nach der Generalklausel des § 40 Abs. 1 Satz 1 VwGO ergeben. Hierfür muss eine öffentlich-rechtliche Streitigkeit nichtverfassungsrechtlicher Art vorliegen, die keinem anderen Gericht abdrängend zugewiesen ist. Fraglich ist einzig, ob eine öffentlich-rechtliche Streitigkeit vorliegt. Die Beteiligten streiten über die Anbringung von Verkehrsschildern. Diese Streitigkeit ist öffentlich-rechtlicher Natur, wenn die streitentscheidenden Normen einzig einen Hoheitsträger berechtigen oder verpflichten. Das Aufstellen von Verkehrszeichen richtet sich nach Normen der **StVO** (§§ 44, 45 StVO). Hierin werden einzig Hoheitsträger berechtigt und verpflichtet (§ 44 StVO). Folglich sind die streitentscheidenden Normen öffentlich-rechtlicher Natur, mithin auch die Streitigkeit. Der Verwaltungsrechtsweg ist nach § 40 Abs. 1 Satz 1 VwGO eröffnet.

II. Statthafte Klageart

Die statthafte Klageart richtet sich gemäß § 88 VwGO nach dem tatsächlichen Begehren des Klägers. R möchte, dass die in der Erklärung des V versprochenen Straßenschilder aufgestellt werden. Für das Aufstellen sind die in § 44 Abs. 1 StVO bezeichneten Behörden zuständig. R begehrt also eine gerichtliche Verpflichtung der entsprechenden Behörde, die Schilder aufzustellen.

Als statthafte Klageart kommt hierfür die ***Verpflichtungsklage*** nach § 42 Abs. 1 VwGO in Betracht, sofern es sich bei dem Aufstellen eines Geschwindigkeitsverkehrsschildes um einen ***Verwaltungsakt*** nach § 35 VwVfG handelt. Ein Geschwindigkeits-Verkehrszeichen trifft ein Gebot (»Fahr nicht schneller als 30 km/h!«) und trifft damit eine Regelung. Diese Regelung wird von einer Behörde auf dem Gebiet des öffentlichen Rechts getroffen. Ungeachtet der Frage, ob die Regelung im tatsächlichen Aufstellen des Schildes oder in der der Aufstellung vorangehenden, behördlichen Entscheidung liegt, hat sie jedenfalls Außenwirkung, da sie jedermann betrifft, der sich im Einflussbereich des Schildes im Straßenverkehr bewegt (*Czermak* in JuS 1981, 25; *Prutsch* in JuS 1980, 566). Dadurch, dass ein Schild aber gerade jedermann betrifft, liegt ***keine Einzelfall***regelung vor. Ein Verkehrszeichen ist daher auch kein Verwaltungsakt nach § 35 Satz 1 VwVfG.

Fraglich ist, ob es sich bei einem Verkehrsschild um eine ***Allgemeinverfügung*** nach **§ 35 Satz 2 VwVfG** (lesen!) handelt.

> **Definition:** Eine *Allgemeinverfügung* ist nach § 35 Satz 2 VwVfG ein Verwaltungsakt, der sich an einen nach allgemeinen Merkmalen bestimmten oder bestimmbaren Personenkreis richtet oder die öffentlich-rechtliche Eigenschaft einer Sache oder ihre Benutzung durch die Allgemeinheit betrifft (zu den unterschiedlichen Formen von Allgemeinverfügungen vgl. *Schoch* in JURA 2012, 26).

Eine Straße wird durch die Widmung eine öffentlich-rechtliche Sache (*Maurer*, AllgVerwR, § 9 Rz. 33). Für die Frage, ob ein Verkehrsschild eine solche Straße in Form einer Allgemeinverfügung betrifft, kann man entweder darauf abstellen, dass deren Benutzung durch die Verkehrsteilnehmer aufgrund des Verkehrszeichens geregelt wird (*Stelkens/Bonk/Sachs* § 35 VwVfG Rz. 241) oder dass das Verkehrszeichen die öffentlich-rechtliche Eigenschaft der Straße betrifft (*Maurer*, AllgVerwR, § 9 Rz. 33). Welcher der beiden Ansichten man den Vorzug gewährt, ist im besten Sinne des Wortes »gleichgültig«, denn nach beiden Meinungen handelt es sich bei Verkehrsschildern um Allgemeinverfügungen nach § 35 Satz 2 VwVfG (BVerwGE **102**, 316; *Bamberger* in DVBl 1999, 1632; *Kopp/Ramsauer* § 35 VwVfG Rz. 112; vgl. zum Charakter eines Straßen***schildes*** als Allgemeinverfügung: OVG Münster DÖV **2008**, 296; vgl. im Übrigen auch *Beaucamp* in JA 2008, 612).

Zum Fall: Demzufolge handelt es sich bei dem von R begehrten Verkehrszeichen um einen Verwaltungsakt in Form der Allgemeinverfügung im Sinne des § 35 Satz 2 VwVfG. Daher ist die Verpflichtungsklage statthafte Klageart.

III. Besondere Sachentscheidungsvoraussetzungen

1. Klagebefugnis

R ist nach § 42 Abs. 2 VwGO klagebefugt, wenn er geltend machen kann, durch die Ablehnung des Verwaltungsaktes in seinen Rechten verletzt zu sein. Die Verletzung muss zumindest möglich sein. Eine ***mögliche*** Rechtsverletzung des R ist dann zu bejahen, wenn er einen ***Anspruch*** auf Erlass des Verwaltungsaktes geltend machen kann. Dafür muss R sich darauf berufen können, ein ***subjektiv-öffentliches Recht*** auf Errichtung des Verkehrsschildes zu haben.

a) Ein solches subjektiv-öffentliches Recht auf Errichtung des Verkehrsschildes könnte sich zunächst aus **§ 45 Abs. 1 StVO** (bitte lesen) ergeben. Grundsätzlich ist § 45 Abs. 1 StVO auf den Schutz der Allgemeinheit und nicht auf die Wahrung der Interessen einzelner Personen gerichtet (BVerwG NJW **1993**, 1729; VGH Mannheim NVwZ-RR **1998**, 682). Insofern könnte die Herleitung eines subjektiv-öffentlichen Rechts ausgeschlossen sein. Es ist allerdings anerkannt, dass der Einzelne einen – auf ermessensfehlerfreie Entscheidung der Behörde begrenzten – Anspruch auf verkehrsregelndes Einschreiten in bestimmten Fällen haben kann. Dies ist dann der Fall, wenn die Verletzung seiner geschützten Individualinteressen in Betracht kommt. Das Schutzgut der ***öffentlichen Sicherheit und Ordnung*** im Sinne des § 45 Abs. 1 StVO, insbesondere soweit Absatz 1 Satz 2 Nr. 3 dieser Vorschrift den Schutz der Wohnbevölkerung vor Lärm und Abgasen herausstellt, umfasst die Grundrechte der körperlichen Unversehrtheit (**Art. 2 Abs. 2 GG**) und des Eigentumsschutzes (**Art. 14 Abs. 1 GG**). Dazu gehört auch der Schutz vor Einwirkungen des Straßenverkehrs, die das nach allgemeiner Anschauung zumutbare Maß übersteigen (BVerwG NJW **1986**, 2655; VGH Mannheim VBlBW **1994**, 415; VG Köln NWVBl **2003**, 37).

Zum Fall: Unser R muss also geltend machen, durch den angestiegenen Verkehr in seinen im Rahmen von § 45 Abs. 1 StVO anerkannten Individualinteressen verletzt zu sein. Hierauf beruft er sich aber gar nicht! Sein Begehren stützt er vielmehr auf die im ersten Prozess abgegebene Erklärung des V. Hinsichtlich der Auswirkungen des Verkehrs auf R enthält der Sachverhalt keine Informationen, anhand derer sich R auf eine Verletzung seiner Rechte berufen könnte. Demzufolge lässt sich ein möglicher Anspruch nicht aus § 45 Abs. 1 StVO begründen.

b) Ein die Klagebefugnis begründendes subjektives Recht lässt sich also nur aus der im Prozess abgegebenen Erklärung des V herleiten. Subjektiv-öffentliche Rechte lassen sich nicht nur auf gesetzliche Regelungen, sondern auch auf Erklärungen der Verwaltung stützen (*Eyermann/Happ* § 42 VwGO Rz. 83; *Kopp/Schenke* § 42 VwGO Rz. 162).

Eine solche könnte in der Erklärung des V liegen. Hierin ist möglicherweise eine ***Zusicherung*** nach **§ 38 Abs. 1 VwVfG** (aufschlagen!) zu sehen. Nach der Legaldefinition des § 38 Abs. 1 Satz 1 VwVfG handelt es sich bei einer Zusicherung um eine von einer Behörde erteilte Zusage, einen bestimmten Verwaltungsakt später zu erlassen oder zu unterlassen. Die Zusicherung enthält also eine ***Selbstverpflichtung*** der Verwaltung zu einem bestimmten Verhalten in der Zukunft (BVerwG NVwZ **2003**, 997; *Guckelberger* in DÖV 2004, 357). Sie ist allerdings von sonstigen behördlichen Erklärungen ***ohne*** Bindungswillen streng abzugrenzen. Hierbei ist durch Auslegung zu ermitteln, ob die Behörde mit ihrer Aussage eine eigenständige Verpflichtung begründen wollte. Maßgeblich ist nicht deren innerer Wille, sondern der erklärte Wille der Behörde wie ihn der Empfänger bei objektiver Würdigung aller Umstände nach Treu und Glauben verstehen durfte (BVerwGE **74**, 15; *Kopp/Ramsauer* § 38 VwVfG Rz. 7).

Zum Fall: Der V sprach wörtlich von einer »**Verpflichtung**« der K. Vor Abgabe der Erklärung wurde die Sach- und Rechtslage des Falls ausführlich erörtert. Angesichts dieser Umstände konnte aus Sicht des Erklärungsempfängers R nur eine ***verbindliche*** Zusicherung angenommen werden. Aufgrund dieser Zusicherung kann R geltend machen, einen Anspruch auf Erlass des Verwaltungsaktes zu haben. Demzufolge ist er nach § 42 Abs. 2 VwGO klagebefugt.

Beachte: An dieser Stelle war nur zu prüfen, ***ob*** überhaupt eine Zusicherung vorliegt, auf die sich R berufen kann. Inwiefern diese Zusicherung auch tatsächlich ***wirksam*** ist, ist allein Gegenstand der Begründetheit. Genau so gut kann man auch die Frage, ob eine Zusicherung vorliegt, dahingehend beantworten, dass dies jedenfalls ***möglich*** ist. Streng genommen dürfte dies für die Klagebefugnis reichen. Dann muss das zuvor Dargestellte als 1. Teil der Begründetheit geprüft werden.

2. Sonstige besondere Sachentscheidungsvoraussetzungen

R hat das nach § 68 VwGO erforderliche Vorverfahren erfolglos durchgeführt. Die Klagefrist des § 74 VwGO ist gewahrt. Klagegegner ist nach § 78 Abs. 1 Nr. 2 VwGO i.V.m. dem landesrechtlichen Ausführungsgesetz zur VwGO der OB.

IV. Allgemeine Sachentscheidungsvoraussetzungen

R ist als natürliche Person beteiligtenfähig nach § 61 Nr. 1 VwGO. Auch der OB ist gemäß § 61 Nr. 3 VwGO i.V.m. dem landesrechtlichen Ausführungsgesetz zur VwGO beteiligtenfähig. Der R ist als – unterstellt – geschäftsfähige Person auch prozessfähig, § 62 Abs. 1 VwGO. Der OB muss sich nach Maßgabe des § 62 Abs. 3 VwGO vertreten lassen.

B. Die Begründetheit

Der Obersatz zur Begründetheit einer Verpflichtungsklage lässt sich unmittelbar aus **§ 113 Abs. 5 VwGO** (lesen, bitte!) herleiten.

Hiernach spricht das Gericht die Verpflichtung der Verwaltungsbehörde aus, die beantragte Amtshandlung (Erlass des Verwaltungsaktes) vorzunehmen,

»...soweit die Ablehnung oder Unterlassung des Verwaltungsaktes rechtswidrig und der Kläger in seinen Rechten verletzt ist, wenn die Sache spruchreif ist«.

Ähnlich zu § 113 Abs. 1 VwGO knüpft § 113 Abs. 5 VwGO auch an die ***Rechtswidrigkeit*** des Verwaltungshandelns und der daraus resultierenden ***Rechtsverletzung*** des Klägers an. Der entscheidende Unterschied liegt im Erfordernis der ***Spruchreife***. Hierunter ist zu verstehen, dass das Gericht zu einer abschließenden Entscheidung über den Erlass des Verwaltungsaktes in der Lage ist. Dies ist jedenfalls immer dann der Fall, wenn die Tatbestandsvoraussetzungen einer »gebundenen Entscheidung« vorliegen. In solchen Fällen ergeht dann ein sogenanntes »**Vornahmeurteil**« (*Hufen*, VerwProzessR, § 26 Rz. 19 ff.; *Kopp/Schenke* § 113 VwGO Rz. 193).

Anders sieht dies aus, wenn eine ***Ermessensentscheidung*** Gegenstand des Rechtsstreites ist. Aufgrund der auf eine Rechtmäßigkeitsprüfung beschränkten Prüfungskompetenz des Gerichts (§ 114 VwGO), fehlt regelmäßig die Spruchreife, da die Zweckmäßigkeitsprüfung der Verwaltung vorbehalten ist (*Hufen*, VerwProzessR, § 26 Rz. 22). In diesen Fällen ergeht lediglich ein »**Bescheidungsurteil**«, in dem die Behörde verpflichtet wird, den Kläger unter der Rechtsauffassung des Gerichts neu zu bescheiden (*Eyermann/Schmidt* § 113 VwGO Rz. 38; *Kopp/Schenke* § 113 VwGO Rz. 212). Etwas anderes gilt nur, wenn im konkreten Fall eine Ermessensreduzierung auf Null vorliegt (BVerwG BauR **2000**, 1318; *Hufen*, VerwProzessR, § 26 Rz. 23).

Sofern also die Voraussetzungen der Rechtswidrigkeit, der Rechtsverletzung und der Spruchreife vorliegen, steht dem Kläger nach Überzeugung des Gerichts (also auch des Klausurschreibers!) ein ***Anspruch*** auf Erlass des Verwaltungsaktes zu (*Ehlers* in JURA 2004, 310; *Engelbrecht* in JA 2006, 789). Diese Kenntnis fügen wir an den Obersatz der Verpflichtungsklage noch mit an, sodass für den vorliegenden Fall folgende Formulierung zutreffend ist:

»Die Verpflichtungsklage ist begründet, soweit die Ablehnung des Verwaltungsaktes rechtswidrig, der Kläger dadurch in seinen Rechten verletzt und die Sache spruchreif ist (§ 113 Abs. 5 VwGO). Dies ist der Fall, wenn der Kläger einen Anspruch auf den begehrten Verwaltungsakt hat«.

Und geprüft wird das dann so:

I. Die Anspruchsgrundlage

Wie bei der Anfechtungsklage (da heißt der Punkt »Ermächtigungsgrundlage«) ist es auch bei der Verpflichtungsklage geboten, zu Beginn der Prüfung die streitentscheidende Rechtsgrundlage zu benennen; hier bei der Verpflichtungsklage heißt sie nun aber »**Anspruchsgrundlage**«. Denn das wissen wir auch schon aus dem Zivilrecht: Für jeden Anspruch brauchen wir eine rechtliche – nicht zwingend jedoch eine gesetzliche! – Grundlage. Im Falle von Ansprüchen, die auf den Erlass von Verwaltungsakten gerichtet sind, können sich solche Anspruchsgrundlagen – wie schon im Rahmen der Klagebefugnis erörtert – aus dem einfachen Recht (z.B.: §§ 30 ff. GewO), aus Erklärungen (z.B.: Zusicherung nach § 38 VwVfG), aus Rechtsgeschäften (z.B.: öffentlich-rechtlicher Vertrag nach § 54 VwVfG) und in Ausnahmefällen auch aus den Grundrechten ergeben.

Zum Fall: Die Anspruchsgrundlage für den Erlass des Verwaltungsaktes kann die durch V abgegebene Zusicherung im Sinne des § 38 Abs. 1 VwVfG sein.

Feinkostabteilung: Streitig ist übrigens, ob es sich bei der Zusicherung selbst um einen Verwaltungsakt oder lediglich um eine rechtsgeschäftliche Willenserklärung einer Behörde handelt. In der Literatur wird zum Teil der Charakter eines Verwaltungsaktes abgelehnt, da § 38 Abs. 2 VwVfG statuiert, dass die §§ 44, 45 Abs. 1 Nr. 3–5 und Abs. 2, 48, 49 VwVfG auf eine Zusicherung ***entsprechend*** Anwendung finden (*Detterbeck*, AllgVerwR, Rz. 519; *Erichsen* in JURA 1991, 109). Diese Formulierung beruht allerdings auf der Tatsache, dass der Gesetzgeber bei der Fassung der Norm den schon damals laufenden Streit über die Rechtsnatur der Zusicherung nicht entscheiden wollte (BT-Drucksache 7/910, S. 59; *Guckelberger* in DÖV 2004, 357). Die herrschende Meinung sieht daher in einer Zusicherung alle Merkmale des § 35 Satz 1 VwVfG als erfüllt und behandelt sie daher als eigenständigen Verwaltungsakt, für den allerdings zum Teil besondere Grundsätze gelten (BVerwG NVwZ **1987**, 46; *Knack/Henneke* § 38 VwVfG Rz. 21; *Kopp/Ramsauer* § 38 VwVfG Rz. 2). Der Streit über die Rechtsnatur der Zusicherung hat für die Falllösung regelmäßig keine Bedeutung, sodass die unterschiedlichen Auffassungen – wenn überhaupt – nur am Rande erwähnt werden können (vgl. insoweit das Gutachten bei der Irrtumsanfechtung).

II. Die Anspruchsvoraussetzungen

Nach der Benennung der Anspruchsgrundlage muss untersucht werden, ob die Voraussetzungen, die für den Erlass des Verwaltungsaktes aufgestellt sind, erfüllt wurden. Wie auch bei der Anfechtungsklage unterscheidet man bei der Verpflichtungsklage zwischen den ***formellen*** und den ***materiellen*** Voraussetzungen des begehrten Verwaltungsaktes.

1. Formelle Voraussetzungen

An dieser Stelle wird regelmäßig nur untersucht, ob die Behörde, die verpflichtet werden soll, überhaupt sachlich und örtlich ***zuständig*** ist. Eine unzuständige Behörde kann nämlich nicht verpflichtet werden, einen Verwaltungsakt zu erlassen. In solchen Fällen hat die Klage schon aufgrund dieses Zuständigkeitsmangels keine Aussicht auf Erfolg (*Hufen*, VerwProzessR, § 26 Rz. 4).

Beachte: Daneben kann es in Einzelfällen auch zu Verfahrensproblemen kommen. Im Rahmen der Verpflichtungsklage ist etwa umstritten, ob **§ 28 VwVfG** auf einen Ablehnungsbescheid einer Behörde Anwendung findet (hierzu: *Kopp/Ramsauer* § 28 VwVfG Rz. 26; *Schoch* in JURA 2006, 833). Hierbei ist jedoch zu berücksichtigen, dass ein Verfahrensmangel für sich genommen nicht zu einem Anspruch des Klägers führen kann. Er kann lediglich zur Rechtswidrigkeit des Ablehnungsbescheides führen (*Hufen*, VerwProzessR, § 26 Rz. 6). Die formellen Voraussetzungen spielen in Klausuren, die Verpflichtungsklagen zum Gegenstand haben, eher keine Rolle. Wenn dem ausnahmsweise doch so sein sollte, muss man sich unter Umständen mit dem gerade benannten Streit befassen, sonst natürlich nicht.

2. Materielle Voraussetzungen

Als letzter Prüfungspunkt der Begründetheit kommt der eigentliche Kern der Prüfung. Es wird untersucht, ob die materiellen Voraussetzungen des begehrten Verwaltungsaktes vorliegen. Hierzu stellen sich ***drei*** Fragen, nämlich:

a) Ist die betreffende Anspruchsgrundlage überhaupt rechtmäßig beziehungsweise rechtswirksam? **b)** Liegen die Voraussetzungen, die die Anspruchsgrundlage aufstellt, vor? **c)** Ist die Sache auch spruchreif?

a) Wirksame Abgabe der Zusicherung (= Anspruchsgrundlage)

Zunächst muss untersucht werden, ob die Zusicherung überhaupt wirksam erklärt wurde, ob sie also ***ursprünglich*** wirksam war.

Feinkostabteilung: Die besonders cleveren Kandidaten können an dieser Stelle noch Extrapunkte abkassieren, wenn sie problematisieren, ob Verkehrszeichen als Allgemeinverfügungen ***überhaupt zusicherungsfähig*** sind. Teilweise wird das nämlich abgelehnt (OVG Lüneburg NJW **1985**, 1043; *Manssen* in DVBl 1997, 633): Zur Begründung wird insoweit angeführt, dass die durch Verkehrszeichen angeordneten Gebote und Verbote sich an die Allgemeinheit der Verkehrsteilnehmer – somit an jeden, der in ihren Wirkungsbereich gelangt – richten. Die angeordneten Regelungen stellen verwaltungsmäßige Reaktionen auf ganz spezifische, sich möglicherweise rasch verändernde Verkehrslagen dar und seien daher nicht zusicherungsfähig. Dieser Ansicht steht jedoch der klare Wortlaut des § 38 Abs. 1 VwVfG entgegen, wonach allgemein der Erlass von Verwaltungsakten – also auch Allgemeinverfügungen nach § 35 Satz 2 VwVfG – zugesichert werden kann. Auch das Straßenverkehrsrecht enthält keine Regelungen, die der Zusicherungsfähigkeit von Verkehrszeichen entgegenstehen. Der Möglichkeit der sich rasch ändernden Verkehrslage wird schon ausreichend durch § 38 Abs. 3 VwVfG Rechnung getragen. Dementsprechend können auch Verkehrszeichen zugesichert werden (BVerwG NJW **1995**, 1977; OVG Münster NWVBl **1994**, 26; *Stelkens/Bonk/Sachs* § 38 VwVfG Rz. 11, 20).

aa) Zuständigkeit und Form

Hinsichtlich der Wirksamkeitsvoraussetzungen für die Abgabe einer Zusicherung erfordert § 38 Abs. 1 Satz 1 VwVfG, dass die ***zuständige*** Behörde ihre Erklärung in ***schriftlicher*** Form abgegeben hat. Wie sich aus dem Wortlaut von § 38 Abs. 1 Satz 1 VwVfG ergibt, sind diese Voraussetzungen für die Wirksamkeit einer Zusicherung zwingend erforderlich (BVerwG NVwZ **1987**, 46; *Knack/Henneke* § 38 VwVfG Rz. 12 f.). Zuständig für die Abgabe einer Zusicherung ist die Behörde, die auch für den Erlass des zugesicherten Verwaltungsaktes zuständig ist (*Kopp/Ramsauer* § 38 VwVfG Rz. 18; *Stelkens/Bonk/Sachs* § 38 VwVfG Rz. 13). Zuständig für das Errichten von Verkehrsschildern sind gemäß § 44 Abs. 1 StVO die Straßenverkehrsbehörden. Dies war vorliegend der OB der Stadt K (Sachverhalt!).

Eine nähere Konkretisierung der Schriftform lässt sich in § 38 VwVfG nicht finden. Aufgrund der Selbstverpflichtung einer Behörde, einen Verwaltungsakt zu erlassen, ist hinsichtlich der ***Form*** auf **§ 37 Abs. 3 VwVfG** abzustellen (BVerwG NVwZ **2003**, 997; BVerwG NJW **1995**, 1977; *Stelkens/Bonk/Sachs* § 38 VwVfG Rz. 35). Hiernach muss die Erklärung die erlassende Behörde erkennen lassen und die Unterschrift oder die Namenswiedergabe des Behördenleiters, seines Vertreters oder seines Beauftragten enthalten. Aus dem gerichtlichen Protokoll der Gerichtsverhandlung lässt sich sowohl die handelnde Straßenverkehrsbehörde als auch dessen Vertreter (also: Beauftragter) erkennen. Diese Wiedergabe des Namens wurde vom Gesetzgeber der Unterschrift gleichgestellt, sodass die Protokollierung der Erklärung insgesamt den Anforderungen des § 38 Abs. 1 Satz 1 VwVfG genügt.

bb) Sonstige Wirksamkeitsvoraussetzungen des § 38 VwVfG

Weitere Wirksamkeitsanforderungen hinsichtlich der Abgabe einer Zusicherung werden in § 38 Abs. 1 Satz 2 und Abs. 2 VwVfG aufgestellt. Hinsichtlich dieser Voraussetzungen bestehen im vorliegenden Fall indessen keine Bedenken.

cc) Die Anfechtung wegen Irrtums

Achtung: Die Straßenverkehrsbehörde hat in der mündlichen Verhandlung die Erklärung des V aufgrund der dem V nicht bekannten, geänderten Sachlage vorsorglich angefochten. Fraglich ist, ob darin eine Anfechtung gesehen werden kann, die zu einer ***rückwirkenden*** (ex-tunc) Unwirksamkeit der Erklärung führt.

Eine solche Anfechtung lässt sich allerdings nur konstruieren, wenn die Regelungen der **§§ 142, 119 ff. BGB** auf die behördliche Zusicherung entsprechend anwendbar sind. Grundsätzlich finden auch die bürgerlich-rechtlichen Vorschriften über die Anfechtung zur Lückenschließung Anwendung im Verwaltungsverfahren (*Maurer*, AllgVerwR, § 3 Rz. 28; *Kluth* in NVwZ 1990, 608). Hierbei sind jedoch die Besonderheiten der behördlichen Zusicherung zu bedenken. Ungeachtet der Frage nach der Rechtsnatur einer Zusicherung, ist der Verweis in § 38 Abs. 2 VwVfG auf die §§ 44, 48, 49 VwVfG bei der Beurteilung dieser Problematik zu berücksichtigen. Diese Regelungen und damit die Intention des Gesetzgebers würden unterlaufen, sofern man daneben noch die Vorschriften der §§ 142, 119 ff. BGB zulassen würde. Demzufolge finden die Anfechtungsregeln des BGB im Hinblick auf die Zusicherung nach § 38 VwVfG ***keine*** Anwendung (BVerwG NJW **1995**, 1977; *Stelkens/Bonk/Sachs* § 38 VwVfG Rz. 42). Merken.

ZE.: Die Zusicherung ist somit ursprünglich wirksam abgegeben worden. Diese Wirksamkeit ist auch insbesondere nicht durch eine spätere Anfechtung weggefallen.

b) Mögliche spätere Unwirksamkeit der Zusicherung?

Fraglich ist allerdings, ob die Zusicherung nicht im Nachhinein ihre Wirksamkeit verloren hat.

aa) Unwirksamkeit durch eine Aufhebung (§ 38 Abs. 2 i.V.m. §§ 48, 49 VwVfG)

Der Verweis in § 38 Abs. 2 VwVfG stellt klar, dass eine ***rechtswidrige*** Zusicherung nach Maßgabe des § 48 VwVfG und eine ***rechtmäßige*** Zusicherung nach den Voraussetzungen des § 49 VwVfG aufgehoben werden kann.

Grundvoraussetzung für beide Arten der Aufhebung ist allerdings zunächst einmal das Vorliegen einer Aufhebungs***erklärung***. Eine solche Aufhebungserklärung muss zwar nicht ausdrücklich erfolgen, allerdings muss der Wille erkennbar sein, welche

Rechtsfolge angeordnet wird (BVerwG NJW **1995**, 1977). Hinsichtlich einer ***Rücknahme*** nach § 48 VwVfG muss also zum Ausdruck kommen, die Zusicherung wegen der Unvereinbarkeit mit der ***objektiven Rechtslage*** aufheben zu wollen.

Zum Fall: Eine Aufhebungserklärung kann nur in dem Schreiben der Straßenverkehrsbehörde gesehen werden. Hierin beruft sie sich aber ***nicht*** auf die objektive Rechtswidrigkeit der Zusicherung, sondern auf den Irrtum des V (Sachverhalt noch mal lesen!). Demzufolge kann in diesem Schreiben jedenfalls keine Rücknahmeerklärung gesehen werden. Dadurch, dass der OB in der mündlichen Verhandlung den Widerruf der Zusicherung ankündigt, wird deutlich, dass sie bislang eine solche Erklärung ebenfalls nicht abgegeben hat. Mangels Aufhebungserklärung scheidet demzufolge sowohl eine Rücknahme nach § 48 VwVfG als auch ein Widerruf nach § 49 VwVfG aus (sehr instruktiv hierzu VG Stuttgart vom 26.10.**2005** Az.: 11 K 2083/04).

bb) Wegfall der Bindungswirkung (→ § 38 Abs. 3 VwVfG)

Wegen der Zukunftsbezogenheit einer behördlichen Zusicherung hat der Gesetzgeber in § 38 Abs. 3 VwVfG eine spezielle Regelung über die Bindungswirkung aufgestellt, die den Widerrufsgründen des § 49 Abs. 1 Nr. 3 und 4 VwVfG vorgeht (BVerwG NJW **1995**, 1977; *Guckelberger* in DÖV 2004, 357). Ändert sich nach Abgabe der Zusicherung die Sach- oder Rechtslage derart, dass die Behörde bei Kenntnis der nachträglich eingetretenen Änderung die Zusicherung nicht gegeben hätte oder aus rechtlichen Gründen nicht hätte geben dürfen, ist die Behörde an die Zusicherung nicht mehr gebunden.

Erste Voraussetzung von § 38 Abs. 3 VwVfG ist also eine ***nachträgliche Änderung*** der Sach- oder Rechtslage. Maßgebliches Kriterium ist ein Vergleich der tatsächlichen und rechtlichen Verhältnisse im Zeitpunkt der ursprünglichen Zusicherung mit denjenigen im Zeitpunkt der letzten tatrichterlichen Entscheidung (*Kopp/Ramsauer* § 38 VwVfG Rz. 39). Es kommt dabei nicht auf die subjektiven Vorstellungen des einzelnen Bediensteten an, der die Zusicherung abgegeben hat, sondern darauf, ob bei objektiver Betrachtung unter Berücksichtigung von Sinn und Zweck der Rechtssätze, deren Vollzug oder Wahrung der zugesicherte Verwaltungsakt dient, zu erwarten wäre, dass die Zusicherung auch in Ansehung der veränderten Umstände erneut abgegeben worden wäre (*Kopp/Ramsauer* § 38 VwVfG Rz. 39; *Obermayer* § 38 VwVfG Rz. 78 ff.).

Zum Fall: Erst nachträglich hat sich – durch das Fachgutachten bestätigt – ergeben, dass das tatsächliche Verkehrsaufkommen durch die spätere Eröffnung des Schwimmbades gestiegen ist. Eine nunmehr durchzuführende Entlastung der S-Straße hätte eine höhere Belastung anderer Straßen und des dortigen Verkehrsflusses zur Folge. Es stellt einen wesentlichen Unterschied dar, ob die Straßenverkehrsbehörde verkehrsberuhigende Maßnahmen zu einem Zeitpunkt zusagt, in dem noch keine Auswirkungen auf umliegende Straßen absehbar sind, oder zu einem Zeitpunkt zusagt, in dem ein Fachgutachten eine höhere Mehrbelastung auf Grund eines ***späteren***

Schwimmbadneubaus ausgewiesen hat und man deshalb unter Abwägung aller Umstände (Mehrbelastung anderer Straßen) beschlossen hat, in der entsprechenden Straße keine verkehrsberuhigenden Maßnahmen durchzuführen. Unter Berücksichtigung von Sinn und Zweck des § 45 StVO (vgl. BVerwG JA **2011**, 477) wäre die Zusicherung in Ansehung dieser neuen Umstände im vorliegenden Falle also nicht abgegeben worden. Daher ist die Behörde gemäß § 38 Abs. 3 VwVfG nicht mehr an ihre Zusicherung gebunden. Die vormals bestehende Bindungswirkung ist mithin weggefallen.

Ergebnis: Aufgrund des Wegfalls der Bindungswirkung hat R keinen Anspruch auf die Aufstellung der Verkehrszeichen. Die Klage des R ist dementsprechend zwar zulässig, aber unbegründet. Deswegen wird das Gericht sie abweisen.

Gutachten

Das Gericht wird der Klage des R stattgeben, wenn sie zulässig und begründet ist.

A. Zulässigkeit

I. Verwaltungsrechtsweg

Mangels aufdrängender Spezialzuweisung kann sich der Verwaltungsrechtsweg nur nach der Generalklausel des § 40 Abs. 1 Satz 1 VwGO ergeben. Hierfür muss eine öffentlich-rechtliche Streitigkeit nichtverfassungsrechtlicher Art vorliegen, die keinem anderen Gericht abdrängend zugewiesen ist. Fraglich ist einzig, ob eine öffentlich-rechtliche Streitigkeit vorliegt. Die Beteiligten streiten über die Anbringung von Verkehrsschildern. Diese Streitigkeit ist öffentlich-rechtlicher Natur, wenn die streitentscheidenden Normen einzig einen Hoheitsträger berechtigen oder verpflichten. Das Aufstellen von Verkehrszeichen richtet sich nach Normen der StVO (§§ 44, 45 StVO). Hierin werden einzig Hoheitsträger berechtigt und verpflichtet (vgl. § 44 StVO). Folglich sind die streitentscheidenden Normen öffentlich-rechtlicher Natur, mithin auch die Streitigkeit. Der Verwaltungsrechtsweg ist nach § 40 Abs. 1 Satz 1 VwGO eröffnet.

II. Statthafte Klageart

Die statthafte Klageart richtet sich nach dem tatsächlichen Begehren des Klägers, § 88 VwGO. R möchte, dass die in der Erklärung des V versprochenen Straßenschilder aufgestellt werden. Für das Aufstellen sind die in § 44 Abs. 1 StVO bezeichneten Behörden zuständig. R begehrt also eine gerichtliche Verpflichtung der entsprechenden Behörde, die Schilder aufzustellen.

Als statthafte Klageart kommt hierfür die Verpflichtungsklage nach § 42 Abs. 1 VwGO in Betracht, sofern es sich beim Aufstellen eines Geschwindigkeits-Verkehrsschildes um einen Verwaltungsakt nach § 35 VwVfG handelt. Dadurch, dass ein Verkehrsschild jedermann betrifft, liegt keine Einzelfallregelung vor, sodass ein Verkehrszeichen kein Verwaltungsakt nach § 35 Satz 1 VwVfG ist. Fraglich ist, ob es sich bei einem Verkehrsschild um eine Allgemeinverfügung nach § 35 Satz 2 VwVfG handelt. Eine Allgemeinverfügung ist nach § 35 Satz 2 Var. 2, 3 ein Verwaltungsakt, der die öffentlich-rechtliche Eigenschaft einer Sache oder ihre Benutzung durch die Allgemeinheit betrifft. Eine Straße wird durch die Widmung eine öffentlich-rechtliche Sache. Für die Frage, ob ein Verkehrsschild eine solche Straße in Form einer Allgemeinverfügung betrifft, kann man entweder darauf abstellen, dass deren Benutzung durch die Verkehrsteilnehmer aufgrund des Verkehrszeichens geregelt wird oder dass das Verkehrszeichen die öffentlich-rechtliche Eigenschaft der Straße betrifft. Jedenfalls ist es mittlerweile allgemeine Ansicht, dass es sich bei Verkehrsschildern um Allgemeinverfügungen nach § 35 Satz 2 VwVfG handelt.

Demzufolge handelt es sich bei dem von R begehrten Verkehrszeichen um einen Verwaltungsakt in Form der Allgemeinverfügung im Sinne des § 35 Satz 2 VwVfG. Daher ist die Verpflichtungsklage statthafte Klageart.

III. Besondere Sachentscheidungsvoraussetzungen

1. Klagebefugnis

R ist nach § 42 Abs. 2 VwGO klagebefugt, wenn er geltend machen kann, durch die Ablehnung des Verwaltungsaktes in seinen Rechten verletzt zu sein. Die Verletzung muss zumindest möglich sein. Eine mögliche Rechtsverletzung des R ist dann zu bejahen, wenn er einen Anspruch auf Erlass des Verwaltungsaktes geltend machen kann. Dafür muss sich R darauf berufen können, ein subjektiv-öffentliches Recht auf Errichtung des Verkehrsschildes zu haben.

a) Ein solches subjektiv-öffentliches Recht auf Errichtung des Verkehrsschildes könnte sich zunächst aus § 45 Abs. 1 StVO ergeben. Grundsätzlich ist § 45 Abs. 1 StVO zwar auf den Schutz der Allgemeinheit und nicht auf die Wahrung der Interessen Einzelner gerichtet. Es ist allerdings anerkannt, dass der Einzelne einen – auf ermessensfehlerfreie Entscheidung der Behörde begrenzten – Anspruch auf verkehrsregelndes Einschreiten in bestimmten Fällen haben kann. Dies ist der Fall, wenn die Verletzung seiner geschützten Individualinteressen in Betracht kommt. Das Schutzgut der öffentlichen Sicherheit und Ordnung im Sinne des § 45 Abs. 1 StVO, insbesondere soweit Absatz 1 Satz 2 Nr. 3 dieser Vorschrift den Schutz der Wohnbevölkerung vor Lärm und Abgasen herausstellt, umfasst die Grundrechte der körperlichen Unversehrtheit (Art. 2 Abs. 2 GG) und des Eigentumsschutzes (Art. 14 Abs. 1 GG). Dazu gehört auch der Schutz vor Einwirkungen des Straßenverkehrs, die das nach allgemeiner Anschauung zumutbare Maß übersteigen.

R muss also geltend machen, durch den angestiegenen Verkehr in seinen im Rahmen von § 45 Abs. 1 StVO anerkannten Individualinteressen verletzt zu sein. Hierauf beruft er sich allerdings nicht. Seine Begehren stützt er auf die im ersten Prozess abgegebene Erklärung des V. Hinsichtlich der Auswirkungen des Verkehrs auf R enthält der Sachverhalt keine Informationen, anhand derer sich R auf eine Verletzung seiner Rechte berufen könnte. Demzufolge lässt sich ein möglicher Anspruch nicht aus § 45 Abs. 1 StVO herleiten.

b) Ein die Klagebefugnis begründendes subjektives Recht lässt sich folglich nur aus der im Prozess abgegebenen Erklärung des V herleiten. Subjektiv-öffentliche Rechte lassen sich nicht nur auf gesetzliche Regelungen, sondern auch auf Erklärungen der Verwaltung stützen. Eine solche könnte in der Erklärung des V aus der mündlichen Verhandlung zu sehen sein. Hierbei handelt es sich möglicherweise um eine Zusicherung nach § 38 Abs. 1 VwVfG. Nach der Legaldefinition des § 38 Abs. 1 Satz 1 VwVfG ist die Zusicherung eine von einer Behörde erteilte Zusage, einen bestimmten Verwaltungsakt später zu erlassen oder zu unterlassen. Ob eine Behörde einen für eine Zusicherung notwendigen Bindungswillen hat, ist durch eine Auslegung zu ermitteln, inwiefern die Behörde mit ihrer Aussage eine eigenständige Verpflichtung begründen wollte. Maßgeblich ist allerdings nicht deren innerer Wille, sondern der erklärte Wille der Behörde wie ihn der Empfänger bei objektiver Würdigung aller Umstände nach Treu und Glauben verstehen durfte.

V sprach wörtlich von einer Verpflichtung der K. Vor Abgabe der Erklärung wurde die Sach- und Rechtslage des Falls ausführlich erörtert. Angesichts dieser Umstände konnte aus Sicht des Erklärungsempfängers R nur eine verbindliche Zusicherung angenommen werden. Aufgrund dieser Zusicherung kann R geltend machen, einen Anspruch auf Erlass des Verwaltungsaktes zu haben. Demzufolge ist er nach § 42 Abs. 2 VwGO klagebefugt.

2. Sonstige besondere Voraussetzungen

R hat das nach § 68 VwGO erforderliche Vorverfahren erfolglos durchgeführt. Die Klagefrist des § 74 VwGO ist gewahrt. Klagegegner ist nach § 78 Abs. 1 Nr. 2 VwGO i.V.m. dem landesrechtlichen Ausführungsgesetz zur VwGO der OB der Stadt K.

IV. Allgemeine Sachentscheidungsvoraussetzungen

R ist als natürliche Person beteiligtenfähig nach § 61 Nr. 1 VwGO. Auch der OB ist gemäß § 61 Nr. 3 VwGO i.V.m. dem landesrechtlichen Ausführungsgesetz zur VwGO beteiligtenfähig. Der R ist als – unterstellt – geschäftsfähige Person auch prozessfähig, § 62 Abs. 1 VwGO. Der OB muss sich nach Maßgabe des § 62 Abs. 3 VwGO vertreten lassen.

Zwischenergebnis: Die Klage des R ist zulässig.

B. Begründetheit

Die Verpflichtungsklage ist begründet, soweit die Ablehnung des Verwaltungsaktes rechtswidrig, der Kläger dadurch in seinen Rechten verletzt und die Sache spruchreif ist (§ 113 Abs. 5 VwGO). Dies ist der Fall, wenn der Kläger einen Anspruch auf den begehrten Verwaltungsakt hat.

I. Anspruchsgrundlage

Anspruchsgrundlage für den Erlass des Verwaltungsaktes kann die durch V abgegebene Zusicherung im Sinne des § 38 Abs. 1 VwVfG sein.

II. Anspruchsvoraussetzungen

1. Wirksame Abgabe der Zusicherung

Zunächst muss untersucht werden, ob die Zusicherung überhaupt wirksam erklärt wurde, ob sie also ursprünglich wirksam war.

a) Zuständigkeit und Form

Hinsichtlich der Wirksamkeitsvoraussetzungen für die Abgabe einer Zusicherung erfordert § 38 Abs. 1 Satz 1 VwVfG, dass die zuständige Behörde ihre Erklärung in schriftlicher Form abgegeben hat. Laut Sachverhalt hat V als Vertreter für die zuständige Straßenverkehrsbehörde (OB) gehandelt.

Eine nähere Konkretisierung der Schriftform lässt sich in § 38 VwVfG nicht finden. Aufgrund der Selbstverpflichtung einer Behörde, einen Verwaltungsakt zu erlassen, ist hinsichtlich der Form auf § 37 Abs. 3 VwVfG abzustellen. Hiernach muss die Erklärung die erlassende Behörde erkennen lassen und die Unterschrift oder die Namenswiedergabe des Behördenleiters, seines Vertreters oder seines Beauftragten enthalten. Aus dem gerichtlichen Protokoll der Sitzung lässt sich sowohl die handelnde Straßenverkehrsbehörde als auch dessen Vertreter (also: Beauftragter) erkennen. Diese Wiedergabe des Namens wurde vom Gesetzgeber der Unterschrift gleichgestellt, sodass die Protokollierung der Erklärung insgesamt den Anforderungen des § 38 Abs. 1 Satz 1 VwVfG genügt.

b) Anfechtung wegen Irrtums

Die Straßenverkehrsbehörde hat in der mündlichen Verhandlung erklärt, aufgrund der dem V nicht bekannten geänderten Sachlage die Erklärung vorsorglich anzufechten. Fraglich ist, ob hierin eine Anfechtung gesehen werden kann, die zu einer rückwirkenden Unwirksamkeit der Erklärung führen kann. Eine solche Anfechtung lässt sich allerdings nur konstruieren, wenn die Regelungen der §§ 142, 119 ff. BGB auf die behördliche Zusicherung entsprechende Anwendung finden. Grundsätzlich finden auch die bürgerlichrechtlichen Vorschriften über die Anfechtung zur Lückenschließung Anwendung im Verwaltungsverfahren. Hierbei sind jedoch die Besonderheiten der behördlichen Zusicherung zu berücksichtigen. Ungeachtet der Frage nach der Rechtsnatur einer Zusicherung ist der Verweis in § 38 Abs. 2 VwVfG auf die §§ 44, 48, 49 VwVfG zu beachten. Diese Regelungen und damit die Intention des Gesetzgebers würden unterlaufen, sofern man daneben noch die Regeln der §§ 142, 119 ff. BGB zulassen würde. Demzufolge finden die Anfechtungsregeln des BGB im Hinblick auf die Zusicherung keine Anwendung.

Die Zusicherung ist somit ursprünglich wirksam abgegeben worden. Diese Wirksamkeit ist auch nicht durch eine spätere Anfechtung weggefallen.

2. Spätere Unwirksamkeit der Zusicherung

Fraglich ist allerdings, ob die Zusicherung im Nachhinein ihre Wirksamkeit verloren hat.

a) Unwirksamkeit durch eine Aufhebung (§ 38 Abs. 2 i.V.m. §§ 48, 49 VwVfG)

Möglicherweise ist die Zusicherung aber durch eine Aufhebung nach § 38 Abs. 2 i.V.m. den §§ 48, 49 VwVfG unwirksam geworden. Grundvoraussetzung für beide Arten der Aufhebung ist allerdings das Vorliegen einer dementsprechenden Erklärung. Eine solche Aufhebungserklärung muss zwar nicht ausdrücklich erfolgen, allerdings muss der Wille erkennbar sein, welche Rechtsfolge angeordnet wird. Hinsichtlich einer Rücknahme nach § 48 VwVfG muss also zum Ausdruck kommen, die Zusicherung wegen der Unvereinbarkeit mit der objektiven Rechtslage aufheben zu wollen.

Eine Aufhebungserklärung kann nur in dem ablehnenden Schreiben des OB gesehen werden. Hierin beruft sie sich aber nicht auf die objektive Rechtswidrigkeit der Zusicherung, sondern auf den Irrtum des V. Demzufolge kann in diesem Schreiben jedenfalls keine Rücknahmeerklärung gesehen werden. Dadurch, dass der OB in der mündlichen Verhandlung den Widerruf der Zusicherung ankündigt, wird deutlich, dass sie bislang eine solche Erklärung ebenfalls nicht abgegeben hat. Mangels Aufhebungserklärung scheidet demzufolge sowohl eine Rücknahme nach § 48 VwVfG als auch ein Widerruf nach § 49 VwVfG aus.

b) Wegfall der Bindungswirkung

Ändert sich nach Abgabe der Zusicherung die Sach- oder Rechtslage derart, dass die Behörde bei Kenntnis der nachträglich eingetretenen Änderung die Zusicherung nicht gegeben hätte oder aus rechtlichen Gründen nicht hätte geben dürfen, ist die Behörde gemäß § 38 Abs. 3 VwVfG an die Zusicherung nicht mehr gebunden. Erste Voraussetzung von § 38 Abs. 3 VwVfG ist eine nachträgliche Änderung der Sach- oder Rechtslage. Maßgebliches Kriterium ist ein Vergleich der tatsächlichen und rechtlichen Verhältnisse im Zeitpunkt der ursprünglichen Zusicherung mit denjenigen im Zeitpunkt der letzten tatrichterlichen Entscheidung. Es kommt dabei nicht auf die subjektiven Vorstellungen des einzelnen Bediensteten an, der die Zusicherung abgegeben hat, sondern darauf, ob bei objektiver Betrachtung unter Berücksichtigung von Sinn und Zweck der Rechtssätze, deren Vollzug oder Wahrung der zugesicherte Verwaltungsakt dient, zu erwarten wäre, dass die Zusicherung auch in Ansehung der veränderten Umstände erneut abgegeben worden wäre.

Erst nachträglich hat sich – durch das Fachgutachten bestätigt – ergeben, dass das tatsächliche Verkehrsaufkommen durch die spätere Eröffnung des Schwimmbades gestiegen ist. Eine nunmehr durchzuführende Entlastung der S-Straße hätte eine höhere Belastung anderer Straßen und des dortigen Verkehrsflusses zur Folge. Es stellt einen wesentlichen Unterschied dar, ob die Straßenverkehrsbehörde verkehrsberuhigende Maßnahmen zu einem Zeitpunkt zusagt, in dem noch keine Auswirkungen auf umliegende Straßen absehbar sind, oder zu einem Zeitpunkt zusagt, in dem ein Fachgutachten eine höhere Mehrbelastung auf Grund eines späteren Schwimmbadneubaus ausgewiesen hat und man deshalb unter Abwägung aller Umstände (Mehrbelastung anderer Straßen) beschlossen hat, in der entsprechenden Straße keine verkehrsberuhigenden Maßnahmen durchzuführen. Unter Berücksichtigung von Sinn und Zweck des § 45 StVO wäre die Zusicherung in Ansehung dieser neuen Umstände im vorliegenden Falle also nicht abgegeben worden. Daher ist die Behörde gemäß § 38 Abs. 3 VwVfG nicht mehr an ihre Zusicherung gebunden. Die vormals bestehende Bindungswirkung ist mithin weggefallen.

Ergebnis: Aufgrund des Wegfalls der Bindungswirkung hat R keinen Anspruch auf Aufstellung der Verkehrszeichen. Die Klage des R ist zwar zulässig, aber unbegründet. Deswegen wird das Gericht ihr nicht stattgeben.

Fall 10

Gebt das Hanf frei!

Rechtsstudent R ist nebenberuflich Sänger und Liedkomponist. Seine große Leidenschaft ist der Cannabis-Konsum. Sowohl auf seinen Konzerten als auch im Internet wirbt er für die Legalisierung der Droge. Eines Tages beantragt er beim zuständigen Bundesinstitut für Arzneimittel und Medizinprodukte die Erlaubnis zum Anbau von indischem Hanf in kleinen Mengen. Dazu trägt R vor, er bekenne sich zum Glauben der »Rastas«. Für diese Religionsgemeinschaft sei das dort einheimische Marihuana – *Cannabis sativa* – das »heilige Kraut«, von dem an mehreren Stellen der Bibel gesprochen werde. In Ausübung seines Grundrechts der Religionsfreiheit wolle er Marihuana-Pflanzen zum Eigenverbrauch in geringem Umfang anbauen, ernten und später bei Rasta-Zeremonien konsumieren. Er werde dafür sorgen, dass die Marihuana-Pflanzen nur auf seinem eigenen Grundstück angebaut und von ihm allein geerntet würden, sodass ein Missbrauch durch Unbefugte ausgeschlossen sei.

Das Bundesinstitut für Arzneimittel und Medizinprodukte lehnt den Antrag mit der Begründung ab, eine Erlaubnis für das nach dem Betäubungsmittelgesetz nicht verkehrsfähige Betäubungsmittel Cannabis könne nur ausnahmsweise für wissenschaftliche oder andere im öffentlichen Interesse liegenden Zwecke erteilt werden, an denen es hier aber fehle. R legt daraufhin erfolglos Widerspruch ein und erhebt Klage beim zuständigen Verwaltungsgericht.

Wie wird das Gericht entscheiden?

Schwerpunkte: Die Verpflichtungsklage nach § 42 VwGO; die Erteilung einer Erlaubnis nach den §§ 3, 5 BtMG; unbestimmte Rechtsbegriffe; die verfassungskonforme Auslegung einer Anspruchsgrundlage; Begründung eines Anspruchs mithilfe der Verfassung; die Regelung des Art. 4 Abs. 2 GG; vorbehaltlose Grundrechte; Einschränkbarkeit von Art. 4 GG; Ermessensreduzierung.

Lösungsweg

Einstieg: Dieses lustige Fällchen ist einer Entscheidung des BVerwG aus dem Jahre 2001 nachgebildet (BVerwG NJW **2001**, 1365), demnach also tatsächlich passiert. Der Fall klingt dabei nicht nur recht amüsant, sondern eignet sich zudem auch erstklassig dazu, den im Verwaltungsrecht sehr häufig geforderten Aufbau einer Klage auf Erteilung einer Erlaubnis zu lernen. Der Schwerpunkt unserer Prüfung liegt gleich indessen nicht nur auf verwaltungsrechtlicher Ebene, sondern hat bei genauer Betrachtung auch einen beachtlichen verfassungsrechtlichen Teil. Wir werden anhand dieses Falles lernen, wie das Verfassungsrecht Eingang in die verwaltungsrechtliche Klausur finden kann. Das kommt in den universitären Übungen und auch im Examen relativ häufig vor, stellt die Kandidaten dann aber leider zumeist vor (scheinbar!) unlösbare Probleme: Zum einen, weil sie gar nicht darauf vorbereitet sind, und zum anderen, weil sie nicht die richtige Stelle finden, den verfassungsrechtlichen Teil auch zutreffend einzubauen. Von der inhaltlich richtigen Bearbeitung haben wir übrigens dann noch gar nicht gesprochen.

Lernen wir jetzt, besondere Aufmerksamkeit ist also geboten; und ein aufgeschlagenes Grundgesetz schadet bei diesem Fall sicher nicht auf dem Schreibtisch. Wir beginnen aber erst mal wie immer, nämlich mit unserem Lieblingssatz:

Das Gericht wird der Klage des R stattgeben, wenn sie zulässig und begründet ist.

A. Zulässigkeit

I. Verwaltungsrechtsweg

Mangels Spezialzuweisung kann sich der Verwaltungsrechtsweg nur nach der Generalklausel des § 40 Abs. 1 Satz 1 VwGO ergeben. Hierfür muss zunächst eine öffentlich-rechtliche Streitigkeit vorliegen. Die Beteiligten streiten über die Erteilung einer Erlaubnis. Diese Streitigkeit ist öffentlich-rechtlicher Natur, wenn die streitentscheidenden Normen einzig einen Hoheitsträger berechtigen oder verpflichten. Aus den §§ 3, 5 BtMG wird das Bundesinstitut für Arzneimittel und Medizinprodukte – ein Hoheitsträger – berechtigt und gegebenenfalls verpflichtet, bestimmte Erlaubnisse zu erteilen. Aufgrund der Rechtsnatur der streitentscheidenden Normen ist die Streitigkeit folglich eine öffentlich-rechtliche. Darüber hinaus liegt weder eine verfassungsrechtliche Streitigkeit vor, noch ist eine abdrängende Sonderzuweisung ersichtlich, sodass der Verwaltungsrechtsweg nach § 40 Abs. 1 Satz 1 VwGO eröffnet ist.

II. Statthafte Klageart

Die statthafte Klageart richtet sich gemäß § 88 VwGO nach dem tatsächlichen Begehren des Klägers. Unser R möchte die Erteilung einer Erlaubnis nach den §§ 3, 5 BtMG. Als statthafte Klageart kommt insoweit die ***Verpflichtungsklage*** nach § 42 Abs. 1 Var. 2 VwGO in Betracht, wenn es sich bei der Erteilung einer solchen Erlaubnis um einen ***Verwaltungsakt*** nach § 35 Satz 1 VwVfG handelt. In einer Erlaubniserteilung durch das Bundesinstitut ist die Maßnahme einer Behörde (§ 1 Abs. 4 VwVfG) auf dem Gebiet des öffentlichen Rechts zu sehen. Geregelt wird ein Einzelfall, der den Rechtskreis des Antragsstellers betrifft, mithin Außenwirkung hat. Die Voraussetzungen des § 35 Satz 1 VwVfG liegen vor, die Verpflichtungsklage ist vorliegend die statthafte Klageart.

III. Besondere Sachentscheidungsvoraussetzungen

1. Klagebefugnis

R ist nach § 42 Abs. 2 VwGO klagebefugt, wenn er geltend machen kann, durch die Ablehnung des Antrags in seinen Rechten verletzt zu sein. Die Verletzung muss zumindest möglich sein. Eine ***mögliche*** Rechtsverletzung des R ist dann zu bejahen, wenn er möglicherweise einen Anspruch auf Erteilung der Erlaubnis hat, da ihn dann eine Ablehnung in seinem Recht auf Erteilung verletzt hätte. Das erforderliche subjektiv-öffentliche Recht lässt sich hier aus **§ 3 Abs. 2 BtMG** (bitte lesen) ableiten, der den Erlaubnisnehmer und damit den Kläger als Antragssteller begünstigt und nach dem in bestimmten Fällen ein Anspruch auf Erlaubniserteilung bestehen kann. Dass R ein solcher Anspruch zusteht, ist nicht von vornherein ausgeschlossen. Er ist daher klagebefugt nach § 42 Abs. 2 VwGO.

2. Vorverfahren

R hat das nach § 68 VwGO erforderliche Vorverfahren erfolglos durchgeführt (steht so im Sachverhalt).

Feinkostabteilung: Es liegt übrigens ***kein*** Fall des § 68 Abs. 1 Satz 2 Nr. 1 VwGO vor, nach dem ein Vorverfahren grundsätzlich entbehrlich ist, wenn der Verwaltungsakt von einer ***obersten*** Bundes- oder Landesbehörde erlassen worden ist. Zu solchen obersten Behörden zählen zum Beispiel der Bundespräsident, die Präsidenten von Bundestag und -rat, der Bundeskanzler und die Ministerien, ***nicht*** jedoch die Bundesoberbehörden (*Schoch/Schneider/Bier/Dolde/Porsch* § 68 VwGO Rz. 15). Das Bundesinstitut für Arzneimittel und Medizinprodukte ist zwar eine Bundesbehörde, nicht jedoch eine »**oberste**«, sondern eine Bundesoberbehörde nach Art. 87 Abs. 3 GG i.V.m. Art. 72, 74 Abs. 1 Nr. 19 GG.

3. Klagefrist und Klagegegner

Die Klagefrist des § 74 VwGO ist gewahrt. Der Klagegegner ist nach § 78 Abs. 1 Nr. 1 VwGO der Bund als Träger des Bundesinstitutes für Arzneimittel und Medizinprodukte.

IV. Allgemeine Sachentscheidungsvoraussetzungen

Der Bund als juristische sowie R als natürliche Person sind beteiligtenfähig nach § 61 Nr. 1 VwGO. Der R ist als – unterstellt – geschäftsfähige Person auch prozessfähig, vgl. § 62 Abs. 1 VwGO. Der Bund als solcher ist nicht prozessfähig und muss sich nach Maßgabe des § 62 Abs. 3 VwGO vertreten lassen. In der Regel lässt sich der Bund durch den Leiter der Behörde vertreten, die auch die Kompetenz zur Entscheidung in der Sache hatte (BVerwG NVwZ **1985**, 193).

ZE.: Die Klage des R ist zulässig.

B. Begründetheit

Die Klage ist begründet, soweit die Ablehnung des Antrags rechtswidrig war, der R dadurch in seinen Rechten verletzt wurde und die Sache auch spruchreif ist, vgl. § 113 Abs. 5 VwGO. Das ist der Fall, wenn R einen Anspruch auf Erteilung der Genehmigung aus § 3 BtMG hat.

I. Die Anspruchsgrundlage

Die Grundlage für die Erteilung einer Erlaubnis zum Anbau von Cannabis ist **§ 3 Abs. 2 BtMG**. Diese Norm kommt somit als Anspruchsgrundlage für das Begehren des R in Betracht und muss folglich von uns auf ihre formellen und materiellen Voraussetzungen hin überprüft werden.

II. Die Anspruchsvoraussetzungen

1. Die formellen Voraussetzungen

Die ***formellen Voraussetzungen*** sind dadurch erfüllt, dass R einen Antrag an die zuständige Behörde gestellt hat. Mehr war nicht erforderlich.

2. Die materiellen Voraussetzungen

Im letzten Fall haben wir schon gelernt, dass das Feststellen der materiellen Voraussetzungen der eigentliche Schwerpunkt der Prüfung bei der Verpflichtungsklage im Rahmen der Begründetheit ist. So wird das auch hier sein; und damit wir dabei bitte den Überblick behalten, teilen wir die Prüfung wieder in drei Schritte auf, die nach wie vor heißen:

> **a)** Ist die betreffende Anspruchsgrundlage überhaupt rechtmäßig beziehungsweise rechtswirksam? **b)** Liegen die Voraussetzungen, die die Anspruchsgrundlage aufstellt, vor? **c)** Ist die Sache auch spruchreif?

a) Die Rechtmäßigkeit der Anspruchsgrundlage

An der Rechtmäßigkeit des BtMG und damit auch an § 3 Abs. 2 BtMG bestehen keine Zweifel. Wir merken uns hier insoweit bitte – ähnlich wie das schon bei der Anfechtungsklage war (vgl. Fall 7) –, dass die in den amtlichen Gesetzessammlungen abgedruckten Texte bzw. Gesetze im Zweifel rechtmäßig sind und daher vom Kandidaten auch nicht inhaltlich daraufhin überprüft werden sollen. Etwas anderes gilt nur, wenn es sich im konkreten Fall entweder um ein fiktives Gesetz dreht (das ist dann zumeist unter dem Sachverhaltstext abgedruckt) oder der Prüfer einen eindeutigen Hinweis darauf gibt, dass ein bereits existentes Gesetz gesondert zu prüfen sein soll. Im Sachverhalt stehen dann, also bei einem schon vorhandenen Gesetz, so Sätze wie:

»Der Kläger hält das Gesetz im Übrigen für verfassungswidrig« oder Ähnliches. **Dann**, und nur dann soll man sich Gedanken darüber machen, ob das in Frage stehende Gesetz unter Umständen verfassungswidrig ist.

Das ist bei uns aber nicht der Fall mit der Konsequenz, dass wir über die Rechtmäßigkeit des BtMG nicht weiter nachdenken müssen und somit auch feststellen können, dass die Anspruchsgrundlage rechtmäßig ist.

b) Die Anspruchsvoraussetzungen

aa) Zur Erfüllung der ***materiellen Anspruchsvoraussetzungen*** muss das Begehren des R nun zunächst einmal überhaupt ***erlaubnispflichtig*** nach § 3 Abs. 1 BtMG sein. Gemäß § 3 Abs. 1 BtMG bedarf unter anderem einer Erlaubnis, wer Betäubungsmittel anbauen möchte. Cannabis gehört nach Anlage 1 des BtMG zu den Betäubungsmitteln im Sinne der Norm. Der R möchte dieses Betäubungsmittel auch anbauen. Das Begehren des R ist somit erlaubnispflichtig.

Beachte: Für den Fall, dass jemand eine Erlaubnis für etwas, was gar nicht erlaubnispflichtig ist, begehrt, ist eine solche Erlaubnis natürlich nicht erforderlich. In solchen Fällen muss man erwägen, das Klagebegehren dahingehend umzudeuten, dass der Antragssteller (quasi als »**Minus**«) festgestellt haben will, dass eine Erlaubnis nicht erforderlich war. Statthaft ist hierfür dann die Feststellungsklage nach § 43 Abs. 1 VwGO (siehe insoweit Fall 6).

bb) Nach der Erlaubnispflichtigkeit ist nun des Weiteren zu prüfen, ob die ***Erlaubnisvoraussetzungen*** vorliegen. Dabei muss zunächst untersucht werden, welche Tatbestandsvoraussetzungen erforderlich sind, damit als Rechtsfolge die Erlaubnis erteilt werden kann. Nach **§ 3 Abs. 2 BtMG** ist eine Erlaubniserteilung nur zu wissenschaftlichen oder anderen im öffentlichen Interesse liegenden Zwecken möglich. Daneben muss der Versagungstatbestand des **§ 5 BtMG** berücksichtigt werden, der in **Abs. 1 Nr. 6** normiert, dass eine Erlaubnis zu versagen ist, wenn das Beantragte mit dem Zweck des BtMG – die notwendige medizinische Versorgung der Bevölkerung sicherzustellen, daneben aber den Missbrauch von Betäubungsmitteln auszuschließen – nicht vereinbar ist.

Zum Fall: Wissenschaftliche Zwecke verfolgt unser R ersichtlich nicht. Um den Ausnahmetatbestand eines öffentlichen Interesses zu erfüllen, muss das Vorhaben im Grundsatz einem gegenwärtigen Anliegen der Allgemeinheit entsprechen, etwa der Sicherstellung der medizinischen Versorgung der Bevölkerung (*Eberth/Müller*, BetäubungsmittelR, § 3 BtMG Rz. 27; *Weber* § 3 BtMG Rz. 82). Der R trägt indes vor, er möchte lediglich zum Eigengebrauch Cannabis anbauen. Ihm geht es demnach allein darum, seine ***individuellen*** Bedürfnisse zu befriedigen. Das Vorhaben entspricht daher offensichtlich ***nicht*** einem Anliegen der Allgemeinheit. Auch ein öffentliches Interesse kann nicht angenommen werden.

Hinzu kommt, dass die angestrebte Erlaubnis dem Zweck des Gesetzes im Sinne des § 5 Abs. 1 Nr. 6 BtMG zuwiderläuft. Die mögliche Erteilung kann vielmehr Signalwirkung entfalten, was insbesondere deswegen zu befürchten ist, als dass R als Sänger für die Glaubensrichtung öffentlich wirbt und weitere Personen zum Drogenkonsum »verleitet«. Dies wird auch noch dadurch verdeutlicht, dass R zusätzlich auf einer Internetseite für die Legalisierung der Droge wirbt.

ZE.: Nach dem Wortlaut der §§ 3, 5 BtMG und unter Berücksichtigung des allgemeinen Verständnisses der Norm erfüllt das Begehren des R ***nicht*** die Anspruchsvoraussetzungen und wäre damit zu Recht zu versagen.

cc) Etwas anderes kann sich aber unter Berücksichtigung einer möglicherweise bestehenden ***Grundrechtsverletzung*** ergeben. Das dargestellte Ergebnis könnte insbesondere gegen **Art. 4 Abs. 2 GG** als höherrangiges Recht verstoßen. Sofern dies anzunehmen ist, ist eine verfassungskonforme Auslegung der Vorschriften des BtMG zu erwägen mit der möglichen Folge, dass die Erlaubnis dann trotz der eben geschilderten gegenteiligen Anhaltspunkte zu erteilen ist.

Durchblick: Bei den meisten Voraussetzungen der §§ 3, 5 BtMG (zum Beispiel: »öffentliches Interesse«) handelt es sich um sogenannte »**unbestimmte Rechtsbegriffe**«, deren Umfang vom Rechtsanwender erst durch eine Auslegung (vgl. oben Fall 7) zu ermitteln ist. Bei der Bestimmung dieses Umfangs kommt nun möglicherweise einer Grundrechtswirkung auf den Betroffenen Bedeutung zu mit dem Ergebnis, dass R die Genehmigung doch zu erteilen wäre, wenn durch die nicht erteilte Erlaubnis eine Verletzung – also ein nicht gerechtfertigter Eingriff – von Art. 4 Abs. 2 GG zulasten des R vorliegt.

Achtung: In der vorliegenden Fall-Konstellation ist von einem Vorrang der verfassungskonformen Auslegung gegenüber der Frage nach der Verfassungswidrigkeit des BtMG an sich auszugehen. Für uns bedeutet das konkret, dass wir – wie weiter oben schon mal erläutert – die Verfassungsmäßigkeit des Gesetzes selbst nicht in Frage stellen. Hier geht es vielmehr darum, ob die konkrete Maßnahme, die aufgrund des BtMG ergangen war, in ihrer jetzigen Gestalt den R in seinen Grundrechten verletzt. Über die Verfassungswidrigkeit des gesamten Gesetzes könnte nach **Art. 100 Abs. 1 GG (lesen!)** ohnehin nur das BVerfG entscheiden – und nicht etwa das Verwaltungsgericht (BVerfGE **34**, 320; *Schmidt-Bleibtreu/Hofmann/Hopfauf* Art. 100 GG Rz. 1; *Schwerdtfeger*, Öffentliches Recht, Rz. 392). Beachte im Übrigen bitte, dass innerhalb der Auslegung unbestimmter Rechtsbegriffe seitens der Verwaltung stets die Grundrechte des Betroffenen Berücksichtigung finden müssen; man nennt das dann »grundrechtskonforme Inhaltsbestimmung« der entsprechenden Norm (BVerfGE **59**, 336; *Selmer* in JuS 1982, 620).

Wir gehen zurück zum Fall und müssen nunmehr also klären, ob die Versagung der Genehmigung den R in seinen Grundrechten verletzt hat mit der möglichen Konsequenz, dass R die Genehmigung doch zu erteilen wäre. Wir verlassen damit also für einen Augenblick das klassische Verwaltungsrecht und steigen ein in die verfassungsrechtliche Prüfung, und zwar so:

(1) Zunächst muss die Versagung der Genehmigung einen ***Eingriff*** in den ***Schutzbereich*** des Grundrechts aus Art. 4 Abs. 2 GG (ungestörte Religionsausübung) darstellen. An dieser Stelle der Prüfung hat man aufzuzeigen, welchen konkreten Umfang der Schutz der ungestörten Religionsausübung hat und ob in diesen grundrechtlich gewährten Schutz durch staatliche Stellen eingegriffen worden ist.

> Art. 4 Abs. 2 GG schützt die ungestörte Ausübung einer Religion, also jedenfalls alle Formen kultischer Handlungen (BVerfGE **24**, 236; BVerfGE **32**, 98; BVerfGE **83**, 341). Die »Rastas« sind eine Religionsgemeinschaft – sie werden im Sachverhalt eindeutig als eine solche bezeichnet. Unser R bekennt sich auch zu dieser Glaubensrichtung. Der Genuss von Cannabis ist nach dem Selbstverständnis der Glaubensgemeinschaft unzweifelhaft Teil der Religionsausübung. Der Anbau der Pflanzen stellt zwar an sich keinen Teil der Religionsausübung dar, andere Formen der Beschaffung sind indes in gleicher Weise verboten. Daher steht R kein legaler Weg offen, um den vom Schutzbereich umfassten Genuss des Cannabis zu erreichen. Folglich muss auch die Beschaffung in Form des Anbaus in den Schutzbereich des Art. 4 Abs. 2 GG mit einbezogen werden (BVerwG NJW **2001**, 1365).

Dem R wird die nach § 3 BtMG erforderliche Genehmigung zum Anbau von Cannabis versagt. Dadurch wird mittelbar der Genuss von Cannabis als Form der Religionsausübung durch staatliches Handeln unmöglich gemacht. Damit liegt ein Eingriff in die freie Religionsausübung nach Art. 4 Abs. 2 GG vor.

(2) Als Nächstes müssen wir prüfen, ob dieser Eingriff nicht ***verfassungsrechtlich gerechtfertigt*** ist. Die Feststellung, dass in ein Grundrecht durch eine dem Staat zurechenbare Maßnahme eingegriffen wurde, enthält noch ***kein*** Urteil über die Rechtmäßigkeit der Maßnahme. Bis jetzt haben wir mit dem Eingriff in den Schutzbereich nur die Notwendigkeit der Rechtfertigung begründet. Der Inhalt der Rechtfertigung wird vor allem durch die Fragen geprägt, wie ein Grundrecht einschränkbar ist und ob die Maßstäbe dieser Einschränkbarkeit von der Behörde bzw. dem handelnden Organ eingehalten wurden (*Schwabe*, »Lernen mit Fällen« Staatsrecht II, Fall 1; *Ipsen*, StaatsR II, Rz. 158 ff.; *Pieroth/Schlink/Kingreen/Poscher*, StaatsR II, Rz. 274 ff.).

(a) Dem Wortlaut nach ist der Art. 4 Abs. 2 GG grundsätzlich nicht einschränkbar. Wie dieses sogenannte »vorbehaltlose Grundrecht« (*Dreier* Art. 4 GG Rz. 111; *Pieroth/Schlink/Kingreen/Poscher*, StaatsR II, Rz. 535) dennoch eingeschränkt werden kann, ist umstritten:

- Teilweise wird angenommen, der **Art. 140 GG i.V.m. Art. 136 Abs. 1 WRV** (= Weimarer Reichsverfassung) fungiere als Gesetzesvorbehalt der Grundrechte aus Art. 4 Abs. 1 und 2 GG (BVerwG NJW **2001**, 1225; *v. Mangoldt/Klein/Starck* Art. 4 GG Rz. 74 ff.; *Muckel*, Religiöse Freiheit und staatliche Letztentscheidung, 1997, S. 224 ff.). Dies wird hauptsächlich damit begründet, dass Art. 136 Abs. 1 WRV über die Regelung des Art. 140 GG Teil des Grundgesetzes ist (»inkorporiertes Verfassungsrecht« → BVerfGE **19**, 206; BVerfGE **53**, 366) und ohnehin vollgültiges Verfassungsrecht darstelle. Nach Art. 136 Abs. 1 WRV werden die staatsbürgerlichen Pflichten durch die Ausübung der Religionsfreiheit weder bedingt noch beschränkt. Hieraus wird nach dieser Ansicht geschlossen, dass alle allgemeinen Gesetze geeignet sind, im Falle ihrer verhältnismäßigen Anwendung die Schranken der Religionsfreiheit aufzuzeigen (BVerwG NJW **2001**, 1225; *v. Mangoldt/Klein/Starck* Art. 4 GG Rz. 74 ff.).

- Der Verweis auf die Weimarer Reichsverfassung ist nach anderer und richtiger Auffassung indes nicht so weit zu verstehen. Vielmehr können die Grenzen der Religionsfreiheit nur durch ***immanente Grundrechtsschranken*** bestimmt werden, also durch kollidierende Grundrechte Dritter oder andere Güter von Verfassungsrang (BVerfG NJW **2004**, 47; BVerwG NJW **2001**, 1365; VGH München NVwZ **2014**, 1109; *Jarass/Pieroth* Art. 4 GG Rz. 30). Dem Wortlaut nach ist Art. 4 GG nicht einschränkbar. Über den Schrankenvorbehalt der WRV würde die gesetzgeberische Intention der vorbehaltlosen Gewährung der Religionsfreiheit unterlaufen. Art. 136 Abs. 1 WRV ist zwar über Art. 140 GG als Teil des Grundgesetzes anzusehen, hierbei ist jedoch zu bedenken, dass diese Einbeziehung außerhalb des Grundrechtskatalogs erfolgt und es keinen Hinweis innerhalb von Art. 4 GG gibt. Daher kann Art. 4 GG nur durch – selbstverständlich einfachgesetzlich ausgeprägtes – kollidierendes Verfassungsrecht eingeschränkt werden.

<u>ZE.</u>: Die Religionsfreiheit des Art. 4 Abs. 2 GG ist nur durch kollidierendes Verfassungsrecht einschränkbar.

(b) Fraglich ist demzufolge, ob die Religionsfreiheit durch einfachgesetzlich ausgeprägtes, kollidierendes Verfassungsrecht in verfassungskonformer Weise eingeschränkt wurde. Es muss also geklärt werden, ob die §§ 3, 5 BtMG eine Ausprägung kollidierenden Verfassungsrechts darstellen und ob die restriktive Auslegung dieser Normen einer Abwägung mit der Religionsfreiheit standhalten. Machen wir mal:

> Die Regelungen des BtMG sind eine Ausprägung des Schutzes der Volksgesundheit. Hierin ist ein Wert von Verfassungsrang zu sehen (BVerwG NJW **2001**, 1365; *Weber* § 1 BtMG Rz. 3). Die §§ 3, 5 BtMG stellen daher eine einfachgesetzliche Ausprägung kollidierenden Verfassungsrechts dar. Insoweit stellt sich die Frage, ob das hier betroffene Grundrecht der Religionsfreiheit gegenüber dem Schutzgut der Volksgesundheit zurücktreten muss. Der Missbrauch von Betäubungsmitteln und die daraus resultierende Drogenabhängigkeit stellen fraglos eine schwere Gefahr für die Volksgesundheit dar. Bei der Abwägung dieser Gefahr mit dem Schutz der Religionsfreiheit ist zunächst das geringere Maß der Belastung für R zu berücksichtigen, das sich aus dem Fehlen einer Erlaubnismöglichkeit ergibt. Zwar erfüllt der unerlaubte An-

bau von Cannabis – auch in geringen Mengen zum Eigengebrauch – den Straftatbestand des § 29 Abs. 1 Nr. 3 BtMG. Dies ist indes nicht gleichbedeutend mit der Gefahr der Bestrafung bei einer Verletzung des Anbauverbots. Wie sich aus **§ 29 Abs. 5 BtMG** (lesen!) ergibt, kann das Gericht von einer Bestrafung absehen, wenn der Täter die Betäubungsmittel in geringer Menge zum Eigenverbrauch anbaut. Ähnliches gilt für die Ermittlungsarbeit der Staatsanwaltschaft. Nach **§ 31a Abs. 1 BtMG** kann die Staatsanwaltschaft von der Strafverfolgung bei Geringwertigkeit der Tat und der Schuld absehen. In diesen Fällen wird das Verfahren eingestellt, zu einer Hauptverhandlung kommt es erst gar nicht (*Weber* § 31a BtMG Rz. 16 ff.). Dem könnte indes noch entgegengehalten werden, dass es sich sowohl bei § 29 Abs. 5 als auch bei § 31a Abs. 1 BtMG um Ermessensnormen handelt. Eine Erlaubnis würde Betroffenen gewiss ein höheres Maß an Rechtssicherheit im Hinblick auf eine etwaige Strafbarkeit gewähren. Außerdem würde es sie von dem Stigma befreien, überhaupt etwas Verbotenes zu tun. Das BVerwG führt hierzu weiter aus (BVerwG NJW **2001**, 1365):

»...Ob aber diesem Anliegen durch eine normative Ausnahmeregelung Rechnung getragen werden muss, ist insoweit zweifelhaft, als dass der Cannabisgenuss im Rahmen der Religionsausübung jedenfalls in Deutschland offenkundig ein Phänomen ist, das nur ganz wenige Personen betrifft. (...) Eine derart seltene Erscheinung wäre vom Gesetz nur dann im Rahmen des Erlaubnisverfahrens zu regeln, wenn anderenfalls die freie Religionsausübung in gravierender Weise eingeschränkt wäre....«

Hiervon kann aber augenscheinlich nicht ausgegangen werden. Demgegenüber würde die Möglichkeit einer Erlaubniserteilung aus religiösen Gründen der Gefahr des Missbrauchs Tür und Tor öffnen.

ZE.: Demzufolge führt eine Abwägung dazu, dass vorliegend die Religionsfreiheit gegenüber dem Schutz der Volksgesundheit zurücktreten muss. Der Eingriff in Art. 4 Abs. 2 GG ist verfassungsrechtlich gerechtfertigt.

Klausurtipp: Eine andere Ansicht ist bei entsprechender Argumentation natürlich ebenso gut vertretbar. Der Hinweis auf die §§ 29 Abs. 5, 31a Abs. 1 BtMG ist durchaus angreifbar, schließlich handelt es sich nur um eine Ermessensregelung. Richtig punkten könnte man in diesem Zusammenhang übrigens noch, wenn man aufgrund des Eingriffs in Art. 4 Abs. 2 GG eine Ermessensreduzierung auf Null konstruiert und dadurch ***zwingend*** zu einer Straffreiheit kommen würde. Unabhängig davon ist das Argument der geringen zahlenmäßigen Bedeutung der Rastas wenig überzeugend. Quantität kann bei Grundrechten kein Argument sein, gerade Minderheiten sind schutzwürdig. Merken.

ZE.: Aufgrund der verfassungsrechtlichen Rechtfertigung des Eingriffs kommt eine verfassungskonforme Auslegung der §§ 3, 5 BtMG nicht in Betracht. Eine Erlaubnis war nicht zu erteilen.

Ergebnis: Die Klage des R ist zwar zulässig, aber unbegründet. Deswegen wird das Gericht sie abweisen.

Gutachten

Das Gericht wird der Klage des R stattgeben, wenn sie zulässig und begründet ist.

A. Zulässigkeit

I. Verwaltungsrechtsweg

Mangels Spezialzuweisung kann sich der Verwaltungsrechtsweg nur nach der Generalklausel des § 40 Abs. 1 Satz 1 VwGO ergeben. Hierfür muss zunächst eine öffentlich-rechtliche Streitigkeit vorliegen. Die Beteiligten streiten über die Erteilung einer Erlaubnis. Diese Streitigkeit ist öffentlich-rechtlicher Natur, wenn die streitentscheidenden Normen einzig einen Hoheitsträger berechtigen oder verpflichten. Aus den §§ 3, 5 BtMG wird das Bundesinstitut für Arzneimittel und Medizinprodukte – ein Hoheitsträger – berechtigt und gegebenenfalls verpflichtet, bestimmte Erlaubnisse zu erteilen. Aufgrund der Rechtsnatur der streitentscheidenden Normen ist die Streitigkeit folglich eine öffentlich-rechtliche. Darüber hinaus liegt weder eine verfassungsrechtliche Streitigkeit vor, noch ist eine abdrängende Sonderzuweisung ersichtlich, sodass der Verwaltungsrechtsweg nach § 40 Abs. 1 Satz 1 VwGO eröffnet ist.

II. Statthafte Klageart

Die statthafte Klageart richtet sich nach dem tatsächlichen Begehren des Klägers, § 88 VwGO. R möchte die Erteilung einer Erlaubnis nach den §§ 3, 5 BtMG. Als statthafte Klageart kommt die Verpflichtungsklage nach § 42 Abs. 1 Var. 2 VwGO in Betracht, wenn es sich bei der Erteilung einer solchen Erlaubnis um einen Verwaltungsakt nach § 35 Satz 1 VwVfG handelt. In einer Erlaubniserteilung durch das Bundesinstitut ist die Maßnahme einer Behörde (§ 1 Abs. 4 VwVfG) auf dem Gebiet des öffentlichen Rechts zu sehen. Geregelt wird ein Einzelfall, der den Rechtskreis des Antragsstellers betrifft, mithin Außenwirkung hat. Die Voraussetzungen des § 35 Satz 1 VwVfG liegen vor, die Verpflichtungsklage ist statthafte Klageart.

III. Besondere Sachentscheidungsvoraussetzungen

1. Klagebefugnis

R ist nach § 42 Abs. 2 VwGO klagebefugt, wenn er geltend machen kann, durch die Ablehnung des Antrags in seinen Rechten verletzt zu sein. Die Verletzung muss zumindest möglich sein. Eine mögliche Rechtsverletzung des R ist dann zu bejahen, wenn er möglicherweise einen Anspruch auf Erteilung der Erlaubnis hat, da ihn dann eine Ablehnung in seinem Recht auf Erteilung verletzt hätte. Das erforderliche subjektiv-öffentliche Recht lässt sich hier aus § 3 Abs. 2 BtMG ableiten, der den Erlaubnisnehmer und damit den Kläger als Antragssteller begünstigt und nach dem in bestimmten Fällen ein Anspruch auf Erlaubniserteilung bestehen kann. R ist daher klagebefugt nach § 42 Abs. 2 VwGO.

2. Sonstige Voraussetzungen

R hat das nach § 68 VwGO erforderliche Vorverfahren erfolglos durchgeführt. Die Klagefrist des § 74 VwGO ist gewahrt. Klagegegner ist nach § 78 Abs. 1 Nr. 1 VwGO der Bund als Träger des Bundesinstitutes für Arzneimittel und Medizinprodukte.

IV. Allgemeine Sachentscheidungsvoraussetzungen

Der Bund als juristische sowie R als natürliche Person sind beteiligtenfähig nach § 61 Nr. 1 VwGO. R ist als – unterstellt – geschäftsfähige Person auch prozessfähig, § 62 Abs. 1 VwGO. Der Bund als solcher ist nicht prozessfähig und muss sich nach Maßgabe des § 62 Abs. 3 VwGO vertreten lassen. In der Regel lässt sich der Bund durch den Behördenleiter der Behörde vertreten, die auch die Kompetenz zur Entscheidung in der Sache hatte. Dies ist der Behördenleiter des Bundesinstituts für Arzneimittel und Medizinprodukte.

Die Klage des R ist zulässig.

B. Begründetheit

Die Klage ist begründet, soweit die Ablehnung des Antrags rechtswidrig war, R dadurch in seinen Rechten verletzt wurde und die Sache auch spruchreif ist, § 113 Abs. 5 VwGO. Das ist der Fall, wenn R einen Anspruch auf Erteilung der Genehmigung aus § 3 Abs. 2 BtMG hat.

I. Anspruchsgrundlage

Die Grundlage für die Erteilung einer Erlaubnis zum Anbau von Cannabis ist der § 3 Abs. 2 BtMG.

II. Anspruchsvoraussetzungen

1. Die formellen Voraussetzungen sind dadurch erfüllt, dass R einen Antrag an die zuständige Behörde gestellt hat.

2. Das Begehren des R muss zunächst überhaupt erlaubnispflichtig nach § 3 Abs. 1 BtMG gewesen sein. Hiernach bedarf unter anderem einer Erlaubnis, wer Betäubungsmittel anbauen möchte. Cannabis gehört nach Anlage 1 des BtMG zu den Betäubungsmitteln im Sinne der Norm. R möchte dieses Betäubungsmittel auch anbauen. Das Begehren des R ist somit erlaubnispflichtig.

3. Weiterhin müssen die Erlaubnisvoraussetzungen vorliegen. Nach § 3 Abs. 2 BtMG ist eine Erlaubniserteilung nur zu wissenschaftlichen oder anderen im öffentlichen Interesse liegenden Zwecken möglich. Daneben muss der Versagungstatbestand des § 5 BtMG berücksichtigt werden, der in Abs. 1 Nr. 6 normiert, dass eine Erlaubnis zu versagen ist, wenn das Beantragte mit dem Zweck des BtMG – die notwendige medizinische Versorgung der Bevölkerung sicherzustellen, daneben aber den Missbrauch von Betäubungsmitteln auszuschließen – nicht vereinbar ist.

Wissenschaftliche Zwecke verfolgt R ersichtlich nicht. Um den Ausnahmetatbestand eines öffentlichen Interesses zu erfüllen, muss im Grundsatz das Vorhaben einem gegenwärtigen Anliegen der Allgemeinheit entsprechen, etwa der Sicherstellung der medizinischen Versorgung der Bevölkerung. R trägt indes vor, er möchte lediglich zum Eigengebrauch Cannabis anbauen. Ihm geht es somit allein darum, seine individuellen Bedürfnisse zu befriedigen. Das Vorhaben entspricht daher nicht einem Anliegen der Allgemeinheit. Auch ein öffentliches Interesse liegt nicht vor.

Hinzukommt, dass die angestrebte Erlaubnis dem Zweck des Gesetzes im Sinne des § 5 Abs. 1 Nr. 6 BtMG zuwiderläuft. Die Erteilung kann Signalwirkung entfalten, was insbesondere deswegen zu befürchten ist, als R als Sänger für die Glaubensrichtung öffentlich wirbt und weitere Personen zum Drogenkonsum verleitet. Dies wird gerade dadurch verdeutlicht, dass R zusätzlich auf einer Internetseite für die Legalisierung der Droge wirbt. Nach dem Wortlaut der §§ 3, 5 BtMG und unter Berücksichtigung des allgemeinen Verständnisses der Norm erfüllt das Begehren des R nicht die Anspruchsvoraussetzungen.

4. Etwas anderes könnte sich unter Berücksichtigung einer möglicherweise bestehenden Grundrechtsverletzung ergeben. Das dargestellte Ergebnis könnte namentlich gegen Art. 4 Abs. 2 GG als höherrangiges Recht verstoßen. Sofern dies anzunehmen ist, ist eine verfassungskonforme Auslegung der Vorschriften des BtMG zu erwägen. Bei den meisten der Voraussetzungen der §§ 3, 5 BtMG, etwa »öffentliches Interesse«, handelt es sich um unbestimmte Rechtsbegriffe, deren Umfang erst durch eine Auslegung zu ermitteln ist. Bei der Bestimmung dieses Umfangs wäre die Grundrechtswirkung zu berücksichtigen mit dem möglichen Ergebnis, dass R die Genehmigung doch zu erteilen wäre, sofern eine Verletzung von Art. 4 Abs. 2 GG vorliegt.

a) Dann muss die Versagung der Genehmigung zunächst einen Eingriff in den Schutzbereich des Grundrechts der ungestörten Religionsausübung aus Art. 4 Abs. 2 GG darstellen. Art. 4 Abs. 2 GG schützt die ungestörte Ausübung einer Religion, also jedenfalls alle Formen kultischer Handlungen. Ausweislich des Sachverhalts sind die »Rastas« eine Religionsgemeinschaft. R bekennt sich auch zu dieser Glaubensrichtung. Der Genuss von Cannabis ist nach dem Selbstverständnis der Glaubensgemeinschaft unzweifelhaft Teil der Religionsausübung. Der Anbau der Pflanzen stellt zwar an sich keinen Teil der Religionsausübung dar, andere Formen der Beschaffung sind indes in gleicher Weise verboten. Daher steht R kein legaler Weg offen, um den vom Schutzbereich umfassten Genuss des Cannabis zu erreichen. Folglich muss auch die Beschaffung in Form des Anbaus in den Schutzbereich des Art. 4 Abs. 2 GG mit einbezogen werden.

Dem R wird die nach § 3 BtMG erforderliche Genehmigung zum Anbau von Cannabis versagt. Dadurch wird mittelbar der Genuss von Cannabis als Form der Religionsausübung durch staatliches Handeln unmöglich gemacht. Damit liegt ein Eingriff in die freie Religionsausübung nach Art. 4 Abs. 2 GG vor.

b) Fraglich ist, ob dieser Eingriff verfassungsrechtlich gerechtfertigt ist.

aa) Dem Wortlaut nach ist Art. 4 Abs. 2 GG nicht einschränkbar. Inwiefern das Grundrecht aus Art. 4 Abs. 2 GG dennoch eingeschränkt werden kann, wird unterschiedlich beurteilt. Teilweise wird angenommen, der Art. 140 GG i.V.m. Art. 136 Abs. 1 WRV fungiere als Gesetzesvorbehalt der Grundrechte aus Art. 4 Abs. 1 und 2 GG. Dies wird hauptsächlich damit begründet, dass Art. 136 Abs. 1 WRV über die Regelung des Art. 140 GG Teil des Grundgesetzes ist und ohnehin vollgültiges Verfassungsrecht darstelle. Nach Art. 136 Abs. 1 WRV werden die staatsbürgerlichen Pflichten durch die Ausübung der Religionsfreiheit weder bedingt noch beschränkt. Hieraus wird nach dieser Ansicht geschlossen, dass alle allgemeinen Gesetze geeignet sind, im Falle ihrer verhältnismäßigen Anwendung die Schranken der Religionsfreiheit aufzuzeigen.

Dieser Auffassung kann indes nicht gefolgt werden. Der Verweis auf die Weimarer Reichsverfassung ist nicht so weit zu verstehen. Vielmehr können die Grenzen der Religionsfreiheit nur durch immanente Grundrechtsschranken bestimmt werden, also durch kollidierende Grundrechte Dritter oder andere Güter von Verfassungsrang. Die fehlende Schrankenregelung in Art. 4 GG zeigt, welch hohe Bedeutung dieser grundrechtlichen Freiheit eingeräumt wird. Über den Schrankenvorbehalt der WRV würde die gesetzgeberische Intention – der vorbehaltlosen Gewährung der Religionsfreiheit – unterlaufen. Art. 136 Abs. 1 WRV ist zwar über Art. 140 GG als Teil des Grundgesetzes anzusehen, hierbei ist jedoch zu bedenken, dass die Einbeziehung außerhalb des Grundrechtskatalogs erfolgt und es keinen Hinweis innerhalb von Art. 4 GG gibt. Daher kann Art. 4 GG nur durch kollidierendes Verfassungsrecht eingeschränkt werden.

bb) Fraglich ist demzufolge, ob die Religionsfreiheit durch einfachgesetzlich ausgeprägtes kollidierendes Verfassungsrecht in verfassungskonformer Art und Weise eingeschränkt wurde. Die Regelungen des BtMG sind eine Ausprägung des Schutzes der Volksgesundheit. Hierin ist ein Wert von Verfassungsrang zu sehen. Die §§ 3, 5 BtMG stellen daher eine einfachgesetzliche Ausprägung kollidierenden Verfassungsrechts dar und können daher grundsätzlich eine taugliche Schranke des Grundrechts aus Art. 4 Abs. 2 GG darstellen.

Der Eingriff ist allerdings nur dann verfassungsrechtlich gerechtfertigt, wenn nach einer Abwägung der betroffenen Verfassungsgüter der Schutz der Volksgesundheit als überwiegend anzusehen ist. Der Missbrauch von Betäubungsmitteln und die daraus resultierende Drogenabhängigkeit stellt eine schwere Gefahr für die Volksgesundheit dar. Bei der Abwägung dieser Gefahr mit dem Schutz der Religionsfreiheit ist zunächst das geringere Maß der Belastung für R zu berücksichtigen, das sich aus dem Fehlen einer Erlaubnismöglichkeit ergibt. Zwar erfüllt der unerlaubte Anbau von Cannabis auch in geringen Mengen zum Eigengebrauch den Straftatbestand des § 29 Abs. 1 Nr. 3 BtMG. Dies ist indes nicht gleichbedeutend mit der Gefahr der Bestrafung bei einer Verletzung des Anbauverbots. Wie sich aus § 29 Abs. 5 BtMG ergibt, kann das Gericht von einer Bestrafung absehen, wenn der Täter die Betäubungsmittel in geringer Menge zum Eigenverbrauch anbaut. Ähnliches gilt für die Ermittlungsarbeit der Staatsanwaltschaft. Nach § 31a Abs. 1 BtMG kann die Staatsanwaltschaft von der Strafverfolgung bei Geringwertigkeit der Tat und der Schuld absehen.

Dem kann zwar entgegengehalten werden, dass es sich sowohl bei § 29 Abs. 5 als auch bei § 31a Abs. 1 BtMG um Ermessensnormen handelt. Eine Erlaubnis würde Betroffenen gewiss ein höheres Maß an Rechtssicherheit im Hinblick auf eine etwaige Strafbarkeit gewähren. Außerdem würde es sie von dem Stigma befreien, überhaupt etwas Verbotenes zu tun. Hierbei ist jedoch zu berücksichtigen, dass der Cannabisgenuss im Rahmen der Religionsausübung jedenfalls in Deutschland offenkundig ein Phänomen ist, das nur ganz wenige Personen betrifft. Eine derart seltene Erscheinung wäre vom Gesetz nur dann im Rahmen des Erlaubnisverfahrens zu regeln, wenn anderenfalls die freie Religionsausübung in gravierender Weise eingeschränkt wäre. Hiervon kann aber nicht ausgegangen werden. Demgegenüber würde die Möglichkeit einer Erlaubniserteilung aus religiösen Gründen der Gefahr des Missbrauchs Tür und Tor öffnen. Demzufolge führt eine Abwägung dazu, dass vorliegend die Religionsfreiheit gegenüber dem Schutz der Volksgesundheit zurücktreten muss. Der Eingriff in Art. 4 Abs. 2 GG ist verfassungsrechtlich gerechtfertigt.

Aufgrund der verfassungsrechtlichen Rechtfertigung des Eingriffs kommt eine verfassungskonforme Auslegung der §§ 3, 5 BtMG nicht in Betracht. Eine Erlaubnis war nicht zu erteilen.

Ergebnis: Die Klage des R ist zwar zulässig, aber unbegründet. Deswegen wird das Gericht sie abweisen.

Fall 11

Mamas Bester?

Rechtsstudent R braucht ein zweites Standbein und hat daher eine Ausbildung zum Radio- und Fernsehtechniker begonnen. Mangels Begabung fällt R allerdings im Januar 2015 durch die Gesellenprüfung und vergeigt auch die entsprechende Wiederholungsprüfung im August 2015. Ziemlich entnervt fährt R daraufhin für vier Wochen in Urlaub und erklärt seinen Eltern, er werde sich danach neu orientieren. Die Mutter des R ist mit dieser Entwicklung indessen nicht einverstanden. Als R im Urlaub ist, überweist sie von dessen Konto, für das sie eine Generalvollmacht hat, die Anmeldegebühr für die zweite Wiederholungsprüfung im Oktober 2015. Als sie dem verdutzten R hiervon nach seiner Rückkehr erzählt, meint der, er wolle lieber doch noch ein halbes Jahr Pause machen; zur Prüfung im Oktober erscheint er daher nicht. Wenige Wochen nach dem Prüfungstermin erhält R dann von der zuständigen Handwerkskammer einen nach den §§ 31, 38 HandwO i.V.m. der PrüfO (Prüfungsordnung der Handwerkskammer) formell ordnungsgemäßen Bescheid darüber, dass er auch die zweite und damit letzte Wiederholungsprüfung wegen Nichtteilnahme nicht bestanden habe.

R will nun vor dem Verwaltungsgericht die Nichtigkeit dieses Prüfungsbescheides feststellen lassen mit dem Argument, dass er sich nicht mal nach § 10 PrüfO angemeldet hatte.

Wird die Klage Erfolg haben? Es kann unterstellt werden, dass die Prüfungsordnung rechtmäßig ist. Nach § 10 PrüfO hat die Anmeldung zur Prüfung durch den Prüfling persönlich zu erfolgen.

Schwerpunkte: Die Nichtigkeitsfeststellungsklage nach § 43 Abs. 1 Var. 2 VwGO; Aufbau von Zulässigkeit und Begründetheit; Problem des Rechtsschutzbedürfnisses; Nichtigkeit nach § 44 Abs. 1 VwVfG; besonders schwerwiegender Fehler und Offenkundigkeit.

Lösungsweg

Vorbemerkung: Dieser Fall ist einer Entscheidung des OVG Koblenz aus dem Jahre 1992 nachgebildet (OVG Koblenz GewArch **1992**, 428) und dient uns dazu, zu lernen, unter welchen Voraussetzungen gegen einen vermeintlich nichtigen Verwaltungsakt vorgegangen werden kann. Insoweit wollen wir uns zunächst mal bitte Folgendes klar machen: Grundsätzlich gilt, dass ein ***rechtswidriger*** Verwaltungsakt ***wirksam*** ist und auch bleibt, sofern er nicht nach § 43 Abs. 2 VwVfG durch die Behörde oder ein Verwaltungsgericht aufgehoben wird oder sich erledigt (*Bull*, AllgVerwR, Rz. 579 f.; *Maurer*, AllgVerwR, § 10 Rz. 22). Demzufolge muss ein solcher Verwaltungsakt im Falle einer gerichtlichen Auseinandersetzung mittels eines ***Anfechtungsurteils*** aufgehoben werden. Anders ist die Situation aber, wenn ein Verwaltungsakt unter einem offensichtlichen, besonders schwerwiegenden Fehler leidet (lies: § 44 Abs. 1 VwVfG). Ein solcher Verwaltungsakt ist ***nichtig*** und damit nach § 43 Abs. 3 VwVfG rechts***unwirksam*** (*Maurer*, AllgVerwR, § 10 Rz. 20 ff.; *Ipsen*, AllgVerwR, Rz. 676 ff.). Aufgrund dieser Rechtsunwirksamkeit bedarf es dann auch keiner ***Gestaltungs***klage – wie die Anfechtungsklage –, um gegen einen nichtigen Verwaltungsakt vorzugehen. Es ist lediglich gerichtlicher Rechtsschutz in der Form notwendig, verbindlich ***festzustellen,*** dass der Verwaltungsakt wirklich nichtig ist. Hierfür hält das Gesetz in **§ 43 Abs. 1 Var. 2 VwGO** die *Nichtigkeitsfeststellungsklage* bereit. Und genau die schauen wir uns jetzt an, beginnen aber selbstredend zunächst mal wieder mit unserem Standardsatz:

Die Klage des R wird Erfolg haben, wenn sie zulässig und begründet ist.

A. Zulässigkeit der Klage

I. Der Verwaltungsrechtsweg

Mangels einer aufdrängenden Spezialzuweisung kann sich der Verwaltungsrechtsweg nur nach der Generalklausel des **§ 40 Abs. 1 Satz 1 VwGO** ergeben. Gestritten wird über die Nichtigkeit des Prüfungsbescheides. Diese Streitigkeit ist jedenfalls nicht verfassungsrechtlicher Art und auch nicht durch Sonderzuweisung abdrängend einem anderen Gericht (als den Verwaltungsgerichten) zugewiesen.

Bei ihr muss es sich schließlich auch um eine ***öffentlich-rechtliche*** Streitigkeit handeln. Hierfür müssen die streitentscheidenden Normen Sonderrecht des Staates sein, das heißt, einzig einen Hoheitsträger berechtigen oder verpflichten (→ modifizierte Subjektstheorie). Maßgebende Normen für den Streit sind die **§§ 31 ff. HandwO** i.V.m. der PrüfO, die die Handwerkskammern berechtigen und verpflichten, Prüfungen abzuhalten und über deren Ergebnisse zu entscheiden. Bei den Handwerkskammern handelt es sich nach **§ 90 Abs. 1 HandwO** um Körperschaften des öffentlichen Rechts, die insofern als Hoheitsträger fungieren (*Honig* § 90 HandwO Rz. 4). Folglich handelt es sich bei den streitentscheidenden Normen um Sonderrecht des Staates. Die Streitigkeit ist daher eine öffentlich-rechtliche, der Verwaltungsrechtsweg demzufolge nach § 40 Abs. 1 Satz 1 VwGO eröffnet.

II. Statthafte Klageart

Ausgehend vom Begehren des Klägers (§ 88 VwGO) ist zu ermitteln, welche Klageart statthaft ist. R begehrt hier, die Nichtigkeit des Prüfungsbescheides festzustellen. Als statthafte Klageart kommt daher die ***Nichtigkeitsfeststellungsklage*** nach **§ 43 Abs. 1 Var. 2 VwGO** in Betracht. Voraussetzung hierfür ist, dass objektiv ein Verwaltungsakt vorliegt, die bloße Behauptung es liege ein Verwaltungsakt vor, genügt hingegen nicht (BVerwGE **74**, 3; *Kopp/Schenke* § 43 VwGO Rz. 21; *Kunig* in JURA 1997, 326). Demgegenüber ist die Frage der Nichtigkeit dieses Verwaltungsaktes keine Voraussetzung der Statthaftigkeit, sondern ausschließlich Gegenstand der Begründetheit (*Kopp/Schenke* § 43 VwGO Rz. 21; *Schoch/Schneider/Bier/Pietzcker* § 43 VwGO Rz. 27).

Zum Fall: Der Prüfungsbescheid ist eine hoheitliche Maßnahme einer Behörde (die Handwerkskammer nimmt eine Aufgabe der öffentlichen Verwaltung wahr – § 1 Abs. 4 VwVfG) auf dem Gebiet des öffentlichen Rechts. Darüber hinaus stellt er dem R gegenüber endgültig fest, die Prüfung nicht bestanden zu haben. In einer solchen Feststellung ist eine Regelung zu sehen (BVerwG NVwZ **1992**, 56; *Stelkens/Bonk/Sachs* § 35 VwVfG Rz. 129). Diese betrifft auch nur den R und ist daher ein Einzelfall. Da mit R auch ein außerhalb der Verwaltung Stehender betroffen ist, hat die Regelung schließlich auch Außenwirkung. Alle Voraussetzungen des § 35 Satz 1 VwVfG liegen somit vor.

ZE.: Bei dem Prüfungsbescheid handelt es sich folglich objektiv um einen Verwaltungsakt, dessen Nichtigkeit mit der Nichtigkeitsfeststellungsklage überprüft werden kann. Die Subsidiaritätsklausel des § 43 Abs. 2 Satz 1 VwGO gilt ausweislich von **§ 43 Abs. 2 Satz 2 VwGO** nicht für diese Feststellungsvariante.

Feinkost: Wenn das Begehren des Klägers nicht so eindeutig wie in unserem Fall auf eine Nichtigkeitsfeststellungsklage angelegt ist, trotzdem aber die Nichtigkeit des Verwaltungsaktes im Raum steht, muss mittels ***Auslegung*** die richtige Klageart ermittelt werden. Hierbei ist im Zweifel einer ***Anfechtungsklage*** Vorrang einzuräumen, weil zum einen nur diese gegen den möglicherweise ja nicht unwirksamen Verwaltungsakt gemäß § 80 Abs. 1 VwGO aufschiebende Wirkung entfaltet und zum anderen der Betroffene unter Umständen nur so die Anfechtungsfrist einhalten kann (*Maurer*, AllgVerwR, § 10 Rz. 37). Stellt sich innerhalb der Prüfung heraus, dass die Anfechtungsklage unzulässig oder der Verwaltungsakt nichtig und nicht bloß rechtswidrig ist, kann die Klage immer noch in eine Nichtigkeitsfeststellungsklage umgedeutet werden (*Kopp/Schenke* § 43 VwGO Rz. 7). Für unseren R wäre es hier zwar ratsam gewesen, eine Klage auf Verpflichtung der Behörde zu stellen, ihn an einer weiteren Wiederholungsprüfung teilnehmen zu lassen (hierzu: OVG Koblenz GewArch **1992**, 428), sein Begehren ist allerdings eindeutig und ausdrücklich darauf gerichtet, nur gegen den negativen Prüfungsbescheid vorzugehen. Das Gericht darf das Klagebegehren zwar auslegen, nicht jedoch über es hinausgehen (§ 88 VwGO). Merken.

III. Besondere Sachentscheidungsvoraussetzungen

1. Feststellungsinteresse

Nach § 43 Abs. 1 VwGO muss der Kläger ein berechtigtes Interesse an der baldigen Feststellung haben. Unter einem solchen berechtigten Interesse ist – wie schon weiter oben im Buch in Fall 6 erläutert – jedes nach vernünftigen Erwägungen aufgrund eines Gesetzes oder nach allgemeinen Rechtsgrundsätzen anzuerkennende schutzwürdige Interesse zu verstehen (*Hufen*, VerwProzessR, § 18 Rz. 22; *Stern*, Verwaltungsprozessuale Probleme, Rz. 421).

Zum Fall: Die Rechtslage ist hier noch unklar. Der R muss befürchten, durch den negativen Bescheid über die zweite Wiederholungsprüfung wegen **§ 31 Abs. 1 Satz 2 HandwO** zu keiner weiteren Prüfung mehr zugelassen zu werden. Hierdurch würde er in seinem Recht aus Art. 12 Abs. 1 GG verletzt, sofern der Bescheid wirklich nichtig ist. Demzufolge hat er ein berechtigtes Interesse, diese unklare Rechtslage zu beseitigen. Er besitzt daher das notwendige Interesse an der Feststellung.

2. Klagebefugnis

Im Rahmen der Feststellungsklage des § 43 Abs. 1 VwGO ist umstritten, ob der Kläger auch klagebefugt nach § 42 Abs. 2 VwGO ***analog*** sein muss (vgl. insoweit im Einzelnen die Ausführungen in Fall 6). Die Streitfrage kann jedoch dahinstehen, wenn R auf jeden Fall klagebefugt ist; dann nämlich kommt es auf eine mögliche analoge Anwendung des § 42 Abs. 2 VwGO nicht an. Wie gerade im Rahmen des Feststellungsinteresses dargestellt, könnte R durch den möglicherweise nichtigen Bescheid in seinem Recht aus Art. 12 Abs. 1 GG verletzt sein. Demzufolge ist er klagebefugt. Es muss also nicht geklärt werden, ob § 42 Abs. 2 VwGO analog anzuwenden ist.

3. Klagegegner

Die Handwerkskammer ist als Körperschaft des öffentlichen Rechts eine juristische Person (*Bull*, AllgVerwR, Rz. 96, 166; *Peine*, AllgVerwR, Rz. 20), die Trägerin ihrer eigenen Angelegenheiten ist (→ Prinzip der Selbstverwaltung; *Maurer*, AllgVerwR, § 23 Rz. 30). Dementsprechend ist die Handwerkskammer selbst sachlicher Streitgegner und damit Klagegegner.

4. Weitere besondere Sachentscheidungsvoraussetzungen

Weitere besondere Sachentscheidungsvoraussetzungen gibt es für die Feststellungsklage nicht.

IV. Allgemeine Sachentscheidungsvoraussetzungen

1. Beteiligten- und Prozessfähigkeit

R ist als natürliche Person und die Handwerkskammer als juristische Person beteiligtenfähig nach § 61 Nr. 1 VwGO. R ist als geschäftsfähige Person zudem nach § 62 Abs. 1 Nr. 1 VwGO auch prozessfähig. Die Handwerkskammer kann als juristische

Person nicht selbst handeln. Sie muss sich gemäß § 62 Abs. 3 VwGO als Vereinigung vertreten lassen.

2. Allgemeines Rechtsschutzbedürfnis

Möglicherweise mangelt es dem R aber am allgemeinen Rechtsschutzbedürfnis. Hierbei handelt es sich um eine ungeregelte allgemeine Sachentscheidungsvoraussetzung für alle Verfahrensarten (BVerfGE **61**, 135; *Kopp/Schenke* Vorb. § 40 VwGO Rz. 30; *Ehlers* in JURA 2008, 506).

Definition: Das ***allgemeine Rechtsschutzbedürfnis*** setzt voraus, dass das mit der Klage verfolgte Begehren in der gewählten Verfahrensart auch eines gerichtlichen Rechtsschutzes ***fähig*** und ***bedürftig*** ist (*Laubinger*, FS Menger (1985), S. 455; *Stern*, Verwaltungsprozessuale Probleme, Rz. 409). Das allgemeine Rechtsschutzbedürfnis ist insbesondere dann abzulehnen, wenn dem Kläger ein ***einfacherer*** Weg offen steht, sein Klageziel zu erreichen (OVG Münster NJW **1984**, 1577; VGH München BayVBl **1988**, 306).

Einen solchen einfacheren Weg hält im vorliegenden Fall möglicherweise **§ 44 Abs. 5 VwVfG (lesen!)** bereit. Hiernach hat die ***Behörde*** auf Antrag die Nichtigkeit des Verwaltungsaktes festzustellen, sofern der Antragssteller ein berechtigtes Interesse an der Feststellung hat.

Man könnte nun vertreten, dass eine verwaltungs***verfahrensrechtliche*** Feststellung einen einfacheren Weg für den Kläger darstellt, sein Klageziel zu verfolgen (*Meyer/Borgs* § 44 VwVfG Rz. 30; *Schwerdtfeger*, Öffentliches Recht, Rz. 103; *Weides*, Verwaltungsverfahren und Widerspruchsverfahren, § 3 III 1e). Hierbei ist jedoch zunächst zu berücksichtigen, dass die VwGO ein derartiges »Vorverfahren« für die Feststellungsklage ihrem Wortlaut nach nicht vorsieht. Des Weiteren beachtlich ist, dass eine solche behördliche Feststellung selbst durch einen Verwaltungsakt ergeht (*Maurer*, AllgVerwR, § 10 Rz. 37; *Kopp/Ramsauer* § 44 VwVfG Rz. 64), der seinerseits wieder anfechtbar ist bzw. von der Behörde nach Maßgabe der §§ 48 ff. VwVfG aufgehoben werden kann. Einer behördlichen Feststellung kommt gerade keine – dem **§ 121 VwGO (lesen!)** entsprechende – Rechtskraftwirkung zu. Schon aus diesen Gesichtspunkten erscheint es zweifelhaft, dass ein Antrag nach § 44 Abs. 5 VwVfG einen einfacheren Rechtsschutzweg darstellt. Hinzu kommt, dass regelmäßig davon auszugehen ist, dass ein Antrag nach § 44 Abs. 5 VwVfG erfolglos bleiben wird, wenn die Behörde bereits angedeutet hat, von ihrer Rechtsauffassung nicht abzurücken. Demzufolge ist es konsequent, mit der herrschenden Meinung davon auszugehen, dass der Antrag nach § 44 Abs. 5 VwVfG der Nichtigkeitsfeststellungsklage ***nicht*** vorgeschaltet ist, sondern beide Wege vielmehr unabhängig voneinander sind (BSG NVwZ **1989**, 902 für die Sozialgerichtsbarkeit; BFH DB **2008**, 1026 für die Finanzgerichtsbarkeit; *Schoch/Schneider/Bier/Pietzcker* § 43 VwGO Rz. 27; *Stelkens/Bonk/Sachs* § 44 VwVfG Rz. 203).

ZE.: Somit steht für den R kein einfacherer Weg offen, sein Begehren zu verfolgen, insbesondere § 44 Abs. 5 VwVfG kommt vorliegend nicht in Betracht. Die Klage ist damit insgesamt als Nichtigkeitsfeststellungsklage zulässig.

Noch was aus der Feinkostabteilung: Zu der Frage, ob auch ein Anspruch gerade auf ***behördliche*** Feststellung der Nichtigkeit eines Verwaltungsaktes besteht – und wie ein solcher Anspruch gerichtlich durchgesetzt werden kann – vgl. bitte die sehr instruktive Entscheidung des VGH Mannheim in der VBlBW **2006** auf Seite 386.

B. Begründetheit

Die Klage des R ist begründet, sofern der Prüfungsbescheid nichtig ist. Maßgeblich für die Beurteilung ist **§ 44 VwVfG**. Nach **§ 44 Abs. 1** VwVfG ist ein Verwaltungsakt nichtig, wenn er an einem ***besonders schwerwiegenden Fehler*** leidet, der zudem ***offensichtlich*** ist.

Der § 44 Abs. 2 VwVfG enthält einen ***Positivkatalog*** von Rechtsfehlern, die jedenfalls zur Nichtigkeit von Verwaltungsakten führen. Hinzu kommt in § 44 Abs. 3 VwVfG ein ***Negativkatalog*** von Rechtsfehlern, die gerade nicht zur Nichtigkeit eines Verwaltungsaktes führen. Für die Prüfung in der Klausur bietet sich an, in einem ersten Schritt zu überprüfen, ob nun ein Fall des Positiv- oder Negativkatalogs vorliegt. Hat man dies geklärt bzw. die einzelnen Fälle der Absätze 2 und 3 ausgeschlossen, ist der Weg frei zur Überprüfung der Generalklausel des § 44 Abs. 1 VwVfG (*Maurer*, AllgVerwR, § 10 Rz. 32; *Peine*, AllgVerwR, Rz. 225). Also:

I. Nichtigkeit nach § 44 Abs. 2 und 3 VwVfG

Im Positivkatalog des § 44 Abs. 2 VwVfG (lesen!) werden enumerativ sechs Fälle häufig vorkommender Nichtigkeitsgründe aufgeführt. Keiner dieser Beispielsfälle passt zu unserem Fall (prüfen!). Auch liegt keine der vier Konstellationen vor, die nach § 44 Abs. 3 VwVfG nicht zur Nichtigkeit eines Verwaltungsaktes führt.

II. Nichtigkeit nach § 44 Abs. 1 VwVfG

Demzufolge kann sich die Nichtigkeit nur aus der Generalklausel des § 44 Abs. 1 VwVfG ergeben. Wir müssen demnach prüfen, ob ein ***besonders schwerwiegender Fehler*** vorliegt, der zudem ***offensichtlich*** ist.

1. Besonders schwerwiegender Fehler

Definition: Ein Verwaltungsakt leidet an einem ***besonders schwerwiegenden Fehler***, wenn er schlechterdings unerträglich erscheint, das heißt mit tragenden Verfassungsprinzipien oder der Rechtsordnung immanenten wesentlichen Wertvorstellungen unvereinbar ist (BVerwGE **104**, 289; OVG Lüneburg NVwZ-RR **2005**, 791; *Kopp/Ramsauer* § 44 VwVfG Rz. 8; *Stelkens/Bonk/Sachs* § 44 VwVfG Rz. 101).

Durchblick: Diese Definition ist so weit gefasst, dass eine stringente Subsumtion eines Einzelfalls kaum möglich ist. Ratsam ist es daher, zunächst darzulegen, ***was*** für ein Fehler im konkreten Fall in Betracht kommt und welche Konsequenzen dieser Fehler für den Betroffenen hat. Danach sollte man den herausgearbeiteten Fehler mit den in § 44 Abs. 2 VwVfG aufgezählten Beispielen vergleichen und darstellen, ob er ihnen an Gewicht und Tragweite gleichsteht (BVerwG GewArch **1992**, 428; *Stelkens/Bonk/Sachs* § 44 VwVfG Rz. 107). Und genau das machen wir jetzt mal:

Ein besonders schwerer Fehler kann darin liegen, dass möglicherweise keine ***Anmeldung*** des R nach § 10 PrüfO vorlag.

a) Vorliegen einer ordnungsgemäßen Anmeldung

Nach § 10 PrüfO ist eine ***persönliche*** Anmeldung durch den Prüfling erforderlich. Eine Anmeldung ist eine Willenserklärung, auf die mangels anderweitiger Regelungen im VwVfG die Vorschriften des BGB entsprechend anzuwenden sind (BVerwG ZOV **2002**, 37; VG Chemnitz VIZ **2000**, 609; *Stelkens/Bonk/Sachs* § 1 VwVfG Rz. 86).

Der R selbst hat sich nicht angemeldet, dies hat seine Mutter für ihn erledigt. Fraglich ist somit, ob sich R die Handlung seiner Mutter zurechnen lassen muss. Ausdrücklich bevollmächtigt (§ 167 BGB) hat R seine Mutter nicht. Hieran ändert auch die der Mutter eingeräumte Kontovollmacht nichts, da sich diese nur auf die Verfügung über das Konto beschränkt – und nicht für daran anschließende Willenserklärungen gilt. Folglich kommt eine Zurechnung der Handlung der Mutter nur unter den Gesichtspunkten einer ***Duldungs-*** oder ***Anscheinsvollmacht*** (hierzu: BGH NJW **2002**, 2325; BGH NJW **1998**, 1854; *Palandt/Ellenberger* § 173 BGB Rz. 9 ff.; *Schwabe*, BGB-AT, Fall 16) in Betracht. Ohne auf die jeweiligen Voraussetzungen im Einzelnen einzugehen, ist hierbei jedoch zu berücksichtigen, dass R das Vorgehen seiner Mutter jedenfalls nicht wissentlich geschehen ließ, wollte er doch ausdrücklich nicht an der Prüfung teilnehmen. Auch musste er nicht damit rechnen, dass ihn seine Mutter trotzdem gegen seinen Willen anmelden würde. Eine Duldungs- oder Anscheinsvollmacht liegt also nicht vor. Die Mutter handelt damit als Vertreterin ohne Vertretungsmacht, die Wirksamkeit der Willenserklärung ist nach § 177 Abs. 1 BGB von der Genehmigung des R abhängig. Eine solche hat R nicht erteilt. Auch die Tatsache, dass er, nachdem er von der Anmeldung erfahren hat, sich nicht abgemeldet hat, kann nicht als Genehmigung gewertet werden. R war hierzu rechtlich nicht verpflichtet und konnte davon ausgehen, dass ihm die Nichtteilnahme an einer Prüfung, zu der er sich nicht angemeldet hat, keine Nachteile bringen würde. Demzufolge ist die Willenserklärung der Mutter dem R nicht zuzurechnen, er hat sich nicht persönlich angemeldet.

ZE.: Mangels persönlicher Anmeldung zur Prüfung nach § 10 PrüfO liegt ein Fehler vor.

b) Fehlende Anmeldung als besonders schwerwiegender Fehler

Weiterhin muss die Anmeldung eine so wesentliche Voraussetzung des Ablaufs des Prüfungsverfahrens sein, dass ihr Nichtvorliegen mit der Rechtsordnung schlechterdings unvereinbar ist. Das BVerwG (GewArch **1992**, 428) führt hierzu aus:

»Als wesentliche Voraussetzung für die berufliche Tätigkeit hat eine Prüfung höchstpersönlichen Charakter und ist angesichts der grundgesetzlich garantierten Freiheit der Berufswahl (Art. 12 Abs. 1 Satz 1 GG) von dem Einverständnis des Prüfungsbewerbers abhängig. Insbesondere die Regelung des Nichtbestehens bei Nichtteilnahme und die begrenzte Zulässigkeit von Wiederholungsprüfungen machen eine persönliche Anmeldung (...) unabdingbar. Erst durch diese rechtsverbindliche Willenserklärung entsteht zwischen ihm (dem Prüfling) und der prüfenden Stelle ein Rechtsverhältnis (Prüfungsverhältnis), durch welches die Bestimmungen der einschlägigen Prüfungsordnung für ihn verbindlich werden. Der für den Berufsweg des Prüflings schwerwiegende Nachteil, dass bei einer Nichtteilnahme (...) diese als nicht bestanden gilt, lässt sich nur dann rechtfertigen, wenn der Prüfling sich vorher durch eine wirksame Anmeldung dem Prüfungsverfahren gestellt hat.«

Zum Fall: Unter Berücksichtigung dieser Argumentation liegt ein Fehler von beträchtlicher Schwere vor. Vergleicht man diesen Fehler mit den in § 44 Abs. 2 VwVfG aufgeführten Beispielen, so erkennt man, dass er gerade aufgrund seiner grundrechtlichen Relevanz (Art. 12 Abs. 1 Satz 1 GG) mit diesen an Gewicht und Tragweite gleichzusetzen ist, wenn nicht sogar übersteigt. Der Fehler ist also besonders schwerwiegend.

ZE.: Der R hat sich nicht ordnungsgemäß zur zweiten Wiederholungsprüfung angemeldet. Hierin ist ein besonders schwerwiegender Fehler im Sinne des § 44 Abs. 1 VwVfG zu sehen.

Beachte noch: Dieser Fall darf nicht mit den Konstellationen verwechselt werden, in denen über die Nichtigkeit eines Verwaltungsaktes mangels vorherigen Antrags diskutiert wird. Hierin ist nach überwiegender Meinung ***kein*** Nichtigkeitsgrund zu sehen (VGH Kassel NVwZ **1985**, 499; *Meyer* in NVwZ 1986, 517; *Kopp/Ramsauer* § 44 VwVfG Rz. 21). Der vorliegend in Streit stehende Prüfungsbescheid ist an sich ***nicht*** antragsgebunden. Mit der Anmeldung wird nur die ***Zulassung zur Prüfung***, nicht die aus der Prüfung resultierende Prüfungsentscheidung beantragt.

2. Offensichtlichkeit

Der besonders schwerwiegende Fehler führt allerdings erst zur Nichtigkeit des Prüfungsbescheides, wenn er auch ***offensichtlich*** ist.

Definition: Ein Fehler ist ***offensichtlich***, wenn er für einen unvoreingenommenen verständigen Durchschnittsbetrachter – bei Würdigung aller Gesamtumstände des jeweiligen Sachverhalts – ohne weiteres ersichtlich ist. Das heißt, es muss sich diesem aufdrängen, dass der Verwaltungsakt unmöglich rechtens sein kann (BVerwG NJW **1985**, 2658; OVG Magdeburg LKV **2006**, 413; *Kopp/Ramsauer* § 44 VwVfG Rz. 12; *Stelkens/Bonk/Sachs* § 44 VwVfG Rz. 117 ff.).

Hier: Das Nichtbestehen einer Prüfung mangels Teilnahme kann aus der Perspektive eines unvoreingenommenen Durchschnittsbetrachters nur erfolgen, wenn sich der Prüfling überhaupt zur Prüfung angemeldet hat. Dass eine Prüfung, für die es an einer Anmeldung mangelt, keine Nachteile mit sich bringen kann, muss sich einem solchen Durchschnittsbetrachter aufdrängen, ist also offensichtlich.

ZE.: Alle Voraussetzungen des § 44 Abs. 1 VwVfG liegen vor. Der Prüfungsbescheid ist damit nichtig.

Ergebnis: Die Klage des R ist folglich zulässig und begründet, das Gericht wird ihr stattgeben.

Gutachten

Die Klage wird Erfolg haben, wenn sie zulässig und begründet ist.

A. Zulässigkeit

I. Verwaltungsrechtsweg

Mangels einer aufdrängenden Spezialzuweisung kann sich der Verwaltungsrechtsweg nur aus § 40 Abs. 1 Satz 1 VwGO ergeben. Gestritten wird über die Nichtigkeit des Prüfungsbescheides. Diese Streitigkeit ist jedenfalls nicht verfassungsrechtlicher Art und auch nicht durch Sonderzuweisung abdrängend einem anderen Gericht zugewiesen. Bei ihr muss es sich schließlich auch um eine öffentlich-rechtliche Streitigkeit handeln.

Hierfür müssen die streitentscheidenden Normen Sonderrecht des Staates sein, das heißt einzig einen Hoheitsträger berechtigen oder verpflichten (modifizierte Subjektstheorie). Maßgebende Normen für den Streit sind die §§ 31 ff. HandwO i.V.m. der PrüfO, die die Handwerkskammern berechtigen und verpflichten, Prüfungen abzuhalten und über deren Ergebnisse zu entscheiden.

Bei den Handwerkskammern handelt es sich nach § 90 Abs. 1 HandwO um Körperschaften des öffentlichen Rechts, die insofern als Hoheitsträger fungieren. Folglich handelt es sich bei den streitentscheidenden Normen um Sonderrecht des Staates. Die Streitigkeit ist daher eine öffentlich-rechtliche, der Verwaltungsrechtsweg demzufolge nach § 40 Abs. 1 Satz 1 VwGO eröffnet.

II. Statthafte Klageart

Die statthafte Klageart richtet sich nach dem Begehren des Klägers (§ 88 VwGO). R begehrt, die Nichtigkeit des Prüfungsbescheides festzustellen. Als statthafte Klageart kommt daher die Nichtigkeitsfeststellungsklage nach § 43 Abs. 1 Var. 2 VwGO in Betracht. Voraussetzung hierfür ist, dass objektiv ein Verwaltungsakt vorliegt, die bloße Behauptung es liege ein Verwaltungsakt vor, genügt nicht.

Der Prüfungsbescheid ist die hoheitliche Maßnahme einer Behörde auf dem Gebiet des öffentlichen Rechts, die Handwerkskammer nimmt eine Aufgabe der öffentlichen Verwaltung wahr – § 1 Abs. 4 VwVfG. Darüber hinaus stellt er dem R gegenüber fest, die Prüfung nicht bestanden zu haben. In einer solchen Feststellung ist eine Regelung zu sehen. Diese betrifft auch nur den R und ist daher ein Einzelfall. Da mit R auch ein außerhalb der Verwaltung Stehender betroffen ist, hat die Regelung schließlich auch Außenwirkung. Alle Voraussetzungen des § 35 Satz 1 VwVfG liegen vor. Bei dem Prüfungsbescheid handelt es sich folglich objektiv um einen Verwaltungsakt, dessen Nichtigkeit mit der Nichtigkeitsfeststellungsklage überprüft werden kann. Die Subsidiaritätsklausel des § 43 Abs. 2 Satz 1 VwGO gilt ausweislich von § 43 Abs. 2 Satz 2 VwGO nicht für diese Feststellungsvariante.

III. Besondere Sachentscheidungsvoraussetzungen

1. Feststellungsinteresse

Nach § 43 Abs. 1 VwGO muss der Kläger ein berechtigtes Interesse an der baldigen Feststellung haben. Unter einem solchen berechtigten Interesse ist jedes nach vernünftigen Erwägungen aufgrund eines Gesetzes oder nach allgemeinen Rechtsgrundsätzen anzuerkennende schutzwürdige Interesse zu verstehen.

Die Rechtslage ist unklar. R muss befürchten, durch den negativen Bescheid über die zweite Wiederholungsprüfung wegen § 31 Abs. 1 Satz 2 HandwO zu keiner weiteren Prüfung mehr zugelassen zu werden. Hierdurch würde er in seinem Recht aus Art. 12 Abs. 1 GG verletzt, sofern der Bescheid wirklich nichtig ist. Demzufolge hat er ein berechtigtes Interesse, diese unklare Rechtslage zu beseitigen. Er besitzt daher das notwendige Interesse an der Feststellung.

2. Klagebefugnis

Im Rahmen der Feststellungsklage des § 43 Abs. 1 VwGO ist umstritten, ob der Kläger auch klagebefugt nach § 42 Abs. 2 VwGO analog sein muss. Diese Streitfrage kann jedoch dahinstehen, wenn R jedenfalls klagebefugt ist. Wie gerade im Rahmen des Feststellungsinteresses dargestellt, könnte R durch den möglicherweise nichtigen Bescheid in seinem Recht aus Art. 12 Abs. 1 GG verletzt sein. Demzufolge ist er auch klagebefugt, der Streit bedarf keiner Entscheidung.

3. Klagegegner

Die Handwerkskammer ist als Körperschaft des öffentlichen Rechts eine juristische Person, die Trägerin ihrer eigenen Angelegenheiten ist. Dementsprechend ist die Handwerkskammer selbst sachlicher Streitgegner und damit Klagegegner.

IV. Allgemeine Sachentscheidungsvoraussetzungen

1. Beteiligten- und Prozessfähigkeit

R ist als natürliche Person und die Handwerkskammer als juristische Person beteiligtenfähig nach § 61 Nr. 1 VwGO. R ist als geschäftsfähige Person nach § 62 Abs. 1 Nr. 1 VwGO prozessfähig. Die Handwerkskammer kann als juristische Person nicht selbst handeln. Sie muss sich gemäß § 62 Abs. 3 VwGO als Vereinigung vertreten lassen.

2. Allgemeines Rechtsschutzbedürfnis

Möglicherweise mangelt es R allerdings am allgemeinen Rechtsschutzbedürfnis. Hierbei handelt es sich um eine ungeregelte allgemeine Sachentscheidungsvoraussetzung für alle Verfahrensarten. Das mit der Klage verfolgte Begehren muss in der gewählten Verfahrensart auch eines gerichtlichen Rechtsschutzes fähig und bedürftig sein. Das allgemeine Rechtsschutzbedürfnis ist unter anderem abzulehnen, wenn einem Kläger ein einfacherer Weg offen steht, sein Klageziel zu erreichen.

Einen solchen einfacheren Weg hält möglicherweise § 44 Abs. 5 VwVfG bereit. Hiernach hat die Behörde auf Antrag die Nichtigkeit des Verwaltungsaktes festzustellen, sofern der Antragssteller ein berechtigtes Interesse an der Feststellung hat. Es ließe sich vertreten, dass eine verwaltungsverfahrensrechtliche Feststellung einen einfacheren Weg für den Kläger darstellt, sein Klageziel zu verfolgen. Hierbei ist jedoch zunächst zu berücksichtigen, dass die VwGO ein derartiges »Vorverfahren« für die Feststellungsklage ihrem Wortlaut nach nicht vorsieht. Hinzukommt, dass eine solche behördliche Feststellung selbst durch einen Verwaltungsakt ergeht, der seinerseits wieder anfechtbar ist bzw. von der Behörde nach Maßgabe der §§ 48 ff. VwVfG aufgehoben werden kann.

Einer behördlichen Feststellung kommt gerade keine – dem § 121 VwGO entsprechende – Rechtskraftwirkung zu. Schon aus diesen Gesichtspunkten erscheint es zweifelhaft, dass ein Antrag nach § 44 Abs. 5 VwVfG einen einfacheren Rechtsschutzweg darstellt. Des Weiteren ist zu beachten, dass regelmäßig davon auszugehen ist, dass ein Antrag nach § 44 Abs. 5 VwVfG erfolglos bleiben wird, wenn die Behörde bereits angedeutet hat, von ihrer Rechtsauffassung nicht abzurücken. Demzufolge ist es konsequent, davon auszugehen, dass der Antrag nach § 44 Abs. 5 VwVfG der Nichtigkeitsfeststellungsklage nicht vorgeschaltet ist, sondern beide Wege vielmehr unabhängig voneinander sind.

Die Klage des R ist damit zulässig.

B. Begründetheit

Die Klage des R ist begründet, sofern der Prüfungsbescheid nichtig ist. Maßgeblich für die Beurteilung ist § 44 VwVfG. Mangels Einschlägigkeit von § 44 Abs. 2 und 3 VwVfG kann sich die Nichtigkeit nur nach § 44 Abs. 1 VwVfG ergeben. Hiernach ist ein Verwaltungsakt nichtig, wenn er an einem besonders schwerwiegenden Fehler leidet, der zudem offensichtlich ist.

I. Besonders schwerwiegender Fehler

Ein Verwaltungsakt leidet an einem besonders schwerwiegenden Fehler, wenn er schlechterdings unerträglich erscheint, das heißt, mit tragenden Verfassungsprinzipien oder der Rechtsordnung immanenten wesentlichen Wertvorstellungen unvereinbar ist. Ein besonders schwerer Fehler kann darin liegen, dass möglicherweise keine Anmeldung des R nach § 10 PrüfO vorlag.

1. Fraglich ist zunächst, ob die Anmeldung fehlerhaft war. Nach § 10 PrüfO ist eine persönliche Anmeldung durch den Prüfling erforderlich. Eine solche Anmeldung ist eine Willenserklärung, auf die mangels anderweitiger Regelungen im VwVfG die Vorschriften des BGB entsprechend anzuwenden sind. R selbst hat sich nicht angemeldet, dies hat seine Mutter für ihn erledigt. Fraglich ist, ob sich R die Handlung seiner Mutter zurechnen lassen muss. Ausdrücklich bevollmächtigt (§ 167 BGB analog) hat R seine Mutter nicht. Hieran ändert auch die der Mutter eingeräumte Kontovollmacht nichts, da sich diese nur auf die Verfügung über das Konto beschränkt und nicht für daran anschließende Willenserklärungen gilt. Folglich kommt eine Zurechnung der Handlung der Mutter nur unter den Gesichtspunkten einer Duldungs- oder Anscheinsvollmacht in Betracht. Ohne auf die jeweiligen Voraussetzungen im Einzelnen einzugehen, ist hierbei jedoch zu berücksichtigen, dass R das Vorgehen seiner Mutter jedenfalls nicht wissentlich geschehen ließ, wollte er doch ausdrücklich nicht an der Prüfung teilnehmen. Auch musste er nicht damit rechnen, dass ihn seine Mutter trotzdem gegen seinen Willen anmelden würde. Eine Duldungs- oder Anscheinsvollmacht liegt also auch nicht vor.

Folglich handelte die Mutter als Vertreterin ohne Vertretungsmacht, die Wirksamkeit der Willenserklärung ist daher nach § 177 Abs. 1 BGB analog von der Genehmigung des R abhängig. Eine solche hat R allerdings nicht erteilt. Auch die Tatsache, dass er, nachdem er von der Anmeldung erfahren hat, sich nicht abgemeldet hat kann nicht als Genehmigung gewertet werden. R war hierzu rechtlich nicht verpflichtet und konnte davon ausgehen, dass ihm die Nichtteilnahme an einer Prüfung, zu der er sich nicht angemeldet hat, keine Nachteile bringen würde. Demzufolge ist die Willenserklärung der Mutter dem R nicht zuzurechnen, er hat sich nicht persönlich angemeldet. Das Prüfungsverfahren war mangels persönlicher Anmeldung daher fehlerhaft.

2. Weiterhin muss die Anmeldung eine so wesentliche Voraussetzung des Ablaufs des Prüfungsverfahrens sein, dass ihr Nichtvorliegen mit der Rechtsordnung schlechterdings unvereinbar ist, damit der Fehler als besonders schwerwiegend einzustufen ist. Als wesentliche Voraussetzung für die berufliche Tätigkeit hat eine Prüfung höchstpersönlichen Charakter und ist angesichts der grundgesetzlich garantierten Freiheit der Berufswahl nach Art. 12 Abs. 1 GG von dem Einverständnis des Prüfungsbewerbers abhängig. Insbesondere die Regelung des Nichtbestehens bei Nichtteilnahme und die begrenzte Zulässigkeit von Wiederholungsprüfungen machen eine persönliche Anmeldung unabdingbar. Der für den Berufsweg des Prüflings schwerwiegende Nachteil, dass bei einer Nichtteilnahme die Prüfung als nicht bestanden gilt, lässt sich nur dann rechtfertigen, wenn der Prüfling sich vorher durch eine wirksame Anmeldung dem Prüfungsverfahren gestellt hat.

Unter Berücksichtigung vorgenannter Argumente liegt ein Fehler von beträchtlicher Schwere vor. Vergleicht man diesen Fehler mit den in § 44 Abs. 2 VwVfG aufgeführten Beispielen, so erkennt man, dass er gerade aufgrund seiner grundrechtlichen Relevanz an Gewicht und Tragweite jedenfalls gleichzusetzen ist, wenn nicht sogar übersteigt. Der Fehler ist also besonders schwerwiegend.

R hat sich nicht ordnungsgemäß zur zweiten Wiederholungsprüfung angemeldet. Hierin ist ein besonders schwerwiegender Fehler im Sinne des § 44 Abs. 1 VwVfG zu sehen.

II. Offensichtlichkeit

Dieser besonders schwerwiegende Fehler führt allerdings erst zur Nichtigkeit des Prüfungsbescheides, wenn er auch offensichtlich ist. Ein Fehler ist offensichtlich, wenn er für einen unvoreingenommenen verständigen Durchschnittsbetrachter – bei Würdigung aller Gesamtumstände des jeweiligen Sachverhalts – ohne weiteres ersichtlich ist. Das heißt, es muss sich diesem aufdrängen, dass der Verwaltungsakt unmöglich rechtens sein kann. Das Nichtbestehen einer Prüfung mangels Teilnahme kann aus der Perspektive eines unvoreingenommenen Durchschnittsbetrachters nur erfolgen, wenn sich der Prüfling überhaupt zur Prüfung angemeldet hat. Dass eine Prüfung, für die es an einer Anmeldung mangelt, keine Nachteile mit sich bringen kann, ist offensichtlich.

Alle Voraussetzungen des § 44 Abs. 1 VwVfG liegen vor. Der Prüfungsbescheid ist nichtig.

Ergebnis: Die Klage des R ist somit zulässig und begründet; sie wird also Erfolg haben.

3. Abschnitt

Der Verwaltungsakt:
Aufhebung und Nebenbestimmungen

Fall 12

Blühende Landschaften?

Die »Innovative Ideen AG« (kurz: AG) möchte Unternehmen in der Phase der Existenzgründung beraten. Die Bundesregierung hat die Absicht, solchen Existenzgründern in den neuen Bundesländern unter die Arme zu greifen, um strukturschwachen Gegenden Auftrieb zu geben. Hierfür sind im Haushaltsplan entsprechende Mittel vorgesehen. Daher beauftragt das zuständige Bundesamt für Wirtschaft die AG, in verschiedenen Städten Brandenburgs und Sachsens Existenzgründerseminare abzuhalten. Hierfür bewilligt das Bundesamt der AG einen Zuschuss in Höhe von 100.000 Euro. In den der Bewilligung zugrunde liegenden »Förderrichtlinien – Existenzgründung« des Bundeswirtschaftsministeriums wird unter anderem vorausgesetzt, dass die beratenden Unternehmen über praktische Erfahrungen auf dem Gebiet der Existenzgründung verfügen. Seit Jahren versagt das Bundesamt Zuschüsse an Unternehmen, die keine praktischen Erfahrungen nachweisen können.

Die AG erhält den Zuschuss, obwohl sie auf dem Gebiet der Existenzgründung bislang nur wissenschaftlich tätig war. Diese Tatsache war im Vergabeverfahren fälschlicherweise nicht berücksichtigt worden, weil die AG ihre bisherige Tätigkeit nicht vollumfänglich dokumentiert hatte, damit ihre fehlende praktische Erfahrung nicht auffiel. Kurz darauf erhält das Bundesamt Kenntnis hiervon und hebt die Zuschussbewilligung unter Berufung auf den Verstoß gegen die Förderrichtlinien auf. Nach erfolglosem Widerspruch klagt die AG vor dem Verwaltungsgericht. Sie ist der Ansicht, ein Verstoß gegen die Förderrichtlinie sei irrelevant, diese habe nämlich für außerhalb der Verwaltung Stehende keine Wirkung. Jedenfalls aber habe sie auf den Bestand der Gewährung vertraut und die Mittel bereits fest verplant.

Wie wird das Gericht entscheiden?

Schwerpunkte: Rücknahme von Verwaltungsakten nach § 48 VwVfG; Rechtmäßigkeit von Subventionen; Vorbehalt des Gesetzes in der Leistungsverwaltung; Verwaltungsvorschriften; Art. 3 Abs. 1 GG – Selbstbindung der Verwaltung; Vertrauensschutz; intendiertes Ermessen.

Lösungsweg

Vorbemerkung: In den folgenden drei Fällen beschäftigen wir uns mit dem ziemlich klausurrelevanten Bereich der ***Aufhebung*** von Verwaltungsakten. Diese Aufhebung von Verwaltungsakten gehört zum absoluten Standardprogramm in den universitären Übungsarbeiten sowie auch im Examen und sollte daher von den Kandidaten beherrscht werden. Wirklich schwierig ist das Ganze übrigens nicht, wenn man sich an die gängigen Aufbaumuster hält und zudem die klassischen Problemfelder bzw. Fehlerquellen kennt. Das werden wir jetzt erledigen und wollen uns insoweit zunächst mal ein paar grundsätzliche Dinge klar machen, nämlich:

Das Gesetz hält für die Aufhebung von Verwaltungsakten zum einen in **§ 48 VwVfG** die ***Rücknahme rechtswidriger*** und zum anderen in **§ 49 VwVfG** den ***Widerruf rechtmäßiger*** Verwaltungsakte bereit. Rücknahme und Widerruf können dabei sowohl ***begünstigende*** als auch ***belastende*** Verwaltungsakte zum Gegenstand haben. Insoweit gelten aufgrund der divergierenden Interessenlage des betroffenen Bürgers verständlicherweise jeweils eigene Voraussetzungen (*Bull*, AllgVerwR, Rz. 624 ff.; *Maurer*, AllgVerwR, § 11 Rz. 15). Dies wird nachvollziehbar, wenn man die unterschiedlichen Konsequenzen aus Sicht des Bürgers betrachtet: Selbstverständlich freut sich jeder Betroffene, wenn ein ihn belastender Verwaltungsakt aufgehoben wird. Auf der anderen Seite ist der Ärger groß, wenn ein begünstigender Verwaltungsakt (zum Beispiel eine Genehmigung) wieder genommen wird. Unser Ausgangsfall beschäftigt sich mit der Rücknahme eines ***rechtswidrigen*** und ***begünstigenden*** Verwaltungsaktes nach **§ 48 VwVfG** und ist an eine Entscheidung des Bundesverwaltungsgerichts aus dem Jahre 2003 angelehnt (BVerwG NVwZ **2003**, 1384).

> **Feinkostabteilung:** Für Klausuren, die die Aufhebung von Verwaltungsakten zum Gegenstand haben, spielt die grundsätzliche ***Subsidiarität*** des **VwVfG** (§ 1 Abs. 1 und 2 VwVfG – lesen, bitte!) eine entscheidende Rolle: Wie in allen anderen Bereichen des Verwaltungsverfahrens gehen gesetzliche Spezialregelungen den allgemeinen des VwVfG – also auch den §§ 48 ff. VwVfG – vor (BVerwGE **110**, 226; *Kopp/Ramsauer* § 48 VwVfG Rz. 13). Solche klausurrelevanten Spezialregelungen zur Aufhebung von Verwaltungsakten finden sich zum Beispiel in § 15 GastG für die Gaststättenerlaubnis (siehe insoweit weiter vorne Fall 7), § 17 AtomG für atomrechtliche Genehmigungen, § 21 BImschG für Anlagengenehmigungen, § 45 WaffG für waffenrechtliche Erlaubnisse und § 14 BBG für beamtenrechtliche Ernennungen.

Und jetzt zum Fall:

Das Gericht wird der Klage der AG stattgeben, wenn sie zulässig und begründet ist.

A. Zulässigkeit

I. Der Verwaltungsrechtsweg

Mangels aufdrängender Spezialzuweisung kann sich der Verwaltungsrechtsweg nur nach der Generalklausel des **§ 40 Abs. 1 Satz 1 VwGO** ergeben. Gestritten wird über die Rechtmäßigkeit der Aufhebung der Zuschussbewilligung an die AG. Diese Streitigkeit ist jedenfalls nicht verfassungsrechtlicher Art und auch nicht durch Sonderzuweisung abdrängend einem anderen Gericht zugewiesen. Bei ihr muss es sich schließlich auch um eine **öffentlich-rechtliche** Streitigkeit handeln.

Hierfür müssen die streitentscheidenden Normen Sonderrecht des Staates sein, das heißt, einzig einen Hoheitsträger berechtigen oder verpflichten (→ modifizierte Subjektstheorie). Maßgebende Normen für den Streit sind mangels spezialgesetzlicher Regelungen die **§§ 48 ff. VwVfG**, wenn es sich bei der Zuschussgewährung um einen Verwaltungsakt handelt. Im Rahmen von Subventionsbewilligungen (also auch von Zuschüssen wie in unserem Fall) ist regelmäßig nur problematisch, ob die Gewährung als ***öffentlich***-rechtliche Maßnahme zu qualifizieren ist. In diesem Zusammenhang sollte man in der Klausur zunächst die von der Rechtsprechung und Teilen der Literatur vertretene ***Zwei-Stufen-Theorie*** erwähnen (BVerwGE **1**, 308; VGH Mannheim NJW **1978**, 2050; *Gusy* in JA 1991, 327; *Kopp/Schenke* § 40 VwGO Rz. 20; ausführlich *Kramer/Baier/Fiebig/Freudenreich* in JA 2011, 810 sowie *Weißenberger* in GewArch 2009, 417 und 465): Hiernach kann eine Subvention seitens des Staates in ***zwei*** Stufen erfolgen: Zum einen die Bewilligung/Gewährung (→ stets öffentlich-rechtlich), zum anderen die Abwicklung (→ alternativ privatrechtlich oder öffentlich-rechtlich).

Unproblematisch öffentlich-rechtlich sind allerdings immer Subventionen in Form von sogenannten »**verlorenen Zuschüssen**«, also von Zuschüssen, die gezahlt werden, ohne dass der Begünstigte die Zuwendung später – etwa in Form einer Darlehensrückzahlung (hierzu BVerwG NJW **2006**, 536) – zurückgewähren muss; deshalb heißen diese Zuwendungen übrigens auch »verlorene Zuschüsse«, sie sind aus der Sicht des Staates eben »verloren« (BVerwG NJW **1990**, 1435; *Kopp/Schenke* § 40 VwGO Rz. 29). In solchen Fällen erfolgt die Vergabe dann stets ***einstufig***, da im Anschluss an die Bewilligung nur noch die Auszahlung erfolgt. Eine solche einstufige Gewährung in Form eines verlorenen Zuschusses liegt hier in unserem Fall vor, da der AG kein Darlehen gewährt wurde, sondern die Auszahlung der Geldsumme ohne Rückgabepflicht erfolgte. Demzufolge handelt es sich bei der ursprünglichen Zuschussbewilligung um einen Verwaltungsakt, streitentscheidende Normen sind die §§ 48 ff. VwVfG. Diese berechtigen ausschließlich einen Hoheitsträger und sind daher Sonderrecht des Staates.

ZE.: Die Streitigkeit ist eine öffentlich-rechtliche, der Verwaltungsrechtsweg demzufolge nach § 40 Abs. 1 Satz 1 VwGO eröffnet.

II. Statthafte Klageart

Die statthafte Klageart richtet sich nach dem klägerischen Begehren (§ 88 VwGO). Die AG begehrt, die Aufhebung der Zuschussbewilligung zu beseitigen. Hierfür ist die **Anfechtungsklage** nach § 42 Abs. 1 Var. 1 VwGO statthafte Klageart, sofern es sich bei der Aufhebung der Zuschussbewilligung um einen Verwaltungsakt nach § 35 Satz 1 VwVfG handelt. Entscheidend hierfür ist, dass es sich bei der ***ursprünglichen*** Zuschussbewilligung schon um einen Verwaltungsakt gehandelt hat. Die Aufhebung eines Verwaltungsaktes erfolgt dann als dessen »**actus contrarius**« ebenfalls durch einen Verwaltungsakt (***Kehrseitentheorie***: BVerwG DVBl **2005**, 450; *Schütz/Dibelius* in JURA 1998, 427). Dies ist – wie eben geprüft – der Fall.

ZE.: Demzufolge ist die Aufhebung der Zuschussbewilligung selbst ein belastender Verwaltungsakt, für dessen Beseitigung die Anfechtungsklage statthaft ist.

III. Besondere Sachentscheidungsvoraussetzungen

Als Adressat eines belastenden Verwaltungsaktes ist die AG jedenfalls wegen einer möglichen Verletzung von Art. 2 Abs. 1 GG (**i.V.m. Art. 19 Abs. 3 GG – lesen!**) klagebefugt im Sinne von **§ 42 Abs. 2 VwGO**. Das nach **§ 68 VwGO** erforderliche Vorverfahren wurde erfolglos geführt. Klagegegner ist nach **§ 78 Abs. 1 Nr. 1 VwGO** der Bund als Rechtsträger des Bundesamtes für Wirtschaft. Die Einhaltung der Klagefrist nach **§ 74 Abs. 1 VwGO** wird unterstellt.

> **Beachte bitte:** Gerade haben wir im Rahmen der Klagebefugnis kommentarlos auf die Adressatentheorie abgestellt. Sofern man hierfür die formale Adressierung eines Verwaltungsaktes an den Kläger ausreichen lässt, ist dies auch problemlos möglich. Untersucht man allerdings die materielle Beeinträchtigung, so stellt man fest, dass die Aufhebung eines begünstigenden Verwaltungsaktes (= belastender Verwaltungsakt) kein Handeln oder Unterlassen aufgibt, das im Falle ihrer Rechtswidrigkeit jedenfalls zu einer Verletzung von Art. 2 Abs. 1 GG (allgemeine ***Handlungs***freiheit) führt. Aus grundrechtlicher Sicht stellt sich nämlich eine solche Aufhebung einer Begünstigung wie die Ablehnung einer beantragten Begünstigung dar, für deren Gewährung Art. 2 Abs. 1 GG kein subjektives Recht enthält (*Schütz/Dibelius* in JURA 1998, 427; vgl. auch weiter vorne Fall 3). Folgt man dieser dogmatisch überzeugenden Sichtweise, muss man hinsichtlich des subjektiven Rechts, das möglicherweise verletzt ist, auf den ursprünglichen Erlass des begünstigenden Verwaltungsaktes abstellen. Dieser begründete ungeachtet der Frage seiner Rechtmäßigkeit ein subjektives Recht, das möglicherweise durch eine rechtswidrige Aufhebung verletzt wurde (*Henke* in DÖV 1980, 621; *Schütz/Dibelius* in JURA 1998, 427).

IV. Allgemeine Sachentscheidungsvoraussetzungen

Sowohl die AG als auch der Bund sind nach § 61 Nr. 1 VwGO beteiligtenfähig. Beide müssen sich als juristische Personen gemäß § 62 Abs. 3 VwGO im Prozess vertreten lassen. Dies übernimmt für die AG der ***Vorstand*** nach **§§ 76 Abs. 1, 78 Abs. 1 AktG** und für den Bund der Leiter des Bundesamtes für Wirtschaft.

ZE.: Die Klage der AG ist als Anfechtungsklage zulässig.

B. Begründetheit

Die Klage der AG ist begründet, wenn die Aufhebung der Bewilligung rechtswidrig und die AG dadurch in ihren Rechten verletzt ist (→ **§ 113 Abs. 1 Satz 1 VwGO**).

I. Ermächtigungsgrundlage

Die Aufhebung eines begünstigenden Verwaltungsaktes bedarf – unabhängig von der Frage, ob er rechtmäßig oder rechtswidrig ist – wegen des Eingriffs in die Rechtssphäre des Betroffenen einer Ermächtigungsgrundlage. Diese Ermächtigungsgrundlage kann sich mangels spezialgesetzlicher Regelungen nur aus den §§ 48 ff. VwVfG ergeben.

> **Tipp:** Für eine genaue Bestimmung der Ermächtigungsgrundlage – also § 48 oder § 49 VwVfG – muss man verbindlich wissen, ob der Verwaltungsakt ursprünglich ***rechtmäßig*** oder aber ***rechtswidrig*** war. Diese Frage sollte man – außer es lässt sich dem Sachverhalt offensichtlich entnehmen – an dieser Stelle in der Klausur daher noch offen lassen und nur grundsätzlich auf die §§ 48 ff. VwVfG verweisen. Die Frage der Rechtmäßigkeit des aufgehobenen Verwaltungsaktes gehört dann vielmehr als erster Prüfungspunkt in die ***materielle Rechtmäßigkeit*** der Aufhebung (*Jochum* in JuS 2003, 1101; *Rheinhardt/Schwertner* in JuS 2002, 893; *von Hübbenet* in JuS 2004, 795). Werden wir gleich dann auch so machen, vgl. unten.

II. Formelle Rechtmäßigkeit

Für die Aufhebung von Verwaltungsakten gelten in formeller Hinsicht die allgemeinen Regeln, da die Aufhebung selbst ein Verwaltungsakt ist (*Kopp/Ramsauer* § 48 VwVfG Rz. 146). Hinsichtlich der Zuständigkeit stellt **§ 48 Abs. 5** i.V.m. § 3 VwVfG klar, dass grundsätzlich die Erlassbehörde selbst für die Rücknahme zuständig ist, es sei denn, nachträglich tritt eine Zuständigkeitsänderung ein (OVG Koblenz DVBl **1985**, 1076; *Knack/Henneke/Meyer* § 48 VwVfG Rz. 42). Die Zuschussbewilligung wurde nach Schilderung des Sachverhalts hier formell rechtmäßig aufgehoben.

III. Materielle Rechtmäßigkeit

Schließlich muss die Aufhebung der Zuschussbewilligung auch materiell rechtmäßig gewesen sein. Hierfür müssen die Voraussetzungen entweder von § 48 oder § 49 VwVfG vorgelegen haben. Folglich ist zunächst zu klären, ob die Bewilligung an sich rechtmäßig oder rechtswidrig war. Aus der Beantwortung dieser Frage resultiert dann, welche Form der Aufhebung vorliegend einschlägig ist.

1. Rechtmäßigkeit/Rechtswidrigkeit der Bewilligung

Die Bewilligung des Zuschusses war – wie auch die Aufhebung derselben – ein Verwaltungsakt. Dieser Verwaltungsakt muss also auf seine Rechtmäßigkeit hin untersucht werden. Rechtswidrig sind Verwaltungsakte, die den von der Rechtsordnung gestellten Anforderungen nicht entsprechen (*Ehlers/Kallerhoff* in JURA 2009, 823). Die Prüfung dessen geschieht in dem uns mittlerweile bekannten Muster, und zwar:

a) Rechtsgrundlage für die Bewilligung

Die Bewilligung des Zuschusses an die AG erfolgte aufgrund einer Mittelbereitstellung im Haushaltsplan. Weitere gesetzliche Grundlagen sind nicht vorhanden. Fraglich ist, ob eine solche Gewährung ohne spezielle gesetzliche Ermächtigung dem Grundsatz des ***Vorbehalts des Gesetzes*** genügt. Hierfür muss geklärt werden, ob dieser Grundsatz über den Bereich der ***Eingriffs***verwaltung hinaus auch für die ***Leistungs***verwaltung (in Form der Subventionsvergabe) gilt.

Man könnte nun insoweit grundsätzlich darauf abstellen, dass die Leistungsverwaltung – und im Besonderen der Bereich der Subventionsvergabe – lediglich begünstigende Wirkung für den Bürger hat. Mangels (belastender) Eingriffswirkung unterläge sie daher nicht dem Grundsatz des Vorbehalts des Gesetzes. Diese Sichtweise lässt jedoch außer Acht, dass eine Subvention durchaus auch belastende Wirkung – jedenfalls für einen nicht berücksichtigten Konkurrenten – haben kann. Ausgehend von der ***Lehre vom Totalvorbehalt*** (hierzu: *Jesch*, Gesetz und Verwaltung, S. 175 ff.) wird daher von Teilen der Literatur für die Subventionsvergabe grundsätzlich eine gesetzliche Ermächtigung gefordert (*Bauer* in DÖV 1983, 53; *Haverkate* in NVwZ 1988, 769; *Maurer*, AllgVerwR, § 6 Rz. 14). Dies hätte allerdings zur Folge, dass der behördliche Entscheidungsspielraum innerhalb der Subventionsvergabe deutlich eingeschränkt würde. Die Verlagerung der Detailregelung auf das Parlament wäre für den Bürger mit negativen Auswirkungen verbunden. Subventionen könnten nicht mehr effektiv vergeben werden, weil es einer großen Anzahl ausführlicher parlamentarischer Regelungen bedürfte. Die Verwaltungsrechtsprechung und Teile der Literatur wählen daher einen Mittelweg: Grundsätzlich genügt eine Mittelbereitstellung im Haushaltsplan (als Teil des förmlichen Haushaltsgesetzes), sofern die Zweckbestimmung hinreichend umrissen ist. Die Vergabe ist dann den jeweiligen Verwaltungsinstanzen innerhalb ihrer verfassungsmäßigen Aufgaben zugewiesen (BVerwG NVwZ **2003**, 92; VGH Mannheim, NVwZ **2001**, 1428; *Jarass* in NVwZ 1984, 473; *Schwerdtfeger*, Öffentliches Recht, Rz. 232). Ausnahmen sollen nur gelten, wenn durch eine Subvention grundrechtsrelevante Bereiche betroffen sind. Solche wurden von der Rechtsprechung im Bereich von Pressesubventionen (BVerfG NJW **1989**, 2877) und bei der Förderung von sogenannten Sektenwarnvereinen (BVerwGE **90**, 112) anerkannt.

Zum Fall: Der Rechtsprechung aus oben genannten Gründen folgend, genügt die Vergabe in unserem Fall den geforderten Voraussetzungen. Die Mittelbereitstellung erfolgte im Haushaltsplan. Die nähere Vergabe wurde mittels einer Förderrichtlinie geregelt. Ein grundrechtsrelevanter Bereich ist nicht betroffen.

b) Formelle Rechtmäßigkeit der Bewilligung

Hinsichtlich der formellen Rechtmäßigkeit der Bewilligung bestehen keine Bedenken.

c) Materielle Rechtmäßigkeit der Bewilligung

Schließlich muss die Bewilligung aber auch ***materiell rechtmäßig*** sein. Das Bundesamt hat den Zuschuss unter Hinweis auf einen Verstoß gegen die Förderrichtlinien aufgehoben. Fraglich ist, ob ein solcher Verstoß – sofern er vorliegt – zur Rechtswidrigkeit des Bewilligungsbescheides führen kann. Dafür muss es sich bei einer solchen Förderrichtlinie um eine Rechtsnorm mit Außenwirkung handeln (Prinzip des ***Vorrangs*** *des Gesetzes* – vgl. *Bull*, AllgVerwR, Rz. 248; *Maurer*, AllgVerwR, § 6 Rz. 2).

aa) Rechtsnatur der Förderrichtlinie

Bei der Förderrichtlinie handelt es sich um eine sogenannte ***Verwaltungsvorschrift*** (auch Verwaltungs***richtlinie***, ***-erlass*** oder ***-anordnung*** genannt).

Definition: ***Verwaltungsvorschriften*** sind allgemeine Anordnungen, die von einer staatlichen Stelle an nachgeordnete Behörden gerichtet werden und vor allem deren Organisation und die Art und Weise des Verwaltungshandelns betreffen (*Bock* in JA 2000, 390; *Maurer*, AllgVerwR, § 24 Rz. 1; *Remmert* in JURA 2004, 728; *Wolff/Bachof/Stober*, VerwR II, § 44 Rz. 16).

Durchblick: Anders als Rechtsnormen, die sich ihrer Wirkung nach unmittelbar an den Bürger richten, haben Verwaltungsvorschriften regelmäßig nur ***interne*** Wirkung, werden daher auch als »Innenrecht der Verwaltung« bezeichnet. Aus diesem Grund kommt ihnen auch grundsätzlich keine Außenwirkung zu; ihre Nichtbeachtung führt demzufolge nicht unmittelbar zur Rechtswidrigkeit. Es ist allerdings anerkannt, dass Verwaltungsvorschriften wenigstens ***mittelbar*** auch das Verhältnis zum Bürger betreffen (*Maurer*, AllgVerwR, § 24 Rz. 3; *Peine*, AllgVerwR, Rz. 56). In diesem Zusammenhang ist zwar vieles umstritten, man kann jedoch allgemein zwischen drei – für eine Klausur relevanten – unterschiedlichen Arten von Verwaltungsvorschriften unterscheiden, nämlich:

→ Nach ganz überwiegender Auffassung kommt jedenfalls den sogenannten ***norminterpretierenden*** Verwaltungsvorschriften ***keine*** Außenwirkung zu. Durch sie soll eine einheitliche Auslegung bestimmter Gesetzesbegriffe durch die Verwaltung sichergestellt werden (*Bock* in JA 2000, 390; *Bull*, AllgVerwR, Rz. 314; *Erichsen/Ehlers*, AllgVerwR, § 6 Rz. 35, 47). Ungeachtet der auf einer Verwaltungsvorschrift beruhenden Auslegung ist letztendlich nur das Gesetz maßgebend. Im Falle des Streits kann einzig ein Gericht über die »richtige« Auslegung entscheiden (BVerfG NVwZ **1994**, 475; BVerwG NVwZ **1999**, 1114).

→ Die vor allem im Umwelt- und Immissionsschutzrecht auftauchenden ***normkonkretisierenden*** Verwaltungsvorschriften (zum Beispiel: TA-Luft, TA-Lärm) haben demgegenüber regelmäßig Außenwirkung, wenn

(1) der Erlass der Vorschrift in einem Gesetz vorgesehen ist,

(2) die Vorschrift naturwissenschaftliche/technische Begriffe konkretisiert,

(3) höherrangige Gebote und gesetzliche Wertungen beachtet werden,

(4) in einem Beteiligungsverfahren vorhandene Erfahrungen sowie wissenschaftliche Erkenntnisse ausgeschöpft wurden und

(5) die Vorschrift wissenschaftlich nicht überholt ist (BVerwGE **72**, 300; BVerwG NVwZ **2008**, 76; OVG Koblenz NVwZ-RR **1999**, 671; *Jarass* in JuS 1999, 105).

→ Die sogenannten ***Ermessensrichtlinien*** liefern schließlich Entscheidungsmaßstäbe für die Ausübung des behördlichen Ermessens, um eine einheitliche Rechtsanwendung zu gewährleisten (BVerwG DVBl **1982**, 198; *Maurer*, AllgVerwR, § 24 Rz. 10). Solchen Ermessensrichtlinien wird in der Literatur mit unterschiedlichen Begründungen teilweise unmittelbare Auswirkung zugesprochen, da sie dem Bürger gegenüber final (= gezielt) Rechtswirkungen begründen sollen (*Beckmann* in DVBl 1987, 611; *Erbguth* in DVBl 1989, 473). Diesen Ansätzen steht jedoch **Art. 80 Abs. 1 GG** (lesen!) entgegen. Außenrechtssätze darf die Verwaltung nur in Form von ***Rechtsverordnungen*** auf der Grundlage einer gesetzlichen Ermächtigung erlassen (*v. Münch/Kunig* Art. 80 GG Rz. 1 ff.; *v. Mangoldt/Klein/Starck* Art. 80 GG Rz. 7). Um diese verfassungsrechtliche Wertung nicht zu untergraben, kann man Ermessensrichtlinien daher auch keine unmittelbare Außenwirkung zusprechen (*Erichsen/Klüsche* in JURA 2000, 540; *Schenke* in DÖV 1977, 27; *Wolf* in DÖV 1992, 849; *Wolff/Bachof/Stober*, VerwR I, § 24 Rz. 23 f.).

Zum Fall: Bei der Förderrichtlinie handelt es sich um eine ***Ermessensrichtlinie***. Sie soll der Verwaltung Maßstäbe an die Hand geben, unter welchen Voraussetzungen eines Einzelfalls ein Zuschuss gewährt werden kann. Dieser Ermessensrichtlinie kommt jedoch keine unmittelbare Außenwirkung zu, sodass ein Verstoß grundsätzlich nicht zur Rechtswidrigkeit der Vergabe führen kann.

bb) Grundsatz der Selbstbindung der Verwaltung

Etwas anderes könnte sich jedoch aus dem Grundsatz der ***Selbstbindung der Verwaltung*** ergeben. Sofern die Verwaltung eine Vielzahl von Fällen auf Grundlage einer bestimmten Verwaltungsvorschrift entscheidet und dabei jeweils dieselben Entscheidungsmaßstäbe ansetzt, entsteht eine Verwaltungspraxis, von der die Verwaltung im Hinblick auf das allgemeine ***Gleichheitsgebot*** aus Art. 3 Abs. 1 GG nur abweichen darf, wenn ein hinreichender ***sachlicher Grund*** besteht (BVerwG NVwZ **1998**, 273; OVG Bremen DÖV **1988**, 180; *Jarass* in JuS 1990, 105; *Maurer*, AllgVerwR, § 24 Rz. 21). Der Bürger erhält auf diese Weise einen Anspruch auf eine der (rechtmäßigen!) Verwaltungspraxis entsprechenden Entscheidung. Das Gleichbehandlungsgebot besteht auch im umgekehrten Fall und kann daher auch zulasten von Subventionsbewerbern Bedeutung gewinnen: Versagt eine Behörde in Anwendung der einschlägigen Richtlinien unter bestimmten Voraussetzungen regelmäßig die Gewährung einer Zuwendung, so verletzt sie das Gleichbehandlungsgebot in seiner ***objektiv-rechtlichen Funktion***, wenn sie sich im Einzelfall über diese Praxis hinwegsetzt und trotz Fehlens der ansonsten geforderten Voraussetzungen die Leistung gewährt. Dies führt zur Rechtswidrigkeit der Gewährung (BVerwG NVwZ **2003**, 1384; BVerwG NJW **1996**, 1766; OVG Weimar ZKF **2005**, 21; VG Weimar ThürVBl **2006**, 22; *Dickersbach* in NVwZ 1993, 846; *Kopp/Schenke* § 114 VwGO Rz. 41).

Zum Fall: Die AG hat den Zuschuss erhalten, obwohl sie die in der Richtlinie festgesetzten Anforderungen nicht erfüllt. In der Vergangenheit hat das Bundesamt Zuschüsse an Unternehmen, die keine praktischen Erfahrungen nachweisen konnten, regelmäßig versagt. Hierdurch ist eine Verwaltungspraxis entstanden, von der auch zugunsten eines Bewerbers nicht abgewichen werden darf. Daher war die Zuschussbewilligung an die AG ***rechtswidrig***.

Feinkost: Maßgeblicher Zeitpunkt für die Beurteilung der Rechtmäßigkeit/Rechtswidrigkeit eines Verwaltungsaktes ist dessen ***Erlass***. Spätere Änderungen der Sach- oder Rechtslage werden über die Regelung des § 49 VwVfG aufgefangen (dies ist allerdings nicht ganz unstreitig, vgl. *Ehlers/Kallerhoff* in JURA 2009, 823).

2. Voraussetzungen des § 48 VwVfG

Aufgrund der Rechtswidrigkeit der Zuschussbewilligung kann sich deren Aufhebung demnach nur nach § 48 VwVfG – Rücknahme ***rechtswidriger*** Verwaltungsakte – richten. Nach § 48 Abs. 1 <u>**Satz 1**</u> VwVfG kann ein rechtswidriger Verwaltungsakt grundsätzlich jederzeit – mit Wirkung für die Zukunft ***oder*** für die Vergangenheit – ganz oder teilweise ***zurückgenommen*** werden (BVerwGE **85**, 79; OVG Münster NVwZ **1985**, 661; *Kopp/Schenke* § 48 VwVfG Rz. 46). Dies gilt uneingeschränkt für ***belastende*** Verwaltungsakte.

Anders sieht die Situation allerdings aus, wenn ein rechtswidriger ***begünstigender*** Verwaltungsakt zurückgenommen werden soll. Für diese Fälle gelten im Hinblick auf die Grundsätze der Rechtssicherheit und des Vertrauensschutzes die Einschränkungen der **Abs. 2–4**. In § 48 Abs. 2 VwVfG werden Regelungen über Verwaltungsakte, die eine einmalige oder laufende ***Geldleistung*** oder eine teilbare ***Sachleistung*** gewähren, getroffen. Alle übrigen begünstigenden Verwaltungsakte fallen unter § 48 Abs. 3 VwVfG. Hinzukommt in § 48 Abs. 4 VwVfG eine Regelung über die Rücknahmefrist für alle Arten begünstigender Verwaltungsakte.

Zum Fall: Bei der Zuschussbewilligung handelt es sich um einen die AG begünstigenden Verwaltungsakt, der nur unter den besonderen Voraussetzungen des § 48 Abs. 2–4 VwVfG zurückgenommen werden kann. Er hat eine einmalige Geldleistung zum Gegenstand und fällt daher unter § 48 Abs. 2 VwVfG.

a) Vertrauensschutz im Sinne des § 48 Abs. 2 VwVfG

Nach § 48 Abs. 2 VwVfG gilt der Grundsatz, dass eine Rücknahme ausscheidet, wenn der Begünstigte auf den Bestand des Verwaltungsaktes ***vertraut*** hat ***und*** sein Vertrauen unter Abwägung mit dem öffentlichen Interesse an einer Rücknahme ***schutzwürdig*** ist.

Definition: Der Begünstigte hat auf den Bestand des Verwaltungsaktes ***vertraut***, wenn er fest damit gerechnet hat, dass der Verwaltungsakt nicht aufgehoben wird. Dies ist jedenfalls immer dann der Fall, wenn der Begünstigte in Erwartung auf den Bestand des Verwaltungsaktes bereits Dispositionen getroffen hat (BVerwGE **68**, 159; *Kopp/Ramsauer* § 48 VwVfG Rz. 83 ff.; *Stelkens/Bonk/Sachs* § 48 VwVfG Rz. 142).

Zum Fall: Unsere AG ist davon ausgegangen, dass der Verwaltungsakt bestehen bleiben würde. Dies zeigt sich nicht zuletzt daran, dass sie bereits Dispositionen (welcher Art auch immer) getroffen hat. Die Tatsache, dass sie die Umstände, die zur Rechtswidrigkeit führten, kannte, ändert nichts an ihrem grundsätzlichen Vertrauen in den Bestand; dies ist eine Frage der ***Schutzwürdigkeit*** des Vertrauens.

Hinweis: Ein Verwaltungsträger (z.B. eine Gemeinde) kann sich übrigens von vorneherein nicht auf den Vertrauensschutz nach § 48 Abs. 2 VwVfG berufen. Das Institut des Vertrauensschutzes ist in Anlehnung an die Rechtsprechung zu § 242 BGB im Verwaltungsrecht entwickelt worden, um den Staatsbrüger unter gewissen Voraussetzungen zu schützen. Eines solchen Schutzes bedarf die öffentliche Verwaltung selbst nicht (OVG Lüneburg NVwZ-RR **2013**, 584).

Definition: Bei der Frage der allgemeinen ***Schutzwürdigkeit*** des Vertrauens kommt es grundsätzlich auf eine wertende Abwägung der Gesichtspunkte an, die für die Aufrechterhaltung des Verwaltungsaktes sprechen im Vergleich zum öffentlichen Interesse an der Herstellung des an sich rechtmäßigen Rechtszustandes (BVerwGE **92**, 81; VG Oldenburg NVwZ **2002**, 119; *Kopp/Ramsauer* § 48 VwVfG Rz. 86; *Stelkens/Bonk/Sachs* § 48 VwVfG Rz. 143).

Beachte: Bevor man innerhalb der Klausur eine Abwägung im Sinne dieser Definition vornimmt, hat der Gesetzgeber zur Bestimmung der Schutzwürdigkeit einige Hilfestellungen eingebaut. Nur wenn sich die Schutzwürdigkeit nicht nach § 48 Abs. 2 Satz 3 VwVfG ausschließen oder nach Satz 2 annehmen lässt, müssen die Interessen abgewogen werden:

→ Nach § 48 Abs. 2 **Satz 3** VwVfG ist das Vertrauen jedenfalls ausgeschlossen, wenn einer der drei alternativen Tatbestände einschlägig ist. Der Betroffene kann sich nämlich nicht auf sein Vertrauen berufen, wenn er **(1.)** den Verwaltungsakt durch arglistige Täuschung, Drohung oder Bestechung erwirkt hat oder **(2.)** den Verwaltungsakt durch unrichtige oder unvollständige Angaben erwirkt hat oder **(3.)** die Rechtswidrigkeit des Verwaltungsaktes kannte oder infolge grober Fahrlässigkeit nicht kannte.

→ Nach § 48 Abs. 2 **Satz 2** VwVfG ist das Vertrauen in der Regel schutzwürdig, wenn der Begünstigte gewährte Leistungen verbraucht oder eine Vermögensdisposition getroffen hat, die er nicht mehr oder nur unter unzumutbaren Nachteilen rückgängig machen kann.

Zum Fall: Die AG hat die Zuschussbewilligung trotz ihrer fehlenden praktischen Erfahrungen erhalten, weil sie ihre bisherige Tätigkeit nicht vollumfänglich dokumentiert hatte. Die Angaben könnten also hinsichtlich ihrer praktischen Erfahrung in ***wesentlicher Beziehung unvollständig*** im Sinne von § 48 Abs. 2 Satz 3 Nr. 2 VwVfG gewesen sein. Voraussetzung hierfür ist, dass zweck- und zielgerichtetes Handeln vorliegt und die Angaben entscheidungserheblich waren (OVG Weimar ZKF **2005**, 21;

VGH München NVwZ **2001**, 931; *Kopp/Ramsauer* § 48 VwVfG Rz. 101). Die AG hat ihre bisherige Tätigkeit nicht vollumfänglich dokumentiert, damit dies innerhalb des Vergabeverfahrens nicht auffiel. Sie handelte also zweck- und zielgerichtet. Die Tatsachen waren auch entscheidungserheblich, da davon auszugehen ist, dass andernfalls der Zuschuss nicht gewährt worden wäre. Ihr Vertrauen ist daher nicht schutzwürdig. § 48 Abs. 2 VwVfG steht der Rücknahme demnach nicht entgegen.

b) Rücknahmefrist des § 48 Abs. 4 VwVfG

§ 48 Abs. 4 VwVfG beschränkt im Interesse der Rechtssicherheit, des Rechtsfriedens und des Vertrauensschutzes die Befugnis der Behörde zur Rücknahme eines Verwaltungsaktes grundsätzlich auf den Zeitraum ***eines*** Jahres, gerechnet von dem Zeitpunkt an, in dem die Behörde von den Tatsachen Kenntnis erlangt, die die Rücknahme rechtfertigen (*Kopp/Ramsauer* § 48 VwVfG Rz. 130; *Wolff/Bachof/Stober*, VerwR II, § 51 Rz. 92). Ungeachtet der zahlreichen Streitigkeiten um diese Regelung, die wir uns im übernächsten Fall näher anschauen werden, ist die Jahresfrist in unserem Fall offensichtlich gewahrt.

3. Rechtsfolge

Grundsätzlich steht die Rücknahme rechtswidriger begünstigender Verwaltungsakte nach § 48 Abs. 1 VwVfG im ***Ermessen*** der Behörde. Für den Fall, dass sich der Betroffene wegen § 48 Abs. 2 Satz 3 VwVfG nicht auf Vertrauensschutz berufen durfte, besagt allerdings **Satz 4**, dass der Verwaltungsakt ***in der Regel*** zurückgenommen wird. Dies wird dahingehend verstanden, dass die Behörde im Regelfall ihr Ermessen dahin auszuüben hat, dass der Verwaltungsakt zurückgenommen wird. Nur in begründeten Ausnahmefällen kommt ein Verzicht auf die Rücknahme in Betracht – sogenanntes »**intendiertes Ermessen**« (BVerwGE **105**, 55; VGH München NVwZ **2001**, 931; *Kopp/Schenke* § 48 VwVfG Rz. 112; *Schoch* in JURA 2010, 358). Greift kein Vertrauensschutztatbestand, muss das Ermessen der Behörde im bekannten Umfang (vgl. Fall Nr. 8 oben) ausgeübt werden (BVerwG NVwZ **2015**, 1764).

Vorliegend ist kein Ausnahmefall ersichtlich. Die Behörde hat daher entsprechend dem Regelfall ermessensfehlerfrei gehandelt.

Ergebnis: Die Rücknahme der Zuschussbewilligung war daher rechtmäßig. Die Klage der AG ist demzufolge zulässig, aber unbegründet. Dementsprechend wird das Gericht sie abweisen.

Gutachten

Das Gericht wird der Klage der AG stattgeben, wenn sie zulässig und begründet ist.

A. Zulässigkeit

I. Verwaltungsrechtsweg

Mangels einer aufdrängenden Spezialzuweisung kann sich der Verwaltungsrechtsweg nur aus § 40 Abs. 1 Satz 1 VwGO ergeben. Gestritten wird über die Rechtmäßigkeit der Aufhebung der Zuschussbewilligung. Diese Streitigkeit ist jedenfalls nicht verfassungsrechtlicher Art und auch nicht durch Sonderzuweisung abdrängend einem anderen Gericht zugewiesen. Bei ihr muss es sich schließlich auch um eine öffentlich-rechtliche Streitigkeit handeln. Hierfür müssen die streitentscheidenden Normen Sonderrecht des Staates sein, das heißt einzig einen Hoheitsträger berechtigen oder verpflichten. Maßgebende Normen für den Streit sind mangels spezialgesetzlicher Regelungen die §§ 48 ff. VwVfG, wenn es sich bei der Zuschussgewährung um einen Verwaltungsakt handelt. Im Rahmen von Subventionsbewilligungen – auch in Form von Zuschüssen – ist regelmäßig nur problematisch, ob die Gewährung als öffentlich-rechtliche Maßnahme im Sinne des § 35 Satz 1 VwVfG zu qualifizieren ist. Nach der Zwei-Stufen-Theorie kann eine Subvention in zwei Stufen erfolgen: Zum einen die Bewilligung/Gewährung (stets öffentlich-rechtlich), zum anderen die Abwicklung (alternativ privatrechtlich oder öffentlich-rechtlich). Unproblematisch öffentlich-rechtlich sind jedenfalls Subventionen in Form von verlorenen Zuschüssen. In diesen Fällen erfolgt die Vergabe einstufig, da im Anschluss an die Bewilligung nur noch die Auszahlung erfolgt. Ein solcher verlorener Zuschuss liegt hier vor, die Gewährung ist folglich als öffentlich-rechtliche Maßnahme zu qualifizieren. Demzufolge handelt es sich bei der ursprünglichen Zuschussbewilligung um einen Verwaltungsakt, streitentscheidende Normen sind die §§ 48 ff. VwVfG.

Diese berechtigen ausschließlich einen Hoheitsträger und sind daher Sonderrecht des Staates. Die Streitigkeit ist somit eine öffentlich-rechtliche, der Verwaltungsrechtsweg demzufolge nach § 40 Abs. 1 Satz 1 VwGO eröffnet.

II. Statthafte Klageart

Die statthafte Klageart richtet sich nach dem klägerischen Begehren. Die AG begehrt, die Aufhebung der Zuschussbewilligung zu beseitigen. Hierfür ist die Anfechtungsklage nach § 42 Abs. 1 Var. 1 VwGO statthafte Klageart, sofern es sich bei der Aufhebung der Zuschussbewilligung um einen Verwaltungsakt nach § 35 Satz 1 VwVfG handelt. Entscheidend hierfür ist, dass es sich bei der ursprünglichen Zuschussbewilligung schon um einen Verwaltungsakt gehandelt hat. Die Aufhebung eines Verwaltungsaktes erfolgt als dessen »actus contrarius« ebenfalls durch einen Verwaltungsakt. Dies ist – wie eben geprüft – der Fall. Demzufolge ist die Aufhebung der Zuschussbewilligung selbst ein belastender Verwaltungsakt, für dessen Beseitigung die Anfechtungsklage statthaft ist.

III. Besondere Sachentscheidungsvoraussetzungen

Sofern man auf die rein formale Adressierung eines Verwaltungsaktes abstellt, ist die AG als ein solcher Adressat eines belastenden Verwaltungsaktes jedenfalls wegen einer möglichen Verletzung von Art. 2 Abs. 1 GG i.V.m. Art. 19 Abs. 3 GG klagebefugt im Sinne von § 42 Abs. 2 VwGO. Andernfalls begründete die ursprüngliche Zuschussbewilligung ungeachtet der Frage ihrer Rechtmäßigkeit ein subjektives Recht, das möglicherweise durch eine rechtswidrige Aufhebung verletzt wurde.

Das nach § 68 VwGO erforderliche Vorverfahren wurde erfolglos geführt. Klagegegner ist nach § 78 Abs. 1 Nr. 1 VwGO der Bund als Rechtsträger des Bundesamtes für Wirtschaft. Die Einhaltung der Klagefrist nach § 74 Abs. 1 VwGO wird unterstellt.

IV. Allgemeine Sachentscheidungsvoraussetzungen

Sowohl die AG als auch der Bund sind nach § 61 Nr. 1 VwGO beteiligtenfähig. Beide müssen sich als juristische Personen gemäß § 62 Abs. 3 VwGO im Prozess vertreten lassen. Dies übernimmt für die AG der Vorstand nach §§ 76 Abs. 1, 78 Abs. 1 AktG und für den Bund der Leiter des Bundesamtes für Wirtschaft.

Die Klage der AG ist zulässig.

B. Begründetheit

Die Klage der AG ist begründet, wenn die Aufhebung der Bewilligung rechtswidrig und die AG dadurch in ihren Rechten verletzt ist (§ 113 Abs. 1 Satz 1 VwGO).

I. Ermächtigungsgrundlage

Die Aufhebung eines begünstigenden Verwaltungsaktes bedarf – ungeachtet der Frage, ob er rechtmäßig oder rechtswidrig ist – wegen des Eingriffs in die Rechtssphäre des Betroffenen einer Ermächtigungsgrundlage. Diese Ermächtigungsgrundlage kann sich mangels spezialgesetzlicher Regelungen nur aus den §§ 48 ff. VwVfG ergeben.

II. Formelle Rechtmäßigkeit

Die Zuschussbewilligung wurde formell rechtmäßig aufgehoben.

III. Materielle Rechtmäßigkeit

Die Aufhebung muss auch materiell rechtmäßig sein.

1. Rechtmäßigkeit/Rechtswidrigkeit der Bewilligung

a) Rechtsgrundlage für die Bewilligung

Die Bewilligung des Zuschusses an die AG erfolgte aufgrund einer Mittelbereitstellung im Haushaltsplan. Weitere gesetzliche Grundlagen sind nicht vorhanden. Fraglich ist, ob eine solche Gewährung ohne spezielle gesetzliche Ermächtigung dem Grundsatz des Vorbehalts des Gesetzes genügt. Hierfür muss geklärt werden, ob dieser Grundsatz über den Bereich der Eingriffsverwaltung hinaus auch für die Leistungsverwaltung (in Form der Subventionsvergabe) gilt.

Teilweise wird vertreten, dass die Leistungsverwaltung – und im Besonderen der Bereich der Subventionsvergabe – lediglich begünstigende Wirkung für den Bürger hat. Mangels (belastender) Eingriffswirkung unterliege sie daher nicht dem Grundsatz des Vorbehalts des Gesetzes. Diese Sichtweise lässt jedoch außer Acht, dass eine Subvention durchaus auch belastende Wirkung – jedenfalls für einen nicht berücksichtigten Konkurrenten – haben kann. Daher wird von Teilen der Literatur für die Leistungsverwaltung grundsätzlich eine gesetzliche Ermächtigung gefordert. Dies hätte jedoch zur Folge, dass der behördliche Entscheidungsspielraum innerhalb der Subventionsvergabe deutlich eingeschränkt würde. Die Verlagerung der Detailregelung auf das Parlament wäre für den Bürger mit negativen Auswirkungen verbunden. Subventionen könnten nicht mehr effektiv vergeben werden, weil es einer großen Anzahl ausführlicher parlamentarischer Regelungen bedürfte. Daher genügt grundsätzlich eine Mittelbereitstellung im Haushaltsplan (als Teil des förmlichen Haushaltsgesetzes), sofern die Zweckbestimmung hinreichend umrissen ist. Die Vergabe ist dann den jeweiligen Verwaltungsinstanzen innerhalb ihrer verfassungsmäßigen Aufgaben zugewiesen. Ausnahmen gelten nur, wenn durch eine Subvention grundrechtsrelevante Bereiche betroffen sind.

Vorliegend erfolgte die Mittelbereitstellung im Haushaltsplan. Die nähere Vergabe wurde mittels einer Förderrichtlinie geregelt. Ein grundrechtsrelevanter Bereich ist nicht betroffen. Es liegt daher kein Verstoß gegen den Grundsatz des Vorbehalts des Gesetzes vor.

b) Formelle Rechtmäßigkeit der Bewilligung

Hinsichtlich der formellen Rechtmäßigkeit der Bewilligung bestehen keine Bedenken.

c) Materielle Rechtmäßigkeit der Bewilligung

Schließlich muss die Bewilligung aber auch materiell rechtmäßig sein. Das Bundesamt hat den Zuschuss unter Hinweis auf einen Verstoß gegen die Förderrichtlinien aufgehoben. Fraglich ist, ob ein solcher Verstoß – sofern er vorliegt – zur Rechtswidrigkeit des Bewilligungsbescheides führen kann. Dafür muss es sich bei einer solchen Förderrichtlinie um eine Rechtsnorm mit Außenwirkung handeln. Bei der Förderrichtlinie handelt es sich um eine allgemeine Anordnung des Bundeswirtschaftsministeriums an die nachgeordneten Behörden zur näheren Regelung ihrer Verwaltungstätigkeit, also um eine Verwaltungsvorschrift in Form einer Ermessensrichtlinie. Solche haben regelmäßig nur interne Wirkung. Der Verwaltung ist es wegen Art. 80 Abs. 1 GG nur gestattet, Regelungen mit Außenwirkung in Form von Rechtsverordnungen aufgrund einer gesetzlichen Ermächtigung zu erlassen. Aus diesem Gesichtspunkt scheint ein Verstoß gegen die Förderrichtlinie nicht zur Rechtswidrigkeit der Bewilligung zu führen. Etwas anderes könnte sich jedoch aus dem Grundsatz der Selbstbindung der Verwaltung ergeben. Sofern die Verwaltung eine Vielzahl von Fällen auf Grundlage einer bestimmten Verwaltungsvorschrift entscheidet und dabei jeweils dieselben Maßstäbe ansetzt, entsteht eine Verwaltungspraxis, von der wegen des allgemeinen Gleichheitsgebots nur abgewichen werden darf, wenn ein hinreichender sachlicher Grund besteht. Dies gilt auch im umgekehrten Fall und kann daher auch zulasten von Subventionsbewerbern Bedeutung gewinnen. Versagt eine Behörde in Anwendung der einschlägigen Richtlinien unter bestimmten Voraussetzungen regelmäßig die Gewährung einer Zuwendung, so verletzt sie das Gleichbehandlungsgebot in seiner objektiv-rechtlichen Funktion, wenn sie sich im Einzelfall über diese Praxis hinwegsetzt und trotz Fehlens der ansonsten geforderten Voraussetzungen die Leistung gewährt. Dies führt zur Rechtswidrigkeit der Gewährung.

Die AG hat den Zuschuss erhalten, obwohl sie die in der Richtlinie festgesetzten Anforderungen nicht erfüllt. In der Vergangenheit hat das Bundesamt Zuschüsse an Unternehmen, die keine praktische Erfahrung nachweisen können, regelmäßig versagt. Hierdurch ist eine Verwaltungspraxis entstanden, von der auch zugunsten eines Bewerbers nicht abgewichen werden darf. Daher war die Zuschussbewilligung an die AG rechtswidrig.

2. Voraussetzungen des § 48 VwVfG

Bei der Zuschussbewilligung handelt es sich um einen die AG begünstigenden rechtswidrigen Verwaltungsakt, der nur unter den besonderen Voraussetzungen des § 48 Abs. 2–4 VwVfG zurückgenommen werden kann. Er hat eine einmalige Geldleistung zum Gegenstand und fällt daher unter § 48 Abs. 2 VwVfG. Hiernach gilt der Grundsatz, dass eine Rücknahme ausscheidet, wenn der Begünstigte auf den Bestand des Verwaltungsaktes vertraut hat und sein Vertrauen unter Abwägung mit dem öffentlichen Interesse an einer Rücknahme schutzwürdig ist.

a) Der Begünstigte hat auf den Bestand des Verwaltungsaktes vertraut, wenn er fest damit gerechnet hat, dass er nicht aufgehoben wird. Dies ist jedenfalls dann der Fall, wenn er in Erwartung auf den Bestand des Verwaltungsaktes bereits Dispositionen getroffen hat. Die AG ist davon ausgegangen, dass der Verwaltungsakt bestehen bleiben würde. Dies zeigt sich daran, dass sie die Mittel bereits fest verplant hat. Die Tatsache, dass sie die Umstände, die zur Rechtswidrigkeit führten, kannte, ändert nichts an ihrem grundsätzlichen Vertrauen in den Bestand, dies ist allein eine Frage der Schutzwürdigkeit des Vertrauens.

b) Diese Schutzwürdigkeit könnte jedoch bereits nach § 48 Abs. 2 Satz 3 Nr. 2 VwVfG ausgeschlossen sein, wenn der Verwaltungsakt durch Angaben erwirkt wurde, die in wesentlicher Beziehung unrichtig oder unvollständig waren. Voraussetzung hierfür ist, dass zweck- und zielgerichtetes Handeln vorliegt und die Angaben entscheidungserheblich waren. Die AG hat die Zuschussbewilligung trotz ihrer fehlenden praktischen Erfahrungen erhalten, weil sie ihre bisherige Tätigkeit nicht vollumfänglich dokumentiert hatte, damit dies innerhalb des Vergabeverfahrens nicht auffiel. Sie handelte also zweck- und zielgerichtet. Die Tatsachen waren auch entscheidungserheblich, da davon auszugehen ist, dass andernfalls der Zuschuss nicht gewährt worden wäre. Die Angaben hinsichtlich ihrer praktischen Erfahrung waren also in wesentlicher Beziehung unvollständig im Sinne von § 48 Abs. 2 Satz 3 Nr. 2 VwVfG. Ihr Vertrauen ist daher nicht schutzwürdig. § 48 Abs. 2 VwVfG steht der Rücknahme daher nicht entgegen.

c) Hinsichtlich der Rücknahmefrist des § 48 Abs. 4 VwVfG bestehen keine Bedenken.

3. Rechtsfolge

Die Rücknahme rechtswidriger begünstigender Verwaltungsakte steht nach § 48 Abs. 1 VwVfG im Ermessen der Behörde. Für den Fall, dass sich der Betroffene wegen § 48 Abs. 2 Satz 3 VwVfG nicht auf Vertrauensschutz berufen durfte, wird der Verwaltungsakt allerdings nach § 48 Abs. 2 Satz 4 VwVfG in der Regel zurückgenommen. Dies wird dahingehend verstanden, dass die Behörde im Regelfall ihr Ermessen insoweit auszuüben hat, dass der Verwaltungsakt zurückzunehmen ist. Nur in begründeten Ausnahmefällen kommt ein Verzicht auf die Rücknahme in Betracht. Vorliegend ist kein Ausnahmefall ersichtlich. Die Behörde hat daher entsprechend dem Regelfall ermessensfehlerfrei gehandelt.

Ergebnis: Die Klage der AG ist zulässig, aber unbegründet. Das Gericht wird sie dementsprechend abweisen.

Fall 13

Blowing in the wind

Im Bundesland X wird ein neues (rechtmäßiges) Gesetz zur »Förderung der Windenergie in privaten Haushalten« (kurz: WindG) erlassen. Hierin werden unter anderem in § 3 die Gemeinden ermächtigt, Mittel zu vergeben, damit die Dächer privater Wohnhäuser mit einer Windanlage versehen werden können. Auch Rechtsstudent R erfährt von diesem Gesetz und plant als umweltbewusster Mensch, sein Reihenhaus in der kreisfreien Stadt K mit einer entsprechenden Windanlage zu versehen. Er wendet sich an die zuständige Behörde der Stadt und erhält innerhalb kurzer Zeit einen entsprechenden Subventionsbescheid, versehen mit einem Scheck über 5.000 Euro.

Wenige Tage bevor der Umbau des Daches beginnen soll, liest R in der Zeitung, dass man mittels einer Solaranlage auf dem Dach gleichzeitig Strom erzeugen und Wasser erwärmen kann. Er ist begeistert. Zwar ist die Menge an erzeugtem Strom geringer als mit einer Windanlage, dafür sieht R aber die Möglichkeit, seinen Gartenteich zu beheizen und so exotische Fische halten zu können. Kurzerhand kauft er für die 5.000 Euro eine entsprechende Solaranlage. Hiervon erfährt auch die Behörde, hebt unter Berufung auf die zweckfremde Mittelverwendung und unter Beifügung einer ordnungsgemäßen Rechtsbehelfsbelehrung, ohne dem R jedoch Möglichkeit zur Stellungnahme zu geben, den Subventionsbescheid auf und fordert R auf, die 5.000 Euro zurückzuzahlen. R versteht das nicht, schließlich sei auch Solarenergie förderungswürdig und im Übrigen könne er das Geld nicht zurückzahlen, da er es ja bereits ausgegeben habe. Dies teilt er der Behörde in seinem Widerspruch mit. Von der Widerspruchsbehörde erhält er einen ablehnenden Widerspruchsbescheid, in dem sich die Widerspruchsbehörde mit den Argumenten des R auseinander setzt. R möchte nun vor dem Verwaltungsgericht gegen das Vorgehen der Behörde klagen.

Hat eine solche Klage Aussicht auf Erfolg? Es ist zu unterstellen, dass nach dem Ausführungsgesetz zur VwGO im Bundesland X (AG VwGO X) Behörden selbst Klagegegner i.S.d. § 78 Abs. 1 Nr. 2 VwGO und beteiligtenfähig nach § 61 Nr. 3 VwGO sind.

Schwerpunkte: Der Widerruf von Verwaltungsakten nach § 49 VwVfG; die Anhörung nach § 28 VwVfG; die Heilung von Verfahrensfehlern nach § 45 VwVfG; zweckwidrige Mittelverwendung; die objektive Klagehäufung nach § 44 VwGO; die Rückforderung nach § 49a VwVfG; der Umfang der Erstattung; Wegfall der Bereicherung nach § 818 BGB.

Lösungsweg

Vorbemerkung: Nachdem wir uns im letzten Fall damit beschäftigt haben, wie die Rücknahme eines rechtswidrigen Verwaltungsaktes funktioniert, ist Gegenstand dieses Falles nun der ***Widerruf*** eines ***rechtmäßigen*** Verwaltungsaktes. Bevor wir allerdings richtig in die Lösung einsteigen, müssen wir zunächst eine kleine Vorüberlegung anstellen. Die Behörde hat nämlich bei genauer Betrachtung in unserem Fall gleich zwei rechtlich relevante Vorgänge vollzogen, nämlich: Erstens hat sie den Subventionsbescheid aufgehoben und im zweiten Schritt dann die 5.000 Euro von R zurückgefordert. Der R wendet sich also gegen ***zwei*** behördliche Maßnahmen mit der Folge, dass dementsprechend zwei verschiedene Streitgegenstände vorliegen, die logischerweise auch eigenständig untersucht werden müssen. Für solche Konstellationen gibt es in der Klausur nun unterschiedliche Darstellungsweisen, und zwar: Man kann die Lösung von vornherein in zwei Teile trennen und jeweils separat die Zulässigkeit und Begründetheit der Klagen gegen die einzelnen Maßnahmen untersuchen. Alternativ kann man aber auch nur eine ***einheitliche*** Prüfung durchführen und bei den jeweiligen Prüfungspunkten dann auf die unterschiedlichen Maßnahmen abstellen und die Streitgegenstände auf diese Art quasi »trennen«.

Die letztgenannte Variante ist im Regelfall die praktikablere der beiden, da unnötige Wiederholungen vermieden werden. Deshalb wollen wir unsere Fall-Lösung hier auch entsprechend aufbauen. Wie das Ganze bei der strikten Trennung der beiden Streitgegenstände (also die eben zuerst genannte Möglichkeit) aussieht, schauen wir uns im nächsten Fall an.

Und jetzt zur Lösung:

Die Klage des R wird Erfolg haben, wenn sie zulässig und begründet ist.

A. Zulässigkeit

I. Verwaltungsrechtsweg

Mangels einer aufdrängenden Spezialzuweisung kann sich der Verwaltungsrechtsweg nur nach der Generalklausel des **§ 40 Abs. 1 Satz 1 VwGO** ergeben. Fraglich ist einzig das Vorliegen einer öffentlich-rechtlichen Streitigkeit. Gestritten wird über die Rechtmäßigkeit zum einen der Aufhebung des Subventionsbescheides und zum anderen der Rückforderung des Zuschusses in Höhe von 5.000 Euro.

Hierfür müssen die streitentscheidenden Normen Sonderrecht des Staates sein, das heißt einzig einen Hoheitsträger berechtigen oder verpflichten (→ modifizierte Subjektstheorie). Maßgebende Normen für den Streit sind die **§§ 48 ff. VwVfG,** sofern es sich bei der Subventionsgewährung schon um einen Verwaltungsakt gehandelt hat. In dem Subventionsbescheid ist ohne Zweifel die Maßnahme einer Behörde zur Regelung eines Einzelfalls mit Außenwirkung zu sehen. Diese erfolgte auch auf dem Gebiet des öffentlichen Rechts, da wir es hier – wie auch schon im letzten Fall – mit einem sogenannten »**verlorenen Zuschuss**« zu tun haben, der grundsätzlich und unstreitig öffentlich-rechtlich abgewickelt wird (BVerwG NJW **1990**, 1435; *Kopp/Schenke* § 40 VwGO Rz. 29). Bei dem Subventionsbescheid handelt es sich folglich um einen Verwaltungsakt. Streitentscheidend sind daher die §§ 48 ff. VwVfG, die einzig einen Hoheitsträger berechtigen oder verpflichten.

ZE.: Die Streitigkeit ist somit eine öffentlich-rechtliche, der Verwaltungsrechtsweg demzufolge nach § 40 Abs. 1 Satz 1 VwGO eröffnet.

II. Statthafte Klageart

Die statthafte Klageart richtet sich nach dem Begehren des Klägers (§ 88 VwGO). Der R begehrt – wie gesehen – zweierlei: Zum einen möchte er gegen die Aufhebung des Subventionsbescheides vorgehen und zum anderen gegen die Rückforderung der 5.000 Euro. Für ***beide*** Begehren ist die Anfechtungsklage nach § 42 Abs. 1 Var. 1 VwGO statthafte Klageart, sofern R jeweils die gerichtliche Aufhebung eines ***Verwaltungsaktes*** begehrt. Die Aufhebung des Subventionsbescheides ist als »actus contrarius« der Gewährung selbst auch ein Verwaltungsakt. Die Rückforderung des Geldes erfolgt demnach auf Grundlage des **§ 49 a Abs. 1 VwVfG** (lesen!). Ausweislich dessen **Satz 2** erfolgt eine solche Rückforderung wiederum durch einen Verwaltungsakt.

ZE.: Für beide Begehren ist die Anfechtungsklage jeweils die statthafte Klageart.

III. Besondere Sachentscheidungsvoraussetzungen

1. Klagebefugnis

R muss nach § 42 Abs. 2 VwGO geltend machen können, durch die beiden Verwaltungsakte in seinen Rechten verletzt zu sein. Hinsichtlich der Aufhebung des Subventionsbescheides kann R aus der ursprünglichen Begünstigung ein subjektives Recht herleiten, das durch die möglicherweise rechtswidrige Aufhebung verletzt wird. Bezüglich der Rückforderung ist er als Adressat eines ihn belastenden Verwaltungsaktes (durch den Verwaltungsakt wird ihm eine bestimmte Handlung, nämlich die Rückzahlung, auferlegt) jedenfalls in seinem Recht aus Art. 2 Abs. 1 GG verletzt, sofern die Rückforderung rechtswidrig ist.

ZE.: R ist nach § 42 Abs. 2 VwGO klagebefugt.

2. Die übrigen Sachentscheidungsvoraussetzungen

Das nach **§ 68 VwGO** erforderliche Vorverfahren wurde ordnungsgemäß geführt. Klagegegner ist nach **§ 78 Abs. 1 Nr. 2 VwGO i.V.m. AG VwGO X** die Erlassbehörde. Die Einhaltung der Klagefrist nach **§ 74 Abs. 1 VwGO** wird unterstellt.

IV. Allgemeine Sachentscheidungsvoraussetzungen

R ist als natürliche Person nach § 61 Nr. 1 VwGO beteiligtenfähig. Die Beteiligtenfähigkeit der Behörde ergibt sich aus § 61 Nr. 3 VwGO i.V.m. AG VwGO X. Der R ist als geschäftsfähige Person auch gemäß § 62 Abs. 1 Nr. 1 VwGO prozessfähig. Die Behörde muss sich gemäß § 62 Abs. 3 VwGO im Prozess vertreten lassen.

ZE.: Beide Begehren kann R somit jeweils mit einer zulässigen Anfechtungsklage verfolgen.

B. Objektive Klagehäufung

Fraglich ist, ob die verschiedenen Klagebegehren des R auch innerhalb ***einer*** Klage verfolgt werden können. Dann müssen die Voraussetzungen der sogenannten »**objektiven Klagehäufung**« nach **§ 44 VwGO** (aufschlagen, bitte!) vorliegen. Hiernach können mehrere Klagebegehren vom Kläger in einer Klage zusammen verfolgt werden, wenn sie sich gegen ***denselben Beklagten*** richten, im ***Zusammenhang*** stehen und ***dasselbe Gericht*** zuständig ist.

Klagegegner ist für beide Begehren die Erlassbehörde der Stadt K. Sofern es in K ein Verwaltungsgericht gibt, ist dieses auch für die Aufhebung beider Verwaltungsakte nach **§§ 45, 52 Nr. 3 VwGO** sachlich und örtlich zuständig. Der notwendige Zusammenhang im Sinne von § 44 VwGO besteht, wenn die geltend gemachten Klagebegehren nach der allgemeinen Lebensanschauung rein tatsächlich einem einheitlichen Lebensvorgang zuzurechnen sind (*Kopp/Schenke* § 44 VwGO Rz. 5; *Schoch/Schneider/Bier/Pietzcker* § 44 VwGO Rz. 7). Sowohl die Aufhebung des Subventionsbescheides als auch die Rückforderung des Zuschusses resultieren aus der ursprünglichen Subventionsvergabe, sind also einem einheitlichen Lebensvorgang zuzurechnen.

ZE.: Die Voraussetzungen des § 44 VwGO liegen vor, beide Begehren können demnach in einer Klage verfolgt werden.

> **Aufbauhinweis:** Die gerade behandelte objektive Klagehäufung ist ***kein*** Teil der Zulässigkeitsprüfung einer Klage und muss daher getrennt zwischen Zulässigkeit und Begründetheit behandelt werden. Dies folgt daraus, dass im Falle des Nichtvorliegens der Voraussetzungen der Klagehäufung nur die Verbindung an sich unzulässig ist, nicht jedoch die einzelnen Klagen. Das Gericht kann diese daher nicht als unzulässig abweisen, sondern muss sie ***trennen*** (*Kopp/Schenke* § 44 VwGO Rz. 8; *Schoch/Schneider/Bier/Pietzcker* § 44 VwGO Rz. 15). Merken.

C. Begründetheit

Die Klage des R ist begründet, wenn die Aufhebung des Subventionsbescheides sowie die Rückforderung des Geldes rechtswidrig sind und R dadurch in seinen Rechten verletzt ist (§ 113 Abs. 1 Satz 1 VwGO).

Beginnen müssen wir insoweit logischerweise mit der Überprüfung der Rechtmäßigkeit der Aufhebung des Subventionsbescheides, da hiervon dann natürlich auch die Rechtmäßigkeit der Rückforderung abhängt.

I. Rechtmäßigkeit der Aufhebung des Subventionsbescheides

1. Ermächtigungsgrundlage

Mangels spezialgesetzlicher Regelungen kommen als Ermächtigungsgrundlage für die Aufhebung des Subventionsbescheides nur die §§ 48, 49 VwVfG in Betracht.

2. Formelle Rechtmäßigkeit

Ausweislich des Sachverhalts hatte R vor Erlass der gegen ihn ergangenen Verwaltungsakte keine Möglichkeit, hierzu Stellung zu nehmen. Darin liegt möglicherweise ein Verstoß gegen **§ 28 Abs. 1 VwVfG.** Zur Überprüfung, ob ein Verfahrensfehler in Form der fehlenden Anhörung vorliegt, muss man folgende Schritte beachten:

> Zunächst ist zu prüfen, ob die Anhörung nach § 28 Abs. 1 VwVfG überhaupt ***erforderlich*** war. Des Weiteren hat man dann zu untersuchen, ob nicht ein ***Entbehrlichkeitsgrund*** für die Anhörung nach § 28 Abs. 2 oder 3 VwVfG vorlag. Und für den Fall dass eine unterbliebene Anhörung tatsächlich erforderlich war, ist schließlich zu klären, ob diese unterbliebene Anhörung nicht gemäß § 45 VwVfG ***geheilt*** wurde. Erst wenn auch das verneint wird, muss man sich schließlich mit den ***Folgen*** von Verfahrensfehlern nach **§ 46 VwVfG** auseinander setzen.

Und genau in dieser Reihenfolge machen wir das jetzt mal:

a) Nach **§ 28 Abs. 1 VwVfG** muss vor Erlass eines Verwaltungsaktes, der in Rechte eines Beteiligten eingreift, diesem Gelegenheit gegeben werden, sich zu den für die Entscheidung erheblichen Tatsachen zu äußern. Unser R ist als Adressat der Verwaltungsakte Beteiligter im Sinne von **§ 13 Abs. 1 Nr. 2 VwVfG** (lesen). Ein Verwaltungsakt greift in Rechte eines Beteiligten ein, wenn eine rechtlich geschützte Position beeinträchtigt wird. Dies kann auch durch Verwaltungsakte erfolgen, die eine Begünstigung aufheben (BVerwGE **68**, 267; OVG Münster NVwZ-RR **1990**, 566; *Kopp/Ramsauer* § 28 VwVfG Rz. 25).

<u>ZE.</u>: Durch die Aufhebung des Subventionsbescheides wird demnach eine geschützte Position des R betroffen, sodass die Verwaltungsakte in seine Rechte eingreifen. R war daher als Beteiligter nach § 28 Abs. 1 VwVfG grundsätzlich anzuhören.

b) Nach § 28 Abs. 2 VwVfG ***kann*** von der Anhörung abgesehen werden, wenn sie nach den Umständen des Einzelfalls nicht geboten ist, insbesondere wenn einer der fünf enumerativ aufgelisteten Ausnahmefälle vorliegt. Darüber hinaus unterbleibt nach § 28 Abs. 3 VwVfG eine Anhörung, wenn ihr ein ***zwingendes öffentliches Interesse*** entgegensteht. Ein Ausnahmefall des § 28 Abs. 2 Nr. 1–5 VwVfG liegt hier nicht vor. Anhaltspunkte, die darüber hinaus die Anhörung für nicht geboten erscheinen lassen, sind auch nicht ersichtlich. Schließlich steht einer Anhörung kein zwingendes öffentliches Interesse im Sinne von § 28 Abs. 3 VwVfG entgegen, sodass insgesamt festzustellen ist, dass sie erforderlich war und nicht stattgefunden hat.

ZE.: Es liegt ein Verfahrensfehler vor.

c) Verfahrens- und Formfehler können allerdings nach **§ 45 VwVfG** geheilt werden. Hierfür sieht § 45 Abs. 1 Nr. 3 VwVfG die ***Nachholung*** der Anhörung eines Beteiligten bis zum Abschluss der letzten Tatsacheninstanz eines verwaltungsgerichtlichen Verfahrens (**Abs. 2**) vor.

Ausdrücklich hat eine solche Nachholung in unserem Fall nicht stattgefunden. R hat allerdings seine Sicht der Dinge innerhalb der Begründung seines Widerspruchs dargelegt. Fraglich ist, ob hierin schon seine Nachholung der Anhörung gesehen werden kann. Die Beantwortung dieser Frage ist **umstritten:** Dummerweise gibt es zu diesem Problem allerdings eine Unzahl von Lösungs- und Erklärungsansätzen, sodass eine nachvollziehbare Darstellung, gerade für Klausuren, kaum möglich ist. Wir werden uns deshalb an dieser Stelle auch die klassische Auflistung der unterschiedlichen Meinungen sparen und vielmehr ergebnisorientiert die Argumente auflisten, gegeneinander abwägen und so dann am Ende die »richtige« Lösung finden, also: Die Frage, ob die Begründung in dem von dem Betroffenen eingelegten Widerspruch die fehlende Anhörung heilen kann, beantwortet sich wie folgt:

Nach dem Wortlaut von § 45 Abs. 1 Nr. 3 VwVfG muss die unterlassene Anhörung ***nachgeholt*** werden. Demzufolge ist im Grundsatz davon auszugehen, dass die nachgeholte Anhörung dieselbe rechtliche Qualität haben muss, wie die unterlassene ursprüngliche nach § 28 Abs. 1 VwVfG hätte haben müssen (OVG Weimar ZKF **2005**, 21; *Krasney* in NVwZ 1986, 337). Innerhalb von § 28 Abs. 1 VwVfG ist dem Betroffenen ***Gelegenheit zu geben***, sich zu den entscheidungserheblichen Tatsachen zu äußern. Hierunter ist zu verstehen, dass die Behörde dafür Sorge tragen muss, dass der Betroffene davon Kenntnis hat, ***dass*** und ***wozu*** er sich äußern kann (*Knack/Henneke/Ritgen* § 28 VwVfG Rz. 10; *Kopp/Ramsauer* § 28 VwVfG Rz. 10, 15). Diese Anforderungen erfüllt auch die Einlegung eines Widerspruchs, wenn der Verwaltungsakt selbst ***begründet*** wurde, der Adressat dadurch die ***Möglichkeit*** hatte, mittels seines Widerspruchs zu dieser Begründung Stellung zu nehmen und die Widerspruchsbehörde sich tatsächlich mit einer erfolgten Stellungnahme ***auseinander gesetzt*** hat (*Guckelberger* in JuS 2011, 577; *Himmelmann/Höcker* in VR 2003, 79). Aufgrund der Tatsache, dass sich zunächst die Ausgangsbehörde im Abhilfeverfahren (§ 72 VwGO) und danach erst die Widerspruchsbehörde mit dem Widerspruch des Betroffenen auseinander setzt, ist die Gelegenheit der Stellungnahme rechtlich gleichwertig (BVerwGE **66**, 111; OVG Münster NVwZ **1985**, 133; *Kopp/Ramsauer* § 45 VwVfG Rz. 43; *Wolff/Bachof/Stober*, VerwR II, § 60 Rz. 88). Die Einlegung und Begründung des Widerspruchs kann daher unter den genannten Voraussetzungen die fehlende Anhörung im Sinne des § 45 Abs. 1 Nr. 3 VwVfG heilen.

Zum Fall: Die Behörde hat dem R in dem Aufhebungsbescheid die Tatsachen mitgeteilt, auf die sie die Entscheidung stützt. Durch die Rechtsbehelfsbelehrung war dem R auch klar, dass er sich innerhalb eines Widerspruchs zu diesen Tatsachen äußern kann. Von diesem Recht hat er Gebrauch gemacht, und die Widerspruchsbehörde hat sich tatsächlich mit seinen Argumenten auseinander gesetzt. Demzufolge ist in der Einlegung des Widerspruchs eine Heilung der unterbliebenen Anhörung nach § 45 Abs. 1 Nr. 3 VwVfG zu sehen.

ZE.: Die Aufhebung des Subventionsbescheides erfolgte somit formell rechtmäßig.

Klausurtaktik: Hinsichtlich der Frage, ob eine nicht erfolgte Anhörung mittels einer Nachholung geheilt wurde, muss man zwei unterschiedliche Klausurkonstellationen unterscheiden: Ist Gegenstand der Prüfung eine noch zu erhebende Klage (**Fallfrage:** Hat eine solche Klage Aussicht auf Erfolg?) kann man – vor allem in Zeitnot – auch schlicht darauf abstellen, dass die Anhörung durch die Behörde auch noch während des Prozesses nachgeholt werden kann (§ 45 Abs. 2 VwVfG). Muss man hingegen eine bereits erhobene Klage begutachten (**Fallfrage:** Wie wird das Gericht entscheiden?) kann man nur untersuchen, ob eine Heilung – zum Beispiel durch Einlegung des Widerspruchs – bereits stattgefunden hat. Nur wenn man in dieser letzten Konstellation zum Ergebnis eines Verfahrensfehlers kommt, sollte man sich mit der Frage der Folge eines solchen Verfahrensfehlers (§ 46 VwVfG) auseinandersetzen.

3. Materielle Rechtmäßigkeit

a) Rechtmäßigkeit/Rechtswidrigkeit des Subventionsbescheides

Die Subventionsvergabe erfolgte auf Grund des WindG. Dieses ist ein rechtmäßiges Gesetz mit Außenwirkung. Daher ist jedenfalls kein Verstoß gegen den Grundsatz des Vorbehalts des Gesetzes anzunehmen, ungeachtet der Frage, welche Anforderungen im Rahmen der Leistungsverwaltung an diesen zu stellen sind (vgl. insoweit bitte den vorherigen Fall).

Die Rechtswidrigkeit des Subventionsbescheides kann sich daher nur aus der Tatsache ergeben, dass R die Mittel nicht für eine Windanlage, sondern für eine Solaranlage verwendet hat. Ungeachtet der Frage, ob dies überhaupt die Rechtmäßigkeit des Subventionsbescheides berührt, ist hierbei zu berücksichtigen, dass hinsichtlich der Frage der Rechtmäßigkeit nur auf den Zeitpunkt des Erlasses abgestellt wird; eine spätere Tatsachenänderung ist unerheblich (*Knack/Henneke/Meyer* § 48 VwVfG Rz. 29; *Kopp/Ramsauer* § 48 VwVfG Rz. 33).

ZE.: Der Subventionsbescheid erging rechtmäßig.

b) Voraussetzungen von § 49 VwVfG

Durchblick: Nach **§ 49 Abs. 1 Satz 1 VwVfG** steht der Widerruf eines rechtmäßigen nicht begünstigenden (= belastenden) Verwaltungsaktes grundsätzlich im ***Ermessen*** der Behörde (OVG Münster NVwZ-RR **2009**, 57). Etwas anderes gilt nur, wenn ein Verwaltungsakt gleichen Inhalts erneut erlassen werden müsste oder der Widerruf aus anderen Gründen unzulässig ist. Ein Verwaltungsakt gleichen Inhalts muss erneut erlassen werden, wenn eine gebundene Entscheidung vorliegt oder das Ermessen der Behörde auf Null *reduziert* ist und sich die Sach- und Rechtslage nicht geändert hat (*Kopp/Ramsauer* § 49 VwVfG Rz. 21, 22; *Stelkens/Bonk/Sachs* § 49 VwVfG Rz. 23). Ein Hauptanwendungsfall der Unzulässigkeit eines Widerrufs aus anderen Gründen liegt bei Verstößen gegen den Gleichbehandlungsgrundsatz aus Art. 3 Abs. 1 GG vor (*Kopp/Ramsauer* § 49 VwVfG Rz. 22; *Stelkens/Bonk/Sachs* § 49 VwVfG Rz. 25).

Für den Widerruf rechtmäßiger ***begünstigender*** Verwaltungsakte gelten die besonderen Voraussetzungen der **Abs. 2 und 3**. Nach § 49 Abs. 2 VwVfG (lesen) darf ein begünstigender Verwaltungsakt mit Wirkung für die ***Zukunft*** nur widerrufen werden, wenn alternativ einer der fünf enumerativen Tatbestände erfüllt ist (OVG Münster NVwZ-RR **2009**, 57; *Kopp/Ramsauer* § 49 VwVfG Rz. 25; *Stelkens/Bonk/Sachs* § 49 VwVfG Rz. 29 ff.). Daneben regelt § 49 Abs. 3 VwVfG, dass ein Verwaltungsakt, der eine einmalige oder laufende Geldleistung oder teilbare Sachleistung zur Erfüllung eines bestimmten Zwecks gewährt oder hierfür Voraussetzung ist (= Leistungsbescheid, vergleiche auch § 48 Abs. 2 VwVfG), auch mit Wirkung für die ***Vergangenheit*** widerrufen werden kann, wenn einer der zwei Widerrufsgründe vorliegt. Wie sich aus dem Wort ***auch*** ergibt, können solche Verwaltungsakte für die Zukunft ebenso nach den Widerrufsgründen des § 49 Abs. 2 VwVfG aufgehoben werden (*Baumeister* in NVwZ 1997, 19; *Oldiges* in NVwZ 2001, 626). Weiterhin gilt die Aufhebungsfrist des § 48 Abs. 4 VwVfG sowohl für § 49 Abs. 2 VwVfG als auch für § 49 Abs. 3 VwVfG.

Zum Fall: Bei der Subventionsgewährung handelt es sich um einen begünstigenden Verwaltungsakt in Form eines Leistungsbescheides nach § 49 Abs. 3 VwVfG. Die Behörde wollte diesen Bescheid mit Wirkung für die Vergangenheit aufheben, um eine Rückforderung der bereits erfolgten Zahlung zu ermöglichen. Folglich richtet sich die Rechtmäßigkeit des Widerrufs nach **§ 49 Abs. 3 VwVfG**.

aa) Widerrufsgrund des § 49 Abs. 3 VwVfG

Als Widerrufsgrund kommt § 49 Abs. 3 Nr. 1 VwVfG in Betracht. Demnach kann ein Leistungsbescheid auch für die Vergangenheit widerrufen werden, wenn die Leistung nicht, nicht alsbald nach der Erbringung oder nicht mehr für den in dem Verwaltungsakt bestimmten Zweck verwendet wird. Erforderlich ist also eine ***zweckwidrige Verwendung*** (*Kopp/Ramsauer* § 49 VwVfG Rz. 66; *Maurer*, AllgVerwR, § 11 Rz. 44). Eine solche zweckwidrige Verwendung hängt nicht davon ab, ob der Leistungsempfänger die Zweckverfehlung zu vertreten hat oder objektive, außerhalb seiner Einwirkungssphäre liegende Umstände die Ursache waren (VGH München NVwZ **1990**, 882; *Kopp/Ramsauer* § 49 VwVfG Rz. 66). Voraussetzung ist nur, dass der im Verwaltungsakt festgelegte Zweck nicht beachtet wurde (*Kopp/Ramsauer* § 49 VwVfG Rz. 68; *Stelkens/Bonk/Sachs* § 49 VwVfG Rz. 100).

Zum Fall: In dem Subventionsbescheid war als Zweck festgelegt worden, dass das Geld für die Anbringung einer Windanlage verwendet wird. R hat das Geld allerdings für die Anschaffung einer Solaranlage gebraucht. Der im Subventionsbescheid festgelegte Zweck wurde mithin verfehlt. Dass nach Ansicht des R auch die Solarenergie ähnlich förderungswürdig ist, spielt bei der Untersuchung der Zweckverfehlung keine Rolle.

bb) Widerrufsfrist des § 49 Abs. 3 i.V. m. 48 Abs. 4 VwVfG

Hinsichtlich der Einhaltung der Widerrufsfrist des § 49 Abs. 3 i.V.m. 48 Abs. 4 VwVfG bestehen keine Bedenken.

c) Rechtsfolge

Der Widerruf eines Verwaltungsaktes steht im pflichtgemäßen (§ 40 VwVfG) Ermessen der Behörde. Die Entscheidung ist zwar grundsätzlich nicht ohne weiteres auf den Widerruf des Verwaltungsaktes festgelegt, hinsichtlich des Widerrufs eines Subventionsbescheides wegen Zweckverfehlung ist aber der haushaltsrechtliche Grundsatz der Wirtschaftlichkeit und Sparsamkeit zu berücksichtigen. Dieser wirkt ***ermessenslenkend*** (→ intendiertes Ermessen, siehe hierzu Fall 12 – und dazu kritisch *Beaucamp* in JA 2006, 74), sodass besondere Gründe vorliegen müssen, um eine andere Entscheidung als den Widerruf zu begründen (BVerwG NVwZ **2015**, 1392). Die haushaltsrechtlichen Grundsätze der Wirtschaftlichkeit und Sparsamkeit überwiegen im Allgemeinen das Interesse des Begünstigten, den Zuschuss behalten zu dürfen (BVerwGE **105**, 55; *Neumann* in NVwZ 2000, 1244).

Zum Fall: Besondere Gründe, die eine andere Entscheidung als den Widerruf des Subventionsbescheides rechtfertigen würden, liegen hier nicht vor. Daran ändert auch die Tatsache nichts, dass nach Ansicht des R auch die Solarenergie förderungswürdig sei. Die Mittel wurden entsprechend der Zielvorgaben des WindG vergeben. Diese Zielvorgaben bilden den Zweck des Verwaltungsaktes, der eindeutig verfehlt wurde. Der Widerruf des Subventionsbescheides erfolgte ermessensfehlerfrei.

<u>ZE.</u>: Der Widerruf des Subventionsbescheides war somit rechtmäßig.

II. Rechtmäßigkeit der Rückforderung

1. Ermächtigungsgrundlage

Ermächtigungsgrundlage für die Rückforderung ist **§ 49a Abs. 1 VwVfG**.

Durchblick: Die Regelung des § 49a VwVfG (lesen) stellt einen Spezialfall des allgemeinen öffentlich-rechtlichen Erstattungsanspruchs dar (OVG Münster NWVBl **2007**, 16; *Kopp/Ramsauer* § 49a VwVfG Rz. 1; *Maurer*, AllgVerwR, § 28 Rz. 21). Er hat die Erstattung bereits erbrachter Leistungen, die aufgrund unwirksam gewordener Verwaltungsakte erfolgte, zum Gegenstand. Ausweislich des § 49a Abs. 1 Satz 1

VwVfG kann diese Unwirksamkeit aufgrund einer Rücknahme (§ 48 VwVfG), eines Widerrufs (§ 49 VwVfG) oder des Eintritts einer auflösenden Bedingung erfolgen. Nach § 49 Abs. 1 Satz 2 VwVfG erfolgt die Festsetzung der Rückforderung selbst durch schriftlichen Verwaltungsakt.

2. Formelle Rechtmäßigkeit

Hinsichtlich der formellen Rechtmäßigkeit kann auf die obige Prüfung zur Rechtmäßigkeit des Widerrufs verwiesen werden.

3. Materielle Rechtmäßigkeit

a) Tatbestandsvoraussetzungen des § 49a VwVfG

Tatbestandlich setzt **§ 49a Abs. 1 VwVfG** nur voraus, dass ein Verwaltungsakt, auf dessen Grundlage Leistungen erbracht worden sind, unwirksam geworden ist. Dies ist hier in Form des Widerrufs des Subventionsbescheides für die Vergangenheit der Fall.

b) Umfang der Erstattung

Für den Umfang der Erstattung mit Ausnahme der Verzinsung gelten nach **§ 49a Abs. 2 VwVfG** die Vorschriften des Bürgerlichen Gesetzbuches über die Herausgabe einer ungerechtfertigten Bereicherung entsprechend. Diese Verweisung ist als ***Rechtsfolgenverweisung*** auf die **§§ 818 ff. BGB** zu verstehen (*Kopp/Ramsauer* § 49a VwVfG Rz. 12; *Stelkens/Bonk/Sachs* § 49a VwVfG Rz. 42). Allerdings schließt § 49a Abs. 2 Satz 2 VwVfG die Berufung auf den Wegfall der Bereichung (→ § 818 Abs. 3 BGB) für den Fall der positiven Kenntnis oder der grob fahrlässigen Unkenntnis der Umstände, die zum Widerruf geführt haben, aus. Eine solche Bösgläubigkeit ist regelmäßig im Falle einer zweckwidrigen Verwendung der Leistung anzunehmen (*Sachs/Wermeckes* in NVwZ 1996, 1185); ob der Betroffene die Umstände der zweckwidrigen Verwendung rechtlich zutreffend gewertet hat, ist nicht erheblich (BVerwGE **105**, 354).

Zum Fall: Unser R hat nach den §§ 812, 818 Abs. 1 und 2 BGB das Erlangte, also die 5.000 Euro, herauszugeben. Auf den Wegfall der Bereicherung nach § 818 Abs. 3 BGB durch den Verbrauch des Geldes kann sich R indes wegen § 49a Abs. 2 Satz 2 VwVfG ***nicht*** berufen. Er hatte nämlich positive Kenntnis der zweckverfehlten Verwendung. Die Tatsache, dass er davon ausging, die Solaranlage sei ebenso förderungswürdig und dass er sein Verhalten daher für rechtmäßig gehalten hat, kommt ihm nicht zugute.

Ergebnis: Auch der Rückforderungsbescheid ist rechtmäßig, die Klage ist daher zwar zulässig, aber insgesamt unbegründet. Sie wird keinen Erfolg haben.

Gutachten

Die Klage des R wird Erfolg haben, wenn sie zulässig und begründet ist.

A. Zulässigkeit

I. Verwaltungsrechtsweg

Mangels einer aufdrängenden Spezialzuweisung kann sich der Verwaltungsrechtsweg nur nach der Generalklausel des § 40 Abs. 1 Satz 1 VwGO ergeben. Fraglich ist einzig das Vorliegen einer öffentlich-rechtlichen Streitigkeit. Gestritten wird über die Rechtmäßigkeit zum einen der Aufhebung des Subventionsbescheides und zum anderen der Rückforderung des Zuschusses in Höhe von 5.000 Euro.

Hierfür müssen die streitentscheidenden Normen Sonderrecht des Staates sein, das heißt einzig einen Hoheitsträger berechtigen oder verpflichten (modifizierte Subjektstheorie). Maßgebende Normen für den Streit sind die §§ 48 ff. VwVfG, sofern es sich bei der Subventionsgewährung schon um einen Verwaltungsakt gehandelt hat. In dem Subventionsbescheid ist ohne Zweifel die Maßnahme einer Behörde zur Regelung eines Einzelfalls mit Außenwirkung zu sehen. Diese erfolgte auch auf dem Gebiet des öffentlichen Rechts, da verlorene Zuschüsse grundsätzlich öffentlich-rechtlich ausgestaltet sind. Bei dem Subventionsbescheid handelt es sich folglich um einen Verwaltungsakt. Streitentscheidend sind daher die §§ 48 ff. VwVfG, die einzig einen Hoheitsträger berechtigen oder verpflichten.

Folglich liegt eine öffentlich-rechtliche Streitigkeit vor, der Verwaltungsrechtsweg ist mithin eröffnet.

II. Statthafte Klageart

Die statthafte Klageart richtet sich nach dem Begehren des Klägers (§ 88 VwGO). R begehrt zweierlei, zum einen möchte er gegen die Aufhebung des Subventionsbescheides vorgehen und zum anderen gegen die Rückforderung der 5.000 Euro. Für beide Begehren ist die Anfechtungsklage nach § 42 Abs. 1 Var. 1 VwGO statthafte Klageart, sofern R jeweils die gerichtliche Aufhebung eines Verwaltungsaktes begehrt.

Die Aufhebung des Subventionsbescheides ist als actus contrarius der Gewährung selbst Verwaltungsakt. Die Rückforderung des Geldes erfolgte demnach auf Grundlage des § 49 a Abs. 1 VwVfG. Ausweislich dessen Satz 2 erfolgt eine solche Rückforderung wiederum durch einen Verwaltungsakt. Für beide Begehren ist folglich die Anfechtungsklage jeweils die statthafte Klageart.

III. Besondere Sachentscheidungsvoraussetzungen

1. Klagebefugnis

R muss nach § 42 Abs. 2 VwGO geltend machen können, durch die Verwaltungsakte in seinen Rechten verletzt zu sein. Hinsichtlich der Aufhebung des Subventionsbescheides kann R aus der ursprünglichen Begünstigung ein subjektives Recht herleiten, das durch die möglicherweise rechtswidrige Aufhebung verletzt wird. Bezüglich der Rückforderung ist er als Adressat eines ihn belastenden Verwaltungsaktes jedenfalls in seinem Recht aus Art. 2 Abs. 1 GG verletzt, sofern die Rückforderung rechtswidrig ist. R ist nach § 42 Abs. 2 VwGO klagebefugt.

2. Sonstiges

Das nach § 68 VwGO erforderliche Vorverfahren wurde erfolglos geführt. Klagegegner ist nach § 78 Abs. 1 Nr. 2 VwGO i.V.m. AG VwGO X die Erlassbehörde. Die Einhaltung der Klagefrist nach § 74 Abs. 1 VwGO wird unterstellt.

IV. Allgemeine Sachentscheidungsvoraussetzungen

R ist als natürliche Person nach § 61 Nr. 1 VwGO beteiligtenfähig. Die Beteiligtenfähigkeit der Behörde ergibt sich aus § 61 Nr. 3 VwGO i.V.m. AG VwGO X. R ist als geschäftsfähige Person auch gemäß § 62 Abs. 1 Nr. 1 VwGO prozessfähig. Die Behörde muss sich gemäß § 62 Abs. 3 VwGO im Prozess vertreten lassen.

Beide Begehren kann R somit jeweils mit einer zulässigen Anfechtungsklage verfolgen.

B. Objektive Klagehäufung

Fraglich ist, ob die verschiedenen Klagebegehren des R auch innerhalb einer Klage verfolgt werden können. Hierfür müssen die Voraussetzungen der objektiven Klagehäufung nach § 44 VwGO vorliegen. Demnach können mehrere Klagebegehren vom Kläger in einer Klage zusammen verfolgt werden, wenn sie sich gegen denselben Beklagten richten, im Zusammenhang stehen und dasselbe Gericht zuständig ist. Klagegegner ist für beide Begehren die Erlassbehörde der Stadt K.

Sofern es in K ein Verwaltungsgericht gibt, ist dieses auch für die Aufhebung beider Verwaltungsakte nach §§ 45, 52 Nr. 3 VwGO sachlich und örtlich zuständig. Der notwendige Zusammenhang im Sinne von § 44 VwGO besteht, wenn die geltend gemachten Klagebegehren nach der allgemeinen Lebensanschauung rein tatsächlich einem einheitlichen Lebensvorgang zuzurechnen sind. Sowohl die Aufhebung des Subventionsbescheides als auch die Rückforderung des Zuschusses resultieren aus der ursprünglichen Subventionsvergabe, sind also einem einheitlichen Lebensvorgang zuzurechnen. Die Voraussetzungen des § 44 VwGO liegen vor, beide Begehren können in einer Klage verfolgt werden.

C. Begründetheit

Die Klage des R ist begründet, wenn die Aufhebung des Subventionsbescheides sowie die Rückforderung rechtswidrig sind und R dadurch in seinen Rechten verletzt ist (§ 113 Abs. 1 Satz 1 VwGO).

I. Rechtmäßigkeit der Aufhebung des Subventionsbescheides

1. Ermächtigungsgrundlage

Mangels spezialgesetzlicher Regelungen kommen als Ermächtigungsgrundlage für die Aufhebung des Subventionsbescheides nur die §§ 48, 49 VwVfG in Betracht.

2. Formelle Rechtmäßigkeit

Ausweislich des Sachverhalts hatte R vor Erlass der gegen ihn ergangenen Verwaltungsakte keine Möglichkeit, hierzu Stellung zu nehmen. Hierin liegt möglicherweise ein Verstoß gegen § 28 Abs. 1 VwVfG.

Demnach muss vor Erlass eines Verwaltungsaktes, der in Rechte eines Beteiligten eingreift, diesem Gelegenheit gegeben werden, sich zu den für die Entscheidung erheblichen

Tatsachen zu äußern. R ist als Adressat der Verwaltungsakte Beteiligter im Sinne von § 13 Abs. 1 Nr. 2 VwVfG. Ein Verwaltungsakt greift in Rechte eines Beteiligten ein, wenn eine rechtlich geschützte Position beeinträchtigt wird. Dies kann auch durch Verwaltungsakte erfolgen, die eine Begünstigung aufheben. Durch die Aufhebung des Subventionsbescheides wird eine geschützte Position des R betroffen, sodass die Verwaltungsakte in seine Rechte eingreifen. R war daher als Beteiligter nach § 28 Abs. 1 VwVfG grundsätzlich anzuhören. Eine solche Anhörung hat nicht stattgefunden und war auch nicht nach § 28 Abs. 1 oder Abs. 2 VwVfG entbehrlich, sodass grundsätzlich ein Verfahrensfehler vorliegt.

Verfahrens- und Formfehler können allerdings nach § 45 VwVfG geheilt werden. Hierfür sieht § 45 Abs. 1 Nr. 3 VwVfG die Nachholung der Anhörung eines Beteiligten bis zum Abschluss der letzten Tatsacheninstanz eines verwaltungsgerichtlichen Verfahrens (§ 45 Abs. 2 VwVfG) vor. Ausdrücklich hat eine solche Nachholung nicht stattgefunden. R hat allerdings seine Sicht der Dinge innerhalb der Begründung seines Widerspruchs dargelegt. Fraglich ist, ob hierin schon seine Nachholung der Anhörung gesehen werden kann. Nach dem Wortlaut von § 45 Abs. 1 Nr. 3 VwVfG muss die unterlassene Anhörung nachgeholt werden.

Demzufolge ist im Grundsatz davon auszugehen, dass die nachgeholte Anhörung dieselbe rechtliche Qualität haben muss, wie die unterlassene ursprüngliche nach § 28 Abs. 1 VwVfG hätte haben müssen. Innerhalb von § 28 Abs. 1 VwVfG ist dem Betroffenen Gelegenheit zu geben, sich zu den entscheidungserheblichen Tatsachen zu äußern. Hierunter ist zu verstehen, dass die Behörde dafür Sorge tragen muss, dass der Betroffene davon Kenntnis hat, dass und wozu er sich äußern kann. Diese Anforderungen erfüllt auch die Einlegung eines Widerspruchs, wenn der Verwaltungsakt begründet wurde, der Adressat dadurch die Möglichkeit hatte, mittels seines Widerspruchs zu dieser Begründung Stellung zu nehmen und die Widerspruchsbehörde sich tatsächlich mit einer erfolgten Stellungnahme auseinander gesetzt hat. Aufgrund der Tatsache, dass sich zunächst die Ausgangsbehörde im Abhilfeverfahren (§ 72 VwGO) und danach erst die Widerspruchsbehörde mit dem Widerspruch des Betroffenen auseinander setzt, ist die Gelegenheit der Stellungnahme rechtlich gleichwertig.

Die Behörde hat dem R in dem Aufhebungsbescheid die Tatsachen mitgeteilt, auf die sie die Entscheidung stützt. Durch die Rechtsbehelfsbelehrung war dem R auch klar, dass er sich innerhalb eines Widerspruchs zu diesen Tatsachen äußern kann. Von diesem Recht hat er auch Gebrauch gemacht und die Widerspruchsbehörde hat sich tatsächlich mit seinen Argumenten auseinander gesetzt. Demzufolge ist in der Einlegung des Widerspruchs eine Heilung der unterbliebenen Anhörung nach § 45 Abs. 1 Nr. 3 VwVfG zu sehen.

Die Aufhebung des Subventionsbescheides erfolgte somit formell rechtmäßig.

3. Materielle Rechtmäßigkeit

a) Rechtmäßigkeit/Rechtswidrigkeit des Subventionsbescheides

Die Subventionsvergabe erfolgte auf Grund des WindG. Dieses ist ein rechtmäßiges Gesetz mit Außenwirkung. Daher ist jedenfalls kein Verstoß gegen den Grundsatz des Vorbehalts des Gesetzes anzunehmen, ungeachtet der Frage, welche Anforderungen im Rahmen der Leistungsverwaltung an diesen zu stellen sind.

Die Rechtswidrigkeit des Subventionsbescheides kann sich demzufolge nur aus der Tatsache ergeben, dass R die Mittel nicht für eine Windanlage, sondern für eine Solaranlage verwendet hat. Unabhängig von der Frage, ob dies überhaupt die Rechtmäßigkeit des Subventionsbescheides berührt, ist hierbei zu berücksichtigen, dass hinsichtlich der Frage der Rechtmäßigkeit nur auf den Zeitpunkt des Erlasses abgestellt wird; eine spätere Tatsachenänderung ist unerheblich. Folglich berührt das spätere Verhalten des R nicht die ursprüngliche Rechtmäßigkeit des Subventionsbescheides.

Der Subventionsbescheid war daher ursprünglich rechtmäßig.

b) Voraussetzungen von § 49 VwVfG

aa) Widerrufsgrund des § 49 Abs. 3 VwVfG

Für den Widerruf rechtmäßiger begünstigender Verwaltungsakte gelten die besonderen Voraussetzungen von § 49 Abs. 2 und 3 VwVfG. Die Behörde wollte – wie sich aus der gleichzeitigen Rückforderung des Geldes ergibt – den Subventionsbescheid mit Wirkung für die Vergangenheit widerrufen.

Dies ist nur unter den besonderen Voraussetzungen des § 49 Abs. 3 VwVfG möglich, wonach ein Verwaltungsakt, der eine einmalige oder laufende Geldleistung oder teilbare Sachleistung zur Erfüllung eines bestimmten Zwecks gewährt oder hierfür Voraussetzung ist, auch mit Wirkung für die Vergangenheit widerrufen werden kann. Bei der Subventionsgewährung handelt es sich um einen begünstigenden Verwaltungsakt, der eine einmalige Geldleistung in Form von 5.000 Euro zur Anschaffung einer Windanlage – also für einen bestimmten Zweck – gewährt. Fraglich ist also, ob ein Widerrufsgrund des § 49 Abs. 3 VwVfG vorlag.

Als Widerrufsgrund kommt § 49 Abs. 3 Nr. 1 VwVfG in Betracht. Hiernach kann ein Leistungsbescheid auch für die Vergangenheit widerrufen werden, wenn die Leistung nicht, nicht alsbald nach der Erbringung oder nicht mehr für den in dem Verwaltungsakt bestimmten Zweck verwendet wird. Erforderlich ist also eine zweckwidrige Verwendung. Eine solche zweckwidrige Verwendung hängt nicht davon ab, ob der Leistungsempfänger die Zweckverfehlung zu vertreten hat oder objektive, außerhalb seiner Einwirkungssphäre liegende Umstände die Ursache waren. Voraussetzung ist nur, dass der im Verwaltungsakt festgelegte Zweck nicht beachtet wurde. In dem Subventionsbescheid war als Zweck festgelegt worden, dass das Geld für die Anbringung einer Windanlage verwendet wird. R hat das Geld allerdings für die Anschaffung einer Solaranlage gebraucht. Der im Subventionsbescheid festgelegte Zweck wurde mithin verfehlt. Dass nach Ansicht des R auch die Solarenergie ähnlich förderungswürdig ist, spielt bei der Untersuchung der Zweckverfehlung keine Rolle.

Folglich lag ein Widerrufsgrund nach § 49 Abs. 3 Nr. 1 VwVfG vor.

bb) Widerrufsfrist des § 49 Abs. 3 i.V.m. § 48 Abs. 4 VwVfG

Die Widerrufsfrist des § 49 Abs. 3 i.V.m. § 48 Abs. 4 VwVfG wurde eingehalten.

c) Rechtsfolge

Der Widerruf eines Verwaltungsaktes steht im pflichtgemäßen (§ 40 VwVfG) Ermessen der Behörde. Die Entscheidung ist zwar grundsätzlich nicht ohne weiteres auf den Widerruf des Verwaltungsaktes festgelegt, hinsichtlich des Widerrufs eines Subventionsbescheides wegen Zweckverfehlung ist aber der haushaltsrechtliche Grundsatz der Wirtschaftlichkeit und Sparsamkeit zu berücksichtigen. Dieser wirkt ermessenslenkend, sodass besondere Gründe vorliegen müssen, um eine andere Entscheidung als den Widerruf zu begründen. Die haushaltsrechtlichen Grundsätze der Wirtschaftlichkeit und Sparsamkeit überwiegen im Allgemeinen das Interesse des Begünstigten, den Zuschuss behalten zu dürfen.

Besondere Gründe, die eine andere Entscheidung als den Widerruf des Subventionsbescheides rechtfertigen würden, liegen nicht vor. Hieran ändert auch die Tatsache nichts, dass nach Ansicht des R auch die Solarenergie förderungswürdig sei. Die Mittel wurden entsprechend der Zielvorgaben des WindG vergeben. Diese Zielvorgaben bilden den Zweck des Verwaltungsaktes, der klar verfehlt wurde. Die Auslegung solcher Zielvorgaben kann nicht zur Disposition eines Begünstigten stehen. Der Widerruf des Subventionsbescheides erfolgte ermessensfehlerfrei.

Der Widerruf des Subventionsbescheides war rechtmäßig.

II. Rechtmäßigkeit der Rückforderung des Geldes

1. Ermächtigungsgrundlage

Ermächtigungsgrundlage für die Rückforderung ist § 49a Abs. 1 VwVfG.

2. Formelle Rechtmäßigkeit

Die Rückforderung des Geldes erfolgte – wie auch die Aufhebung des Subventionsbescheides – formell rechtmäßig.

3. Materielle Rechtmäßigkeit

Tatbestandlich setzt § 49a Abs. 1 VwVfG nur voraus, dass ein Verwaltungsakt, auf dessen Grundlage Leistungen erbracht worden sind, unwirksam geworden ist. Dies ist hier in Form des Widerrufs des Subventionsbescheides für die Vergangenheit der Fall.

Für den Umfang der Erstattung mit Ausnahme der Verzinsung gelten nach § 49a Abs. 2 VwVfG die Vorschriften des Bürgerlichen Gesetzbuches über die Herausgabe einer ungerechtfertigten Bereicherung entsprechend. Diese Verweisung ist als Rechtsfolgenverweisung auf die §§ 818 ff. BGB zu verstehen. Allerdings schließt § 49a Abs. 2 Satz 2 VwVfG die bereicherungsrechtliche Einrede der Entreicherung für den Fall der positiven Kenntnis oder der grob fahrlässigen Unkenntnis der Umstände, die zum Widerruf geführt haben, aus.

Eine solche Bösgläubigkeit ist regelmäßig im Falle einer zweckwidrigen Verwendung der Leistung anzunehmen; ob der Betroffene die Umstände der zweckwidrigen Verwendung rechtlich zutreffend gewertet hat, ist nicht erheblich. Nach den §§ 812, 818 Abs. 1 BGB hat R das Erlangte (beziehungsweise nach § 818 Abs. 2 BGB den Wert des Erlangten) also 5.000 Euro herauszugeben.

Auf den Wegfall der Bereicherung nach § 818 Abs. 3 BGB durch den Verbrauch des Geldes kann sich R indes nicht berufen. Er hatte positive Kenntnis der zweckverfehlten Verwendung. Die Tatsache, dass er davon ausging, die Solaranlage sei ebenso förderungswürdig

– und er deshalb sein Verhalten möglicherweise auch für rechtmäßig gehalten hat –, ist vorliegend irrelevant.

Ergebnis: Auch der Rückforderungsbescheid ist rechtmäßig, die Klage ist daher zwar zulässig, aber insgesamt unbegründet. Sie wird keinen Erfolg haben.

Fall 14

Effet utile

Die Firma »Birnen und Lampen GmbH« (kurz: GmbH) ist als Automobilzulieferer größter Arbeitgeber in der strukturschwachen Stadt S. Sie beschäftigt 1.500 Arbeitnehmer und ist weltweit tätig. Aufgrund einer anhaltenden Krise in der Automobilbranche steht sie kurz vor der Insolvenz. Zur Erhaltung der Arbeitsplätze gewährt die S einen einmaligen Zuschuss von 15 Millionen Euro. Das Geld wird alsbald bewilligt und ausbezahlt. Wenige Monate später erhält die EU-Kommission Kenntnis von dem gewährten Zuschuss. Sie leitet umgehend ein Prüfverfahren nach Art. 108 Abs. 2 AEUV (Vertrag über die Arbeitsweise der Europäischen Union) ein und stellt fest, dass die S das Notifizierungsgebot des Art. 108 Abs. 3 AEUV missachtet hat. Daneben sei die Subvention auch nach Art. 107 Abs. 1 AEUV mit dem gemeinsamen Markt unvereinbar. Sowohl die S als auch die GmbH werden durch die EU-Kommission über die Entscheidung unter Hinweis auf Art. 263 AEUV informiert, unternehmen jedoch nichts.

Drei Monate später fordert die EU-Kommission die S auf, die gewährte Subvention zurückzufordern. Die hierfür zuständige Behörde der S hebt den Bewilligungsbescheid wegen interner Verzögerungen erst 18 Monate später formell rechtmäßig auf und fordert die GmbH dann auf, die 15 Millionen Euro zurückzuzahlen. Die GmbH weigert sich, da sie davon ausgeht, dass ihr Vertrauen in den Bestand des Zuschusses geschützt sei, jedenfalls sei die Frist des § 48 Abs. 4 VwVfG aber abgelaufen. Darüber hinaus sei die Subvention direkt nach Erhalt vollständig verbraucht worden. Nach erfolglosem Vorverfahren reicht sie Klage vor dem Verwaltungsgericht ein.

Ist die – als zulässig zu unterstellende – Klage begründet?

Schwerpunkte: Die Anwendung der §§ 48 ff. VwVfG bei europarechtswidrigen Beihilfen; das Beihilfenrecht der Art. 107 ff. AEUV; die Bindungswirkung von Kommissionsentscheidungen; der Grundsatz des »effet utile« und die Auswirkungen auf § 48 VwVfG.

Lösungsweg

Vorbemerkung: Der letzte Fall zur Aufhebung von Verwaltungsakten behandelt einen echten Klausurklassiker, an dem wir das Zusammenwirken von nationalem Verwaltungsrecht und den europarechtlichen Grundsätzen lernen werden. Wie auch schon in der vorigen Fallkonstellation wendet sich die Klägerin – hier jetzt eine GmbH – gegen *zwei* behördliche Maßnahmen: Das ist zum einen die Aufhebung des Subventionsbescheides und zum anderen die Rückforderung des gewährten Geldes. Im letzten Fall hatten wir eine ähnliche Konstellation und haben dort die Prüfung der beiden Begehren zusammengefasst und demnach eine ***einheitliche*** Erörterung durchgeführt. Dieses Mal nun teilen wir die Klausurlösung stringent in zwei Teile und untersuchen die jeweilige Maßnahme getrennt von der anderen. Und damit das inhaltlich nicht zu mächtig wird (der Fall ist knifflig genug), haben wir die Fallfrage absichtlich so gestellt, dass ausnahmsweise von der Zulässigkeit der Klage der GmbH ausgegangen werden kann. Prinzipiell übrigens unterscheidet sich die Prüfung der Zulässigkeit nicht von der aus dem vorangegangenen Fall. Auch hier in der jetzigen Konstellation müsste man im Anschluss an die Zulässigkeit des zweiten Teils einen Prüfungspunkt der »**objektiven Klagehäufung**« nach § 44 VwGO einschieben, um dort festzustellen, dass bei Vorliegen der Voraussetzungen beide Begehren ***gemeinsam*** in einer Klage verfolgt werden können.

Das können wir uns hier sparen, wie gesagt, wir gehen einfach (zutreffend!) von der Zulässigkeit der Klage – auch im Hinblick auf § 44 VwGO – aus und konzentrieren uns dementsprechend allein auf die

Begründetheit der Klage der GmbH

1. Teil: Die Klage gegen die Aufhebung des Subventionsbescheides

Die Anfechtungsklage ist begründet, soweit die Aufhebung des Subventionsbescheides rechtswidrig und die GmbH dadurch in ihren Rechten verletzt ist (§ 113 Abs. 1 Satz 1 VwGO).

I. Ermächtigungsgrundlage

Mangels spezialgesetzlicher Regelungen kommen als Ermächtigungsgrundlage nur die §§ 48 ff. VwVfG in Betracht.

> **Beachte:** Die Tatsache, dass die EU-Kommission letztendlich dafür gesorgt hat, dass der Subventionsbescheid wegen eines vermeintlichen Verstoßes gegen die Art. 87 ff. AEUV aufgehoben wurde, lässt die Annahme zu, dass sich eine solche Aufhebung nach dem EG-Recht richten müsste. Eine diesbezügliche gemeinschaftsrechtliche Aufhebungsregelung gibt es jedoch (noch) nicht (BVerwG NVwZ-RR **2004**, 413). Das BVerwG führt hierzu in einer Entscheidung aus dem Jahre 1985 unter Berufung auf die ständige Rechtsprechung des EuGH (EuGHE **1980**, 617; EuGHE **1980**, 1863) aus:
>
> »*...Bei dem derzeitigen Stand der Entwicklung des europäischen Gemeinschaftsrechts sind die Rücknahme gemeinschaftsrechtswidriger Verwaltungsakte und die Rückforderung gemeinschaftsrechtswidrig gewährter Beihilfen wegen des Fehlens entsprechender genereller und umfassender gemeinschaftsrechtlicher Vorschriften im Grundsatz nach nationalem Recht zu beurteilen. Demgemäß hat der Europäische Gerichtshof in ständiger Rechtsprechung entschieden, dass in Streitigkeiten über die Rückforderung zu Unrecht gezahlter Beihilfen von den nationalen Gerichten in Anwendung des nationalen Rechts zu entscheiden sei, soweit es an einer gemeinschaftsrechtlichen Regelung fehlt....*« (BVerwGE **74,** 357).

II. Formelle Rechtmäßigkeit der Aufhebung

Die Aufhebung des Subventionsbescheides erfolgte formell rechtmäßig.

III. Materielle Rechtmäßigkeit

1. Rechtmäßigkeit/Rechtswidrigkeit des Subventionsbescheides

Als möglicher Anhaltspunkt einer Rechtswidrigkeit des Subventionsbescheides kommt lediglich ein Verstoß gegen die **Art. 107 ff. AEUV** in Betracht.

> **Achtung:** Der »Vertrag zur Gründung der Europäischen Gemeinschaft« (EG) ist mit Inkrafttreten des Vertages von Lissabon zum **1. Dezember 2009** in den »***Vertrag über die Arbeitsweise der Europäischen Union***« (AEUV) umbenannt und auch neu gegliedert worden. Aus Art. 87 ff. EG wurden so die **Art. 107 ff. AEUV**. Inhaltlich hat sich, jedenfalls für unsere Zwecke hier, nichts geändert – nur die Nummerierung der Vorschriften und der Name des Vertrags sind neu.

Und damit wir damit auch vernünftig arbeiten können, schauen wir uns zunächst mal an, was da in den Vorschriften eigentlich drinsteht und worum es im Einzelnen geht:

> → Art. **107 Abs. 1 AEUV** stellt materiell-rechtliche Kriterien auf, nach denen staatliche oder aus staatlichen Mitteln gewährte Beihilfen, die durch die Begünstigung bestimmter Unternehmen oder Produktionszweige den Wettbewerb ***verfälschen*** oder zu ***verfälschen drohen*** mit dem gemeinsamen Markt unvereinbar (= verboten) sind, soweit sie den Handel zwischen den Mitgliedstaaten beeinträchtigen. Diesem grundsätzlichen Verbot stehen in **Art. 107 Abs. 2 AEUV** sogenannte »**Legalausnahmen**« und in **Art. 107 Abs. 3 AEUV** »**Ermessensausnahmen**« zur Seite, die die Verbotsregel wieder beseitigen (können). Der EuGH versteht unter einer Beihilfe i.S.d. Art. 107 Abs. 1 AEUV das zur Verfügung stellen von Mitteln oder die Einräumung von Vorteilen an Unternehmen oder anderen Rechtssubjekten, um eigene wirtschafts- und sozialpolitische Ziele zu verfolgen, die ohne fremde Hilfe nicht erreicht werden könnten (EuGHE **1961**, 1; EuGHE **1980**, 1205). Hierunter fallen auch Subventionen in Form der Gewährung von Zuschüssen.

> → Zur praktischen Durchsetzung dieser materiell-rechtlichen Kriterien wird in **Art. 108 AEUV** das Genehmigungs- und Kontrollverfahren mitgliedstaatlicher Beihilfenprojekte durch die Kommission geregelt. Nach **Art. 108 Abs. 1 AEUV** unterliegen schon ***bestehende*** Beihilfen einer fortlaufenden Vereinbarkeitskontrolle mit dem gemeinsamen Markt. *Neue* Beihilfen müssen nach **Art. 108 Abs. 3 AEUV** bei der Kommission angemeldet werden und durch diese in einem vorläufigen Prüfverfahren auf ihre Vereinbarkeit mit dem gemeinsamen Markt hin untersucht werden (→ Notifizierungsgebot). Während dieses vorläufigen Prüfverfahrens ist es dem Mitgliedstaat nach **Art. 108 Abs. 3 Satz 3 AEUV** verboten, die beabsichtigte Beihilfe zu gewähren. Kommt die Kommission zu dem Ergeb-

nis, dass keine Bedenken an der Vereinbarkeit mit dem gemeinsamen Markt bestehen, genehmigt sie die Beihilfe, andernfalls leitet sie das Hauptprüfverfahren des **Art. 108 Abs. 2 AEUV** ein (Art. 108 Abs. 3 Satz 2 AEUV). Die einzelnen Abläufe des beihilfenrechtlichen Verfahrens sind mittlerweile in einer Verfahrens-Verordnung (EG Nr. 659/1999 des Rates) geregelt (einen guten Überblick zu den Grundsätzen des EG-Beihilfenrechts gibt es bei: *Kilb* in JuS 2003, 1072 und *Koenig/Kühling* in NJW 2000, 1065).

Klausurtipp: Die Frage, ob ein formeller oder materieller Verstoß gegen das EG-Beihilfenrecht vorliegt, muss in der Klausur inhaltlich zumeist gar nicht beantwortet werden, da die Aufgaben so gestellt sind, dass ein Verstoß als ***verbindlich*** angenommen werden kann: Trifft nämlich die Kommission eine Entscheidung über die Rechtswidrigkeit einer Beihilfe (und so sind oft die Klausurfälle), ist diese Entscheidung für alle Beteiligten ***bindend***. Und diese Bindungswirkung erwächst dann auch in »Bestandskraft«, wenn nicht der betroffene Subventionsempfänger oder der Mitgliedstaat innerhalb von ***zwei*** Monaten nach **Art. 263 AEUV Klage** gegen die Kommissionsentscheidung beim Europäischen Gerichtshof erster Instanz einreicht (EuGH NJW **2000**, 1933; BVerwG NJW **1998**, 3728; *Haas/Hoffmann* in JA 2009, 119; vgl. zur Bestandskraft gemeinschaftsrechtswidriger Verwaltungsakte auch den Aufsatz von *Haack* in JURA 2008, 739). Spätestens zwei Monate nach der Entscheidung ist diese dementsprechend dann nicht nur verbindlich, sondern auch bestandskräftig, kann also nicht mal mehr angefochten werden. Merken, wird häufig übersehen. Mit der Problematik »**nur**« formell rechtswidriger Beihilfen beschäftigen sich *Finck/Gurlit* in JURA 2011, 87.

Zum Fall: Die Kommission hat eine Verletzung des Notifizierungsgebots und die Unvereinbarkeit der Subvention mit dem gemeinsamen Markt festgestellt (SV lesen!). Gegen diese Entscheidung wurde keine Nichtigkeitsklage nach Art. 263 AEUV erhoben. Demzufolge ist die Kommissionsentscheidung bestandskräftig geworden. Ob tatsächlich gegen die Art. 107, 108 AEUV verstoßen wurde, muss also nicht mehr geklärt werden. Der Subventionsbescheid ist jedenfalls ***rechtswidrig***.

2. Vertrauensschutz nach § 48 Abs. 2 VwVfG

Der Subventionsbescheid (= rechtswidriger, begünstigender Verwaltungsakt) gewährt eine einmalige Geldleistung und darf daher nur unter Berücksichtigung der zusätzlichen Voraussetzungen des **§ 48 Abs. 2 VwVfG** zurückgenommen werden. Wir müssen also wieder – wie schon in Fall 12 – untersuchen, ob die Rücknahme ausgeschlossen ist, weil der Begünstigte auf den Bestand des Verwaltungsaktes vertraut hat und dieses Vertrauen schutzwürdig ist.

a) Vertrauen in den Bestand

Wir erinnern uns bitte zunächst mal an die Voraussetzungen des Vertrauens in den Bestand des Verwaltungsaktes, und zwar:

Definition: Der Begünstigte hat auf den Bestand des Verwaltungsaktes im Sinne des § 48 Abs. 2 VwVfG ***vertraut***, wenn er fest damit gerechnet hat, dass der Verwaltungsakt nicht aufgehoben wird. Dies ist jedenfalls dann der Fall, wenn er in Erwartung auf den Bestand des Verwaltungsaktes bereits Dispositionen getroffen hat (BVerwGE **68**, 159; *Kopp/Ramsauer* § 48 VwVfG Rz. 83 ff.; *Stelkens/Bonk/Sachs* § 48 VwVfG Rz. 142).

Zum Fall: Unsere GmbH hat die Subvention vollständig verbraucht und tat dies ausweislich des Sachverhalts auch in Erwartung auf den Bestand des Subventionsbescheides. Sie hat folglich auf den Bestand des Verwaltungsaktes ***vertraut***.

b) Schutzwürdigkeit des Vertrauens

Dieses Vertrauen muss aber auch schutzwürdig gewesen sein. Bevor man zur Bestimmung dieser Schutzwürdigkeit die einzelnen Interessenspositionen gegeneinander abwiegt (siehe dazu Fall 12), müssen wir allerdings als Erstes den § 48 Abs. 2 Satz 2 und 3 VwVfG untersuchen:

Nach **§ 48 Abs. 2 Satz 3 Nr. 3 VwVfG** kann sich der Begünstigte (also die GmbH) nämlich ***nicht*** auf Vertrauen berufen, wenn er die Rechtswidrigkeit des Verwaltungsaktes ***kannte*** oder infolge ***grober Fahrlässigkeit*** nicht kannte. Positive Kenntnis der (EU-) Rechtswidrigkeit des Subventionsbescheides hatte die GmbH sicher nicht. Fraglich ist aber, ob sie diese nicht grob fahrlässig verkannt hat. Grob fahrlässig handelt, wer die im Verkehr erforderliche Sorgfalt in besonders schwerer Weise außer Acht lässt. Maßgeblich sind hierbei die individuellen Gegebenheiten, insbesondere auch die persönlichen Umstände und Fähigkeiten des Begünstigten (BVerwGE **92**, 84; *Knack/Henneke/Meyer* § 48 VwVfG Rz. 102; *Kopp/Ramsauer* § 48 VwVfG Rz. 109). Der EuGH nimmt eine grob fahrlässige Unkenntnis der (EU-) Rechtswidrigkeit immer dann an, wenn sich der Begünstigte (Beihilfenempfänger) nicht darüber informiert hat, ob sein Mitgliedstaat die Beihilfe nach Art. 108 Abs. 3 Satz 1 AEUV ordnungsgemäß bei der Kommission zur Vorprüfung angemeldet hat. Einem sorgfältigen Gewerbetreibenden sei es regelmäßig möglich, sich zu vergewissern, dass dieses Verfahren eingehalten wurde (EuGHE **2004**, 10609; EuGH EuZW **1997**, 217). Diese pauschale Annahme der grob fahrlässigen Unkenntnis ist indessen nicht ohne Kritik geblieben und wird zum Teil auch abgelehnt (BVerwG NJW **1993**, 2764). So wird vorgebracht, es gehöre nicht zu den Sorgfaltspflichten eines Unternehmens, nachzuprüfen, ob eine nationale Behörde bei der Bewilligung einer Subvention die europarechtlichen Beihilfevorschriften beachtet hat (BVerwG NJW **1993**, 2764; *Pache* in NVwZ 1994, 318). Dies käme nämlich der Einführung einer allgemeinen Pflicht des Bürgers gleich, die Rechtmäßigkeit des Verwaltungshandelns zu kontrollieren (*Pache* in NVwZ 1994, 318). Jedenfalls läge aber kein Fall des besonders schweren Außerachtlassens der im Verkehr erforderlichen Sorgfalt vor (*Triantafyllou* in NVwZ 1992, 436).

Dieser Argumentation kann indessen nicht gefolgt werden. Es muss nämlich Berücksichtigung finden, dass an ein Wirtschaftsunternehmen höhere Anforderungen hinsichtlich der Beachtung rechtlicher Vorschriften zu stellen sind als an einen »Normalbürger« (*Kopp/Ramsauer* § 48 VwVfG Rz. 110; *Stelkens/Bonk/Sachs* § 48 VwVfG Rz. 167). Im Übrigen unterrichtet die Europäische Kommission bereits seit 1983 im EG-Amtsblatt darüber, dass gemeinschaftsrechtswidrige Beihilfen zurückgefordert werden (ABl. EG 1983 C 318 S. 3). Der Rechtsprechung des EuGH ist daher jedenfalls in den Fällen zuzustimmen, in denen große Unternehmen, die zum Beispiel internationale Geschäftsbeziehungen verfolgen oder eigene Rechtsabteilungen haben, Begünstigte einer Subvention waren und nicht das Beihilfeverfahren beachtet haben (VG Köln EuZW **1990**, 387; *Schneider* in NJW 1992, 1197; in diese Richtung auch: *Pache* in NVwZ 1994, 318). Unter diesen Voraussetzungen ist von einer grob fahrlässigen Unkenntnis des Begünstigten auszugehen.

Zum Fall: Unsere GmbH ist nach Auskunft des Sachverhaltes ein ***weltweit*** tätiges Wirtschaftsunternehmen mit 1.500 Angestellten. Im Hinblick auf ihre Größe muss unterstellt werden, dass sie über den notwendigen Sachverstand verfügt, sich über das für die Gewährung der Subvention erforderliche Beihilfeverfahren zu informieren. Aufgrund der Veröffentlichungen der Kommission im EG-Amtsblatt muss ihr zudem die europarechtliche Relevanz einer solchen Subvention bewusst gewesen sein. Demzufolge hat sie ihre entsprechende Sorgfaltspflicht in besonders schwerer Weise außer Acht gelassen und daher die (EU-) Rechtswidrigkeit des Subventionsbescheides ***grob fahrlässig*** verkannt, da sie nicht dafür Sorge getragen hat, dass die Subvention ordnungsgemäß notifiziert wurde.

ZE.: Die GmbH kann sich also nach § 48 Abs. 2 Satz 3 Nr. 3 VwVfG ***nicht*** auf Vertrauensschutz berufen.

Beachte aber: Lehnt man die grob fahrlässige Unkenntnis ab (vertretbar!), muss man sich in der Klausur dann natürlich mit der Frage auseinander setzen, ob das Vertrauen auch ***schutzwürdig*** ist. Unabhängig davon, ob ein Regelfall der Schutzwürdigkeit durch Verbrauch der Mittel nach § 48 Abs. 2 Satz 2 VwVfG vorliegt oder nicht, muss man jedenfalls das besondere öffentliche Interesse an der Rücknahme berücksichtigen: Ein solches, das private Interesse verdrängende öffentliche Interesse liegt in derartigen Fallkonstellationen durch die Beteiligung europarechtlicher Vorschriften in Form des sogenannten »**effet utile**« vor (auch ***Effizienzprinzip***: EuGH NJW **1979**, 1764; *Kopp/Ramsauer* Einführung zum VwVfG Rz. 57; *Stollmann* in NVwZ 1995, 147). Nach diesem Grundsatz ist der effektive Vollzug des EU-Rechts stets vorrangig. Hiernach muss insbesondere gewährleistet sein, dass europarechtliche Vorschriften durch nationales Recht nicht beeinträchtigt werden. Damit die Beihilferegelungen nicht ins Leere laufen, muss das Effizienzprinzip das private Interesse überlagern, es sei denn, es liegen besondere Umstände vor, die eine andere Sichtweise rechtfertigen (BVerwG NJW **1993**, 2764; *Erichsen/Ehlers*, AllgVerwR, § 17 Rz. 34, 48; *Kopp/Ramsauer* § 48 VwVfG Rz. 88; *Ebeling/Tellenbröker* in JuS 2014, 217). Merken, brauchen wir später noch.

3. Rücknahmefrist des § 48 Abs. 4 VwVfG

Die Rücknahme muss nach § 48 Abs. 4 VwVfG innerhalb ***eines*** Jahres nach Kenntnisnahme der die Rechtswidrigkeit begründenden Tatsachen erfolgen. In diesem Zusammenhang stellen sich in unserem Fall nun gleich mehrere Fragen:

a) Kenntnis der Rechtswidrigkeit

Die für die Rücknahme zuständige Behörde muss ***positive*** Kenntnis der tatsächlichen Umstände, die zur Rechtswidrigkeit führen, haben – grob fahrlässige Unkenntnis genügt nicht (BVerwGE **70**, 356; VGH Mannheim NVwZ **1998**, 87; *Kopp/Ramsauer* § 48 VwVfG Rz. 137). Die Bestimmung der Frist ist relativ unproblematisch, wenn es um die ***Kenntnis*** von ***Tatsachen*** geht. Neue ***Tatsachen*** hat die Behörde vorliegend aber gar nicht erfahren. Ihr wurde erst später bewusst, dass der Verwaltungsakt von vornherein rechtswidrig war. Fraglich ist daher, ob § 48 Abs. 4 VwVfG auch gilt, wenn nur die ***Kenntnis*** der ***Rechtswidrigkeit*** in Frage steht:

- Eine Ansicht geht – unter Berufung auf den Wortlaut der Norm – davon aus, dass nur die Fälle erfasst seien, in denen die Behörde nachträglich durch ***tatsächliche Ereignisse*** auf die Rechtswidrigkeit des Verwaltungsaktes hingewiesen wird. Bei einem bloßen Rechtsirrtum sei § 48 Abs. 4 VwVfG nicht anwendbar, es beginne also keine Rücknahmefrist zu laufen (OVG Koblenz NVwZ **1984**, 735; OVG Münster DVBl **1984**, 1084).

- Dies hätte jedoch zur Konsequenz, dass man der Behörde eine zeitlich unbegrenzte Rücknahmemöglichkeit einräumen würde, obwohl der Fehler allein in ihrer Risikosphäre lag; sie kannte schließlich alle zur Rechtswidrigkeit führenden Tatsachen. Daher ist es folgerichtig, mit der herrschenden Meinung davon auszugehen, dass § 48 Abs. 4 VwVfG auch die Fälle erfasst, in denen es einzig um die Kenntnis der Rechtswidrigkeit geht (BVerwGE **70**, 356; OVG Münster NVwZ **1993**, 79; *Maurer*, AllgVerwR, § 11 Rz. 35; *Wallerath*, AllgVerwR, § 7 Rz. 182; vergleiche auch: *v. Komorowski* in JA 2004, 445). Die Jahresfrist beginnt in diesem Fall mit der Kenntnis des Rechtsfehlers zu laufen (VGH Kassel LKRZ **2015**, 345).

Zum Fall: Durch die Mitteilung der Entscheidung der Kommission hat die Behörde positive Kenntnis von der Rechtswidrigkeit des Subventionsbescheides. Diese Kenntnis der Rechtswidrigkeit reicht aus, um die Jahresfrist des § 48 Abs. 4 VwVfG in Gang zu setzen.

b) Fristablauf

Fraglich ist allerdings, ob diese Jahresfrist auch abgelaufen und daher die Rücknahme des Verwaltungsaktes ausgeschlossen ist. Die Frist beginnt gemäß **§ 31 Abs. 1 VwVfG i.V.m. § 187 Abs. 1 BGB** mit dem Ablauf des Tages, an dem die Behörde Kenntnis im Sinne von § 48 Abs. 4 erlangt und endet gemäß **§ 31 Abs. 1 VwVfG i.V.m. § 188 Abs. 2 BGB** ein Jahr nach Ablauf desjenigen Tages, der durch seine Zahl dem Tag entspricht, in den die Kenntniserlangung fällt (*Kopp/Ramsauer* § 48 VwVfG Rz. 136; vergleiche zur Fristberechnung auch Fall 3).

Wie jedoch die Kenntnis der Behörde zu bestimmen ist und wann damit die Frist im Falle eines Rechtsirrtums der Behörde zu laufen beginnt, ist umstritten:

- Früher wurde zum Teil vertreten, dass die Rücknahmefrist in solchen Fällen schon mit Erlass des Verwaltungsaktes beginne, da der Behörde bereits zu diesem Zeitpunkt alle Tatsachen bekannt seien, die die Rechtswidrigkeit begründen (BVerwGE **66**, 61; VGH Kassel NVwZ **1984**, 382; schon kritisch: VG Köln NVwZ **1984**, 537). Vorliegend hätte dies zur Folge, dass die Jahresfrist bereits abgelaufen wäre, da seit Erlass des Verwaltungsaktes weit über ein Jahr vergangen ist.

- Diese Ansicht wird heutzutage aber überwiegend abgelehnt, da sie zur Folge hat, dass die Rücknahme praktisch immer leer liefe, weil seit Erlass des Verwaltungsaktes regelmäßig so viel Zeit verstrichen sei, dass die Frist in der Regel abgelaufen wäre. Umstritten ist deshalb grundsätzlich nur noch, um welche Art von Frist es sich bei § 48 Abs. 4 VwVfG handelt: Vertreten wird zum einen die Annahme einer ***Bearbeitungsfrist***, die dann zu laufen beginnt, wenn der Behörde die Umstände bekannt werden, die die Rechtswidrigkeit des Verwaltungsaktes begründen (*Kopp* in DVBl 1985, 521; *Maurer*, AllgVerwR, § 11 Rz. 35; *Wallerath*, AllgVerwR, § 7 Rz. 183; vgl. auch *Weides* in DÖV 1985, 91). Nach anderer Auffassung handelt es sich um eine ***Entscheidungsfrist***, die erst im Zeitpunkt der Entscheidungsreife der Rücknahme, das heißt bei Kenntnis der Umstände, die es der Behörde objektiv ermöglichen, ohne weitere Sachaufklärung unter sachgerechter Ausübung ihres Ermessens über die Rücknahme zu entscheiden, zu laufen beginnt (BVerwGE **70**, 356; VGH Mannheim NVwZ **1998**, 87; *Erichsen/Brügge* in JURA 1999, 155).

Hinsichtlich der Fälle einer durch die Kommission festgestellten Rechtswidrigkeit ist indessen nach beiden Ansichten die Kenntnis der (materiellen) Gemeinschaftsrechtswidrigkeit maßgebend (*Ehlers* in DVBl 1991, 605; *Fischer* in DVBl 1990, 1089; *Stober* in JZ 1992, 1084), sofern der betroffene Mitgliedstaat nicht die »absolute Unmöglichkeit« der Rücknahme gegenüber der Kommission geltend macht (BVerwG NVwZ **1995**, 703; VGH Mannheim NVwZ **1998**, 87). Diese Kenntnis der Gemeinschaftsrechtswidrigkeit wird teilweise schon mit der ***Bekanntgabe*** der Kommissionsentscheidung angenommen (*Fischer* in DVBl 1990, 1089; *Richter* in DÖV 1995, 846). Andere sehen sie erst im Zeitpunkt der ***Bestandskraft*** der Kommissionsentscheidung als gegeben an (BVerwG EuZW **1995**, 314; *Stober* in JZ 1992, 1087).

Zum Fall: Hier bei uns ist die Jahresfrist nach allen Ansichten schon abgelaufen, da sowohl seit der Bekanntgabe der Kommissionsentscheidung als auch nach deren Bestandskraft mehr als ein Jahr vergangen war, bevor die Behörde den Subventionsbescheid zurückgenommen hat. Ein Fall der absoluten Unmöglichkeit der Rücknahme liegt nicht vor und wurde auch nicht geltend gemacht.

ZE.: Die Jahresfrist ist nach allen vertretenen Meinungen vorliegend abgelaufen. Demnach war die Rücknahme des Verwaltungsaktes ***grundsätzlich*** nicht mehr zulässig.

c) Einschränkung durch den Grundsatz »effet utile«

So. Und wenn da jetzt gerade im letzten Satz das Wort »grundsätzlich« fett und kursiv gedruckt ist, dann heißt das selbstverständlich, dass es von diesem »grundsätzlich« auch eine Ausnahme gibt: Eine solche liegt hier möglicherweise wieder aufgrund des oben schon mal erwähnten Prinzips des »**effet utile**« vor, wonach der effektive Vollzug des EU-Rechts stets vorrangig ist und insbesondere gewährleistet sein muss, dass europarechtliche Vorschriften durch nationales Recht nicht beeinträchtigt werden. Dieses Prinzip führt zwar auch nach Ansicht des EuGH nicht zwingend dazu, dass nationale Fristbestimmungen generell außer Acht zu lassen sind; notwendig ist aber, dass deren Anwendung die Gemeinschaftsinteressen ausreichend berücksichtigt (EuGH NJW **2001**, 741; EuGH EuZW **1995**, 92). In Fällen, in denen die Rechtswidrigkeit des nationalen Subventionsbescheides durch die Kommission festgestellt wurde, kann die Frist des § 48 Abs. 4 VwVfG der Entscheidung indessen nicht mehr entgegenstehen. Hier beschränkt sich die Aufgabe der nationalen Behörde darauf, die Kommissionsentscheidung durchzuführen; anderenfalls würde den Beihilfevorschriften jede praktische Wirksamkeit genommen (EuGH NJW **1998**, 47; BVerfG NJW **2000**, 2015; BVerwGE **106**, 328; *Schütz/Dibelius* in JURA 1998, 427; *Erichsen/Brügge* in JURA 1999, 155). Und das leuchtet auch ein: Käme § 48 Abs. 4 VwVfG noch zur Anwendung, hätte es letztendlich die lokale Behörde in der Hand, ob eine gemeinschaftsrechtswidrige Beihilfe zurückgefordert würde oder nicht. Sie müsste schlicht nach Kenntniserlangung die Jahresfrist versäumen und könnte danach die Beihilfe nicht mehr zurücknehmen. Dadurch wäre die Kontrollfunktion der Kommission praktisch außer Kraft gesetzt (BVerwGE **106**, 328; *Schütz/Dibelius* in JURA 1998, 427; *Erichsen/Brügge* in JURA 1999, 155).

Zum Fall: Aufgrund der Entscheidung der Kommission über die Gemeinschaftsrechtswidrigkeit der Beihilfe an die GmbH steht § 48 Abs. 4 VwVfG wegen des Prinzips des »effet utile« der Rücknahme der Beihilfe nicht entgegen. Diese war trotz Ablaufs der Jahresfrist zulässig.

4. Rechtsfolge

Normalerweise steht die Entscheidung, ob ein rechtswidriger Verwaltungsakt zurückzunehmen ist, im Ermessen der Behörde. Diese Ermessensentscheidung ist allerdings in Fallkonstellationen wie der vorliegenden aufgrund des Prinzips »effet utile« auf Null reduziert, da eine behördliche Ermessensausübung die wirksame Durchsetzung der beihilfenrechtlichen Vorschriften verhindern könnte (EuGH NJW **1998**, 47; BVerwGE **92**, 81; *Schütz/Dibelius* in JURA 1998, 435). Dies gilt nach differenzierender Ansicht allerdings nur dann, wenn – wie hier – eine verbindliche Rücknahmeentscheidung der EU-Kommission vorliegt (*Ehlers/Kallerhoff* in JURA 2009, 823). Dementsprechend war die Rücknahmeentscheidung der Behörde die einzig mögliche und damit ermessensfehlerfreie Entscheidung.

Ergebnis: Die Rücknahme des Subventionsbescheides war somit formell und materiell rechtmäßig. Die Klage der GmbH ist diesbezüglich unbegründet.

2. Teil: Die Klage gegen die Rückforderung des Geldes

Die Anfechtungsklage ist begründet, soweit die Rückforderung des Geldes rechtswidrig und die GmbH dadurch in ihren Rechten verletzt ist (§ 113 Abs. 1 Satz 1 VwGO).

I. Ermächtigungsgrundlage

Mangels spezialgesetzlicher Regelungen kommt als Ermächtigungsgrundlage nur der uns aus dem letzten Fall mittlerweile bekannte **§ 49a VwVfG** in Betracht.

II. Formelle Rechtmäßigkeit der Aufhebung

Die Rückforderung des Geldes erfolgte – wie auch die Aufhebung des Subventionsbescheides – formell rechtmäßig.

III. Materielle Rechtmäßigkeit

Die Tatbestandsvoraussetzungen des § 49a Abs. 1 VwVfG sind durch die Rücknahme des Subventionsbescheides erfüllt. Hinsichtlich des Umfangs des Erstattungsanspruchs kommt für die GmbH allerdings eine Berufung auf den Grundsatz des Wegfalls der Bereicherung nach § 49a Abs. 2 Satz 1 VwVfG i.V.m. **§ 818 Abs. 3 BGB** in Betracht. Die GmbH hat insoweit vorgetragen, das Geld vollständig verbraucht zu haben, also ***entreichert*** zu sein. Wie wir indessen schon aus Fall 13 wissen, schließt § 49a Abs. 2 **Satz 2** VwVfG diese Einrede für den Fall der positiven Kenntnis oder der grob fahrlässigen Unkenntnis der Umstände, die zur Rücknahme geführt haben, aus. Diese grob fahrlässige Unkenntnis hatte die GmbH – wie oben bereits ausgeführt – aber, sodass die Berufung auf § 818 Abs. 3 BGB ausgeschlossen ist.

> **Feinkost zum Schluss:** Falls in der Klausur die grob fahrlässige Unkenntnis der Umstände abgelehnt wurde, kommt man übrigens trotzdem zum selben Ergebnis. Andernfalls könnte nämlich durch den Entreicherungseinwand die Rückforderung gemeinschaftsrechtswidriger Beihilfen unmöglich gemacht werden. Auch dies würde wieder einen Verstoß gegen das Prinzip des »effet utile« darstellen (EuGH NJW **1998**, 47; BVerwG NJW **1998**, 3728).

Ergebnis: Auch die Rückforderung des Geldes erfolgte demnach rechtmäßig. Die diesbezügliche Klage ist ebenso unbegründet.

Gutachten

1. Teil: Klage gegen die Aufhebung des Subventionsbescheides

Begründetheit

Die Anfechtungsklage ist begründet, soweit die Aufhebung des Subventionsbescheides rechtswidrig und die GmbH dadurch in ihren Rechten verletzt ist (§ 113 Abs. 1 Satz 1 VwGO).

I. Ermächtigungsgrundlage

Bei dem Subventionsbescheid handelt es sich um einen Verwaltungsakt nach § 35 Satz 1 VwVfG. Mangels spezialgesetzlicher Regelungen kommen als Ermächtigungsgrundlage nur die §§ 48 ff. VwVfG in Betracht.

II. Formelle Rechtmäßigkeit

Die Aufhebung des Subventionsbescheides erfolgte formell rechtmäßig.

III. Materielle Rechtmäßigkeit

1. Rechtmäßigkeit/Rechtswidrigkeit des Subventionsbescheides

Als möglicher Anhaltspunkt einer Rechtswidrigkeit des Subventionsbescheides kommt lediglich ein Verstoß gegen die Art. 107 ff. AEUV in Betracht. Ein solcher kann in Form der materiellen Unvereinbarkeit einer Beihilfe mit dem gemeinsamen Markt nach Art. 107 Abs. 1 AEUV oder durch einen formellen Verfahrensfehler nach Art. 108 AEUV vorliegen. Ob dies tatsächlich der Fall ist, muss allerdings nicht mehr geprüft werden, wenn es bereits verbindlich feststeht. Trifft die Kommission eine Entscheidung über die Rechtswidrigkeit einer Beihilfe, ist diese Entscheidung für alle Beteiligten bindend. Diese Bindungswirkung erwächst auch in »Bestandskraft«, wenn nicht der betroffene Subventionsempfänger oder der Mitgliedstaat innerhalb von zwei Monaten nach Art. 263 AEUV Klage gegen die Kommissionsentscheidung beim Europäischen Gerichtshof erster Instanz einreicht. Die Kommission hat vorliegend eine Verletzung des Notifizierungsgebots und die Unvereinbarkeit der Subvention mit dem gemeinsamen Markt festgestellt. Gegen diese Entscheidung wurde keine Nichtigkeitsklage nach Art. 263 AEUV erhoben. Demzufolge ist die Kommissionsentscheidung bestandskräftig geworden. Ob tatsächlich gegen die Art. 107, 108 AEUV verstoßen wurde, muss also nicht mehr geklärt werden. Der Subventionsbescheid ist jedenfalls rechtswidrig.

2. Vertrauensschutz nach § 48 Abs. 2 VwVfG

Der Subventionsbescheid stellt einen rechtswidrigen, begünstigenden Verwaltungsakt dar, der eine einmalige Geldleistung gewährt und daher nur unter Berücksichtigung der zusätzlichen Voraussetzungen des § 48 Abs. 2 VwVfG zurückgenommen werden darf. Sofern die GmbH also auf den Bestand des Verwaltungsaktes vertraut hat und ihr Vertrauen unter Abwägung mit dem öffentlichen Interesse an einer Rücknahme schutzwürdig ist, konnte der Verwaltungsakt nicht zurückgenommen werden.

a) Vertrauen in den Bestand

Der Begünstigte hat auf den Bestand des Verwaltungsaktes vertraut, wenn er fest damit gerechnet hat, dass der Verwaltungsakt nicht aufgehoben wird. Dies ist jedenfalls dann der Fall, wenn er in Erwartung auf den Bestand des Verwaltungsaktes bereits Dispositionen getroffen hat. Die GmbH hat die Subvention vollständig verbraucht und tat dies ausweislich des Sachverhalts auch in der Erwartung, der Subventionsbescheid bliebe bestehen. Sie hat folglich auf den Bestand des Verwaltungsaktes vertraut.

b) Schutzwürdigkeit des Vertrauens

Dieses Vertrauen muss aber auch schutzwürdig gewesen sein. Nach § 48 Abs. 2 Satz 3 Nr. 3 VwVfG kann sich der Begünstigte (also die GmbH) nicht auf Vertrauen berufen, wenn er die Rechtswidrigkeit des Verwaltungsaktes kannte oder infolge grober Fahrlässigkeit nicht kannte. Positive Kenntnis der (EU-) Rechtswidrigkeit des Subventionsbescheides hatte die GmbH nicht. Fraglich ist aber, ob sie diese nicht grob fahrlässig verkannt hat.

Grob fahrlässig handelt, wer die im Verkehr erforderliche Sorgfalt in besonders schwerer Weise außer Acht lässt. Maßstab ist hierbei die individuelle Gegebenheit, insbesondere auch die persönlichen Umstände und Fähigkeiten des Begünstigten. Teilweise wird eine grob fahrlässige Unkenntnis der (EU-) Rechtswidrigkeit immer dann angenommen, wenn sich der Begünstigte (Beihilfenempfänger) nicht darüber informiert hat, ob sein Mitgliedstaat die Beihilfe nach Art. 108 Abs. 3 Satz 1 AEUV ordnungsgemäß bei der Kommission zur Vorprüfung angemeldet hat. Einem sorgfältigen Gewerbetreibenden sei es regelmäßig möglich, sich zu vergewissern, dass dieses Verfahren eingehalten wurde.

Dieser pauschalen Annahme der grob fahrlässigen Unkenntnis könnte jedoch entgegengehalten werden, dass es nicht zu den grundsätzlichen Sorgfaltspflichten eines jeden Unternehmens gehört, nachzuprüfen, ob eine nationale Behörde bei der Bewilligung einer Subvention die europarechtlichen Beihilfevorschriften beachtet hat. Dies käme der Einführung einer allgemeinen Pflicht des Bürgers gleich, die Rechtmäßigkeit des Verwaltungshandelns zu kontrollieren. Jedenfalls liegt hierin aber nicht immer ein Fall des besonders schweren Außerachtlassens der im Verkehr erforderlichen Sorgfalt. Andererseits muss jedoch berücksichtigt werden, dass an ein Wirtschaftsunternehmen aufgrund höherer Sach- und Rechtskunde strengere Anforderungen hinsichtlich der Beachtung rechtlicher Vorschriften zu stellen sind als an einen »Normalbürger«. Darüber hinaus unterrichtet die Kommission regelmäßig im EG-Amtsblatt darüber, dass gemeinschaftsrechtswidrige Beihilfen zurückgefordert werden. Sofern also ein großes Unternehmen, das zum Beispiel internationale Geschäftsbeziehungen verfolgt oder eine eigene Rechtsabteilung hat, Begünstigter einer Subvention ist, kann unterstellt werden, dass sich dieses über die Einhaltung des Beihilfenkontrollverfahrens informieren muss. In diesen Fällen besonderer Sachkunde stellt die Nichtbeachtung des Notifizierungsverfahrens des Art. 108 Abs. 3 AEUV demzufolge ein besonders schweres Außerachtlassen der im Verkehr erforderlichen Sorgfalt dar.

Die GmbH ist ein weltweit tätiges Wirtschaftsunternehmen mit 1.500 Angestellten. Aufgrund ihrer Größe muss unterstellt werden, dass sie über den notwendigen Sachverstand verfügte, sich über das für die Gewährung der Subvention erforderliche Beihilfeverfahren zu informieren. Aufgrund der Veröffentlichungen der Kommission im EG-Amtsblatt muss ihr die europarechtliche Relevanz einer solchen Subvention bewusst gewesen sein. Demzufolge hat sie ihre dementsprechende Sorgfaltspflicht in besonders schwerer Weise außer Acht gelassen und daher die (EU-) Rechtswidrigkeit des Subventionsbescheides grob fahrlässig verkannt, da sie nicht dafür Sorge getragen hat, dass die Subvention ordnungsgemäß notifiziert wurde. Sie kann sich also nach § 48 Abs. 2 Satz 3 Nr. 3 VwVfG nicht auf Vertrauensschutz berufen.

3. Rücknahmefrist des § 48 Abs. 4 VwVfG

Die Rücknahme muss nach § 48 Abs. 4 VwVfG innerhalb eines Jahres nach Kenntnisnahme der die Rechtswidrigkeit begründenden Tatsachen erfolgen. Die für die Rücknahme zuständige Behörde muss positive Kenntnis der tatsächlichen Umstände, die zur Rechtswidrigkeit führen, haben – grob fahrlässige Unkenntnis genügt nicht. Neue Tatsachen hat die Behörde vorliegend aber nicht erfahren. Ihr wurde erst später bewusst, dass der Verwaltungsakt von vornherein rechtswidrig war. Fraglich ist daher, ob § 48 Abs. 4 VwVfG auch gilt, wenn nur die Kenntnis der Rechtswidrigkeit, also ein bloßer Rechtsirrtum, in Frage steht.

Es ließe sich – vom Wortlaut der Norm ausgehend – vertreten, dass nur die Fälle erfasst seien, in denen die Behörde nachträglich durch tatsächliche Ereignisse auf die Rechtswidrigkeit des Verwaltungsaktes hingewiesen wird. Bei einem bloßen Rechtsirrtum sei § 48 Abs. 4 VwVfG nicht anwendbar, es beginne also keine Rücknahmefrist zu laufen. Dies hätte jedoch zur Konsequenz, dass man der Behörde eine zeitlich unbegrenzte Rücknahmemöglichkeit einräumen würde, obwohl der Fehler allein in ihrer Risikosphäre lag; sie kannte schließlich alle zur Rechtswidrigkeit führenden Tatsachen. Daher ist folgerichtig davon auszugehen, dass § 48 Abs. 4 VwVfG auch die Fälle erfasst, in denen es einzig um die Kenntnis der Rechtswidrigkeit geht.

Demnach ist die Jahresfrist grundsätzlich auch auf den vorliegenden Fall anwendbar. Fraglich ist, ob diese Jahresfrist abgelaufen und daher die Rücknahme des Verwaltungsaktes ausgeschlossen ist. Hierfür muss zunächst geklärt werden, wann die Frist im Falle eines Rechtsirrtums der Behörde zu laufen beginnt. Früher wurde zum Teil vertreten, dass die Rücknahmefrist in solchen Fällen bereits mit Erlass des Verwaltungsaktes beginne, da der Behörde bereits zu diesem Zeitpunkt alle Tatsachen bekannt seien, die die Rechtswidrigkeit begründen. Dies würde für den Fall bedeuten, dass die Jahresfrist bereits abgelaufen wäre, da seit Erlass des Verwaltungsaktes eine entsprechende Zeit vergangen ist.

Eine solche Ansicht hat allerdings zur Folge, dass die Rücknahme praktisch immer leer läuft, weil seit Erlass des Verwaltungsaktes regelmäßig so viel Zeit verstrichen ist, dass die Frist in der Regel abgelaufen ist. Auf den ursprünglichen Erlass des Verwaltungsaktes kann daher nicht abgestellt werden. Maßgeblicher Zeitpunkt für den Beginn der Frist muss in Fällen einer durch die Kommission festgestellten Rechtswidrigkeit – ungeachtet der Frage ob es sich bei § 48 Abs. 4 VwVfG um eine Bearbeitungs- oder Entscheidungsfrist handelt – der Zeitpunkt sein, an dem die Behörde Kenntnis der (materiellen) Gemeinschaftsrechtswidrigkeit erlangt. Diese Kenntnis der Gemeinschaftsrechtswidrigkeit wird teilweise schon mit der Bekanntgabe der Kommissionsentscheidung angenommen. Andere sehen sie erst im Zeitpunkt der Bestandskraft der Kommissionsentscheidung als gegeben an. Vorliegend ist die Jahresfrist nach allen Ansichten schon abgelaufen. Sowohl seit der Bekanntgabe der Kommissionsentscheidung als auch nach deren Bestandskraft ist mehr als ein Jahr vergangen, bevor die Behörde den Subventionsbescheid zurückgenommen hat. Daher ist die Rücknahme grundsätzlich nach § 48 Abs. 4 VwVfG abgelaufen.

Dies hätte aber zur Folge, dass es letztendlich die Behörde in der Hand hat, ob eine gemeinschaftsrechtswidrige Beihilfe zurückgefordert würde oder nicht. Sie müsste schlicht nach Kenntniserlangung die Jahresfrist versäumen und könnte danach die Beihilfe nicht mehr zurücknehmen. Dadurch wäre die Kontrollfunktion der Kommission praktisch außer Kraft gesetzt. Dies widerspräche dem gemeinschaftsrechtlichen Grundsatz des »effet utile«, nach dem gewährleistet sein muss, dass europarechtliche Vorschriften durch nationales Recht nicht beeinträchtigt werden. In Fällen, in denen die Rechtswidrigkeit des nationalen Subventionsbescheides durch die Kommission festgestellt wurde, kann die Frist des § 48 Abs. 4 VwVfG der Entscheidung daher nicht mehr entgegenstehen. Hier beschränkt sich die Aufgabe der nationalen Behörde darauf, die Kommissionsentscheidung durchzuführen; anderenfalls würde den Beihilfevorschriften jede praktische Wirksamkeit genommen. Die Rücknahmefrist des § 48 Abs. 4 VwVfG steht der Rücknahme daher nicht entgegen.

4. Rechtsfolge

Grundsätzlich steht die Entscheidung, ob ein rechtswidriger Verwaltungsakt zurückzunehmen ist, im Ermessen der Behörde. Diese Ermessensentscheidung ist allerdings in Fallkonstellationen wie der vorliegenden aufgrund des Prinzips »effet utile« auf Null reduziert, da eine behördliche Ermessensausübung die wirksame Durchsetzung der beihilfenrechtlichen Vorschriften verhindern könnte. Dementsprechend war die Rücknahmeentscheidung der Behörde die einzig mögliche und damit ermessensfehlerfreie Entscheidung.

Ergebnis: Die Klage gegen die Rücknahme des Subventionsbescheides ist daher unbegründet.

2. Teil: Die Klage gegen die Rückforderung des Geldes

Begründetheit

Die Anfechtungsklage ist begründet, soweit die Rückforderung des Geldes rechtswidrig und die GmbH dadurch in ihren Rechten verletzt ist (§ 113 Abs. 1 Satz 1 VwGO).

I. Ermächtigungsgrundlage

Mangels spezialgesetzlicher Regelungen kommt als Ermächtigungsgrundlage nur § 49a VwVfG in Betracht.

II. Formelle Rechtmäßigkeit

Die Rückforderung des Geldes erfolgte – wie auch die Aufhebung des Subventionsbescheides – formell rechtmäßig.

III. Materieller Rechtmäßigkeit

Die Tatbestandsvoraussetzungen des § 49a Abs. 1 VwVfG sind durch die Rücknahme des Subventionsbescheides erfüllt. Hinsichtlich des Umfangs des Erstattungsanspruchs kommt eine Berufung auf den Grundsatz des Wegfalls der Bereicherung nach § 49a Abs. 2

Satz 1 VwVfG i.V.m. § 818 Abs. 3 BGB in Betracht. Die GmbH hat vorgetragen, das Geld vollständig verbraucht zu haben, also entreichert zu sein.

Allerdings schließt § 49a Abs. 2 Satz 2 VwVfG diese Einrede für den Fall der positiven Kenntnis oder der grob fahrlässigen Unkenntnis der Umstände, die zur Rücknahme geführt haben, aus. Diese grob fahrlässige Unkenntnis hatte die GmbH – wie oben bereits ausgeführt – aber, sodass der Entreicherungseinwand ausgeschlossen ist.

Ergebnis: Die Rückforderung des Geldes erfolgte daher ebenfalls rechtmäßig. Auch die hiergegen erhobene Klage ist unbegründet und wird mithin keinen Erfolg haben.

Fall 15

Eine ziemlich enge Kiste

In der D-Straße der kreisfreien Stadt K findet schon seit etlichen Jahren am letzten Augustwochenende ein großes Straßenfest statt. Zu diesem kommen regelmäßig mehrere tausend Besucher, um bei Wein und Bier die angebotenen Attraktionen zu bestaunen. Rechtsstudent R ist seit Jahren als selbstständiger Gewerbetreibender im Reisegewerbe tätig und möchte in diesem Jahr selbst einen Verkaufsstand auf dem Straßenfest betreiben. Aus diesem Grund baut er seinen alten Wohnwagen in eine moderne Bar um, damit er dort Gästen eine Entspannungsmöglichkeit anbieten und gleichzeitig Longdrinks und Cocktails verkaufen kann. Er beantragt bei der zuständigen Behörde für das Straßenfestwochenende eine gaststättenrechtliche Erlaubnis nach den §§ 2 Abs. 1, 1 Abs. 2 GastG. Diese erteilt ihm auch die Erlaubnis, allerdings mit dem Zusatz, dass R dafür Sorge tragen muss, dass sich gleichzeitig nicht mehr als fünf Gäste in der Wohnwagen-Bar aufhalten. Bei einer Zuwiderhandlung wird ein Zwangsgeld in Höhe von 1.500 Euro angedroht.

Die Behörde begründet diesen Zusatz damit, dass – was zutrifft – der Wohnwagen nur einen Ein- und Ausgang hat und zudem im Inneren durch das aufgestellte Mobiliar sehr verwinkelt ist. Eine größere Besucherzahl stelle im Falle eines Brandes ein zu hohes Risiko für die Gäste dar. R ist entsetzt über diesen Zusatz und sieht sich aufgrund der zu erwartenden erheblichen finanziellen Einbußen in seinem Recht aus Art. 12 Abs. 1 GG verletzt. Er führt in seinem rechtzeitig eingelegten Widerspruch sachlich zutreffend an, dass eine behördliche Besucherzahlfestlegung normalerweise einen Orientierungswert von zwei Besuchern je Quadratmeter zu Grunde legt. Danach könnten aber mindestens zehn Besucher gleichzeitig den Wohnwagen besuchen.

Nach Erhalt des ablehnenden Widerspruchsbescheides reicht R Klage beim Verwaltungsgericht ein. Er möchte erreichen, dass ihm eine uneingeschränkte Erlaubnis erteilt wird.

Wie wird das Gericht entscheiden?

Schwerpunkte: Nebenbestimmungen zum Verwaltungsakt gemäß § 36 VwVfG; die isolierte Anfechtung von Nebenbestimmungen; spezialgesetzliche Ermächtigung des § 5 Abs. 1 GastG; Gefahrenabwehr im Gaststättenrecht.

Lösungsweg

Einstieg: Zusätze zu Verwaltungsakten, um die es hier im Fall hauptsächlich geht, gehören zur alltäglichen Praxis der Verwaltung. Dementsprechend haben solche Zusätze auch eine beachtliche Klausurrelevanz, und zwar sowohl in der universitären Ausbildung als auch im Staatsexamen. Inhaltlich geht es in den Klausuren zumeist darum, zum einen das Vorliegen einer sogenannten »**Nebenbestimmung**« im Sinne von § 36 VwVfG festzustellen bzw. von den anderen möglichen Varianten eines Zusatzes abzugrenzen, um zum anderen dann im zweiten Schritt auch den zutreffenden Rechtsschutz gegen solche Nebenbestimmungen zu finden. Der vorliegende Fall dient uns dazu, die verschiedenen Problematiken kennen zu lernen und die entsprechenden Lösungsansätze zu verstehen. Das Ganze ist übrigens nicht wirklich schwierig, vorausgesetzt, man bequemt sich, das Gesetz mit den entsprechenden Vorschriften sorgfältig zu lesen; auswendig lernen muss man erfreulicherweise tatsächlich eigentlich so gut wie nix, denn das Meiste steht im Gesetzestext. Materiell-rechtlich ist die Problematik um gaststättenrechtliche Besucherbeschränkungen angelehnt an eine unveröffentlichte Entscheidung des VG Sigmaringen vom 15.02.2005 (Akz.: 9 K 595/03). Also dann:

Das Gericht wird der Klage des R stattgeben, wenn sie zulässig und begründet ist.

A. Zulässigkeit

I. Verwaltungsrechtsweg

Mangels aufdrängender Spezialzuweisung kann sich die Eröffnung des Verwaltungsrechtswegs nur aus § 40 Abs. 1 Satz 1 VwGO ergeben. Dann muss es sich um eine öffentlich-rechtliche Streitigkeit nichtverfassungsrechtlicher Art handeln, die keinem anderen Gericht zugewiesen ist. Die Beteiligten streiten hier über die Erteilung einer Gaststättenerlaubnis. Allein fraglich ist, ob diese Streitigkeit auch öffentlich-rechtlicher Natur ist. Hierfür müssen die streitentscheidenden Normen solche des öffentlichen Rechts sein, das heißt, sie müssen einzig einen Hoheitsträger berechtigen oder verpflichten. Streitentscheidend sind die Vorschriften des GastG, die als klassische Bestimmungen des Sonderordnungsrechts lediglich Behörden berechtigen, Gaststättenerlaubnisse zu erteilen, mithin öffentlich-rechtlicher Natur sind. Somit ist der Verwaltungsrechtsweg nach § 40 Abs. 1 Satz 1 VwGO eröffnet.

II. Statthafte Klageart

Die statthafte Klageart richtet sich nach dem tatsächlichen Begehren des Klägers (§ 88 VwGO). Klageziel des R ist es, eine ***uneingeschränkte*** Gaststättenerlaubnis zu erlangen. Notwendig ist insoweit, dass die für R belastende Besucherbeschränkung aus der Welt geschaffen wird.

Achtung: Auf den ersten Blick kommt daher nur eine ***Verpflichtungsklage*** auf Erteilung einer uneingeschränkten Erlaubnis nach § 42 Abs. 1 VwGO in Betracht. Möglicherweise kann R aber auch isoliert gegen die zusätzliche Belastung vorgehen und an der ihm schon erteilten Erlaubnis als solcher festhalten. Ein solches Vorgehen hat für den Betroffenen den Vorteil, dass die eigentliche Erlaubnis außer Streit gestellt und lediglich der belastende Zusatz einer gerichtlichen Überprüfung unterzogen wird (*Axer* in JURA 2001, 748; *Czybulka/Biermann* in JuS 2000, 353). Die grundsätzliche Zulässigkeit isolierter Anfechtungsklagen auch gegen Teile von Verwaltungsakten ergibt sich jedenfalls aus dem Wortlaut des § 113 Abs. 1 Satz 1 VwGO (»**soweit**«). Um zu klären, ob auch der vorliegend in Streit stehende Zusatz isoliert angefochten werden kann, müssen wir zunächst mal dessen Rechtsnatur untersuchen und im Anschluss die Frage nach der Anfechtbarkeit solcher Zusätze prüfen:

1. Rechtsnatur des Zusatzes

Unstreitig ***nicht*** zulässig ist eine isolierte Anfechtung gegen ***Inhaltsbestimmungen*** eines Verwaltungsaktes, die dessen Inhalt und den Umfang der Wirksamkeit nach § 43 VwVfG konkretisieren. Hier würde die isolierte Anfechtung nämlich einen anderen Verwaltungsakt schaffen; in diesen Fällen ist nur eine Verpflichtungsklage statthaft (*Hufen/Bickenbach* in JuS 2004, 867; *Wolff/Bachof/Stober*, VerwR II, § 48 Rz. 29a).

> **Definition:** Eine ***Inhaltsbestimmung*** eines Verwaltungsaktes konkretisiert den Regelungsgegenstand des Verwaltungsaktes, indem sie dessen Inhalt und Umfang näher beschreibt (*Axer* in JURA 2001, 748).

Zum Fall: Der in Streit stehende Zusatz der Besucherbeschränkung steht ***neben*** der eigentlichen Gaststättenerlaubnis. Er stellt keine Konkretisierung der Genehmigung, sondern einen eigenständigen, belastenden Zusatz dar.

<u>ZE.</u>: Eine Inhaltsbestimmung liegt nicht vor.

Bei dem Zusatz könnte es sich um eine ***Nebenbestimmung*** im Sinne von **§ 36 VwVfG** handeln. In Absatz 2 werden folgende Arten von Nebenbestimmungen unterschieden:

a) Unselbstständige Nebenbestimmungen

Nach **§ 36 Abs. 2 VwVfG** darf ein Verwaltungsakt ***erlassen werden mit*** den Nebenbestimmungen der Nr. 1–3 (→ Befristung, Bedingung und Widerrufsvorbehalt). Diese Formulierung zeigt, dass solche Nebenbestimmungen als Teil des Verwaltungsaktes erlassen werden und legt demzufolge eine Bezeichnung als »**unselbstständige**« nah (*Hufen/Bickenbach* in JuS 2004, 867).

> → Nach § 36 Abs. 2 **Nr. 1** VwVfG liegt eine ***Befristung*** vor, wenn eine Vergünstigung oder Belastung zu einem bestimmten Zeitpunkt beginnt, endet oder für einen bestimmten Zeitraum gilt. Das Datum des Zeitpunktes muss nicht feststehen, es genügt, dass er sich aus einem Ereignis ergibt, sofern dessen Eintritt hinreichend gewiss ist (BVerwGE **60**, 269; *Wallerath*, AllgVerwR, § 7 Rz. 82).

→ Die ***Bedingung*** macht nach § 36 Abs. 2 **Nr. 2** VwVfG den Eintritt oder den Wegfall einer Vergünstigung oder Belastung von dem ungewissen Eintritt eines zukünftigen Ereignisses abhängig. Im Unterschied zur Befristung ist maßgebliches Kriterium keine Zeitbestimmung, sondern ein ***sonstiges*** in der Zukunft liegendes ***Ereignis*** (BVerwG NVwZ **2015**, 1764; *Maurer*, AllgVerwR, § 12 Rz. 6; *Giemulla/Jaworsky/Müller-Uri*, VerwR, Rz. 470).

→ Der ***Widerrufsvorbehalt*** des § 36 Abs. 2 **Nr. 3** VwVfG räumt der Verwaltung schließlich die Befugnis ein, die Wirksamkeit eines Verwaltungsaktes durch einen späteren Widerruf (lies **§ 49 Abs. 2 Nr. 1 VwVfG**) zu beseitigen (*Axer* in JURA 2001, 748; *Kopp/Ramsauer* § 36 VwVfG Rz. 23).

b) Selbstständige Nebenbestimmungen

Die Nebenbestimmungen des § 36 Abs. 2 Nr. 4 und 5 VwVfG sind vom Wortlaut her nur mit dem Verwaltungsakt ***verbunden***, also nicht dessen integraler Bestandteil. Dementsprechend kann man sie als »**selbstständige**« Nebenbestimmungen bezeichnen (*Hufen/Bickenbach* in JuS 2004, 867). Diese haben auch einen jeweils eigenen Regelungscharakter und werden daher heutzutage überwiegend als eigenständige Verwaltungsakte behandelt (*Giemulla/Jaworsky/Müller-Uri*, VerwR, Rz. 476, 483; *Maurer*, AllgVerwR, § 12 Rz. 9 ff.; *Wolff/Bachof/Stober*, VerwR II, § 47 Rz. 9; zur abweichenden Ansicht: *Wallerath*, AllgVerwR, § 7 Rz. 87). Im Einzelnen:

→ Eine ***Auflage*** ist nach § 36 Abs. 2 **Nr. 4** VwVfG eine Bestimmung, durch die dem Begünstigten ein Tun, Dulden oder Unterlassen vorgeschrieben wird. Trotz ihres grundsätzlich eigenständigen Charakters ist die Auflage dennoch in ihrem Regelungsgehalt vom Grund-Verwaltungsakt abhängig. Schwierig ist oftmals die Abgrenzung zur Bedingung. Hierfür sollte man sich folgende – durch *Carl von Savigny* entwickelte – gängige Faustformel einprägen:

Die Bedingung suspendiert, zwingt aber nicht; die Auflage zwingt, suspendiert aber nicht (*Savigny*, System des heutigen römischen Rechts III [1840], S. 231).

Das heißt, dass eine Bedingung anzunehmen ist, wenn die Behörde das Wirksamwerden eines Verwaltungsaktes von einem Ereignis abhängig machen will – bis dahin ist die Wirksamkeit ***suspendiert***. Im Falle einer Auflage ist der Verwaltungsakt unabhängig vom Eintritt eines Ereignisses (Tun, Dulden oder Unterlassen) von Beginn an wirksam, aber selbstständig vollstreckbar – daher ***zwingt*** sie (vgl. *Wagner* in JA 2008, 866). Kapiert!?

→ Der ***Auflagenvorbehalt*** nach § 36 Abs. 2 **Nr. 5** VwVfG ermöglicht schließlich die nachträgliche Aufnahme, Änderung oder Ergänzung einer Auflage. Er kommt vor allem in Betracht, wenn die Auswirkungen einer Regelung noch nicht voll absehbar sind und die Behörde das Entstehen eines Vertrauenstatbestandes verhindern will (*Heitsch* in DÖV 2003, 367; *Hufen/Bickenbach* in JuS 2004, 867).

Zum Fall: Der Zusatz, eine bestimmte Besucherzahl nicht zu überschreiten, könnte sowohl eine Auflage (→ Erlaubnis wirksam, Zusatz selbstständig vollstreckbar) als auch eine Bedingung (→ Erlaubnis wird bei Zuwiderhandlung unwirksam) sein. Die Behörde hat ihren entsprechenden Willen nicht ausdrücklich geäußert, sodass eine Auslegung erforderlich ist. Die Wortwahl der Behörde ist dabei stets der Ausgangspunkt (*Voßkuhle/Kaiser* in JuS 2012, 699), hat aber lediglich Indizwirkung (*Axer* in JURA 2001, 748). Eine Bedingung liegt regelmäßig vor, wenn die Beachtung der Verhaltensvorgaben derart wichtig erscheint, dass die Wirksamkeit des Verwaltungsaktes davon abhängen soll. Im Zweifelsfall ist stets eine Auflage als für den Bürger weniger belastende Maßnahme anzunehmen (*Axer* in JURA 2001, 748; *Erichsen* in JURA 1990, 214; *Brenner* in JuS 1996, 281).

Die Behörde selbst spricht von einem Zusatz, sodass die Bezeichnung hinsichtlich der Abgrenzung nicht weiterhilft. Der vorliegende Zusatz hat zwar aufgrund des gefahrenabwehrrechtlichen Hintergrundes ein gewisses Gewicht; dass die Wirksamkeit der Genehmigung aber zwingend davon abhängen soll, ist nicht ersichtlich. Für die Qualifizierung der vorliegenden Nebenbestimmung als ***Auflage*** spricht insbesondere die Androhung eines Zwangsgeldes bei Zuwiderhandlung. Im Gegensatz zur Bedingung kann eine Auflage im Wege der Verwaltungsvollstreckung mit Zwangsmitteln durchgesetzt werden. Dieses Ergebnis entspricht auch der Regel, dass im Zweifel immer eine Auflage als eine den Adressaten im Vergleich zur auflösenden Bedingung weniger belastende Nebenbestimmung anzunehmen ist (vgl. oben).

ZE.: Bei dem hier zu prüfenden Zusatz handelt es sich um eine Nebenbestimmung in Form einer ***Auflage*** nach **§ 36 Abs. 2 Nr. 4 VwVfG**.

2. Isolierte Anfechtbarkeit von Nebenbestimmungen

Ob und in welchem Umfang Nebenbestimmungen isoliert angefochten werden können, ist umstritten. Hierzu gibt es insgesamt vier (!) Meinungen, die wir uns jetzt anschauen wollen; aber keine Panik: Drei von den vier Auffassungen führen jedenfalls bei selbstständigen Nebenbestimmungen regelmäßig zum gleichen Ergebnis, das Ganze ist also nicht wirklich dramatisch. Anschauen müssen wir sie aber trotzdem:

- Nach einer – nur noch vereinzelt vertretenen – Ansicht ist eine Anfechtung belastender Nebenbestimmungen stets ***unzulässig***. Durch Beifügung von Nebenbestimmungen werde einem Antrag nicht in vollem Umfang stattgegeben. Die Auslegung des Klagebegehrens ergebe, dass es dem Kläger der Sache nach um den Erlass eines unbeschränkten Verwaltungsaktes ginge. Nach dem Rechtsschutzsystem der VwGO könne hierfür nur die Verpflichtungsklage Anwendung finden. Im Übrigen sei beachtlich, dass Nebenbestimmungen ein eigenständiger Regelungsgehalt fehle und sie daher nicht als selbstständig anfechtbare Verwaltungsakte anzusehen seien. Dies gelte auch für die Auflage, deren scheinbare Selbstständigkeit durch die Akzessorietät zum Haupt-Verwaltungsakt überlagert würde (*Fehn* in DÖV 1988, 202; *Stadie* in DVBl 1991, 613).

Zum Fall: Nach dieser Ansicht scheidet eine isolierte Anfechtung der Auflage aus.

- Teile des Schrifttums und der älteren Rechtsprechung stellen hinsichtlich der Anfechtung von Nebenbestimmungen demgegenüber auf die ***Art der Hauptregelung*** ab. Bei Nebenbestimmungen zu einem gebundenen Verwaltungsakt soll eine isolierte Anfechtung grundsätzlich zulässig sein, während bei Nebenbestimmungen zu Ermessensverwaltungsakten allein eine Verpflichtungsklage, gerichtet auf Erlass eines nebenbestimmungsfreien Verwaltungsaktes statthaft sei. Andernfalls könne der Behörde ein ungewollter (Rest-) Verwaltungsakt aufgedrängt werden (BVerwGE **55**, 135; OVG Münster DVBl **1992**, 920; *Jahndorf* in JA 1999, 676; *Kopp/Schenke* § 42 VwGO Rz. 24; *Stelkens* in NVwZ 1985, 469).

Zum Fall: Bei einer Gaststättenerlaubnis nach § 2 GastG handelt es sich um ein »präventives Verbot mit Erlaubnisvorbehalt« (VGH München GewArch **2004**, 491; *Metzner* § 2 GastG Rz. 1). Der Antragssteller hat zwingend – wegen Art. 12 GG – einen Anspruch auf Erteilung einer Erlaubnis, wenn nicht einer der in § 4 Abs. 1 GastG abschließend aufgezählten Versagungsgründe vorliegt. Dementsprechend handelt es sich um eine gebundene Entscheidung, sodass nach dieser Auffassung hier eine isolierte Anfechtbarkeit möglich ist.

- Die überwiegenden Teile der älteren Rechtsprechung und der Literatur differenzieren beim Rechtsschutz gegen Nebenbestimmungen nach der **Art *der Nebenbestimmung***. Gegen unselbstständige Nebenbestimmungen (→ Befristung, Bedingung und Widerrufsvorbehalt) soll allein die Verpflichtungsklage und gegen die selbstständigen Nebenbestimmungen (→ Auflage, Auflagenvorbehalt) allein die isolierte Anfechtungsklage statthaft sein. Als Begründung wird angeführt, dass unselbstständige Nebenbestimmungen integrale, nicht abtrennbare Teile des Haupt-Verwaltungsaktes seien. Demgegenüber träfen selbstständige Nebenbestimmungen eigenständige Regelungen und seien nicht untrennbar mit dem Haupt-Verwaltungsakt verbunden (BVerwGE **65**, 139; VGH Mannheim NuR **1984**, 102; *Axer* in JURA 2001, 748; *Pietzcker* in NVwZ 1995, 15; *Störner* in NWVBl 1996, 169).

Zum Fall: Nach dieser Auffassung kann eine Auflage wie die vorliegende isoliert angefochten werden.

- Nach einer von der neueren Rechtsprechung und Teilen der Literatur vertretenen Ansicht ist hingegen ***jede Nebenbestimmung*** grundsätzlich isoliert ***anfechtbar***. Es sei dem Betroffenen nämlich nicht zumutbar, die bereits erlangte Begünstigung durch eine Verpflichtungsklage wieder zur Disposition zu stellen. Außerdem stelle schon § 113 Abs. 1 Satz 1 VwGO (»**soweit**«) klar, dass eine teilweise Aufhebung eines Verwaltungsaktes – also auch eines integralen Bestandteils eines solchen – vorgesehen ist. Dies wird nur insofern eingeschränkt, dass die isolierte Aufhebung nicht offenkundig von vornherein aus materiellrechtlichen Gründen ausgeschlossen sein darf. Darüber hinaus muss der im Anschluss an die Aufhebung einer Nebenbestimmung dann übrig bleibende »Rest-Verwaltungsakt« überhaupt logisch teilbar sein, das heißt sinnvoll und rechtmäßig bestehen bleiben können. Dies sei allerdings ausschließlich eine Frage der Begründetheit und nicht der Zulässigkeit (BVerwG NVwZ **2001**, 429; OVG Magdeburg NVwZ-RR **2009**, 239; OVG Münster ZKJ **2008**, 258; *Erichsen/Ehlers*, AllgVerwR, § 15 Rz. 33; *Hufen*, VerwProzessR, § 14 Rz. 55 ff.; *Schmidt* in VBlBW 2004, 81).

Zum Fall: Die Auflage ist nicht von vornherein untrennbar mit der Erlaubnis, zum Beispiel wegen evident rechtsstaatswidriger Folgen, verbunden. Es liegt daher kein Fall eines offenkundigen Ausschlusses der isolierten Aufhebbarkeit vor. Dementsprechend ist die Auflage auch nach dieser Ansicht isoliert anfechtbar.

Also: Nur die Ansicht, die generell die isolierte Anfechtbarkeit von Nebenbestimmungen ablehnt (die erstgenannte oben), verneint vorliegend die Statthaftigkeit einer Anfechtungsklage. Demzufolge müssen wir uns argumentativ auch nur mit dieser Meinung auseinander setzen. ***Gegen*** diese Ansicht spricht vor allem der insofern eindeutige ***Wortlaut*** des § 113 Abs. 1 Satz 1 VwGO, der die Möglichkeit einer Teilaufhebung eines Verwaltungsaktes eröffnet (»soweit«). Hinzukommt, dass vor allem bei Nebenbestimmungen in Form von Auflagen verkannt wird, dass diese einen eigenständigen Regelungsgehalt haben und deswegen auch selbstständige Verwaltungsakte sind. Ein eigenständiger Verwaltungsakt muss aber jedenfalls mittels einer Anfechtungsklage aufgehoben werden können (BVerwG NVwZ **2001**, 429; OVG Berlin LKV **2004**, 415; VG Neustadt ZfIR **2004**, 1012; *Erichsen/Ehlers*, AllgVerwR, § 15 Rz. 33; *Hufen*, VerwProzessR, § 14 Rz. 55 ff.).

ZE.: Die erste Meinung ist daher abzulehnen, die isolierte Anfechtbarkeit der Auflage mittels einer Anfechtungsklage nach § 42 Abs. 1 VwGO ist somit grundsätzlich zulässig.

Feinkostabteilung: Konsequenz der neueren Rechtsprechung (BVerwG NVwZ **2001**, 429; OVG Berlin LKV **2004**, 415; VG Neustadt ZfIR **2004**, 1012) ist, dass auch ***Bedingungen*** grundsätzlich isoliert anfechtbar sind. Dies ist für ***auflösende*** Bedingungen auch unproblematisch – wird eine solche aufgehoben, gilt die Regelung eben über das eigentliche Auflösungsereignis hinaus fort. Problematisch wird das Ganze aber bei ***aufschiebenden*** Bedingungen, also solchen Verwaltungsakten, die erst mit einem ungewissen Ereignis wirksam werden sollen. Teilweise wird insoweit vertreten, dass die Aufhebung der Bedingung dazu führt, dass der Verwaltungsakt überhaupt nicht mehr wirksam werden kann. Es fehle ja gerade an dem die Wirksamkeit auslösenden Moment. Dementsprechend sei eine isolierte Anfechtung aufschiebender Bedingungen auch nicht möglich (*Hufen*, VerwProzessR, § 14 Rz. 61; *Schmidt* in NVwZ 1996, 1188). Dem wird andererseits entgegengehalten, man müsse zwischen ***innerer*** und ***äußerer*** Wirksamkeit des Verwaltungsaktes trennen. Die Bedingung »blockiere« nur die innere Wirksamkeit, während die äußere Wirksamkeit bereits mit der Bekanntgabe erfolge. Daher könne auch die isolierte Anfechtung einer aufschiebenden Bedingung zum Ziel führen (*Laubinger* in VerwArch 1982, 345; *Schenke*, VerwProzessR, Rz. 295). Wenn man sich in der Klausur mit dieser Problematik auseinander setzen muss, kann man im Übrigen auch schlicht darauf abstellen, dass ein Fall fehlender Trennbarkeit von Verwaltungsakt und Nebenbestimmung vorliegt, entweder weil dies aufgrund des erkennbaren Behördenwillens schon offensichtlich ist (→ Statthaftigkeit) oder weil die Regelung nicht sinnvoll und rechtmäßig bestehen bleiben kann (→ Begründetheit).

III. Besondere Sachentscheidungsvoraussetzungen

1. Klagebefugnis

Unser R ist als Adressat eines belastenden Verwaltungsaktes (die Auflage!) nach den Grundsätzen der Adressatentheorie klagebefugt im Sinne des § 42 Abs. 2 VwGO.

Beachte aber bitte: Auf die Adressatentheorie kann man nur abstellen, wenn eine Auflage oder ein Auflagenvorbehalt Streitgegenstand ist. Bei unselbstständigen Nebenbestimmungen muss man dann aufzeigen, dass sich die mögliche Rechtsverletzung aus dem unter Umständen bestehenden Anspruch des Klägers auf eine unbeschränkte Erlaubnis ergibt (*Hufen/Bickenbach* in JuS 2004, 867).

2. Sonstige besondere Sachentscheidungsvoraussetzungen

Klagegegner ist nach § 78 Abs. 1 Nr. 1 VwGO der Rechtsträger der handelnden Behörde, also das Bundesland, in dem die Stadt K liegt. Hinsichtlich der sonstigen besonderen Sachentscheidungsvoraussetzungen bestehen keine Bedenken.

IV. Allgemeine Sachentscheidungsvoraussetzungen

Der R ist nach § 61 Nr. 1 VwGO beteiligten- und nach § 62 Abs. 1 Nr. 1 VwGO auch prozessfähig. Die Beteiligtenfähigkeit des Landes ergibt sich ebenfalls aus § 61 Nr. 1 VwGO. Es muss sich allerdings im Prozess nach § 62 Abs. 3 VwGO vertreten lassen.

<u>ZE.</u>: Die Klage des R ist damit insgesamt als Anfechtungsklage zulässig.

B. Begründetheit

Die Klage des R ist begründet, wenn die Auflage rechtswidrig und er dadurch in seinen Rechten verletzt ist (§ 113 Abs. 1 Satz 1 VwGO).

I. Ermächtigungsgrundlage

Die Auflage bedarf als eigenständige Belastung nach dem Prinzip des Vorbehalts des Gesetzes einer Ermächtigungsgrundlage. Aufgrund der Subsidiarität des VwVfG (siehe insoweit Fall 12) ergibt sich eine solche nur aus **§ 36 VwVfG**, wenn es keine Spezialregelungen gibt. Eine solche Regelung für gaststättenrechtliche Erlaubnisse findet sich allerdings in **§ 5 Abs. 1 Nr. 1 GastG** (lesen, bitte!), der daher Ermächtigungsgrundlage für die Auflage ist.

II. Formelle Rechtmäßigkeit

Die formellen Rechtmäßigkeitsvoraussetzungen wurden laut Sachverhalt eingehalten.

III. Materielle Rechtmäßigkeit

1. Tatbestandsvoraussetzungen des § 5 Abs. 1 Nr. 1 GastG

a) Zunächst muss R überhaupt tauglicher ***Adressat*** einer solchen gaststättenrechtlichen Auflage nach § 5 Abs. 1 GastG sein. Voraussetzung ist, dass er Gewerbetreibender ist, der für seine Tätigkeit einer gaststättenrechtlichen Erlaubnis bedarf. R ist selbstständiger Gewerbetreibender im Reisegewerbe, der von einer für die Dauer des Festivals ortsfesten Betriebsstätte – seinem Wohnwagen – Getränke zum Verzehr an Ort und Stelle verkaufen möchte, wobei der Betrieb einem bestimmten Personenkreis – den Festivalbesuchern – zugänglich ist. R betreibt somit während des Festivals ein Gaststättengewerbe nach § 1 Abs. 2 GastG, für das er nach § 2 Abs. 1 Satz 1 GastG auch einer Erlaubnis bedarf, weil die Ausnahmetatbestände des § 2 Abs. 2–4 GastG nicht eingreifen. Damit ist R tauglicher Adressat einer Auflage nach § 5 Abs. 1 GastG.

b) Bei der Besucherbeschränkung handelt es sich auch – wie oben festgestellt – um eine ***Auflage*** im Sinne des § 36 Abs. 2 Nr. 4 VwVfG (daher auch nach § 5 Abs. 1 GastG).

c) Nach **§ 5 Abs. 1 Nr. 1 GastG** sind Auflagen unter anderem zum Schutze der Gäste gegen Gefahren für Leben oder Gesundheit zulässig. Notwendig ist, dass ein konkretes Vorkommnis Anlass zur Befürchtung gibt, Leben oder Gesundheit der Gäste sei gefährdet. Dies ist zum Beispiel anzunehmen, wenn die konkreten Umstände des Gaststättenbetriebes Anlass zur Besorgnis geben, es könne zu einer Überfüllung des Gastraumes kommen (BVerwG NVwZ-RR **1990**, 404; BVerwG NVwZ **1984**, 238). Zwar setzt der Tatbestand von § 5 Abs. 1 Nr. 1 GastG eine ***konkrete*** Gefahr voraus (*Metzner* § 5 GastG Rz. 38), das bedeutet allerdings nicht, dass die gefährdende Ursache – also das mögliche Schadensereignis — schon bestimmt feststeht. Auch aus dem räumlichen Zuschnitt einer Gaststätte oder deren Ausstattung können sich bereits im Vorfeld Gefahrenlagen derart konkretisieren, dass eine Auflage geboten ist (BVerwG GewArch **1995**, 34).

Hier: Die Behörde begründet den Zusatz damit, dass der Wohnwagen nur einen Ein- und Ausgang hat und zudem im Inneren durch das aufgestellte Mobiliar sehr verwinkelt ist. Diese Tatsachen legen die Vermutung nahe, dass es im Falle eines möglichen Brandes oder eines sonstigen Unfalls, der das sofortige Verlassen des Wohnwagens notwendig erscheinen lässt, schnell zu Komplikationen kommen kann. Befinden sich zu viele Gäste in dem Wohnwagen, ist es wahrscheinlich, dass es zu einem Gedränge kommt und nicht alle Besucher rechtzeitig den Raum verlassen können. Demzufolge liegt aufgrund der konkreten Umstände des geplanten Verkaufswagens eine konkrete Gefahr für das Leben oder die Gesundheit der Gäste vor, sofern die Besucherzahl nicht beschränkt wird. Die Tatsache, dass eine behördliche Besucherzahlfestlegung normalerweise einen Orientierungswert von zwei Besuchern je Quadratmeter zugrunde legt, kann keine andere Beurteilung zulassen (VG Sigmaringen vom 15.02.2005 – Akz.: 9 K 595/03). Die Gefahr muss gerade anhand des konkreten Einzelfalls und nicht ausgehend von einem Normalfall untersucht werden.

ZE.: Die Voraussetzungen von § 5 Abs. 1 Nr. 1 GastG liegen vor.

2. Rechtsfolge

Die Entscheidung, eine Erlaubnis mit einer Auflage zu versehen, steht im ***Ermessen*** der Behörde. Fraglich ist in diesem Zusammenhang nur, ob die Maßnahme auch ***verhältnismäßig*** ist. (Legitimer) Zweck der Maßnahme ist es, den Schutz der Gäste vor potenziellen Gefahren einzudämmen. Sie ist jedenfalls ***geeignet***, diesen Schutz der Gäste zu fördern. Ob es ein milderes, gleich geeignetes Mittel gibt, diesen Zweck zu erreichen (→ ***Erforderlichkeit***), lässt sich dem Sachverhalt nicht entnehmen. Hinsichtlich der ***Angemessenheit*** der Maßnahme ist schließlich zu fragen, ob die konkrete Besucherzahlfestsetzung die Rechte des R aus Art. 12 Abs. 1 GG nicht unangemessen einschränkt. Dass insofern von dem ***normalen*** Orientierungswert von zwei Besuchern pro Quadratmeter abgewichen wurde, ist im Hinblick auf die besonderen Umstände des Einzelfalls nahe liegend. Auch wird dem R die Möglichkeit der konkreten Berufsausübung nicht vollständig versagt, sondern lediglich eingeschränkt. Dies ist zum Schutze hochrangiger Individualrechtsgüter (Leben/Gesundheit) auch angemessen.

Ergebnis: Die Auflage ist demnach rechtmäßig. Die Klage des R ist daher zwar zulässig, aber unbegründet.

Kurzer Nachschlag zum Schluss:

Kommt man in einer Klausur zu dem Ergebnis, dass eine überprüfte Nebenbestimmung ***rechtswidrig*** ist, muss man sich mit der **materiell-rechtlichen Teilbarkeit** vom Grundverwaltungsakt auseinander setzen. Es ist also die Frage zu beantworten, ob dieser rechtmäßig und sinnvoll ohne die Nebenbestimmung bestehen bleiben kann. Liegen zum Beispiel nach Wegfall einer Nebenbestimmung die Voraussetzungen einer Erlaubnis nicht mehr vor – zum Beispiel, weil durch die Nebenbestimmung Versagungsgründe ausgeschaltet wurden –, wäre der Grundverwaltungsakt rechtswidrig. Diese Rechtswidrigkeit stünde dann der isolierten Aufhebung der Nebenbestimmung entgegen. Besonders problematisch ist die Frage der materiellen Teilbarkeit, wenn der Grundverwaltungsakt im ***Ermessen*** der Behörde stand. Teilweise wird die materielle Teilbarkeit solcher Verwaltungsakte generell abgelehnt (vgl. schon die diesbezüglichen Ausführungen innerhalb der Statthaftigkeit oben), weil andernfalls der Behörde ein Verwaltungsakt aufgenötigt würde, den sie so nie erlassen wollte. Jedenfalls sollte im Falle der fehlenden Teilbarkeit in der Klausur auf die **gerichtliche Hinweispflicht** des **§ 86 Abs. 3 VwGO (lesen!)** eingegangen werden, die dazu führen kann, dass auf Anraten des Gerichts ein Antrag doch noch auf ein Verpflichtungsbegehren umgestellt wird (vgl. *Hufen/Bickenbach* in JuS 2004, 966). In einem solchen Fall muss dann untersucht werden, ob der Kläger einen Anspruch auf die angestrebte (belastungsfreie) Begünstigung hat. Im Falle einer Ermessensentscheidung ist allerdings lediglich ein Bescheidungsurteil möglich.

Gutachten

Das Gericht wird der Klage des R stattgeben, wenn sie zulässig und begründet ist.

A. Zulässigkeit

I. Verwaltungsrechtsweg

Mangels aufdrängender Spezialzuweisung kann sich die Eröffnung des Verwaltungsrechtswegs nur aus § 40 Abs. 1 Satz 1 VwGO ergeben. Dann muss es sich um eine öffentlich-rechtliche Streitigkeit nichtverfassungsrechtlicher Art handeln, die keinem anderen Gericht zugewiesen ist. Die Beteiligten streiten über die Erteilung einer Gaststättenerlaubnis. Allein fraglich ist, ob diese Streitigkeit öffentlich-rechtlicher Natur ist. Hierfür müssen die streitentscheidenden Normen solche des öffentlichen Rechts sein, das heißt, sie müssen einzig einen Hoheitsträger berechtigen oder verpflichten. Streitentscheidend sind die Bestimmungen des GastG, die als klassische Vorschriften des Sonderordnungsrechts lediglich Behörden berechtigen, Gaststättenerlaubnisse zu erteilen, mithin öffentlichrechtlicher Natur sind. Somit ist der Verwaltungsrechtsweg nach § 40 Abs. 1 Satz 1 VwGO eröffnet.

II. Statthafte Klageart

Die statthafte Klageart richtet sich nach dem tatsächlichen Begehren des Klägers (§ 88 VwGO). Klageziel des R ist es, eine uneingeschränkte Gaststättenerlaubnis zu erlangen. Notwendig ist insoweit, dass die für R belastende Besucherbeschränkung aus der Welt geschaffen wird. Vordergründig kommt daher eine Verpflichtungsklage auf Erteilung einer uneingeschränkten Erlaubnis nach § 42 Abs. 1 VwGO in Betracht. Möglicherweise kann R aber auch mittels einer Anfechtungsklage isoliert gegen die zusätzliche Belastung vorgehen und an der ihm schon erteilten Erlaubnis als solcher festhalten. Ein solches Vorgehen hat für den Betroffenen den Vorteil, dass die eigentliche Erlaubnis außer Streit gestellt und lediglich der belastende Zusatz einer gerichtlichen Überprüfung unterzogen wird. Um zu klären, ob auch der vorliegend in Streit stehende Zusatz isoliert angefochten werden kann, muss zunächst dessen Rechtsnatur und im Anschluss die Frage nach der Anfechtbarkeit solcher Zusätze untersucht werden.

1. Rechtsnatur des Zusatzes

Der in Streit stehende Zusatz der Besucherbeschränkung steht neben der eigentlichen Gaststättenerlaubnis. Er stellt keine Konkretisierung der Genehmigung, sondern einen eigenständigen, belastenden Zusatz dar. In ihm ist daher keine Inhaltsbestimmung des Verwaltungsaktes zu sehen, gegen die jedenfalls nur die Verpflichtungsklage statthaft wäre. Bei dem Zusatz könnte es sich um eine Nebenbestimmung nach § 36 Abs. 2 VwVfG in Form einer Bedingung (Nr. 2) oder einer Auflage (Nr. 4) handeln.

Die Bedingung macht nach § 36 Abs. 2 Nr. 2 VwVfG den Eintritt oder den Wegfall einer Vergünstigung oder Belastung von dem ungewissen Eintritt eines zukünftigen Ereignisses abhängig. Demgegenüber ist eine Auflage nach § 36 Abs. 2 Nr. 4 VwVfG eine Bestimmung, durch die dem Begünstigten ein Tun, Dulden oder Unterlassen vorgeschrieben wird. Der entscheidende Unterschied zwischen beiden Nebenbestimmungen lässt sich anhand der Faustformel, dass die Bedingung suspendiert, aber nicht zwingt – hingegen die Auflage zwingt, aber nicht suspendiert, festmachen. Hierunter ist zu verstehen, dass eine Bedingung anzunehmen ist, wenn die Behörde das Wirksamwerden oder -bleiben eines Verwaltungsaktes von einem Ereignis abhängig machen will. Im Falle einer Auflage ist der Verwaltungsakt unabhängig vom Eintritt eines Ereignisses von Beginn an wirksam, aber selbstständig vollstreckbar, da ein eigenständiger Verwaltungsakt vorliegt. Der Zusatz, eine bestimmte Besucherzahl nicht zu überschreiten, könnte sowohl eine Auflage (Erlaubnis wirksam, Zusatz selbstständig vollstreckbar) als auch eine Bedingung (Erlaubnis wird bei Zuwiderhandlung unwirksam) sein.

Vorliegend hat die Behörde ihren entsprechenden Willen nicht ausdrücklich geäußert, sodass eine Auslegung erforderlich ist. Die Wortwahl der Behörde hat insoweit lediglich Indizwirkung und hilft hier nicht weiter. Eine Bedingung liegt regelmäßig vor, wenn die Beachtung der Verhaltensvorgaben derart wichtig erscheint, dass die Wirksamkeit des Verwaltungsaktes davon abhängen soll. Im Zweifelsfall ist jedoch stets eine Auflage als für den Bürger weniger belastende Maßnahme anzunehmen. Der vorliegende Zusatz hat zwar aufgrund des gefahrenabwehrrechtlichen Hintergrunds ein gewisses Gewicht; dass die Wirksamkeit der Genehmigung aber zwingend davon abhängen soll, ist nicht ersichtlich. Für die Qualifizierung der vorliegenden Nebenbestimmung als Auflage spricht insbesondere die Androhung eines Zwangsgeldes bei Zuwiderhandlung. Im Gegensatz zur Bedingung kann eine Auflage im Wege der Verwaltungsvollstreckung mit Zwangsmitteln durchgesetzt werden. Dieses Ergebnis entspricht auch der Regel, dass im Zweifel immer eine Auflage als eine den Adressaten im Vergleich zur auflösenden Bedingung weniger belastende Nebenbestimmung anzunehmen ist.

Bei dem Zusatz handelt es sich folglich um einen eigenständigen Verwaltungsakt in Form der Auflage nach § 36 Abs. 2 Nr. 4 VwVfG.

2. Isolierte Anfechtbarkeit von Auflagen

Ob und in welchem Umfang Nebenbestimmungen isoliert angefochten werden können, ist in Literatur und Rechtsprechung umstritten:

a) Nach einer vereinzelt vertretenen Ansicht ist eine Anfechtung belastender Nebenbestimmungen stets unzulässig. Durch Beifügung von Nebenbestimmungen werde einem Antrag nicht in vollem Umfang stattgegeben. Die Auslegung des Klagebegehrens ergebe, dass es dem Kläger der Sache nach um den Erlass eines unbeschränkten Verwaltungsaktes ginge. Nach dem Rechtsschutzsystem der VwGO könne hierfür nur die Verpflichtungsklage Anwendung finden. Hinzukomme, dass Nebenbestimmungen ein eigenständiger Regelungsgehalt fehle und sie daher nicht als selbstständig anfechtbare Verwaltungsakte anzusehen seien. Dies gelte auch für die Auflage, deren scheinbare Selbstständigkeit durch die Akzessorietät zum Haupt-Verwaltungsakt überlagert würde. Nach dieser Ansicht scheidet eine isolierte Anfechtung der Auflage aus.

b) Teilweise wird auf die Art der Hauptregelung abgestellt. Bei Nebenbestimmungen zu einem gebundenen Verwaltungsakt soll eine isolierte Anfechtung grundsätzlich zulässig sein, während bei Nebenbestimmungen zu Ermessensverwaltungsakten allein eine Verpflichtungsklage auf Erlass eines nebenbestimmungsfreien Verwaltungsaktes statthaft sei. Andernfalls könne der Behörde ein ungewollter (Rest-) Verwaltungsakt aufgedrängt werden. Bei einer Gaststättenerlaubnis nach § 2 GastG handelt es sich um ein präventives Verbot mit Erlaubnisvorbehalt. Der Antragssteller hat zwingend (wegen Art. 12 GG) einen Anspruch auf Erteilung einer Erlaubnis, wenn nicht einer der in § 4 Abs. 1 GastG abschließend aufgezählten Versagungsgründe vorliegt. Dementsprechend handelt es sich um eine gebundene Entscheidung, sodass nach dieser Auffassung hier eine isolierte Anfechtbarkeit möglich ist.

c) Andere differenzieren beim Rechtsschutz gegen Nebenbestimmungen nach der Art der Nebenbestimmung. Gegen unselbstständige Nebenbestimmungen (Befristung, Bedingung und Widerrufsvorbehalt) soll allein die Verpflichtungsklage und gegen die selbstständigen Nebenbestimmungen (Auflage, Auflagenvorbehalt) die isolierte Anfechtungsklage statthaft sein. Als Begründung wird angeführt, dass unselbstständige Nebenbestimmungen integrale, nicht abtrennbare Teile des Haupt-Verwaltungsaktes seien. Demgegenüber träfen selbstständige Nebenbestimmungen eigenständige Regelungen und seien nicht untrennbar mit dem Haupt-Verwaltungsakt verbunden. Die Auflage ist als eigenständiger Verwaltungsakt eine selbstständige Nebenbestimmung und daher auch hiernach isoliert anfechtbar.

d) Nach einer weiteren Ansicht ist hingegen jede Nebenbestimmung grundsätzlich isoliert anfechtbar. Es sei dem Betroffenen nicht zumutbar, die bereits erlangte Begünstigung durch eine Verpflichtungsklage wieder zur Disposition zu stellen. Außerdem stelle schon § 113 Abs. 1 Satz 1 VwGO (»soweit«) klar, dass eine teilweise Aufhebung eines Verwaltungsaktes – also auch eines integralen Bestandteils eines solchen – vorgesehen ist. Dies wird nur insofern eingeschränkt, dass die isolierte Aufhebung nicht offenkundig von vornherein aus materiell-rechtlichen Gründen ausgeschlossen sein darf. Darüber hinaus muss der im Anschluss an die Aufhebung einer Nebenbestimmung übrig bleibende Rest-Verwaltungsakt überhaupt logisch teilbar sein, das heißt sinnvoll und rechtmäßig bestehen bleiben können. Dies sei allerdings ausschließlich eine Frage der Begründetheit und nicht der Zulässigkeit. Auch hiernach kann die Auflage also isoliert angefochten werden.

e) Nur die Ansicht, die generell die isolierte Anfechtbarkeit von Nebenbestimmungen ablehnt, verneint vorliegend die Statthaftigkeit einer Anfechtungsklage. Gegen diese Ansicht spricht vor allem der insofern eindeutige Wortlaut des § 113 Abs. 1 Satz 1 VwGO, der die Möglichkeit einer Teilaufhebung eines Verwaltungsaktes eröffnet. Hinzukommt, dass vor allem bei Nebenbestimmungen in Form von Auflagen verkannt wird, dass diese einen eigenständigen Regelungsgehalt haben und deswegen auch selbstständige Verwaltungsakte sind. Ein eigenständiger Verwaltungsakt muss aber jedenfalls mittels einer Anfechtungsklage aufgehoben werden können. Die erste Meinung ist daher abzulehnen, die isolierte Anfechtbarkeit der Auflage mittels einer Anfechtungsklage nach § 42 Abs. 1 VwGO ist daher zulässig.

III. Besondere Sachentscheidungsvoraussetzungen

R ist als Adressat eines belastenden Verwaltungsaktes nach den Grundsätzen der Adressatentheorie klagebefugt im Sinne des § 42 Abs. 2 VwGO. Klagegegner ist nach § 78 Abs. 1 Nr. 1 VwGO der Rechtsträger der handelnden Behörde, also das Bundesland, in dem die Stadt K liegt. Hinsichtlich der sonstigen besonderen Sachentscheidungsvoraussetzungen bestehen keine Bedenken.

IV. Allgemeine Sachentscheidungsvoraussetzungen

R ist nach § 61 Nr. 1 VwGO beteiligten- und nach § 62 Abs. 1 Nr. 1 VwGO auch prozessfähig. Die Beteiligtenfähigkeit des Landes ergibt sich ebenfalls aus § 61 Nr. 1 VwGO. Es muss sich allerdings im Prozess nach § 62 Abs. 3 VwGO vertreten lassen.

Die Klage des R ist demnach zulässig.

B. Begründetheit

Die Klage des R ist begründet, wenn die Auflage rechtswidrig und er dadurch in seinen Rechten verletzt ist (§ 113 Abs. 1 Satz 1 VwGO).

I. Ermächtigungsgrundlage

Die Auflage bedarf als eigenständige Belastung nach dem Prinzip des Vorbehalts des Gesetzes einer Ermächtigungsgrundlage. Diese ergibt sich vorliegend aus der dem VwVfG vorgehenden Spezialregelung des § 5 Abs. 1 Nr. 1 GastG.

II. Formelle Rechtmäßigkeit

Die formellen Rechtmäßigkeitsvoraussetzungen wurden laut Sachverhalt eingehalten.

III. Materielle Rechtmäßigkeit

1. Tatbestandsvoraussetzungen

a) Zunächst muss R überhaupt tauglicher Adressat einer solchen gaststättenrechtlichen Auflage nach § 5 Abs. 1 GastG sein. Voraussetzung ist, dass er Gewerbetreibender ist, der für seine Tätigkeit einer gaststättenrechtlichen Erlaubnis bedarf. R ist selbstständiger Gewerbetreibender im Reisegewerbe, der von einer für die Dauer des Festivals ortsfesten Betriebsstätte – seinem Wohnwagen – Getränke zum Verzehr an Ort und Stelle verkaufen möchte, wobei der Betrieb einem bestimmten Personenkreis – den Festivalbesuchern – zugänglich ist. R betreibt somit während des Festivals ein Gaststättengewerbe nach § 1 Abs. 2 GastG, für das er nach § 2 Abs. 1 Satz 1 GastG auch einer Erlaubnis bedarf, weil die Ausnahmetatbestände des § 2 Abs. 2–4 GastG nicht eingreifen. Damit ist R tauglicher Adressat einer Auflage nach § 5 Abs. 1 GastG.

b) Bei der Besucherbeschränkung handelt es sich auch – wie oben festgestellt – um eine Auflage im Sinne des § 36 Abs. 2 Nr. 4 VwVfG.

c) Nach § 5 Abs. 1 Nr. 1 GastG sind Auflagen unter anderem zum Schutze der Gäste gegen Gefahren für Leben oder Gesundheit zulässig. Notwendig ist, dass ein konkretes Vorkommnis Anlass zur Befürchtung gibt, Leben oder Gesundheit der Gäste sei gefährdet. Dies ist zum Beispiel anzunehmen, wenn die konkreten Umstände des Gaststättenbetriebes Anlass zur Besorgnis geben, es könne zu einer Überfüllung des Gastraumes kommen.

Zwar setzt der Tatbestand von § 5 Abs. 1 Nr. 1 GastG eine konkrete Gefahr voraus, das bedeutet allerdings nicht, dass die gefährdende Ursache (also das mögliche Schadensereignis) schon bestimmt feststeht. Auch aus dem räumlichen Zuschnitt einer Gaststätte oder deren Ausstattung können sich bereits im Vorfeld Gefahrenlagen derart konkretisieren, dass eine Auflage geboten ist.

Die Behörde begründet den Zusatz damit, dass der Wohnwagen nur einen Ein- und Ausgang hat und zudem im Inneren durch das aufgestellte Mobiliar sehr verwinkelt ist. Diese Tatsachen legen die Vermutung nahe, dass im Falle eines möglichen Brandes oder eines sonstigen Unfalls, der das sofortige Verlassen des Wohnwagens notwendig erscheinen lässt, es schnell zu Komplikationen kommen kann. Befinden sich zu viele Gäste in dem Wohnwagen, ist es wahrscheinlich, dass es zu einem Gedränge kommt und nicht alle Besucher rechtzeitig den Raum verlassen können.

Demzufolge liegt aufgrund der konkreten Umstände des geplanten Verkaufswagens eine konkrete Gefahr für das Leben oder die Gesundheit der Gäste vor, sofern die Besucherzahl nicht beschränkt wird. Die Tatsache, dass eine behördliche Besucherzahlfestlegung normalerweise einen Orientierungswert von zwei Besuchern je Quadratmeter zu Grunde legt, kann keine andere Beurteilung zulassen. Die Gefahr muss gerade anhand des konkreten Einzelfalls und nicht ausgehend von einem Normalfall untersucht werden.

Die Voraussetzungen von § 5 Abs. 1 Nr. 1 GastG liegen vor.

2. Rechtsfolge

Die Entscheidung, eine Erlaubnis mit einer Auflage zu versehen, steht im Ermessen der Behörde. Fraglich ist in diesem Zusammenhang nur, ob die Maßnahme auch verhältnismäßig ist. (Legitimer) Zweck der Maßnahme ist es, den Schutz der Gäste vor potenziellen Gefahren zu gewährleisten. Sie ist jedenfalls geeignet, diesen Schutz der Gäste zu fördern. Ob es ein milderes, gleich geeignetes Mittel gibt, diesen Zweck zu erreichen (Erforderlichkeit), lässt sich dem Sachverhalt nicht entnehmen. Hinsichtlich der Angemessenheit der Maßnahme ist schließlich zu fragen, ob die konkrete Besucherzahlfestsetzung die Rechte des R (Art. 12 Abs. 1 GG) nicht unangemessen einschränkt. Dass insofern von dem normalen Orientierungswert von zwei Besuchern pro Quadratmeter abgewichen wurde, ist im Hinblick auf die besonderen Umstände des Einzelfalls nahe liegend. Auch wird dem R die Möglichkeit der konkreten Berufsausübung nicht vollständig versagt, sondern lediglich eingeschränkt. Dies ist zum Schutze hochrangiger Individualrechtsgüter wie Leben oder Gesundheit auch angemessen. Die Auflage ist daher auch verhältnismäßig und ermessensfehlerfrei ergangen.

Ergebnis: Die Auflage ist rechtmäßig, die Klage des R daher zulässig, aber unbegründet. Das Gericht wird sie folglich abweisen.

4. Abschnitt

Sonstige Handlungsformen der Verwaltung

Fall 16

Sonntags abends bei Anne Will

Bei routinemäßigen Kontrollen haben verschiedene Lebensmittelüberwachungsbehörden festgestellt, dass einige im Bereich der Bundesrepublik verkaufte Weine mit dem Frostschutzmittel Diethylenglykol (Glykol) versetzt sind.

Einige Tage nach Abschluss der Kontrollen nutzt die Bundesministerin für Verbraucherschutz, Ernährung und Landwirtschaft ihre Einladung zur Talk-Show von *Anne Will*, um unter Berufung auf die Untersuchungsergebnisse vor den Gesundheitsrisiken des Konsums von glykolverseuchtem Wein zu warnen. Im Rahmen der Sendung nennt sie dann verschiedene Marken, in denen bei Tests Glykolrückstände festgestellt wurden. Gleichzeitig erklärt sie jedoch, dass nicht zwingend der gesamte Weinbestand der genannten Marken mit Glykol versetzt sein muss, es bestehe lediglich eine gewisse Wahrscheinlichkeit. Die Ministerin will die Verbraucher durch diese Warnung dazu bringen, vorübergehend Wein dieser Marken nicht zu kaufen. Weiterhin kündigt sie an, die Verbraucher durch diverse Publikationen noch näher zu informieren, um die Warnung auch effektiv unters Volk zu bringen.

Zu den von der Ministerin aufgeführten Weinen gehört auch die Marke »Pfälzer Südhang« der W-AG. Bereits in der Woche nach der Sendung sinken die Verkaufszahlen drastisch. Die W-AG sieht sich durch die Äußerung in ihrem Grundrecht auf freie unternehmerische Betätigung aus Art. 12 Abs. 1 GG verletzt. Sie meint, für eine solche Warnung mangele es an einer gesetzlichen Ermächtigungsgrundlage, jedenfalls aber sei sie unverhältnismäßig. Mit ihrer Klage beim Verwaltungsgericht möchte die W-AG erreichen, dass die Ministerin ihre Aussage widerruft. Darüber hinaus möchte sie auch verhindern, dass die Ministerin in Zukunft weitere Warnungen ausspricht.

Hat die Klage Aussicht auf Erfolg?

Schwerpunkte: Hoheitliche Warnungen; allgemeine Leistungsklage; Eröffnung des Verwaltungsrechtswegs; öffentlich-rechtlicher Widerrufs- und Unterlassungsanspruch; Berufsfreiheit nach Art. 12 Abs. 1 GG; mittelbare Grundrechtseingriffe; Gesetzesvorbehalt – Staatsleitungskompetenz.

Lösungsweg

Gegenstand dieses und des nächsten Falls sind die sonstigen Handlungsformen der Verwaltung neben dem Erlass von Verwaltungsakten. Unsere erste Geschichte beschäftigt sich mit den Rechtsschutzmöglichkeiten gegen schlicht-hoheitliches Handeln in Form von Warnungen. Sie ist an eine Grundsatzentscheidung des BVerfG aus dem Jahre 2002 angelehnt, die im Anschluss an den damals außerordentlich medienträchtigen »Glykol-Skandal« erging (BVerfGE **105**, 252).

Bevor wir richtig in die Lösung einsteigen, wollen wir uns zunächst bitte klar machen, dass die W-AG in unserem Fall ***zweierlei*** begehrt, nämlich: Zum einen will sie den ***Widerruf*** der bereits getätigten Äußerung der Ministerin erreichen und zum anderen die ***zukünftige Unterlassung*** weiterer Warnungen erwirken. Wir werden nun diese beiden Begehren in der Prüfung nicht trennen, sondern vielmehr gemeinsam untersuchen. Das ist möglich, da die beiden »Anspruchsziele« im unmittelbaren sachlichen Zusammenhang stehen und daher einer gemeinsamen Erörterung zugänglich sind. Sofern eine separate Beurteilung an der einen oder anderen Stelle tunlich sein sollte, werden wir dies entsprechend kennzeichnen. Und jetzt zur Prüfung:

Die Klage der W-AG hat Aussicht auf Erfolg, wenn sie zulässig und begründet ist.

A. Zulässigkeit

I. Verwaltungsrechtsweg

Mangels aufdrängender Spezialzuweisung kann sich die Eröffnung des Verwaltungsrechtswegs nur aus der Generalklausel des § 40 Abs. 1 Satz 1 VwGO ergeben. Hierfür muss eine öffentlich-rechtliche Streitigkeit nichtverfassungsrechtlicher Art vorliegen, die keinem anderen Gericht abdrängend zugewiesen ist. Gestritten wird über das Bestehen von Ansprüchen der W-AG auf Widerruf einer erfolgten und Unterlassung einer zukünftigen Warnung.

1. Für die Bestimmung der Rechtsnatur der Streitigkeit über die *modifizierte Subjektstheorie/Sonderrechtstheorie* oder die *Interessentheorie* müssen zunächst die streitentscheidenden Normen herausgefunden werden. Hierbei ist allerdings zu berücksichtigen, dass Widerrufs- und Unterlassungsansprüche sowohl zivilrechtliche (§§ 1004, 823 BGB) als auch – gegebenenfalls ungeregelte – öffentlich-rechtliche Grundlagen haben können. Demzufolge lassen sich die streitentscheidenden Normen erst bestimmen, wenn die Rechtsnatur der Streitigkeit geklärt ist. Daher stellen diese Theorien vorliegend kein taugliches Abgrenzungskriterium dar. Auch die *Subordinationstheorie* hilft schließlich nicht weiter: Selbst zivilrechtliche Widerrufs- und Unterlassungsansprüche sind nicht von prinzipieller Gleichordnung geprägt.

Deshalb: Hinsichtlich der von Amtswaltern ausgesprochenen Warnungen ist nach der ***Akzessorietätstheorie*** – auch »Theorie des Sachzusammenhangs« genannt – zur

Bestimmung der Rechtsnatur darauf abzustellen, in welchem Zusammenhang die umstrittene Warnung ausgesprochen wurde. Sofern sie in einem engen Funktionszusammenhang zur hoheitlichen Tätigkeit des Amtswalters erfolgte, ist sie als öffentlich-rechtliche Handlung einzustufen (BVerwG NJW **1989**, 412; VGH Mannheim NVwZ **1993**, 285; *Kopp/Schenke* § 40 VwGO Rz. 28; *Stelkens/Bonk/Sachs* § 1 VwVfG Rz. 82). Eine Ausnahme gilt aber dann, wenn der Amtswalter eine persönliche Äußerung getätigt hat, die gerade seine ***eigene*** Meinung als ***Privatperson*** ausdrückt (BVerwG DÖV **1968**, 429; OVG Koblenz NJW **1987**, 1660).

Feinkostabteilung: Die Zivilgerichte sehen dies – zumindest im Rahmen von Presseerklärungen einer Staatsanwaltschaft – anders. Obwohl solche Presseerklärungen regelmäßig nicht dem Zweck dienen, eine der Staatsanwaltschaft zugewiesene spezielle Aufgabe auf dem Gebiet der Strafrechtspflege zu erfüllen, sei dies dennoch als Teil der strafrechtlichen Verfahrensführung nach § 23 EGGVG durch die ***Strafgerichtsbarkeit*** als Teil der ordentlichen Gerichtsbarkeit zu überprüfen (OLG Stuttgart NJW **2001**, 3797; OLG Karlsruhe NJW **1995**, 899). Das Bundesverwaltungsgericht sieht hierin allerdings vielmehr schlichte Öffentlichkeitsarbeit der Staatsanwaltschaft, für deren Überprüfung die ***Verwaltungsgerichte*** zuständig seien (BVerwG NJW **1989**, 412).

Zum Fall: Die Ministerin hat die Warnung in einer politischen Talk-Show ausgesprochen. In dieser trat sie aber gerade als für die Thematik zuständige Ministerin und nicht als Privatperson auf. Auch hat sie keine persönliche Äußerung getätigt, sondern lediglich über die Untersuchungsergebnisse der Lebensmittelüberwachungsbehörden berichtet. Demzufolge besteht der notwendige Sachzusammenhang zu ihrer hoheitlichen Tätigkeit als Ministerin für Verbraucherschutz, Ernährung und Landwirtschaft. Mithin ist die Streitigkeit als öffentlich-rechtliche zu qualifizieren.

2. Eine Streitigkeit ist lediglich dann verfassungsrechtlicher Art, wenn zwei Verfassungsorgane unmittelbar über ihre Rechte und Pflichten aus der Verfassung streiten (doppelte Verfassungsunmittelbarkeit, vgl. insoweit schon vorne Fall 1).

Zum Fall: Zwar handelt es sich bei einer Bundesministerin als Mitglied der Bundesregierung um ein Verfassungsorgan (*Degenhardt*, StaatsR I, Rz. 524, 542; *Ipsen*, StaatsR I, Rz. 412, 450), dies trifft jedoch offensichtlich nicht auf die W-AG zu. Daher liegt keine verfassungsrechtliche Streitigkeit vor.

3. Fraglich ist, ob diese öffentlich-rechtliche Streitigkeit nicht abdrängend einem anderen Gericht zugewiesen ist. Eine solche abdrängende Zuweisung zu den ordentlichen Gerichten könnte hier bezüglich des Widerrufs der Warnung wegen § 40 Abs. 2 VwGO i.V.m. Art. 34 GG i.V.m. **§ 839 BGB** vorliegen, sofern man den Widerruf einer Äußerung als Schadensersatz im Sinne des § 839 BGB versteht. Ein solcher

Schadensersatzanspruch kann allerdings nicht auf Naturalrestitution, sondern lediglich auf Geldersatz gerichtet sein (BGHZ **34**, 99; *Palandt/Thomas* § 839 BGB Rz. 77 ff.).

Zum Fall: Der begehrte Widerruf fällt demnach nicht hierunter. Somit liegt auch keine abdrängende Sonderzuweisung vor.

ZE.: Die Voraussetzungen von § 40 Abs. 1 Satz 1 VwGO sind gegeben. Der Verwaltungsrechtsweg ist mithin eröffnet.

II. Statthafte Klageart

Die statthafte Klageart richtet sich gemäß § 88 VwGO nach dem Begehren des Klägers. Die W-AG strebt wie gesehen zweierlei an: Zum einen begehrt sie den Widerruf der von der Ministerin geäußerten Warnung, zum anderen die Unterlassung weiterer Warnungen der Ministerin.

1. Hinsichtlich des ***Widerrufs*** einer Warnung ist zunächst deren Rechtsnatur zu bestimmen. In Anlehnung an die ***actus-contrarius-Theorie*** kann man dann auch die Rechtsnatur des Widerrufs einordnen und anhand dessen die richtige Klageart festlegen. Bei der Warnung könnte es sich um einen Verwaltungsakt nach § 35 Satz 1 VwVfG handeln. Fraglich ist hierbei, ob eine solche Warnung auch eine ***Regelung*** enthält, also, ob sie auf das Setzen einer ***Rechtsfolge*** gerichtet ist.

Hier: Die Ministerin wollte lediglich die Bevölkerung aufklären. Ihre Warnung war nicht auf das Setzen einer ***Rechts***folge gerichtet. Dass durch die Äußerung die Verkaufszahlen der W-AG zurückgegangen sind, ist eine rein tatsächliche Folge der Warnung und im Übrigen auch keine Rechtsfolge im benannten Sinne. Dementsprechend ist eine solche Warnung als ***Realakt*** – auch schlicht-hoheitliches Verwaltungshandeln genannt – zu klassifizieren (*di Fabio* in JZ 1993, 689; *Kopp/Ramsauer* § 35 VwVfG Rz. 50). Somit kommt als statthafte Klage auch nur die allgemeine Leistungsklage in Betracht. Ausdrücklich ist diese in der VwGO zwar nicht geregelt, wird aber in einigen Vorschriften vorausgesetzt (§§ 43 Abs. 2, 111, 113 Abs. 3 VwGO) und ist allgemein anerkannt (vergleiche zu den Einzelheiten bitte vorne Fall 5).

2. Auch hinsichtlich des Unterlassungsbegehrens (Abwehr zukünftiger Realakte) ist die allgemeine Leistungsklage statthaft.

III. Besondere Sachentscheidungsvoraussetzungen

1. Klagebefugnis

Bei der Leistungsklage ist – wie wir aus Fall 5 wissen – umstritten, ob zum Ausschluss von Popularklagen § 42 Abs. 2 VwGO ***analog*** anzuwenden ist. Dieser Streit braucht aber bekanntermaßen nicht entschieden zu werden, wenn der Kläger jedenfalls klagebefugt ist. Die W-AG hat angeführt, sie sei in ihrem Recht aus Art. 12 Abs. 1 GG verletzt. Als juristische Person des Privatrechts kann sich die W-AG auch auf dieses Grundrecht gemäß **Art. 19 Abs. 3 GG** (lesen, bitte) berufen. Eine Verletzung der Berufsfreiheit ist nicht von vornherein ausgeschlossen, also möglich. Daher ist die W-AG klagebefugt, ungeachtet der Frage, ob eine solche Klagebefugnis im Rahmen der allgemeinen Leistungsklage überhaupt notwendig ist.

2. Klagegegner

Auf die allgemeine Leistungsklage findet § 78 VwGO keine Anwendung; es gilt das Rechtsträgerprinzip. Rechtsträger der Bundesministerin ist der Bund, der damit richtiger Klagegegner ist.

IV. Allgemeine Sachentscheidungsvoraussetzungen

1. Beteiligten- und Prozessfähigkeit

Sowohl die W-AG als auch der Bund sind als juristische Personen beteiligtenfähig nach § 61 Nr. 1 VwGO. Beide müssen sich allerdings gemäß § 62 Abs. 3 VwGO im Prozess vertreten lassen. Diese Vertretung für die AG übernimmt der Vorstand (§§ 76 Abs. 1, 78 Abs. 1 AktG).

2. Allgemeines Rechtsschutzbedürfnis

Bei Unterlassungsklagen muss man immer einen Augenblick über das allgemeine Rechtsschutzbedürfnis nachdenken:

Richtet sich das Begehren gegen schlicht hoheitliches Handeln, muss der Kläger durch die zu erwartende amtliche Maßnahme eine Rechtsbeeinträchtigung befürchten (BVerwGE **14**, 323; *Pietzner/Ronellenfitsch*, Assessorexamen, § 18 Rz. 7). Hinsichtlich der Unterlassung einer erst zukünftig erfolgenden schlicht-hoheitlichen Handlung ist es notwendig, dass das drohende Verwaltungshandeln nach seinem Inhalt und seinen tatsächlichen wie rechtlichen Voraussetzungen schon konkret vorhersehbar ist (BVerwGE **45**, 99; *Dreier* in JA 1987, 415; *Schoch/Schneider/Bier/Pietzcker* § 42 VwGO Rz. 163). Es muss also hinreichend sicher sein, dass die Behörde eine bestimmte Handlung vornehmen wird. Dies ist anzunehmen, wenn sie eine solche Handlung dem Betroffenen ankündigt oder wenn es aufgrund sonstiger Umstände nahe liegend ist (BVerwGE **71**, 183; OVG Münster NVwZ-RR **1995**, 98; *Schoch/Schneider/Bier/Pietzcker* § 42 VwGO Rz. 163).

Zum Fall: Die Ministerin hat angekündigt, weitere Informationen zu publizieren. Diesbezüglich ist zu erwarten, dass ähnliche Warnungen – wie die schon geäußerte – erfolgen werden. Daher liegt das erforderliche Rechtsschutzbedürfnis der W-AG vor.

Feinkostabteilung: Die Thematik der Abwehr zukünftiger behördlicher Maßnahmen wird in der Literatur vielfach generell unter dem Stichwort ***vorbeugender Rechtsschutz*** behandelt und insoweit oft – ungeachtet der Rechtsnatur der behördlichen Maßnahmen – ein sogenanntes »qualifiziertes Rechtsschutzbedürfnis« gefordert. Hierbei muss man jedoch differenzieren: Zum einen kann wohl nur von vorbeugendem Rechtsschutz gesprochen werden, wenn gegen etwas vorgegangen wird, was ***erstmalig*** in der Zukunft passieren wird. In unserem Fall ist allerdings schon eine Warnung ausgesprochen worden, unterlassen werden sollen also nur Wiederholungen gleicher Maßnahmen. Von daher liegt schon kein Fall vorbeugenden Rechtsschutzes vor. Notwendig ist also nur die konkrete Wahrscheinlichkeit der Wiederholung ähnlicher Äußerungen (*Ehlers* in JURA 2006, 351). Darüber hinaus wird teilweise vertreten, ein qualifiziertes Rechtsschutzbedürfnis sei nur bei vorbeugenden Unterlassungsklagen gegen den zukünftigen Erlass von Verwaltungsakten notwendig, nicht jedoch gegen Realakte (hierzu *Kopp/Schenke* Vorb § 40 Rz. 35). Mit den Einzelheiten zur Problematik, sofern sie in einer Klausur relevant werden, werden wir uns später beim einstweiligen Rechtsschutz (Fälle 19+20) befassen.

ZE.: Die Klage der W-AG ist zulässig.

B. Objektive Klagehäufung

Beide Klagebegehren richten sich gegen denselben Beklagten (Bund) und stehen im unmittelbaren Zusammenhang. Weiterhin ist auch dasselbe Gericht zuständig, sodass insgesamt die Voraussetzungen von § 44 VwGO erfüllt sind. Beide Klagebegehren können in einer Klage verfolgt werden.

C. Begründetheit

Bevor wir uns die Begründetheit dieses Falls näher anschauen, wollen wir vorab erst einmal klären, wie die Begründetheitsprüfung einer allgemeinen Leistungsklage überhaupt aussehen muss. Wie wir eingangs schon festgestellt haben, ist die allgemeine Leistungsklage in der VwGO ***nicht*** geregelt. Dementsprechend fehlt eine Norm, anhand derer man sich die einzelnen Prüfungspunkte ableiten kann. Anders war das ja bei der Anfechtungsklage, da gibt es den § 113 Abs. 1 Satz 1 VwGO und auch bei der Verpflichtungsklage, da nimmt man § 113 Abs. 5 VwGO.

Geht man nun vom Begehren des Klägers aus, so stellt man fest, dass im Rahmen von allgemeinen Leistungsklagen immer ein bestimmtes (schlicht-hoheitliches) ***Handeln*** oder ***Unterlassen*** gefordert wird. Der Kläger möchte also erreichen, dass der Klagegegner gerichtlich verpflichtet wird, die hoheitliche Handlung oder Unterlassung vorzunehmen. Dies kann er nur erreichen, wenn er einen ***Anspruch*** hierauf hat. In der Begründetheit einer allgemeinen Leistungsklage muss demnach immer untersucht werden, ob dem Kläger ein – seinem Begehren entsprechender – Anspruch zusteht (*Ehlers* in JURA 2006, 351). Solche Ansprüche können sich zum einen unmittelbar aus Gesetzen ergeben. Dies ist aber die Ausnahme. Klausurrelevanter sind Ansprüche aus ***öffentlich-rechtlichen Verträgen*** (die schauen wir uns im nächsten Fall an) und besondere ***ungeregelte*** öffentlich-rechtliche Ansprüche. Hiervon gibt es drei verschiedene Arten, nämlich: Den ***Folgenbeseitigungsanspruch***, den ***Unterlassungsanspruch*** und den ***Erstattungsanspruch***. Da sie nicht im Gesetz stehen, müssen wir uns hier die Fragen der Herleitung der Ansprüche (warum gibt es so etwas überhaupt?), ihre Voraussetzungen und die möglichen Rechtsfolgen, einprägen, und zwar:

→ Der ***Folgenbeseitigungsanspruch*** (FBA) ist auf die ***Beseitigung*** rechtswidriger Folgen hoheitlicher Tätigkeit gerichtet; er dient der Wiederherstellung des ursprünglichen Zustandes (BVerwG NVwZ **2010**, 710; OVG Münster NVwZ **2000**, 217; OVG Mannheim DVBl **2015**, 106; *Bumke* in JuS 2005, 22).

→ Demgegenüber zielt der öffentlich-rechtliche ***Unterlassungsanspruch*** auf die ***Abwehr*** bevorstehender oder noch andauernder rechtswidriger Eingriffe des Staates ab (BVerwG NJW **1989**, 1291; VGH München DVBl **2011**, 648; VG Arnsberg NVwZ **1999**, 450; *Graulich* in ZAP 2005, 653).

→ Der öffentlich-rechtliche ***Erstattungsanspruch*** dient schließlich sowohl dem Staat als auch dem Bürger dazu, rechtsgrundlos erfolgte Vermögensverschiebungen zurückzuerhalten (BVerwG DVBl **2011**, 823; BVerwG DVBl **2003**, 1550; OVG Lüneburg NdsVBl **2002**, 160; *Maurer*, AllgVerwR, § 28 Rz. 20).

Diese drei Ansprüche werden mit unterschiedlichen Erklärungsmodellen hergeleitet. Wichtig für die Klausur ist hierbei die Tatsache, dass die Herleitung zwar umstritten ist, im Ergebnis aber alle drei Ansprüche in ihrer Existenz allgemein anerkannt sind. Einen Überblick zu den relevanten Prüfungspunkten gibt folgende Grafik:

FBA	**Öffentlich-rechtlicher UnterlassungsA**	**Öffentlich-rechtlicher ErstattungsA**
I. Herleitung: → Art. 20 Abs. 3 GG → Art. 19 Abs. 4 GG → Grundrechte	→ Art. 20 Abs. 3 GG → Grundrechte → § 1004 BGB analog	→ Art. 20 Abs. 3 GG → Grundrechte → § 812 BGB analog
II. Voraussetzungen: **1.** (Schlicht-) Hoheitliches Handeln **2.** Eingriff in ein subjektives Recht **3.** Rechtswidrigkeit des Eingriffs **4.** Fortdauern des rechtswidrigen Zustandes **5.** Wiederherstellung tatsächlich / rechtlich möglich und zumutbar	**1.** (Schlicht-) Hoheitliches Handeln **2.** Eingriff in ein subjektives Recht **3.** Rechtswidrigkeit des Eingriffs **4.** Fortdauern des rechtswidrigen Zustandes / Wiederholungsgefahr	**1.** Vermögensverschiebung **2.** ohne Rechtsgrund
III. Rechtsfolge: **1.** Wiederherstellung des *status quo ante* **2.** Ggf. § 254 BGB analog (str.)	**1.** Unterlassung des Verhaltens **2.** Ggf. Verwirkung, Rechtsmissbrauch	**1.** Erstattung der Vermögensmehrung **2.** Ggf. Vertrauensschutz

Zum Fall: Die W-AG macht zwei Ansprüche geltend, nämlich den Widerruf der bereits geäußerten Warnung und die Unterlassung weiterer Warnungen. Der Widerruf amtlicher Äußerungen kann mit dem Folgenbeseitigungsanspruch und die Unterlassung weiterer Warnungen mit dem öffentlich-rechtlichen Unterlassungsanspruch verfolgt werden (BVerwGE **71**, 183; OVG Münster NJW **1986**, 2783; *Will* in JuS 2004, 701). Die Klage der W-AG ist demnach begründet, wenn ihr Ansprüche auf Widerruf und Unterlassung zustehen. Und das prüfen wir jetzt mal:

I. Widerrufsanspruch

Der W-AG steht ein Anspruch auf Widerruf der Warnung (Folgenbeseitigungsanspruch) zu, wenn durch schlicht-hoheitliches Handeln der Bundesministerin in ein subjektives Recht der W-AG eingegriffen wurde, hierdurch ein noch andauernder rechtswidriger Zustand geschaffen wurde und die Wiederherstellung rechtlich und tatsächlich möglich ist (zu den Voraussetzungen im Einzelnen: BVerwG NJW **1989**, 2272; *Ipsen*, AllgVerwR, Rz. 1341 ff.; *Maurer*, AllgVerwR, § 30 Rz. 7 ff.).

1. Herleitung des FBA

Die Herleitung des FBA ist in Literatur und Rechtsprechung umstritten. Unter anderem wird auf den Grundsatz der Gesetzmäßigkeit der Verwaltung aus Art. 20 Abs. 3 GG, die Rechtsschutzgarantie des Art. 19 Abs. 4 GG und auf die Grundrechte abgestellt. Ungeachtet dieser dogmatischen Begründung ist er aber jedenfalls mittlerweile allgemein anerkannt (Zur Herleitung: *Ossenbühl*, Staatshaftungsrecht, Seite 293 ff.).

2. Schlicht-hoheitliches Handeln

Die streitige Maßnahme muss ein schlicht-hoheitliches Handeln darstellen (BVerwG DÖV **1971**, 857; VGH München BayVBl **1990**, 627). Wie oben bereits ausgeführt, ist die Warnung der Ministerin als ein solches schlicht-hoheitliches Handeln einzustufen.

3. Eingriff in ein subjektives Recht

Die schlicht-hoheitliche Maßnahme muss zu einem Eingriff in ein subjektives (öffentliches) Recht des Betroffenen geführt haben (*Bumke* in JuS 2005, 22; *Maurer*, AllgVerwR, § 30 Rz. 7; vgl. bitte auch *Remmert* in JURA 2007, 735). Die W-AG führt an, sie sei in ihrem Recht aus Art. 12 Abs. 1 GG verletzt. Dementsprechend müssen wir prüfen, ob die Warnung der Ministerin einen Eingriff in den Schutzbereich von Art. 12 Abs. 1 GG darstellt:

a) Schutzbereich von Art. 12 Abs. 1 GG (Berufsfreiheit)

> **Definition:** Unter einem ***Beruf*** im Sinne von Art. 12 Abs. 1 GG ist jede auf Dauer angelegte Tätigkeit, die der Schaffung und Erhaltung der Lebensgrundlage dient, zu verstehen (BVerfGE **54**, 301; *Sachs* Art. 12 GG Rz. 27 ff.). Hierunter fällt über die Vorschrift des Art. 19 Abs. 3 GG auch die freie unternehmerische Betätigung. Im

Rahmen der bestehenden Wirtschaftsordnung ist das Verhalten des Unternehmers im Wettbewerb Bestandteil dieser unternehmerischen Betätigung (BVerfGE **46**, 120; BVerwGE **87**, 37).

Zum Fall: Das Herstellen und Veräußern von Wein durch die W-AG als Teil eines solchen Wettbewerbs fallen also unter den Schutzbereich von Art. 12 Abs. 1 GG.

b) Eingriff in Art. 12 Abs. 1 GG

Fraglich ist weiterhin, ob in diesen Schutzbereich durch die Warnung der Ministerin auch ***eingegriffen*** wurde. Nach dem klassischen Eingriffsverständnis liegt ein solcher vor, wenn eine staatliche Maßnahme final und unmittelbar auf die Beeinträchtigung bestimmter Grundrechte abzielt (*Ipsen*, Staatsrecht II, Rz. 130; *Pieroth/Schlink/Kingreen/Poscher*, Staatsrecht II, Rz. 238).

Zum Fall: Die Äußerung der Ministerin schränkt weder direkt die Herstellung/Veräußerung des Weines ein; erst recht verbietet sie diesen nicht. Die Folgen der Äußerung – Senkung der Verkaufszahlen – ist nur mittelbare Folge der Warnung.

Problem: Fraglich ist, ob auch solche mittelbaren Wirkungen einer Maßnahme als Eingriff gewertet werden können. Geht man vom originären Wortsinn eines Eingriffs aus, legt dieser eine gezielte Maßnahme gerade gegen die geschützte Freiheit nah. Hierbei ist jedoch zu berücksichtigen, dass die Folgen auch nur mittelbar wirkender Maßnahmen sogar schwerer wiegen können als die von gezielten, unmittelbaren Maßnahmen (*Pieroth/Schlink/Kingreen/Poscher*, Staatsrecht II, Rz. 239 ff.). Gerade bei Warnungen vor bestimmten Produkten ist eine solche Wirkung (→ Umsatzrückgang) zwangsläufige und unvermeidbare Folge der Äußerung. Sie ist auch – zumindest indirekt – gewollt, eine Warnung kann ja nur wirken, wenn sie von den Adressaten auch beachtet wird (BVerwGE **82**, 76). Das BVerwG hat in einer Reihe von »Warnfällen« die Anforderungen an solche mittelbaren Grundrechtseingriffe näher bestimmt (vgl. etwa BVerwG NJW **1997**, 1996; BVerwG NJW **1996**, 3161; BVerwG NJW **1992**, 2496; BVerwG NJW **1991**, 1770; BVerwG NJW **1991**, 1766; zusammenfassend *Murswiek* in NVwZ 2003, 1). Folgende Eingriffskriterien sind zu beachten:

→ Die Maßnahme muss entweder auf die Verhaltenslenkung in dem geschützten Freiheitsbereich ***abzielen***

→ oder die Lenkung des Verhaltens Dritter ***bezwecken***, wodurch zwangsläufig Nachteile im grundrechtlich geschützten Bereich auftreten

→ oder ***schwerwiegende Nachteile*** hervorrufen, die auch vorhersehbar waren und in Kauf genommen wurden.

Zum Fall: Die Ministerin hat die Verbraucher gewarnt, damit diese – zumindest vorübergehend – vom Konsum der betroffenen Weinmarken Abstand nehmen. Dies ist auch so eingetreten, die W-AG hat einen erheblichen Verkaufsrückgang zu verzeichnen. Folglich sollte die Äußerung das Kaufverhalten der Verbraucher indirekt steuern, bezweckte also die Lenkung deren Verhaltens. Der hierdurch aufgetretene Verkaufsrückgang musste zwangsläufig eintreten. Demzufolge liegt nach dem Verständnis der bundesverwaltungsgerichtlichen Rechtsprechung ein (mittelbarer) Eingriff in die Berufsfreiheit aus Art. 12 Abs. 1 GG vor.

Beachte: Von diesem Argumentationsmuster ist das Bundesverfassungsgericht in der sogenannten »**Glykol-Entscheidung**«, die unserem Fall zu Grunde liegt, ein wenig abgerückt (BVerfGE **105**, 252). Es lehnt nämlich hier konkret bereits einen Eingriff ab: Eingriffsqualität käme einer Listenveröffentlichung über die betroffenen Weine bzw. deren Hersteller (das war in diesem Fall die Warnung) nicht zu. Die Regierung »*habe die rechtlichen Grenzen des Informationshandelns gewahrt*« (BVerfGE **105**, 252). Durch diese Formulierung wird klar, dass das BVerfG einen Eingriff ablehnt, weil die Bundesregierung als schlicht-hoheitlich handelndes Organ ***gerechtfertigt*** gehandelt habe. In der Entscheidung wird das Element der verfassungsrechtlichen Rechtfertigung schon am Punkt der Eingriffsprüfung abgehandelt. Dies ist aus dogmatischen Gründen allerdings sehr zweifelhaft (so *Hellmann* in NVwZ 2005, 163; *Murswiek* in NVwZ 2003, 1; vergleiche auch *Fassbender* in NJW 2004, 816). Wie wir schon in Fall 10 gelernt haben, sollte man die Verletzung eines Grundrechts immer in zwei Schritten prüfen, nämlich zuerst den Eingriff in den Schutzbereich und danach erst die mögliche verfassungsrechtliche Rechtfertigung eines solchen Eingriffs. Und genau so wollen wir auch hier vorgehen und einen (mittelbaren) Eingriff in die Berufsfreiheit deshalb zunächst einmal annehmen. Mit der Frage, ob dieser Eingriff dann auch gerechtfertigt ist, setzen wir uns jetzt im Anschluss auseinander. Vom Ergebnis her tut sich insoweit später nichts, unsere Lösung ist allerdings dogmatisch sauberer und wird in der Klausur so erwartet.

ZE.: Es liegt ein Eingriff in den Schutzbereich des Art. 12 Abs. 1 GG vor. Und damit liegen auch die Voraussetzungen eines Eingriffs in ein subjektiv-öffentliches Recht vor.

4. Rechtswidrigkeit des Eingriffs

Dieser Eingriff ist allerdings nur rechtswidrig, wenn er nicht verfassungsrechtlich gerechtfertigt ist. Diesbezüglich stellen sich – wie auch von der W-AG gerügt – ***zwei*** Fragen, nämlich: Zum einen ist fraglich, ob für den Eingriff eine taugliche Ermächtigungsgrundlage vorliegt (→ Vorbehalt des Gesetzes) und, wenn ja, ob zum anderen der Eingriff auch verhältnismäßig ist. Prüfen wir mal:

a) Eingriffsermächtigung

Eine einfachgesetzlich ausgeprägte Ermächtigung, nach der die Ministerin eine solche Warnung hätte vornehmen können, ist nicht vorhanden. Vor allem kann sie sich als Organ des ***Bundes*** nicht auf etwaige landesrechtliche ordnungs- oder polizeirechtliche Generalklauseln stützen.

Möglicherweise liegt aber in der sich aus **Art. 65 GG** (lesen, bitte!) ergebenden Kompetenz zur Staatsleitung (*Mangoldt/Klein/Starck* Art. 65 GG Rz. 1 ff.) eine taugliche Ermächtigungsgrundlage. Das BVerfG hat hierzu ausgeführt:

»Können Aufgaben der Regierung oder der Verwaltung mittels öffentlicher Informationen wahrgenommen werden, liegt in der Aufgabenzuweisung auch eine Ermächtigung zum Informationshandeln. Dies ist bei der Staatsleitung der Regierung der Fall. (...) Staatsleitung wird nicht allein mit den Mitteln der Gesetzgebung und der richtungsweisenden Einwirkung auf den Gesetzesvollzug wahrgenommen, sondern auch durch die Verbreitung von Informationen an die Öffentlichkeit. (...) Von der Staatsleitung in diesem Sinne wird nicht nur die Aufgabe erfasst, durch rechtzeitige öffentliche Information die Bewältigung von Konflikten in Staat und Gesellschaft zu erleichtern, sondern auch, auf diese Weise neuen, oft kurzfristig auftretenden Herausforderungen entgegenzutreten, auf Krisen schnell und sachgerecht zu reagieren sowie den Bürgern zu Orientierungen zu verhelfen.« (BVerfGE **105**, 252)

Folgt man dieser Argumentation, stellt Art. 65 GG eine taugliche Ermächtigungsgrundlage für staatliches Informationshandeln dar, sofern dadurch aus besonderem Anlass die Bevölkerung aus den genannten Gründen sachgerecht informiert werden soll (so auch BVerfG NJW **2002**, 2626; BVerwGE **87**, 37).

Beachte: Diese höchstrichterliche Argumentation ist in der Wissenschaft nicht ohne Kritik geblieben. Vor allem der Schluss, aus der Aufgabenzuweisung folge auch die Handlungsermächtigung, wird für verfassungsrechtlich bedenklich gehalten (*Hellmann* in NVwZ 2005, 163; *Gusy* in NJW 2000, 977; *Schoch* in DVBl 1991, 667). Das BVerfG modifiziert damit nämlich die Anforderungen an den Vorbehalt des Gesetzes in Fällen nur mittelbarer Grundrechtseingriffe. Insofern erklärt sich auch die unglückliche Vermischung von Eingriffs- und Rechtfertigungsprüfung (siehe oben). Hinzukommt als weiterer Kritikpunkt, dass durch die Herleitung einer solchen Ermächtigung noch keine Aussage darüber getroffen wurde, ob das handelnde Organ (hier: die Bundesministerin) überhaupt die Kompetenz hatte, gerade hinsichtlich dieser Problematik eine Warnung auszusprechen (Stichwort: Verbands- bzw. Organkompetenz; vgl. hierzu *v. Lewinski* in JA 2006, 517). Das BVerfG führt hierzu aus, dass die Bundesregierung – und damit auch ein Minister als Teil der Regierung – überall dort zur Informationsarbeit berechtigt ist, wo ihr eine gesamtstaatliche Verantwortung der Staatsleitung zukommt, die mit Hilfe von Informationen erfüllt werden kann. Eine solche Informationskompetenz verletze auch nicht föderale Rechte. Zum einen liege keine Verwaltungstätigkeit im Sinne von Art. 83 GG vor und zum anderen würden mit der Staatsleitungswahrnehmung durch ein Bundesorgan auch nicht die Wahrnehmungsrechte von Landesorganen ausgeschlossen (BVerfGE **105**, 252). Hiergegen wird vor allem vorgebracht, dies führe zu einer – dem Grundgesetz fremden – Doppelkompetenz zwischen Bund und Ländern (*Hellmann* in NVwZ 2005, 163; *Murswiek* in NVwZ 2003, 1).

Diesen dogmatisch nicht von der Hand zu weisenden Einwänden kann man in der Klausur – sofern man sie denn erwähnt – nur entgegentreten, wenn man gerade auf die Besonderheiten des reinen Informationshandelns und der daraus resultierenden nur mittelbaren Grundrechtseingriffe abstellt. In unserem Fall hat die Ministerin ja gerade nicht unmittelbar auf die Gefahrenquelle eingewirkt (zum Beispiel durch ein Verkaufsverbot – hierzu wäre sie jedenfalls ***nicht*** befugt gewesen), sondern nur zutreffende Tatsachen in die Öffentlichkeit gebracht. Diese Verbreitung zutreffender

Informationen muss aber als Ausfluss der ressortabhängigen Staatsleitungsaufgabe auch zulässig sein, trotz einer mittelbaren Grundrechtswirkung.

b) Verhältnismäßigkeit

Die hier in Streit stehende Maßnahme muss schließlich auch verhältnismäßig gewesen sein.

Die Warnung soll die Verbraucher vor möglicherweise mit Glykol verunreinigten Weinen schützen. Insoweit dient sie dem Schutz der Volksgesundheit, einem legitimen ***Zweck***. Die Warnung ist auch nicht völlig untauglich, diesen Schutzzweck zu erfüllen, mithin ***geeignet***. Ein alternativ vorstellbares Verkaufsverbot stellt kein milderes Mittel dar; andere mögliche Maßnahmen wären jedenfalls nicht geeignet, den Zweck ebenso effektiv zu fördern. Mithin war die Maßnahme auch ***erforderlich***. Im Rahmen der ***Angemessen***heitsprüfung von Art. 12 GG ist auf die vom BVerfG entwickelte ***Drei-Stufen-Theorie*** einzugehen (grundlegend das sogenannte *Apothekenurteil*: BVerfGE **7**, 377; zuletzt BVerfGE **104**, 357): Es liegt eine (mittelbare) Berufsausübungsregelung vor, die materiell dann angemessen ist, wenn sie dem Schutz vernünftiger Interessen des ***Allgemeinwohls*** dient. Der Schutz der Volksgesundheit ist ein solches vernünftiges Interesse des Allgemeinwohls. Auch ist hierbei anzuführen, dass die Ministerin vorgebracht hat, dass nicht zwingend alle Weinbestände glykolverseucht sein müssen, sondern aufgrund der Testergebnisse nur eine gewisse Wahrscheinlichkeit besteht. Sie hat die Situation so dargestellt, wie sie tatsächlich ist. Es liegt auch keine willkürliche Benachteiligung gerade der W-AG vor, sodass die Maßnahme insgesamt im Hinblick auf den Schutzzweck angemessen ist.

ZE.: Aufgrund der verfassungsrechtlichen Rechtfertigung des Eingriffs war dieser nicht rechtswidrig. Daher steht der W-AG kein Anspruch auf Widerruf der Warnung zu.

II. Unterlassungsanspruch

Auch die Herleitung des öffentlich-rechtlichen Unterlassungsanspruchs ist umstritten. Im Ergebnis ist er aber ebenfalls allgemein anerkannt. Wie auch beim FBA ist Grundvoraussetzung ein ***rechtswidriger***, schlicht-hoheitlicher Eingriff in ein subjektives Recht des Klägers (OVG Münster NJW **1996**, 2114; *Fett* in WM 1999, 613; *Rupp* in DVBl 1958, 113). Ein solcher liegt – wie wir gerade geprüft haben – aber nicht vor, sodass der W-AG auch kein Anspruch auf Unterlassung zusteht.

Ergebnis: Die Klage der W-AG ist zwar zulässig, aber insgesamt unbegründet.

Kleiner Anhang noch:

Unsere oben aufgeworfene Frage, ob ein Eingriff in Art. 12 Abs. 1 GG vorliegt, kann man auch gut – ohne die Frage der verfassungsrechtlichen Rechtfertigung vorwegzunehmen – anders beantworten, sofern man darauf abstellt, dass die Verbreitung zutreffender Informationen lediglich der Schaffung von Markttransparenz dient (ausführlich hierzu: *Murswiek* in NVwZ 2003, 1). Hierdurch würde man sich aber die schönen Folgeprobleme abschneiden, sodass aus klausurtaktischer Erwägung besser umkommentiert auf die vom BVerwG entwickelten Maßstäbe zu mittelbaren Grundrechtseingriffen abgestellt werden sollte. Eine besondere Problematik im Zusammenhang mit dem FBA stellt die Widerrufsmöglichkeit von ehrverletzenden Meinungsäußerungen dar. Empfehlenswert zu dieser Thematik sind die Ausführungen von *Faber* in NVwZ 2003, 159.

Gutachten

Die Klage hat Aussicht auf Erfolg, wenn sie zulässig und begründet ist.

A. Zulässigkeit

I. Verwaltungsrechtsweg

Mangels aufdrängender Spezialzuweisung kann sich die Eröffnung des Verwaltungsrechtswegs nur aus der Generalklausel des § 40 Abs. 1 Satz 1 VwGO ergeben. Hierfür muss eine öffentlich-rechtliche Streitigkeit nichtverfassungsrechtlicher Art vorliegen, die keinem anderen Gericht abdrängend zugewiesen ist. Gestritten wird über das Bestehen von Ansprüchen der W-AG auf Widerruf einer erfolgten und Unterlassung einer zukünftigen Warnung. Diese Streitigkeit ist jedenfalls nichtverfassungsrechtlicher Art, sodass nur zu klären bleibt, ob sie auch öffentlich-rechtlicher Natur ist und nicht abdrängend einem anderen Gericht zugewiesen ist.

1. Für die Bestimmung der Rechtsnatur der Streitigkeit über die modifizierte Subjektstheorie/Sonderrechtstheorie oder die Interessentheorie müssen zunächst die streitentscheidenden Normen bestimmt werden. Hierbei ist zu berücksichtigen, dass Widerrufs- und Unterlassungsansprüche sowohl zivilrechtliche (§§ 1004, 823 BGB) als auch – gegebenenfalls ungeregelte – öffentlich-rechtliche Grundlagen haben können. Demzufolge lassen sich die streitentscheidenden Normen erst bestimmen, wenn die Rechtsnatur der Streitigkeit geklärt ist. Daher stellen diese Theorien vorliegend kein taugliches Abgrenzungskriterium dar. Auch die Subordinationstheorie hilft nicht weiter; selbst zivilrechtliche Widerrufs- und Unterlassungsansprüche sind nicht von prinzipieller Gleichordnung geprägt.

Im Hinblick auf von Amtswaltern ausgesprochene Warnungen ist nach der Akzessorietätstheorie zur Bestimmung der Rechtsnatur darauf abzustellen, in welchem Zusammenhang die umstrittene Warnung ausgesprochen wurde. Sofern sie in einem engen Funktionszusammenhang zur hoheitlichen Tätigkeit des Amtswalters erfolgte, ist sie als öffentlich-rechtliche einzustufen. Eine Ausnahme soll dann gelten, wenn der Amtswalter eine persönliche Äußerung getätigt hat, die gerade seine eigene Meinung als Privatperson ausdrückt. Die Ministerin hat die Warnung in einer politischen Talk-Show ausgesprochen. In dieser trat sie aber gerade als für die Thematik zuständige Ministerin und nicht als Privatperson auf. Auch hat sie keine persönliche Äußerung getätigt, sondern lediglich über die Untersuchungsergebnisse der Lebensmittelüberwachungsbehörden berichtet. Demzufolge besteht der notwendige Sachzusammenhang zu ihrer hoheitlichen Tätigkeit als Ministerin für Verbraucherschutz, Ernährung und Landwirtschaft. Somit ist die Streitigkeit als öffentlich-rechtliche zu qualifizieren.

2. Fraglich ist, ob diese öffentlich-rechtliche Streitigkeit nicht abdrängend einem anderen Gericht zugewiesen ist. Eine solche abdrängende Zuweisung könnte hier bezüglich des Widerrufs der Warnung wegen § 40 Abs. 2 VwGO i.V.m. Art. 34 GG i.V.m. § 839 BGB zu den ordentlichen Gerichten vorliegen, sofern man den Widerruf einer Äußerung als Schadensersatz im Sinne des § 839 BGB versteht. Ein solcher Schadensersatzanspruch kann allerdings nicht auf Naturalrestitution, sondern lediglich auf Geldersatz gerichtet sein, sodass der begehrte Widerruf nicht hierunter fällt. Demnach liegt auch keine abdrängende Sonderzuweisung vor.

Der Verwaltungsrechtsweg ist daher nach § 40 Abs. 1 Satz 1 VwGO eröffnet.

II. Statthafte Klageart

Die statthafte Klageart richtet sich gemäß § 88 VwGO nach dem Begehren des Klägers. Die W-AG strebt zweierlei an. Zum einen begehrt sie den Widerruf der von der Ministerin geäußerten Warnung; zum anderen die Unterlassung weiterer Warnungen der Ministerin.

1. Hinsichtlich des Widerrufs einer Warnung ist zunächst deren Rechtsnatur zu bestimmen. In Anlehnung an die actus-contrarius-Theorie kann man dann auch die Rechtsnatur des Widerrufs einordnen und anhand dessen die richtige Klageart festlegen. Bei der Warnung könnte es sich um einen Verwaltungsakt nach § 35 Satz 1 VwVfG handeln. Fraglich ist hierbei, ob eine solche Warnung auch eine Regelung enthält, also, ob sie auf das Setzen einer Rechtsfolge gerichtet ist. Die Ministerin wollte indes lediglich die Bevölkerung aufklären und keine Pflichten verbindlich regeln. Ihre Warnung war daher nicht auf das Setzen einer Rechtsfolge gerichtet. Dass durch die Äußerung die Verkaufszahlen der W-AG zurückgegangen sind, ist eine rein tatsächliche Folge der Warnung. Dementsprechend ist eine solche Warnung als Realakt zu klassifizieren. Daher kommt als statthafte Klage auch nur die allgemeine Leistungsklage in Betracht. Ausdrücklich ist diese in der VwGO zwar nicht geregelt, wird aber in einigen Vorschriften vorausgesetzt (§§ 43 Abs. 2, 111, 113 Abs. 3 VwGO) und ist allgemein anerkannt.

2. Auch hinsichtlich des Unterlassungsbegehrens (Abwehr zukünftiger Realakte) ist die allgemeine Leistungsklage statthaft.

III. Besondere Sachentscheidungsvoraussetzungen

Bei der Leistungsklage ist umstritten, ob zum Ausschluss von Popularklagen der § 42 Abs. 2 VwGO analog anzuwenden ist. Dieser Streit braucht aber nicht entschieden zu werden, wenn der Kläger jedenfalls klagebefugt ist. Die W-AG hat angeführt, sie sei in ihrem Recht aus Art. 12 Abs. 1 GG verletzt. Als juristische Person des Privatrechts kann sich die W-AG auch auf dieses Grundrecht gemäß Art. 19 Abs. 3 GG berufen. Eine Verletzung der Berufsfreiheit ist nicht von vornherein ausgeschlossen, also möglich. Daher ist die W-AG klagebefugt, ungeachtet der Frage, ob eine solche Klagebefugnis im Rahmen der allgemeinen Leistungsklage überhaupt notwendig ist.

Auf die allgemeine Leistungsklage findet § 78 VwGO keine Anwendung; es gilt das Rechtsträgerprinzip. Rechtsträger der Bundesministerin ist der Bund, der damit richtiger Klagegegner ist.

IV. Allgemeine Sachentscheidungsvoraussetzungen

1. Beteiligten- und Prozessfähigkeit

Sowohl die W-AG als auch der Bund sind als juristische Personen beteiligtenfähig nach § 61 Nr. 1 VwGO. Beide müssen sich allerdings gemäß § 62 Abs. 3 VwGO im Prozess vertreten lassen. Die Vertretung der AG übernimmt der Vorstand (§§ 76 Abs. 1, 78 Abs. 1 AktG).

2. Allgemeines Rechtsschutzbedürfnis

Begehrt der Kläger eine Unterlassung schlicht-hoheitlichen Handelns, muss er durch die zu erwartende amtliche Maßnahme eine Rechtsbeeinträchtigung befürchten. Für die Abwehr amtlicher Äußerungen muss die Gefahr der Wiederholung einer ähnlichen Äußerung bestehen. Die Ministerin hat angekündigt, weitere Informationen zu publizieren. Diesbezüglich ist zu erwarten, dass ähnliche Warnungen – wie die schon geäußerte – erfolgen werden. Daher liegt das erforderliche Rechtsschutzbedürfnis der W-AG vor.

Die Klage der W-AG ist zulässig.

B. Objektive Klagehäufung

Beide Klagebegehren richten sich gegen denselben Beklagten (Bund) und stehen im unmittelbaren Zusammenhang. Weiterhin ist auch dasselbe Gericht zuständig, sodass insgesamt die Voraussetzungen von § 44 VwGO erfüllt sind. Beide Klagebegehren können somit in einer Klage verfolgt werden.

C. Begründetheit

Die Klage der W-AG ist begründet, wenn ihr Ansprüche auf Widerruf und Unterlassung zustehen. Hinsichtlich des Widerrufs kommt der allgemeine Folgenbeseitigungsanspruch (FBA) und hinsichtlich der Unterlassung der öffentlich-rechtliche Unterlassungsanspruch in Frage. Diese beiden Ansprüche sind gesetzlich nicht geregelt. Zwar ist ihre Herleitung umstritten, gleichwohl sind sie jedoch mittlerweile allgemein anerkannt.

I. Widerrufsanspruch

Der W-AG steht ein Anspruch auf Widerruf der Warnung durch einen FBA zu, wenn durch schlicht-hoheitliches Handeln der Bundesministerin in ein subjektives Recht der W-AG eingegriffen, hierdurch ein noch andauernder rechtswidriger Zustand geschaffen wurde und die Wiederherstellung rechtlich und tatsächlich möglich ist.

1. Schlicht-hoheitliches Handeln

Wie oben bereits ausgeführt, ist die Warnung der Ministerin als ein solches schlicht-hoheitliches Handeln einzustufen.

2. Eingriff in ein subjektives Recht

Diese schlicht-hoheitliche Maßnahme muss zu einem Eingriff in ein subjektiv-öffentliches Recht des Betroffenen geführt haben. Die W-AG führt an, sie sei in ihrem Recht aus Art. 12 Abs. 1 GG verletzt.

a) Schutzbereich

Unter einem Beruf im Sinne von Art. 12 Abs. 1 GG ist jede auf Dauer angelegte Tätigkeit, die der Schaffung und Erhaltung der Lebensgrundlage dient, zu verstehen. Hierunter fällt über Art. 19 Abs. 3 GG auch die freie unternehmerische Betätigung. Im Rahmen der bestehenden Wirtschaftsordnung ist das Verhalten des Unternehmers im Wettbewerb Bestandteil dieser unternehmerischen Betätigung. Das Herstellen und Veräußern von Wein durch die W-AG als Teil eines solchen Wettbewerbs fällt also unter den Schutzbereich von Art. 12 Abs. 1 GG.

b) Eingriff

Fraglich ist weiterhin, ob in diesen Schutzbereich durch die Warnung der Ministerin auch eingegriffen wurde. Nach dem klassischen Eingriffsverständnis liegt ein solcher vor, wenn eine staatliche Maßnahme final und unmittelbar auf die Beeinträchtigung bestimmter Grundrechte abzielt. Die Äußerung der Ministerin schränkt weder direkt die Herstellung/Veräußerung des Weines ein; erst recht verbietet sie diesen nicht. Die Folge der Äußerung – Senkung der Verkaufszahlen – ist nur mittelbare Folge der Warnung.

Zu klären ist daher, ob auch solche mittelbaren Wirkungen einer Maßnahme als Eingriff gewertet werden können. Geht man vom originären Wortsinn eines Eingriffs aus, legt dieser eine gezielte Maßnahme gerade gegen die geschützte Freiheit nah. Hierbei ist jedoch zu berücksichtigen, dass die Folgen auch nur mittelbar wirkender Maßnahmen sogar schwerer wiegen können als die von gezielten, unmittelbaren Maßnahmen. Gerade bei Warnungen vor bestimmten Produkten ist eine solche Folge (Umsatzrückgang) zwangsläufige und unvermeidbare Folge der Äußerung. Sie ist auch – zumindest indirekt – gewollt, eine Warnung kann ja nur wirken, wenn sie von den Adressaten auch beachtet wird. Aus Sicht des Betroffenen macht es keinen Unterschied, wie die Wirkung eintritt. Demzufolge stellen mittelbare Wirkungen einer staatlichen Maßnahme unter anderem dann einen Eingriff dar, wenn sie die Lenkung des Verhaltens Dritter bezweckt, wodurch zwangsläufig Nachteile im grundrechtlich geschützten Bereich auftreten. Die Ministerin hat die Verbraucher gewarnt, damit diese – zumindest vorübergehend – vom Konsum der betroffenen Weinmarken Abstand nehmen. Dies ist auch so eingetreten, die W-AG hat einen erheblichen Verkaufsrückgang angeführt. Folglich steuerte die Äußerung das Kaufverhalten der Verbraucher indirekt, bezweckte demnach die Lenkung deren Verhaltens. Der hierdurch aufgetretene Verkaufsrückgang musste zwangsläufig auftreten. Demzufolge liegt ein (mittelbarer) Eingriff in die Berufsfreiheit aus Art. 12 Abs. 1 GG, einem subjektiv-öffentlichen Recht der W-AG, vor.

3. Rechtswidrigkeit des Eingriffs

Dieser Eingriff ist allerdings nur rechtswidrig, wenn er nicht verfassungsrechtlich gerechtfertigt ist. Diesbezüglich drängen sich – wie auch von der W-AG gerügt – zwei Fragen auf. Zum einen, ob für den Eingriff eine taugliche Ermächtigungsgrundlage vorliegt und, wenn ja, ob der Eingriff auch verhältnismäßig ist.

a) Ermächtigungsgrundlage

Eine einfachgesetzlich ausgeprägte Ermächtigung, nach der die Ministerin eine solche Warnung hätte vornehmen können, ist nicht vorhanden. Vor allem kann sie sich als Organ des Bundes nicht auf etwaige landesrechtliche ordnungs- oder polizeirechtliche Generalklauseln berufen. Möglicherweise liegt aber in der sich aus Art. 65 GG ergebenden Kompetenz zur Staatsleitung eine taugliche Ermächtigungsgrundlage. Sofern Aufgaben der Regierung oder der Verwaltung mittels öffentlicher Informationen wahrgenommen werden können, liegt in der Aufgabenzuweisung auch eine Ermächtigung zum Informationshandeln. Die Staatsleitung wird nicht allein mit den Mitteln der Gesetzgebung und der richtungsweisenden Einwirkung auf den Gesetzesvollzug wahrgenommen, sondern auch durch die Verbreitung von Informationen an die Öffentlichkeit. Von der Staatsleitung in diesem Sinne wird nicht nur die Aufgabe erfasst, durch rechtzeitige öffentliche Information die Bewältigung von Konflikten in Staat und Gesellschaft zu erleichtern, sondern auch, auf diese Weise neuen, oft kurzfristig auftretenden Herausforderungen entgegenzutreten; ebenso umfasst ist, auf Krisen schnell und sachgerecht zu reagieren sowie den Bürgern Orientierungshilfen zu geben. Demzufolge lässt sich aus Art. 65 GG auch eine Ermächtigung zu staatlichen Informationsmaßnahmen, also auch Warnungen, herleiten.

Dem könnte indes entgegengehalten werden, dass aus einer Aufgabenzuweisung wie der staatlichen Informationspflicht nicht zwingend auch die Ermächtigung zu einer bestimmten Maßnahme folgt. Grundsätzlich sind Aufgabenzuweisung und daraus folgende (Eingriffs-) Ermächtigung zu trennen. Hierbei sind jedoch die Besonderheiten gerade nur mittelbarer Grundrechtseingriffe zu berücksichtigen. In solchen Fällen wird gerade nicht unmittelbar auf die Gefahrenquelle eingewirkt, sondern es werden nur zutreffende Tatsachen in die Öffentlichkeit gebracht. Diese Verbreitung zutreffender Informationen muss aber als Ausfluss der ressortabhängigen Staatsleitungsaufgabe auch zulässig sein – trotz einer mittelbar resultierenden Grundrechtswirkung.

Sofern also aus besonderem Anlass die Bevölkerung informiert werden soll, stellt Art. 65 GG eine taugliche Ermächtigungsgrundlage für staatliches Informationshandeln der Bundesregierung oder einzelner Minister dar. Die Ministerin wollte vorliegend auf mögliche Gefahren wegen glykolverseuchten Weines hinweisen. Hierzu war sie auch aufgrund der staatlichen Informationspflicht der Staatsleitungsfunktion des Art. 65 GG ermächtigt.

b) Verhältnismäßigkeit

Die hier in Streit stehende Maßnahme muss schließlich auch verhältnismäßig gewesen sein. Die Warnung soll die Verbraucher vor möglicherweise durch Glykol verunreinigten Weinen schützen. Insofern dient sie dem Schutz der Volksgesundheit, einem legitimen Zweck. Die Warnung ist auch nicht völlig untauglich, diesen Schutzzweck zu erfüllen, mithin geeignet. Ein alternativ vorstellbares Verkaufsverbot stellt kein milderes Mittel dar; andere mögliche Maßnahmen wären jedenfalls nicht geeignet, den Zweck ebenso effektiv zu fördern. Mithin war die Maßnahme auch erforderlich. Im Rahmen der Angemessenheitsprüfung von Art. 12 GG ist die vom BVerfG entwickelte Drei-Stufen-Theorie zu berücksichtigen. Es liegt eine (mittelbare) Berufsausübungsregelung vor, die materiell dann angemessen ist, wenn sie dem Schutz vernünftiger Interessen des Allgemeinwohls dient. Der Schutz der Volksgesundheit ist ein solches vernünftiges Interesse des Allgemeinwohls. Auch ist hierbei zu berücksichtigen, dass die Ministerin angeführt hat, dass nicht zwingend alle Weinbestände glykolverseucht sein müssen, sondern aufgrund der Testergebnisse nur eine gewisse Wahrscheinlichkeit besteht. Sie hat die Situation so dargestellt, wie sie tatsächlich ist. Es liegt auch keine willkürliche Benachteiligung gerade der W-AG vor, sodass die Maßnahme insgesamt im Hinblick auf den Schutzzweck angemessen ist.

Aufgrund der verfassungsrechtlichen Rechtfertigung des Eingriffs war dieser nicht rechtswidrig. Daher steht der W-AG kein Anspruch auf Widerruf der Warnung zu.

II. Unterlassungsanspruch

Wie auch beim FBA ist Grundvoraussetzung des öffentlich-rechtlichen Unterlassungsanspruchs ein rechtswidriger schlicht-hoheitlicher Eingriff in ein subjektives Recht des Klägers. Ein solcher liegt – wie gerade geprüft – aber nicht vor, sodass der W-AG auch kein Anspruch auf Unterlassung zusteht.

Ergebnis: Die Klage der W-AG ist zwar zulässig, aber insgesamt unbegründet. Sie hat daher keine Aussicht auf Erfolg.

Fall 17

Verschenkt wird nichts!

Rechtsstudent R ist nach Abschluss seines Studiums zum Immobilienhai mutiert. Er kauft unbebaute Grundstücke in seiner kreisfreien Heimatstadt K und errichtet auf diesen lukrative Wohn- und Geschäftshäuser.

Bei einem Projekt ist R allerdings nicht in der Lage, die für die Baugenehmigung erforderlichen Stellplätze für Kfz gemäß § 47 Abs. 1 Landesbauordnung (LBO) zu errichten. Die Stadt K schlägt dem R daher in einem vom zuständigen Behördenleiter unterschriebenen Brief vor, die Stellplätze gemäß § 47 Abs. 4 LBO durch einen entsprechenden Geldbetrag abzulösen. Auf Grundlage der geplanten Nutzung müsse er zehn Stellplätze zu je 5.000 Euro ablösen. Das Geld werde in den Neubau eines städtischen Parkhauses in unmittelbarer Nähe von Rs Grundstück investiert. R ist einverstanden und erklärt dies unter Bezugnahme auf das Schreiben des Behördenleiters in einem eigenhändig unterzeichneten Antwortschreiben. Die Baugenehmigung wird nach Zahlung der 50.000 Euro erteilt.

Etwa ein Jahr nach Fertigstellung des Gebäudes gestaltet R das gesamte Erdgeschoss um und vermietet es an ein Dentallabor. Hierdurch verringern sich die benötigten Stellplätze für das Haus auf sieben Stück. R ist nunmehr der Ansicht, er habe zu viele Stellplätze abgelöst und verlangt von der Stadt K die Rückzahlung von 15.000 Euro (3 Stellplätze zu je 5.000 Euro). Die Stadt K lehnt das Gesuch des R ab, Vertrag sei schließlich Vertrag; und außerdem sei R durch die Umgestaltung des Gebäudes selbst dafür verantwortlich, dass jetzt weniger Stellplätze notwendig seien. Daraufhin klagt R auf Rückzahlung von 15.000 Euro vor dem Verwaltungsgericht.

Wie wird das Gericht über die – als zulässig zu unterstellende – allgemeine Leistungsklage entscheiden? (Alle vorgenommenen Stellplatzberechnungen sind zutreffend auf Grundlage der rechtmäßigen Stellplatzsatzung der Stadt K erfolgt.)

Schwerpunkte: Der öffentlich-rechtliche Erstattungsanspruch; der öffentlich-rechtliche Vertrag gemäß den §§ 54 f. VwVfG – Voraussetzungen und Wirksamkeit; die Schriftform nach § 57 VwVfG; Nichtigkeitsgründe gemäß § 59 VwVfG; die Vertragsanpassung nach § 60 VwVfG – der Wegfall der Geschäftsgrundlage.

Lösungsweg

Einstieg: In diesem Fall beschäftigen wir uns im Rahmen des öffentlich-rechtlichen Erstattungsanspruchs mit dem öffentlich-rechtlichen Vertrag im Sinne des § 54 VwVfG. Konkreter Gegenstand ist ein sogenannter ***Stellplatzablösevertrag*** (auch *Stellplatzablösungsvertrag*). Diese kommen in der Praxis ziemlich häufig vor und werden daher auch gelegentlich in juristischen Übungsarbeiten thematisiert, zumal sie sich prima eignen, die Materie anschaulich zu verdeutlichen. Unser Fall basiert übrigens auf einer Entscheidung des OVG Koblenz aus dem Jahre 2003 und ist abgedruckt in der NVwZ-RR **2004** auf Seite 243.

Obwohl man das beim ersten Lesen der Fall-Geschichte meinen könnte, geht es nun keinesfalls um vertiefte oder auch nur Grundkenntnisse aus dem Baurecht; das Baurecht ist nur ein Nebenschauplatz. Die Schwerpunkte liegen natürlich bei den Fragen des allgemeinen Verwaltungsrechts, und dort insbesondere bei den §§ 54 ff. VwVfG. Neben diesen Vorschriften ist lediglich notwendig, den im Text zitierten § 47 LBO zu kennen. Konkret ging es vor dem OVG Koblenz um die LBO des Landes **Rheinland-Pfalz**, die wir uns im (hier relevanten) Wortlaut dann auch bitte anschauen wollen:

> **§ 47 Stellplätze und Garagen**
>
> **(1)** [1]Bauliche Anlagen (...), bei denen ein Zugangs- oder Abgangsverkehr zu erwarten ist, dürfen nur errichtet werden, wenn Stellplätze in ausreichender Zahl und Größe (...) hergestellt werden (notwendige Stellplätze). [2]Ihre Zahl und Größe richtet sich nach Art und Zahl der vorhandenen und zu erwartenden Kraftfahrzeuge der Benutzerinnen und Benutzer sowie der Besucherinnen und Besucher der Anlagen; (...).[5]Es kann zugelassen werden, dass die notwendigen Stellplätze (...) innerhalb einer angemessenen Frist nach Fertigstellung der Anlagen hergestellt werden.
>
> **(4)** [1]Ist die Herstellung notwendiger Stellplätze (...) nicht (...) möglich, so kann die Bauherrin oder der Bauherr, wenn die Gemeinde zustimmt, die Verpflichtungen (...) auch durch Zahlung eines Geldbetrages an die Gemeinde erfüllen. (...)[3]Die Höhe des Geldbetrages (...) ist durch Satzung festzulegen.
>
> **(5)** Der Geldbetrag nach Abs. 4 ist zu verwenden:
>
> 1. zur Herstellung öffentlicher Parkeinrichtungen an geeigneter Stelle, (...).

Solche oder zumindest sehr ähnliche Vorschriften über Stellplätze gibt es übrigens in ***allen*** Landesbauordnungen, namentlich Baden-Württemberg (§ 37 LBO BaWü); Bayern (Art. 52, 53 BayBO); Berlin (§ 48 BauO Bln); Brandenburg (§ 43 BbgBO); Bremen (§ 49 LBO Bremen); Hamburg (§§ 48, 49 HBauO); Hessen (§ 44 HBO); Mecklenburg-Vorpommern (§ 48 LBO); Niedersachsen (§§ 47 ff. NBauO); Nordrhein-Westfalen (§ 51 BauO NRW); Saarland (§ 50 LBO); Sachsen (§ 49 SächsBO); Sachsen-Anhalt (§ 53 BauO LSA); Schleswig-Holstein (§ 55 LBO) und Thüringen (§ 49 ThürBO).

Zum Fall: Das Gericht wird der – zulässigen – allgemeinen Leistungsklage des R stattgeben, wenn sie begründet ist.

Begründetheit

Vorweg: Unser R begehrt die Rückzahlung von 15.000 Euro, einem Teil der von ihm gezahlten 50.000 Euro. Wie uns die Fallfrage verrät, ist dies mit der ***allgemeinen Leistungsklage*** zu verfolgen, deren Zulässigkeit wir hier ausnahmsweise nicht prüfen wollen, da wir das zum einen im letzten Fall sehr ausführlich erledigt haben (vgl. dort) und zum anderen dieser Fall hier dann schlicht unüberschaubar lang geworden wäre. Er enthält nämlich eine Unmenge wertvoller Informationen zum öffentlich-rechtlichen Vertrag, auf die wir uns ausnahmslos konzentrieren wollen.

Wie wir bereits aus dem vorherigen Fall wissen, ist innerhalb der Begründetheitsprüfung einer allgemeinen Leistungsklage zu untersuchen, ob dem Kläger – also unserem R – ein ***Anspruch*** auf das begehrte Verwaltungshandeln zusteht. Ein gesetzlich geregelter Rückzahlungsanspruch ist nicht ersichtlich, sodass nur der ***öffentlich-rechtliche Erstattungsanspruch*** in Frage kommt. Und der hat folgende Voraussetzungen:

A. Herleitung

Der öffentlich-rechtliche Erstattungsanspruch wird überwiegend aus dem Prinzip der Gesetzmäßigkeit der Verwaltung hergeleitet, um den Ausgleich einer mit der Rechtslage nicht (mehr) übereinstimmenden Vermögenslage herzustellen (BVerwGE **71**, 85; *Kopp/Schenke* § 113 VwGO Rz. 82; *Maurer*, AllgVerwR, § 29 Rz. 21). Andere berufen sich unmittelbar auf die Grundrechte (*Mayer/Kopp*, AllgVerwR, S. 504) oder übertragen den hinter den §§ 812 ff. BGB liegenden Rechtsgedanken ins öffentliche Recht (BVerwG NJW **1980**, 2538; OVG Münster DÖV **1967**, 271). Einigkeit besteht jedenfalls über die Existenz eines solchen Anspruchs und größtenteils auch über dessen Voraussetzungen, sodass er gewohnheitsrechtlich seit Jahrzehnten als allgemein anerkannt gilt (BVerwG NVwZ **2002**, 853; OVG Lüneburg NordÖR **2002**, 307).

B. Voraussetzungen

Die tatbestandlichen Voraussetzungen des öffentlich-rechtlichen Erstattungsanspruchs richten sich überwiegend nach denen der privatrechtlichen Bereicherungsansprüche aus den §§ 812 ff. BGB: Es muss eine ***Vermögensverschiebung*** – gleich welcher Art — vorliegen, für die ***kein*** Rechtsgrund - mehr - besteht (BVerwGE **71**, 85; VG Gießen NVwZ-RR **1998**, 453; *Maurer*, AllgVerwR, § 29 Rz. 21). Und genau das prüfen wir jetzt mal:

I. Vermögensverschiebung

Innerhalb der Vermögensverschiebung wird im öffentlichen Recht – anders als im Zivilrecht – nicht zwischen der Art der Vermögensverschiebung (also Leistungs- oder

Nichtleistungskondiktion) differenziert. Erforderlich ist lediglich, dass ein ***Unmittelbarkeitsverhältnis*** zwischen der Vermögensmehrung auf der einen und der Vermögensminderung auf der anderen Seite besteht (*Ossenbühl* in NVwZ 1991, 513).

Zum Fall: Hier hat R zur Ablösung seiner Stellplatzpflicht 50.000 Euro an die Stadt gezahlt. Deren Vermögensmehrung steht in unmittelbarem Zusammenhang mit der Vermögensminderung des R, eine Vermögensverschiebung im oben benannten Sinne liegt also vor.

II. Ohne Rechtsgrund

Diese Vermögensverschiebung muss nun aber auch ohne Rechtsgrund erfolgt sein. Als einziger Rechtsgrund kommt im vorliegenden Fall die Korrespondenz zwischen R und der Stadt K in Betracht. Hierin könnte ein ***öffentlich-rechtlicher Vertrag*** nach § 54 VwVfG zu sehen sein. Läge ein solcher vor und hätte sich am Vertragsverhältnis zwischenzeitlich auch nichts mehr geändert, wäre die Zahlung der 50.000 Euro (und damit natürlich auch der 15.000 Euro) ***mit*** Rechtsgrund erfolgt und eine Erstattung damit ausgeschlossen.

Die Voraussetzungen des öffentlich-rechtlichen Vertrages

1. Abschluss eines öffentlich-rechtlichen Vertrages

Zunächst ist zu prüfen, ob zwischen dem Bürger und der Behörde ein öffentlich-rechtlicher Vertrag im Sinne von § 54 VwVfG geschlossen wurde. Hierfür muss erstens aufgezeigt werden, ob die geregelte Materie überhaupt einem **»öffentlich-rechtlichen«** Vertrag entspricht und zweitens, ob sich die Parteien auch über den Abschluss eines solchen Vertrages ***geeinigt*** haben. Also:

a) Rechtsnatur → öffentlich-rechtlich

Durchblick: Nach der amtlichen Überschrift des § 54 VwVfG wird in dieser Norm die Zulässigkeit eines öffentlich-rechtlichen Vertrages geregelt. Nach Satz 1 kann ein Rechtsverhältnis auf dem Gebiet des öffentlichen Rechts durch Vertrag begründet, geändert oder aufgehoben werden. Der Begriff des »Vertrages auf dem Gebiet des öffentlichen Rechts« muss dabei unter Berücksichtigung der Systematik des VwVfG bestimmt werden: Unter § 54 VwVfG können nur Verträge fallen, die eine ***verwaltungsrechtliche*** Materie zum Gegenstand haben. Andere öffentlich-rechtliche Verträge – zum Beispiel auf dem Gebiet des Verfassungs- oder Völkerrechts – unterliegen nicht den Regelungen des VwVfG. Deshalb ist es zwar sinnvoller, im Zusammenhang von § 54 VwVfG von ***Verwaltungsverträgen*** zu sprechen (so *Kopp/Ramsauer* § 54 VwVfG Rz. 3; *Maurer*, AllgVerwR, § 14 Rz. 7; *Ogorek* in JA 2003, 436), wir bleiben aber hier im Buch bei der vom Gesetzgeber vorgegebenen Begrifflichkeit, behalten dabei aber das gerade Gesagte im Hinterkopf. Wichtig ist, dass das Merkmal der öffentlich-rechtlichen Materie des Vertrages zur Abgrenzung von Privatrechtsverträgen dient (*Höfling/Krings* in JuS 2000, 625; *Maurer*, AllgVerwR, § 14 Rz. 7).

Zur Beantwortung der Frage, ob ein öffentlich-rechtlicher Vertrag im Sinne von § 54 VwVfG vorliegt – und nicht etwa ein privatrechtlicher Vertrag –, muss dessen Rechtsnatur bestimmt werden. Dies erfolgt in erster Linie durch Bestimmen des Gegenstandes der getroffenen Vereinbarung (BGH NJW **14**, 3654; *Kopp/Ramsauer* § 54 VwVfG Rz. 28; *Ogorek* in JA 2003, 436). Dabei bietet sich an, auf die hinter dem Vertragsgegenstand stehenden Normen abzustellen und anhand deren Rechtsnatur eine Abgrenzung vorzunehmen.

Zum Fall: Gegenstand der möglichen Vereinbarung zwischen R und der Stadt K ist eine Ablösung der Stellplatzpflicht im Sinne von § 47 Abs. 4 LBO. Die Landesbauordnung ist fraglos öffentlich-rechtlichen Charakters, sodass dies auch für den möglichen Vertragsgegenstand gilt.

Beachte: Problematisch kann die Bestimmung der Rechtsnatur eines Vertrages sein, wenn er sowohl privatrechtliche als auch öffentlich-rechtliche Elemente enthält. Entscheidendes Kriterium ist dann der ***Gesamtcharakter*** der Vereinbarung. Es gilt das Prinzip der ***einheitlichen*** Beurteilung. Grundsätzlich genügt es, wenn zumindest ein nicht unbedeutender Teil der Vereinbarung dem Verwaltungsrecht unterfällt (BVerwGE **42**, 331; *Knack/Henneke/Schliesky* § 54 VwVfG Rz. 12; *Kopp/Ramsauer* § 54 VwVfG Rz. 29).

b) Vertragsschluss

Einen solchen Vertrag müssen die Parteien ***wirksam*** geschlossen haben. Dafür müssen sie eine Einigung über den Inhalt des Vertrages getroffen haben und die Vertragsform muss an sich überhaupt zulässig gewesen sein.

aa) Wirksame Einigung

Wie eine solche Einigung aussieht, wird im VwVfG explizit nicht geregelt. Nach § 62 Satz 2 VwVfG gelten neben den Vorschriften des VwVfG die Regelungen des Bürgerlichen Gesetzbuches entsprechend. Demnach richtet sich die Wirksamkeit der Einigung nach § 62 Satz 2 VwVfG i.V.m. **§§ 145 ff. BGB**. Für die Auslegung der Willenserklärungen gelten dementsprechend auch die Grundsätze der §§ 133, 157 BGB analog (*Gurlit* in JURA 2001, 659; *Maurer*, AllgVerwR, § 14 Rz. 28a).

Zum Fall: Die Stadt hat dem R in einem Schreiben vorgeschlagen, seiner Stellplatzpflicht durch eine Ausgleichszahlung nachzukommen. Hierin ist ein Angebot, gerichtet auf den Abschluss eines Stellplatzablösevertrages, zu sehen. Dieses Angebot hat R durch sein Schreiben, in dem er sich mit dem Vorschlag einverstanden erklärt, angenommen. Folglich haben sich R und die Stadt K über den Abschluss eines öffentlich-rechtlichen Vertrages ***geeinigt*** im Sinne der §§ 145 ff. BGB.

Klausurhinweis: Nur in sehr seltenen Ausnahmefällen haben verwaltungsrechtliche Klausuren zivilrechtliche Probleme des Vertragsschlusses zum (Haupt-) Gegenstand. Relevant ist allerdings vergleichsweise häufig, ob der verpflichtete Verwaltungsträger wirksam ***vertreten*** wurde nach den §§ 164 ff. BGB analog. Hierbei muss man sich darüber klar sein, dass nur ***Rechtssubjekte*** Vertragsparteien sein können. Daher ist – unabhängig von der missverständlichen Formulierung in § 54 Satz 2 VwVfG – in der Regel nicht die Behörde, sondern ihr ***Rechtsträger*** Vertragspartei. Dieser Rechtsträger gibt die erforderlichen Willenserklärungen durch seine Organe ab (*Gurlit* in JURA 2001, 659; *Schlette*, Die Verwaltung als Vertragspartner, S. 440 f.). Diesbezüglich müssen – sofern der Sachverhalt hierzu Anlass bietet – die Vertretungsregeln/besonderen Formvorschriften der jeweiligen Gemeindeordnung des betreffenden Bundeslandes berücksichtigt werden (vergleiche im Bedarfsfall beispielhaft die Klausurlösung von *Detterbeck/Pöttgen* in JURA 2003, 563).

bb) Kein Vertragsformverbot

Ein Vertragsschluss im Sinne des § 54 VwVfG ist nach Satz 1 Halbsatz 2 nur zulässig, »soweit Rechtsvorschriften nicht entgegenstehen«. Es darf also kein Verbot der Vertragsform vorliegen.

Definition: Von solchen ***Vertragsformverboten*** spricht man, wenn bestimmte Sachbereiche wegen ihrer besonderen Eigenart generell einer vertraglichen Regelung entzogen sind. Ein solches Verbot muss nicht zwingend ausdrücklich normiert sein; es kann sich auch im Wege der Auslegung ergeben (*Gurlit* in JURA 2001, 731; *Kopp/Ramsauer* § 54 VwVfG Rz. 42; *Scherzberg* in JuS 192, 205).

Beachte: Solche Vertragsformverbote sind relativ selten zu finden. Teilweise wird in bestimmten Normen eine vertragliche Regelung zwingend untersagt, so zum Beispiel in § 2 Abs. 3 BauGB → keine vertragliche Verpflichtung zur Aufstellung von Bauleitplänen und städtischen Satzungen; oder es wird die Regelung eines Rechtsverhältnisses durch Verwaltungsakt oder einen anderen Rechtsakt (zum Beispiel § 8 Abs. 2 BeamtStG – Beamtenernennung; § 155 Abs. 1 AO – Steuererhebung) zwingend vorgeschrieben (vgl. *Kopp/Ramsauer* § 54 VwVfG Rz. 43 mit weiteren Beispielen).

Zum Fall: Ein expliziter Ausschluss der Vertragsform liegt nicht vor. Vor allem ist § 2 Abs. 3 BauGB nicht einschlägig. Zwar ist eine baurechtliche Materie Streitgegenstand, die Stadt hat sich aber weder zur Aufstellung eines Bauleitplanes noch zu einer Satzung verpflichtet. Auch ist dem Sinn und Zweck von § 47 LBO kein solches Vertragsformverbot zu entnehmen. Ganz im Gegenteil spricht die Formulierung von § 47 Abs. 4 LBO gerade für die Möglichkeit einer vertraglichen Stellplatzablösung.

ZE.: Zwischen R und der Stadt K wurde also ein öffentlich-rechtlicher Vertrag im Sinne von § 54 VwVfG geschlossen.

2. Formelle Wirksamkeit

In den §§ 57, 58 VwVfG werden besondere Voraussetzungen für die Wirksamkeit öffentlich-rechtlicher Verträge aufgestellt, nämlich:

a) Form

Nach § 57 VwVfG ist ein öffentlich-rechtlicher Vertrag ***schriftlich*** zu schließen, »soweit nicht durch Rechtsvorschrift eine andere Form vorgeschrieben ist«. Ziemlich umstritten ist hierbei, wie die Voraussetzung der Schriftlichkeit zu verstehen ist:

- Nach ***einer Meinung*** in der Literatur wird über § 64 Satz 2 VwVfG i.V.m. **§ 126 Abs. 2 BGB** verlangt, dass die eigenhändige Unterzeichnung der Vertragsparteien bzw. deren Vertreter auf ein und derselben Urkunde notwendig sei. Aus Gründen der Rechtssicherheit sei zum Beispiel ein wechselseitiger Briefverkehr gemäß § 127 Abs. 2 BGB unzulässig, sogenanntes Prinzip der »**Urkundseinheit**« (*Meyer/Borgs* § 57 VwVfG Rz. 2; *Obermayer* § 57 VwVfG Rz. 15; *Ogorek* in JA 2003, 436; *Taschaschnig*, Nichtigkeit subordinationsrechtlicher Verträge, S. 104 f.).

Zum Fall: Vorliegend erfolgte die Einigung auf der einen Seite durch das Schreiben der Stadt K und auf der anderen Seite durch das Antwortschreiben des R. Eine eigenhändige Unterzeichnung beider Vertragsparteien auf einer Urkunde liegt nicht vor. Nach dieser Auffassung genügt diese Form der Einigung ***nicht*** der Schriftform des § 57 VwVfG.

- Nach einer ***Gegenansicht*** ist für die Erfüllung des Schriftformerfordernisses keine einheitliche Urkunde erforderlich (BVerwG ZMR **2010**, 571). Die Formbestimmung müsse sich vielmehr an § 37 Abs. 3 VwVfG orientieren. Es genüge, dass sowohl das Angebot als auch die Annahme in schriftlicher Form erfolgen und unmissverständlich aufeinander Bezug nehmen. Sofern keine einheitliche Vertragsurkunde vorliegt, müssten diese korrespondierenden Schreiben jeweils eigenhändig unterschrieben worden sein (*Knack/Henneke/Schliesky* § 57 VwVfG Rz. 6; *Kopp/Ramsauer* § 57 VwVfG Rz. 10; *Stelkens/Bonk/Sachs* § 57 VwVfG Rz. 20; *Weyhrauch* in VerwArch 1991, 543).

Zum Fall: Sowohl das Angebot der Stadt als auch die Annahme des R erfolgten in schriftlicher Form. Beide Schreiben sind auch eigenhändig unterzeichnet worden. Weiterhin nimmt R in seiner Annahme explizit Bezug auf das Angebot der Stadt, sodass nach dieser Auffassung der Vertragsschluss insgesamt dem Schriftformerfordernis von § 57 VwVfG entspricht.

Lösung: Der erstgenannten Ansicht ist insofern zuzustimmen, dass eine von beiden Parteien unterschriebene Vertragsurkunde für Rechtssicherheit sorgt und Missverständnissen vorbeugt. Fraglich ist allerdings, ob solch ein strenges Erfordernis tatsächlich zwingend notwendig ist oder ob dem Sinn und Zweck von § 57 VwVfG nicht auch schon nach der zweiten Meinung Genüge getan wird. Fixieren beide Vertragsparteien ihre jeweiligen Erklärungen schriftlich, ist davon auszugehen, dass die der Schriftform innewohnende ***Warnfunktion*** erfüllt ist. Wenn eine Willenserklärung schriftlich abgegeben ist und eigenhändig unterschrieben wird, hatte der Erklärende jedenfalls die Möglichkeit, sich intensiv genug mit den Folgen seiner Erklärung auseinander zu setzen. Dadurch, dass sowohl Angebot und Annahme schriftlich fixiert und unterschrieben sein und auch aufeinander Bezug nehmen müssen, wird auch der ***Beweisfunktion*** Genüge getan. Eine unterschriebene Erklärung ist einwandfrei der jeweiligen Partei zuzuordnen. Durch die Bezugnahme – in der Regel des Annehmenden – auf die Erklärung des anderen Teils – in der Regel des Anbietenden, der gleichzeitig den Vertragsinhalt aufgesetzt hat – kann in einer späteren Auseinandersetzung sowohl der Vertragsschluss als auch der Vertragsinhalt zweifelsfrei aufgeklärt werden. Daher genügen die Anforderungen der zweiten Ansicht der Schriftform von § 57 VwVfG.

Übrigens: Wie die meisten juristischen Meinungsstreitigkeiten kann man auch diesen hier guten Gewissens in die andere Richtung entscheiden. Unsere scheinbar so überzeugende Argumentation kann man nämlich wiederum dadurch angreifen, dass man die Risiken aufzeigt, die dadurch entstehen, dass die Vertragsparteien ihre jeweiligen Erklärungen in einem Briefwechsel aus der Hand geben. Im Original liegen dann nämlich nur noch die Erklärungen der Gegenseite vor (*Ogorek* in JA 2003, 436). Diese Situation eröffnet aber Manipulationsmöglichkeiten Tür und Tor und kann vor diesem Hintergrund der Beweisfunktion nicht wirklich entsprechen. Wichtig ist allerdings, dass der Bearbeiter sich bewusst ist, dass er eine Klausur aus dem Bereich des öffentlich-rechtlichen Vertrages keinesfalls am Prüfungspunkt Schriftform abbrechen darf. Entweder man lässt die gewählte Form ausreichen oder aber man prüft jedenfalls im Hilfsgutachten weiter. Ist dem Sachverhalt zu entnehmen, dass eine Vertragsurkunde von beiden Parteien unterschrieben wurde oder enthält der Sachverhalt keine näheren Informationen zum Ablauf des Vertragsschlusses, ist dieser Meinungsstreit natürlich mit ***keinem*** Satz zu erwähnen. Merken.

Klausurtipp: Liegt – anders als hier – ein den Bürger einseitig verpflichtender Vertrag (sogenannter ***hinkender Austauschvertrag***) vor, hat das Bundesverwaltungsgericht ebenfalls entschieden, dass auf das Erfordernis der Urkundeneinheit verzichtet werden kann und stattdessen ein Briefwechsel ausreicht, wenn sich unmissverständliche schriftliche Willenserklärungen gegenüberstehen (BVerwG DVBl **1995**, 675). In der Klausur kann man in einem solchen Fall daher auch einfach darauf abstellen, dass es auf die Frage der Urkundeneinheit ***nicht*** ankommt. Dem Bürger können ja schließlich mangels eigenen Anspruchs kaum Beweisschwierigkeiten entstehen, und die Verwaltung bedarf mangels Verpflichtung keiner Warnung.

b) Zustimmung/Mitwirkung

Gemäß **§ 58 Abs. 1 VwVfG** wird ein Vertrag, der in Rechte Dritter eingreift, erst wirksam, wenn der beeinträchtigte Dritte zugestimmt hat. Eine solche Beeinträchtigung Dritter ist hier nicht ersichtlich, sodass § 58 Abs. 1 VwVfG der formellen Wirksamkeit des Vertrages nicht entgegensteht.

Beachte: Sofern nach **§ 58 Abs. 2 VwVfG** anstatt des Erlasses eines Verwaltungsaktes ein Vertrag abgeschlossen wurde, ist die Wirksamkeit des Vertrages davon abhängig, dass eine Behörde, deren Zustimmung oder Einvernehmen für den Erlass eines entsprechenden Verwaltungsaktes notwendig ist, in der vorgeschriebenen Form mitgewirkt hat (also dem Vertrag zugestimmt oder ihr Einvernehmen erteilt hat). Unsere Stellplatzablösung etwa hätte ebenso gut durch einen ***Verwaltungsakt*** ergehen können. In der Praxis wird nämlich mindestens genauso häufig eine Stellplatzablösung als Auflage (→ Nebenbestimmung) einer Baugenehmigung beigefügt. Dementsprechend besagt § 47 Abs. 4 LBO, dass die Gemeinde – bzw. die für sie handelnde Behörde – einer Stellplatzablösung zustimmen muss. In unserem Fall spielt diese Mitwirkung allerdings keine Rolle, da die kreisfreie Stadt K selbst Vertragspartner ist und daher auch logischerweise nicht sich selbst zustimmen muss. Das Ganze wird übrigens nur relevant, wenn ein ***Kreis*** als Träger der Bauaufsichtsbehörde fungiert und sich vor Abschluss eines Stellplatzablösevertrages nicht das nötige Einverständnis einer betroffenen Gemeinde besorgt (vergleiche insoweit *Ogorek* in JA 2003, 436).

ZE.: Der vorliegende Vertrag ist formell wirksam.

3. Materielle Wirksamkeit

Durchblick: Wie sich schon aus dem in § 54 Satz 1 VwVfG enthaltenen Vertragsformverbot ergibt, dürfen dem Abschluss eines öffentlich-rechtlichen Vertrages lediglich keine Rechtsvorschriften entgegenstehen. Er muss daher nicht gesetzlich explizit zugelassen sein – das ist er schon durch § 54 VwVfG; das heißt, er unterliegt insofern ***keinem*** Gesetzesvorbehalt (BVerwGE **42**, 331; *Höfling/Krings* in JuS 2000, 625; *Ogorek* in JA 2003, 436; *Stelkens/Bonk/Sachs* § 54 VwVfG Rz. 96).

Hiervon losgelöst ist allerdings die Frage nach der Gesetzmäßigkeit des Verwaltungshandelns zu beurteilen (→ ***Vorrang*** des Gesetzes). Die Verwaltung ist durch die Wahl der Vertragsform nicht davon befreit, dass sie im Rahmen von Recht und Gesetz, also ***rechtmäßig*** handeln muss (*Gurlit* in JA 2001, 659; *Maurer*, AllgVerwR, § 14 Rz. 25; *Ogorek* in JA 2003, 436; *Stelkens/Bonk/Sachs* § 54 VwVfG Rz. 95). Hier ist indessen eine – vor allem für die Prüfung relevante – Unterscheidung vorzunehmen: Untersucht wird in der Regel die ***Wirksamkeit*** eines öffentlich-rechtlichen Vertrages, weil sich nur aus einem wirksamen Vertrag Rechte und Pflichten herleiten lassen. Wie sich aus § 59 VwVfG ergibt, führen jedoch nur spezielle Fehler zur ***Nichtigkeit*** und damit Unwirksamkeit eines Vertrages. Daraus ergibt sich, dass ein öffentlich-rechtlicher Vertrag durchaus rechtswidrig und trotzdem wirksam sein kann, solange die Rechtswidrigkeit nicht zur Nichtigkeit im Sinne von § 59 VwVfG führt (*Gurlit* in JA 2001, 731; *Maurer*, AllgVerwR, § 14 Rz. 37; *Ogorek* in JA 2003, 436; kritisch hierzu: *Götz* in NJW 1976, 1425; *Maurer*, AllgVerwR, § 14 Rz. 47 ff.). Im Bereich der materiellen Wirksamkeitsprüfung wird also nur untersucht, ob der Vertrag einen Fehler aufweist, der über § 59 VwVfG zur ***Nichtigkeit*** und damit zur Unwirksamkeit des Vertrages führt. Wichtiger Gedankengang, bitte den Absatz mindestens noch einmal lesen.

> **Beachte:** Nach § 59 VwVfG **Abs. 1** VwVfG ist (jeder) öffentlich-rechtliche Vertrag nichtig, sofern sich die Nichtigkeit aus einer entsprechenden Anwendung von Vorschriften des BGB ergibt. Diese Regelung stellt eine Grundnorm für die Beurteilung der Nichtigkeit dar (*Kopp/Ramsauer* § 59 VwVfG Rz. 8). Hinzu kommen dann besondere Nichtigkeitsgründe in **Abs. 2** für den besonderen Vertragstyp des ***subordinationsrechtlichen*** Vertrages nach § 54 Satz 2 (hierzu gleich mehr). Diese Nichtigkeitsgründe sind als Spezialregelungen vor den allgemeinen aus Abs. 1 zu prüfen (*Erichsen/Ehlers*, AllgVerwR, § 26 Rz. 18; *Schleicher* in DÖV 1976, 550; *Stelkens/Bonk/Sachs* § 59 VwVfG Rz. 14; **a.A.** *Knack/Henneke/Schliesky* § 59 VwVfG Rz. 17; *Kopp/Ramsauer* § 59 VwVfG Rz. 18 – gleichrangig).

a) Nichtigkeit nach § 59 Abs. 2 VwVfG

Wie soeben erläutert kommen die speziellen Nichtigkeitsgründe des § 59 Abs. 2 VwVfG nur bei sogenannten ***subordinationsrechtlichen*** Verträgen im Sinne von § 54 Satz 2 VwVfG in Betracht.

> **Definition:** Nach § 54 Satz 2 VwVfG liegt ein solcher ***subordinationsrechtlicher*** Vertrag vor, wenn die Behörde, anstatt einen Verwaltungsakt zu erlassen, einen öffentlich-rechtlichen Vertrag mit demjenigen schließt, an den sie sonst den Verwaltungsakt richten würde.

Legt man den Wortlaut dieser Definition zu Grunde, so könnte man davon ausgehen, dass ein subordinationsrechtlicher Vertrag nur dann anzunehmen ist, wenn der Vertragsinhalt in der konkreten Situation genauso auch durch einen Verwaltungsakt hätte geregelt werden können. Diese Sichtweise ist nach allgemeiner Ansicht indes zu eng: Der Wortlaut ist vielmehr so zu verstehen, dass § 54 Satz 2 VwVfG für alle Verträge zwischen einer Privatperson und einem Träger der öffentlichen Verwaltung auf einem Gebiet gilt, auf dem ein hoheitliches Verhältnis der ***Über- und Unterordnung*** besteht. Es kommt nicht darauf an, ob der konkrete Gegenstand der vertraglichen Vereinbarung durch Verwaltungsakt geregelt werden könnte (BVerwG NVwZ **2000**, 1285; VGH München NVwZ **1990**, 979; *Kopp/Ramsauer* § 54 VwVfG Rz. 48; *Maurer*, AllgVerwR, § 14 Rz. 12; *Stelkens/Bonk/Sachs* § 54 VwVfG Rz. 61; *Voßkuhle/Kaiser* in JuS 2013, 687). Das BVerwG führt hierzu aus (BVerwG NVwZ **2000**, 1285):

> *»Mit der Bezugnahme auf den Erlass eines Verwaltungsaktes bezeichnet die Norm den typischen Anwendungsbereich des subordinationsrechtlichen Vertrages, nämlich den Abschluss eines Vertrages in einem Rechtsbereich, in dem sich Bürger und Behörde allgemein wie bei dem Erlass eines Verwaltungsaktes in einem Über- und Unterordnungsverhältnis gegenüberstehen. Das Wort »sonst« im letzten Halbsatz der Vorschrift bedeutet daher nicht, dass die Behörde im Zeitpunkt des Vertragsabschlusses (noch) befugt gewesen sein muss, die vom Bürger zu erbringende Leistung mit demselben Inhalt durch Verwaltungsakt festzusetzen.«*

Zum Fall: Das baurechtliche Genehmigungsverfahren und auch der besondere Teil der Stellplatzablöse ist von einem Verhältnis der Über-/Unterordnung geprägt. Die Behörde kann diese Materien grundsätzlich per Verwaltungsakt regeln, sodass jedenfalls ein subordinationsrechtlicher Vertrag im Sinne des § 54 Satz 2 VwVfG vorliegt.

Und dementsprechend müssen wir jetzt prüfen, ob einer der vier Nichtigkeitsgründe des § 59 Abs. 2 VwVfG vorliegt. Hiernach ist ein Vertrag im Sinne des § 54 Satz 2 VwVfG nichtig, wenn

aa) nach § 59 Abs. 2 **Nr. 1** VwVfG ein ***Verwaltungsakt*** mit entsprechendem Inhalt ***nichtig*** wäre. Über diese Regelung finden die Nichtigkeitsgründe des § 44 VwVfG entsprechend Anwendung (*Kopp/Ramsauer* § 59 VwVfG Rz. 19; *Wolff/Bachof/Stober*, VerwR II, § 54 Rz. 46a).

Zum Fall: Solche Nichtigkeitsgründe sind hier nicht einschlägig.

bb) Des Weiteren ist ein Vertrag nach § 59 Abs. 2 **Nr. 2** VwVfG nichtig, wenn ein Verwaltungsakt mit entsprechendem Inhalt nicht nur wegen eines Verfahrens- oder Formfehlers im Sinne des § 46 VwVfG rechtswidrig wäre und dies den Vertragsschließenden bekannt war. Die Norm soll die Fälle ***kollusiven*** (= bewussten und gewollten) Zusammenwirkens der Vertragsparteien gegen die Rechtsordnung verhindern (*Gurlit* in JURA 2001, 659; *Kopp/Ramsauer* § 59 VwVfG Rz. 23a).

Zum Fall: Ungeachtet der Frage, ob in unserem Fall ein entsprechender Verwaltungsakt rechtswidrig gewesen wäre, war dies den Parteien jedenfalls nicht bekannt.

cc) Ferner ist ein Vertrag nach § 59 Abs. 2 **Nr. 3** VwVfG nichtig, wenn die besonderen Voraussetzungen eines ***Vergleichsvertrages*** nicht vorlagen und ein Verwaltungsakt mit entsprechendem Inhalt (...) rechtswidrig wäre.

Definition: Nach **§ 55 VwVfG** kann ein Vertrag im Sinne des § 54 Satz 2 VwVfG, durch den eine bei verständiger Würdigung des Sachverhalts oder der Rechtslage bestehende Ungewissheit durch gegenseitiges Nachgeben beseitigt wird (Vergleich), geschlossen werden, wenn die Behörde den Abschluss des Vergleichs zur Beseitigung der Ungewissheit nach pflichtgemäßem Ermessen für zweckmäßig hält.

Zum Fall: Ein solcher Vergleichsvertrag liegt hier nicht vor, sodass auch der Nichtigkeitsgrund des § 59 Abs. 2 Nr. 3 VwVfG nicht einschlägig ist.

dd) Schließlich ist ein Vertrag nichtig, wenn sich die Behörde eine nach § 56 VwVfG unzulässige Gegenleistung versprechen lässt (§ 59 Abs. 2 **Nr. 4** VwVfG). Der letzte Nichtigkeitsgrund nimmt Bezug auf die klausurrelevanteste Variante des öffentlichrechtlichen Vertrages, den ***Austauschvertrag***, und statuiert das Verbot der unzulässigen Gegenleistung, das sogenannte »**Koppelungsverbot**« (*Knack/Henneke/Schliesky* § 59 VwVfG Rz. 21; *Kopp/Ramsauer* § 59 VwVfG Rz. 28).

Definition: Nach **§ 56 Abs. 1 VwVfG** kann ein Vertrag im Sinne des § 54 Satz 2 VwVfG, in dem sich der Vertragspartner der Behörde zu einer Gegenleistung verpflichtet, geschlossen werden, wenn die Gegenleistung für einen bestimmten Zweck im Vertrag vereinbart wird und der Behörde zur Erfüllung ihrer öffentlichen Aufgaben dient. Die Gegenleistung muss den gesamten Umständen nach angemessen sein und im sachlichen Zusammenhang mit der vertraglichen Leistung der Behörde stehen.

Zum Fall: Wir müssen demnach prüfen, ob unser Vertrag die Voraussetzungen des § 56 VwVfG erfüllt und keine unzulässige Gegenleistung im Sinne des § 59 Abs. 2 Nr. 4 VwVfG darstellt. Der R verpflichtet sich zur Zahlung eines Geldbetrages in Höhe von 50.000 Euro, also zu einer Gegenleistung für die nicht zu errichtenden Stellplätze. Dementsprechend liegt ein Austauschvertrag im Sinne des § 56 VwVfG vor. Auf diese Stellplatzbefreiung hat der R auch keinen Anspruch (vgl. § 56 Abs. 2 VwVfG), sodass sich die Zulässigkeit dieses Austauschvertrages ausschließlich nach § 56 Abs. 1 VwVfG bestimmt. Für die monetäre Ablösung der sich aus § 47 Abs. 1 LBO ergebenden Stellplatzpflicht vereinbaren R und die Stadt, dass das Geld zum Bau eines neuen Parkhauses verwendet wird. Die Gegenleistung wird also für einen ***bestimmten Zweck*** vereinbart. Die Schaffung von Parkraum dient auch einer öffentlichen Aufgabe der Stadt K. An der Angemessenheit der Gegenleistung bestehen keine Bedenken, vor allem, weil ihre Berechnung aufgrund der rechtmäßigen Stellplatzsatzung erfolgte. Eine Gegenleistung steht schließlich im ***sachlichen Zusammenhang*** mit der vertraglichen Leistung der Behörde, wenn sie demselben öffentlichen Interesse/Zweck dient wie die Rechtssätze/Rechtsgrundsätze, die hinter der behördlichen Leistung stehen (*Kopp/Ramsauer* § 56 VwVfG Rz. 17). Dies ist zum Beispiel der Fall, wenn die Gegenleistung den Zweck einer dispensierten Vorschrift auf andere Weise erfüllen soll (*Götz* in JuS 1970, 1; *Knack/Henneke/Schliesky* § 56 VwVfG Rz. 15).

Die Stellplatzpflicht des § 47 Abs. 1 LBO dient dazu, dem durch die Nutzung einer baulichen Anlage gesteigerten Verkehrsaufkommen Parkraum zu bieten. Dieser Zweck wird auch dadurch erfüllt, dass in der betreffenden Stadt – jedenfalls in unmittelbarer Nähe der betreffenden baulichen Anlage – anderweitiger Parkraum geschaffen wird. Dies ergibt sich schon aus dem in § 47 Abs. 5 Nr. 1 LBO vorgeschriebenen Verwendungszweck. Die vereinbarte Verwendung zum Neubau eines Parkhauses erfüllt diese Voraussetzung und damit auch den sich aus § 47 Abs. 1 LBO ergebenden Zweck (hierzu: BVerwG NJW **1986**, 600; BVerwG NJW **1980**, 1294; OVG Koblenz NVwZ-RR **2004**, 243). Folglich besteht auch zwischen Leistung und Gegenleistung der notwendige Sachzusammenhang. Die Voraussetzungen des § 56 Abs. 1 VwVfG sind erfüllt.

<u>ZE.</u>: Daher ist der Vertrag auch nicht wegen § 59 Abs. 2 Nr. 4 VwVfG nichtig.

b) Nichtigkeit nach § 59 Abs. 1 VwVfG

Nach § 59 Abs. 1 VwVfG ist ein öffentlich-rechtlicher Vertrag nichtig, wenn sich die Nichtigkeit aus der entsprechenden Anwendung von Vorschriften des BGB ergibt. Im Unterschied zu § 59 Abs. 2 VwVfG gilt diese Nichtigkeitsregel für ***alle*** Arten öffentlich-rechtlicher Verträge (VGH Mannheim VBlBW **2005**, 73; VGH Mannheim NVwZ **1991**, 583; *Erichsen* in JURA 1994, 47).

Zum Fall: Ein solcher Nichtigkeitsgrund ist vorliegend indes nicht ersichtlich; vor allem ist das Schriftformerfordernis des § 57 VwVfG gewahrt, dessen Verletzung – jedenfalls – über § 125 BGB analog zur Nichtigkeit nach § 59 Abs. 1 VwVfG geführt hätte (*Gurlit* in JURA 2001, 731; *Kopp/Ramsauer* § 59 VwVfG Rz. 14).

ZE.: Der Vertrag ist folglich auch materiell wirksam.

Feinkostabteilung: Streitig und äußerst klausurrelevant ist innerhalb von § 59 Abs. 1 VwVfG die Frage, ob auch der hier in unserem Fall nicht einschlägige **§ 134 BGB** (→ Verstoß gegen ein gesetzliches Verbot) Anwendung findet. Aus dem Wortlaut des § 59 Abs. 1 VwVfG lässt sich keine Einschränkung hinsichtlich des Verweises auf das BGB entnehmen. Die uneingeschränkte Anwendung von § 134 BGB hätte allerdings zur Folge, dass jeder Gesetzesverstoß zur Nichtigkeit eines verwaltungsgerichtlichen Vertrages führen würde. Dies widerspräche aber der durch die Nichtigkeitsregel aufgestellten Systematik des öffentlich-rechtlichen Vertrages und würde die besonderen Nichtigkeitsregeln des § 59 Abs. 2 VwVfG praktisch bedeutungslos machen. Dementsprechend ist mittlerweile überwiegende Ansicht, dass nicht jeder Gesetzesverstoß über § 134 BGB zur Nichtigkeit des Vertrages führt, sondern nur sogenannte »**qualifizierte Rechtsverletzungen**« (BVerwG DVBl **1992**, 372; OVG Münster NVwZ **1992**, 988; *Kopp/Ramsauer* § 59 VwVfG Rz. 10 ff.; *Schenke* in JuS 1977, 281; *Stelkens/Bonk/Sachs* § 59 VwVfG Rz. 50). Gesetzliche Verbote im Sinne von § 59 Abs. 1 VwVfG i.V.m. § 134 BGB sind daher grundsätzlich nur solche, die entweder den Abschluss eines Vertrages oder dessen Inhalt, insbesondere den bezweckten Erfolg schlechthin verbieten (VGH Mannheim VBlBW **2005**, 73; OVG Münster JuS **1985**, 153; *Knack/Henneke/Schliesky* § 59 VwVfG Rz. 9; *Kopp/Ramsauer* § 59 VwVfG Rz. 11).

4. Vertragsanpassung

In **§ 60 VwVfG** (lesen, bitte!) ist schließlich eine Regelung zur Vertragsanpassung und Kündigung in besonderen Fällen vorgesehen. Wir haben zwar festgestellt, dass der Vertrag ursprünglich wirksam war, möglicherweise unterliegt dieser aber – wegen einer geänderten Sachlage – einer Vertragsanpassung. Diese könnte dann zu einem (teilweisen) Wegfall des Rechtsgrundes und damit zur möglichen teilweisen Rückerstattungspflicht der Stadt führen. Prüfen wir mal:

Eine Vertragsanpassung nach § 60 Abs. 1 VwVfG setzt zweierlei voraus:

→ Erstens eine ***wesentliche Veränderung*** der Verhältnisse, die für die Festsetzung des Vertragsinhalts maßgebend gewesen sind, ***und***

→ zweitens, dass ein Festhalten an der ursprünglichen vertraglichen Regelung für eine der Vertragsparteien ***unzumutbar*** ist.

Ob bestimmte rechtliche oder tatsächliche Verhältnisse für die Festsetzung des Vertragsinhalts maßgebend waren, richtet sich danach, inwieweit sie von den Vertragspartnern ausdrücklich oder stillschweigend zur gemeinsamen und wesentlichen Grundlage des Vertrages gemacht worden sind.

Definition: Eine wesentliche Veränderung solcher Tatsachen liegt vor, wenn sie bei objektiver Betrachtung so erheblich sind, dass der Vertrag bei Kenntnis dieser Umstände nicht mit demselben Inhalt geschlossen worden wäre (BVerwGE **87**, 77; OVG Koblenz NVwZ-RR 2004, 243; *Kopp/Ramsauer* § 60 VwVfG Rz. 8 – Stichwort: Wegfall der Geschäftsgrundlage).

Zum Fall: Die Anzahl der notwendigen Stellplätze einer baulichen Anlage richtet sich gemäß § 47 Abs. 1 Satz 2 LBO unter anderem nach der Art und Zahl der zu erwartenden Kraftfahrzeuge. Diese ist anhand der zum Zeitpunkt der Stellplatzablösevereinbarung noch nicht feststehenden geplanten Nutzung zu prognostizieren. Aufgrund dieser Prognose wurden zum Zeitpunkt der Ablösevereinbarung zehn Stellplätze für notwendig erachtet. Die tatsächliche Nutzung hat sich später allerdings durch den Umbau geändert. Von diesem Zeitpunkt an waren nur noch sieben Stellplätze notwendig. Bei objektiver Betrachtung wäre eine Stellplatzablösevereinbarung unter Zugrundelegung dieser Kenntnisse nur über ***sieben*** Stellplätze geschlossen worden. Folglich ist von einer wesentlichen Veränderung der Verhältnisse im Sinne von § 60 Abs. 1 VwVfG auszugehen.

Eine solche kann aber nur zu einer Vertragsanpassung führen, wenn ein Festhalten an der ursprünglichen Regelung für den R auch ***unzumutbar*** ist. Eine Vertragsanpassung nach § 60 Abs. 1 VwVfG stellt eine Durchbrechung des Grundsatzes der Vertragstreue dar, sodass die Anforderungen an die Unzumutbarkeit entsprechend hoch sind. Sie ist nur anzunehmen, wenn unter Abwägung der Interessen der Parteien für einen von ihnen die Bindung an den Vertrag nach Treu und Glauben zu einem mit Recht und Gerechtigkeit unvereinbaren Ergebnis führen würde (*Kopp/Ramsauer* § 60 VwVfG Rz. 12). Voraussetzung für ein auf diese Weise unzumutbares Ergebnis ist in jedem Fall, dass das Gleichgewicht zwischen Leistung und Gegenleistung so stark gestört ist, dass das von jeder Partei normalerweise zu tragende Risiko weit überschritten ist und es dem benachteiligten Partner unmöglich wird, in der ursprünglichen vertraglichen Regelung seine Interessen auch nur annähernd noch gewahrt zu sehen (OVG Koblenz NVwZ-RR **2004**, 243; *Kopp/Ramsauer* § 60 VwVfG Rz. 12; *Obermayer* § 60 VwVfG Rz. 24).

Zum Fall: Fraglich ist also, ob für R ein Festhalten am Vertrag nach den gerade dargestellten Grundsätzen unzumutbar ist. Ausgangspunkt könnte insoweit die Überlegung sein, dass R in einer Nachbetrachtung für etwas gezahlt hat, was sich später als überflüssig herausgestellt hat. Hierbei sind allerdings der Zeitpunkt und der Anlass der Nutzungsänderung zu berücksichtigen: Sie entstand allein aufgrund einer Entscheidung des R und über ein Jahr nach Fertigstellung des genehmigten Gebäudes. Die Änderung der Nutzung erfolgte ausschließlich auf Betreiben des R und nicht etwa auf Druck der Stadt K. Auch wenn R seiner Stellplatzpflicht nachgekommen wäre, hätte er diese gemäß § 47 Abs. 1 LBO grundsätzlich bis zur Fertigstellung des Gebäudes errichten müssen. Allenfalls hätte er sich nach § 47 Abs. 1 Satz 5 LBO eine angemessene Frist zur Herstellung der Stellplätze nach Fertigstellung des Vorhabens einräumen lassen können. Nach einem Jahr wäre diese Frist aber jedenfalls abgelaufen. In diesem Fall hätte er dann tatsächlich Stellplätze errichtet, die sich im Nachhinein als überflüssig herausgestellt hätten. Auch hierfür ständen ihm keine Ersatzansprüche gegen die Stadt zu.

Daraus folgt aber, dass der Bauherr Änderungen seiner Nutzungsabsichten grundsätzlich nur bis zur Fertigstellung des Vorhabens bei der Herstellung von Stellplätzen berücksichtigen bzw. geltend machen kann. Ändert er hingegen danach das Vorhaben in einer den Stellplatzbedarf mindernden Weise, so werden die hergestellten Stellplätze teilweise überflüssig, ohne dass er die aufgewendeten Kosten auf andere überwälzen kann (OVG Koblenz NVwZ-RR **2004**, 243). Nachträgliche Nutzungsänderungen müssen der Risikosphäre des Bauherrn, also dem R, zuzurechnen sein. Folglich liegt kein Fall der Unzumutbarkeit vor, eine Vertragsanpassung nach § 60 Abs. 1 VwVfG kommt also nicht in Betracht.

> **Beachte noch:** Falls die Voraussetzungen des § 60 Abs. 1 VwVfG vorgelegen hätten, hätte dies nicht automatisch zu einer Vertragsanpassung geführt. Dies ergibt sich aus dem Wortlaut (***kann*** *(...) eine Anpassung (...) verlangen*). R hätte die Vertragsanpassung also gegenüber der Stadt geltend machen müssen. Sein Rückzahlungsverlangen hätte wohl als konkludentes Vertragsanpassungsverlangen ausgelegt werden können, das dann ebenfalls mit einer allgemeinen Leistungsklage durchgesetzt werden kann (BVerwGE **97**, 331; *Lorenz* in DVBl 1997, 865). In so einem Fall sollte man in der Klausur noch gegebenenfalls die richterliche Hinweispflicht des **§ 86 Abs. 3 VwGO** erwähnen.

Ergebnis: Der Stellplatzablösevertrag ist wirksam und auch nicht durch eine spätere Vertragsanpassung inhaltlich modifiziert worden. Dementsprechend besteht für die Vermögensverschiebung ein Rechtsgrund. Die zulässige Klage des R ist daher unbegründet und wird vom Verwaltungsgericht abgewiesen werden.

Gutachten

Das Gericht wird der zulässigen allgemeinen Leistungsklage des R stattgeben, wenn sie begründet ist.

Begründetheit

R begehrt die Rückzahlung von 15.000 Euro, einem Teil der von ihm gezahlten 50.000 Euro. Ein gesetzlich geregelter Rückzahlungsanspruch ist nicht ersichtlich, sodass nur der öffentlich-rechtliche Erstattungsanspruch in Frage kommt.

A. Herleitung

Der öffentlich-rechtliche Erstattungsanspruch wird überwiegend aus dem Prinzip der Gesetzmäßigkeit der Verwaltung hergeleitet, um den Ausgleich einer mit der Rechtslage nicht (mehr) übereinstimmenden Vermögenslage herzustellen. Andere berufen sich unmittelbar auf die Grundrechte oder übertragen den hinter den §§ 812 ff. BGB liegenden Rechtsgedanken ins öffentliche Recht. Einigkeit besteht jedenfalls über die Existenz eines solchen Anspruchs und größtenteils über dessen Voraussetzungen, sodass er als gewohnheitsrechtlich allgemein anerkannt gilt.

B. Voraussetzungen

Die tatbestandlichen Voraussetzungen des öffentlich-rechtlichen Erstattungsanspruchs richten sich nach denen der privatrechtlichen Bereicherungsansprüche. Es muss eine Vermögensverschiebung – gleich welcher Art – vorliegen, für die kein Rechtsgrund – mehr – besteht.

I. Vermögensverschiebung

Innerhalb der Vermögensverschiebung wird im öffentlichen Recht – anders als im Zivilrecht – nicht zwischen der Art der Vermögensverschiebung differenziert. Erforderlich ist lediglich, dass ein Unmittelbarkeitsverhältnis zwischen der Vermögensmehrung auf der einen und der Vermögensminderung auf der anderen Seite besteht. Hier hat R zur Ablösung seiner Stellplatzpflicht 50.000 Euro an die Stadt gezahlt. Deren Vermögensmehrung steht in unmittelbarem Zusammenhang mit der Vermögensminderung des R, eine Vermögensverschiebung liegt also vor.

II. Ohne Rechtsgrund

Diese Vermögensverschiebung muss ohne Rechtsgrund erfolgt sein. Als Rechtsgrund kommt die Korrespondenz zwischen R und der Stadt in Betracht. Hierin könnte ein öffentlich-rechtlicher Vertrag nach § 54 VwVfG zu sehen sein.

1. Abschluss eines öffentlich-rechtlichen Vertrages

Zunächst ist zu untersuchen, ob zwischen R und der Stadt K überhaupt ein öffentlich-rechtlicher Vertrag im Sinne von § 54 VwVfG geschlossen wurde.

a) Rechtsnatur

Zur Beantwortung der Frage, ob ein öffentlich-rechtlicher Vertrag im Sinne von § 54 VwVfG vorliegt, muss die Rechtsnatur der getroffenen Vereinbarung bestimmt werden.

Dies erfolgt in erster Linie durch Bestimmen des Gegenstandes der getroffenen Vereinbarung. Es bietet sich an, auf die hinter dem Vertragsgegenstand stehenden Normen abzustellen und anhand deren Rechtsnatur eine Abgrenzung vorzunehmen. Gegenstand der möglichen Vereinbarung zwischen R und der Stadt K ist eine Ablösung der Stellplatzpflicht im Sinne von § 47 Abs. 4 LBO. Die Landesbauordnung ist aber jedenfalls öffentlich-rechtlichen Charakters, sodass dies auch für den möglichen Vertragsgegenstand gilt.

b) Vertragsschluss

Einen solchen Vertrag müssen die Parteien wirksam geschlossen haben. Dafür müssen sie eine Einigung über den Inhalt des Vertrages getroffen haben und die Vertragsform muss an sich überhaupt zulässig gewesen sein.

aa) Einigung

Das VwVfG enthält selbst keine Regelungen über das Zustandekommen eines Vertrages. Nach § 62 Satz 2 VwVfG gelten neben den Vorschriften des VwVfG die Regelungen des Bürgerlichen Gesetzbuches entsprechend. Dementsprechend richtet sich die Wirksamkeit der Einigung nach § 62 Satz 2 VwVfG i.V.m. §§ 145 ff. BGB. Die Stadt hat dem R in einem Schreiben vorgeschlagen, seiner Stellplatzpflicht durch eine Ausgleichszahlung nachzukommen. Hierin ist ein Angebot, gerichtet auf den Abschluss eines Stellplatzablösevertrages, zu sehen. Dieses Angebot hat der R auch durch sein weiteres Schreiben, in dem er sich mit dem Vorschlag einverstanden erklärt, angenommen. Folglich haben sich R und die Stadt K über den Abschluss eines öffentlich-rechtlichen Vertrages geeinigt.

bb) Kein Vertragsformverbot

Ein Vertragsschluss im Sinne des § 54 VwVfG ist nach Satz 1 Halbsatz 2 nur zulässig, soweit Rechtsvorschriften nicht entgegenstehen. Ein derartiges Vertragsformverbot liegt vor, wenn bestimmte Sachbereiche wegen ihrer besonderen Eigenart generell einer vertraglichen Regelung entzogen sind. Ein solches Verbot muss nicht zwingend ausdrücklich normiert sein; es kann sich auch im Wege der Auslegung ergeben. Ein expliziter Ausschluss der Vertragsform liegt nicht vor. Vor allem ist § 2 Abs. 3 BauGB nicht einschlägig. Zwar ist eine baurechtliche Materie Streitgegenstand, die Stadt hat sich aber weder zur Aufstellung eines Bauleitplanes noch zu einer Satzung verpflichtet. Auch ist dem Sinn und Zweck von § 47 LBO kein solches Vertragsformverbot zu entnehmen. Ganz im Gegenteil spricht die Formulierung von § 47 Abs. 4 LBO gerade für die Möglichkeit einer vertraglichen Stellplatzablösung.

2. Formelle Wirksamkeit

In den §§ 57, 58 VwVfG werden besondere Voraussetzungen für die formelle Wirksamkeit öffentlich-rechtlicher Verträge aufgestellt. Ein Zustimmungserfordernis im Sinne des § 58 VwVfG ist nicht ersichtlich. Fraglich ist aber, ob das in § 57 VwVfG normierte Schriftformgebot eingehalten wurde.

a) Teilweise wird über § 64 Satz 2 VwVfG i.V.m. § 126 Abs. 2 BGB verlangt, dass die eigenhändige Unterzeichnung der Vertragsparteien (bzw. deren Vertreter) auf ein und derselben Urkunde notwendig sei. Aus Gründen der Rechtssicherheit sei zum Beispiel ein wechselseitiger Briefverkehr gemäß § 127 Abs. 2 BGB unzulässig (Prinzip der Urkundseinheit). Vorliegend erfolgte die Einigung auf der einen Seite durch das Schreiben der

Stadt K und auf der anderen Seite durch das Antwortschreiben des R. Eine eigenhändige Unterzeichnung beider Vertragsparteien auf einer Urkunde liegt nicht vor. Nach dieser Auffassung genügt diese Form der Einigung nicht der Schriftform des § 57 VwVfG.

b) Nach einer Gegenansicht ist für die Erfüllung des Schriftformerfordernisses keine einheitliche Urkunde erforderlich. Die Formbestimmung müsse sich vielmehr an § 37 Abs. 3 VwVfG orientieren. Es genüge, dass sowohl das Angebot als auch die Annahme in schriftlicher Form erfolgen und unmissverständlich aufeinander Bezug nehmen. Sofern keine einheitliche Vertragsurkunde vorliegt, müssen diese korrespondierenden Schreiben jeweils eigenhändig unterschrieben worden sein. Sowohl das Angebot der Stadt, als auch die Annahme des R erfolgten in schriftlicher Form. Beide Schreiben sind auch eigenhändig unterschrieben worden. Weiterhin nimmt R in seiner Annahme explizit Bezug auf das Angebot der Stadt, sodass nach dieser Ansicht der Vertragsschluss insgesamt dem Schriftformerfordernis von § 57 VwVfG entspricht.

c) Der erstgenannten Ansicht ist insofern zuzustimmen, dass eine von beiden Parteien unterschriebene Vertragsurkunde für Rechtssicherheit sorgt und Missverständnissen vorbeugt. Fraglich ist allerdings, ob solch ein strenges Erfordernis zwingend notwendig ist oder ob dem Sinn und Zweck von § 57 VwVfG nicht auch schon nach der zweiten Ansicht Genüge getan wird. Fixieren beide Vertragsparteien ihre jeweiligen Erklärungen schriftlich, ist davon auszugehen, dass die der Schriftform innewohnende Warnfunktion erfüllt ist. Wenn eine Willenserklärung schriftlich fixiert ist und eigenhändig unterschrieben wird, hatte der Erklärende jedenfalls die Möglichkeit, sich intensiv genug mit den Folgen seiner Erklärung auseinander zu setzen.

Dadurch, dass sowohl Angebot als auch Annahme schriftlich fixiert und unterschrieben sein sowie auch aufeinander Bezug nehmen müssen, wird auch der Beweisfunktion Genüge getan. Eine unterschriebene Erklärung ist einwandfrei der jeweiligen Partei zuzuordnen. Durch die Bezugnahme (in der Regel des Annehmenden) auf die Erklärung des anderen Teils (in der Regel des Anbietenden, der gleichzeitig den Vertragsinhalt aufgesetzt hat) kann in einer späteren Auseinandersetzung sowohl der Vertragsschluss als auch der Vertragsinhalt zweifelsfrei aufgeklärt werden. Daher genügen die Anforderungen der zweiten Ansicht der Schriftform von § 57 VwVfG. Die gewählte Form genügt also § 57 VwVfG.

3. Materielle Wirksamkeit

Der Vertrag darf schließlich auch nicht nichtig sein im Sinne von § 59 VwVfG. Ein Fall des § 59 Abs. 1 VwVfG ist nicht ersichtlich. Auch sind keine Anhaltspunkte ersichtlich, die zu einer Nichtigkeit nach § 59 Abs. 2 Nr. 1 oder 2 VwVfG führen könnten. Durch die Zahlungsverpflichtung des R ist der Vertrag als Austauschvertrag zu klassifizieren, sodass letztendlich nur eine Nichtigkeit nach § 59 Abs. 2 Nr. 4 VwVfG in Betracht kommt.

Auf die dem Vertrag zugrunde liegende Stellplatzbefreiung hat R keinen Anspruch im Sinne von § 56 Abs. 2 VwVfG, sodass sich die Zulässigkeit dieses Austauschvertrages ausschließlich nach § 56 Abs. 1 VwVfG bestimmt. Hiernach muss die Gegenleistung des Bürgers für einen bestimmten Zweck im Vertrag vereinbart werden, zur Erfüllung einer öffentlichen Aufgabe des hoheitlichen Vertragspartners dienen, den gesamten Umständen nach angemessen sein und im sachlichen Zusammenhang mit der hoheitlichen Leistungsverpflichtung stehen. Für die monetäre Ablösung der sich aus § 47 Abs. 1 LBO ergebenden Stellplatzpflicht vereinbaren R und die Stadt, dass das Geld zum Bau eines neuen Parkhauses verwendet wird. Die Gegenleistung wird also für einen bestimmten Zweck vereinbart. Die Schaffung von Parkraum dient auch einer öffentlichen Aufgabe der Stadt K. An der Angemessenheit der Gegenleistung bestehen keine Bedenken, vor allem, weil ihre Berechnung aufgrund der rechtmäßigen Stellplatzsatzung erfolgte.

Eine Gegenleistung steht schließlich im sachlichen Zusammenhang mit der vertraglichen Leistung der Behörde, wenn sie demselben öffentlichen Interesse/Zweck dient wie die Rechtssätze/Rechtsgrundsätze, die hinter der behördlichen Leistung stehen. Dies ist zum Beispiel der Fall, wenn die Gegenleistung den Zweck einer dispensierten Vorschrift auf andere Weise erfüllen soll. Die Stellplatzpflicht des § 47 Abs. 1 LBO dient dazu, dem durch die Nutzung einer baulichen Anlage gesteigerten Verkehrsaufkommen Parkraum zu bieten. Dieser Zweck wird auch dadurch erfüllt, dass in der betreffenden Stadt – jedenfalls in unmittelbarer Nähe der betreffenden baulichen Anlage – anderweitiger Parkraum geschaffen wird. Dies ergibt sich schon aus dem in § 47 Abs. 5 Nr. 1 LBO vorgeschriebenen Verwendungszweck. Die vereinbarte Verwendung zum Neubau eines Parkhauses erfüllt diese Voraussetzung und damit auch den sich aus § 47 Abs. 1 LBO ergebenden Zweck. Folglich besteht auch zwischen Leistung und Gegenleistung der notwendige Sachzusammenhang. Die Voraussetzungen des § 56 Abs. 1 VwVfG sind erfüllt. Daher ist der Vertrag auch nicht wegen § 59 Abs. 2 Nr. 4 VwVfG nichtig.

4. Vertragsanpassung

Möglicherweise steht dem R aber aufgrund des Umbaus des Hauses und der daraus resultierenden Nutzungsänderung ein Anspruch auf Vertragsanpassung nach § 60 Abs. 1 VwVfG zu, der zu einem teilweisen Wegfall des Rechtsgrundes führen würde. Dies setzt zweierlei voraus: Erstens eine wesentliche Veränderung der Verhältnisse, die für die Festsetzung des Vertragsinhalts maßgebend gewesen sind, und zweitens, dass ein Festhalten an der ursprünglichen vertraglichen Regelung für eine der Vertragsparteien unzumutbar ist.

a) Ob bestimmte rechtliche oder tatsächliche Verhältnisse für die Festsetzung des Vertragsinhalts maßgebend waren, richtet sich danach, inwieweit sie von den Vertragspartnern ausdrücklich oder stillschweigend zur gemeinsamen und wesentlichen Grundlage des Vertrages gemacht worden sind. Eine wesentliche Veränderung solcher Tatsachen liegt vor, wenn sie bei objektiver Betrachtung so erheblich sind, dass der Vertrag bei Kenntnis dieser Umstände nicht mit demselben Inhalt geschlossen worden wäre (Wegfall der Geschäftsgrundlage). Die Anzahl der notwendigen Stellplätze einer baulichen Anlage richtet sich gemäß § 47 Abs. 1 Satz 2 LBO unter anderem nach der Art und Zahl der zu erwartenden Kraftfahrzeuge. Diese ist anhand der – zum Zeitpunkt der Stellplatzablösevereinbarung noch nicht feststehenden – geplanten Nutzung zu prognostizieren. Aufgrund dieser Prognose wurden zum Zeitpunkt der Ablösevereinbarung zehn Stellplätze für notwendig erachtet. Die tatsächliche Nutzung hat sich später allerdings durch den Umbau geändert. Von diesem Zeitpunkt an waren nur noch sieben Stellplätze notwendig. Bei objektiver Betrachtung wäre eine Stellplatzablösevereinbarung unter Zugrundelegung dieser Kenntnisse nur über sieben Stellplätze geschlossen worden. Folglich ist von einer wesentlichen Veränderung der Verhältnisse im Sinne von § 60 Abs. 1 VwVfG auszugehen.

b) Eine solche kann aber nur zu einer Vertragsanpassung führen, wenn ein Festhalten an der ursprünglichen Regelung für R unzumutbar ist. Eine Vertragsanpassung nach § 60 Abs. 1 stellt eine Durchbrechung des Grundsatzes der Vertragstreue dar, sodass die Anforderungen an die Unzumutbarkeit entsprechend hoch sind. Sie ist nur anzunehmen, wenn unter Abwägung der Interessen der Parteien für eine von ihnen die Bindung an den Vertrag nach Treu und Glauben zu einem mit Recht und Gerechtigkeit unvereinbaren Ergebnis führen würde. Voraussetzung für ein auf diese Weise unzumutbares Ergebnis ist in jedem Fall, dass das Gleichgewicht zwischen Leistung und Gegenleistung so stark gestört ist, dass das von jeder Partei normalerweise zu tragende Risiko weit überschritten ist und es dem benachteiligten Partner unmöglich wird, in der ursprünglichen vertraglichen Regelung seine Interessen auch nur annähernd noch gewahrt zu sehen.

Fraglich ist also, ob für R ein Festhalten am Vertrag nach den gerade dargestellten Grundsätzen unzumutbar ist. Ausgangspunkt könnte die Überlegung sein, dass R in einer Nachbetrachtung für etwas gezahlt hat, was sich später als überflüssig herausgestellt hat. Hierbei sind aber der Zeitpunkt und der Anlass der Nutzungsänderung zu berücksichtigen. Sie erfolgte allein aufgrund einer Entscheidung des R und über ein Jahr nach Fertigstellung des genehmigten Gebäudes. Die Änderung der Nutzung erfolgte ausschließlich auf Betreiben des R und nicht etwa auf Druck der Stadt K. Auch wenn R seiner Stellplatzpflicht nachgekommen wäre, hätte er diese gemäß § 47 Abs. 1 LBO grundsätzlich bis zur Fertigstellung des Gebäudes errichten müssen. Allenfalls hätte er sich nach § 47 Abs. 1 Satz 5 LBO eine angemessene Frist zur Herstellung der Stellplätze nach Fertigstellung des Vorhabens einräumen lassen können. Nach einem Jahr wäre diese Frist aber jedenfalls abgelaufen. In diesem Fall hätte er dann tatsächlich Stellplätze errichtet, die sich im Nachhinein als überflüssig herausgestellt hätten. Auch hierfür ständen ihm keine Ersatzansprüche gegen die Stadt zu.

Daraus folgt aber, dass der Bauherr Änderungen seiner Nutzungsabsichten grundsätzlich nur bis zur Fertigstellung des Vorhabens bei der Herstellung von Stellplätzen berücksichtigen bzw. geltend machen kann. Ändert er hingegen danach das Vorhaben in einer den Stellplatzbedarf mindernden Weise, so werden die hergestellten Stellplätze teilweise überflüssig, ohne dass er die aufgewendeten Kosten auf andere überwälzen kann. Nachträgliche Nutzungsänderungen müssen der Risikosphäre des Bauherrn, also R, zuzurechnen sein. Folglich liegt kein Fall der Unzumutbarkeit vor, eine Vertragsanpassung nach § 60 Abs. 1 VwVfG kommt nicht in Betracht.

Ergebnis: Der Stellplatzablösevertrag ist wirksam und auch nicht durch eine spätere Vertragsanpassung inhaltlich modifiziert worden. Dementsprechend besteht für die Vermögensverschiebung ein Rechtsgrund. Die zulässige Klage des R ist daher unbegründet und wird vom Verwaltungsgericht abgewiesen werden.

5. Abschnitt

Verwaltungsvollstreckung und vorläufiger Rechtsschutz

Fall 18

Mein Freund der Baum

Auf dem Hof des Bauern B steht eine alte Eiche, die über 15 Meter hoch ist. Nach einem heftigen Sturm droht der Baum nun auf das Haus des Nachbarn N zu fallen. Der B, der an der alten Eiche hängt, denkt indessen nicht daran, etwas zu unternehmen. Deswegen schaltet N die zuständige Ordnungsbehörde ein, die eine Woche später dem B einen schriftlichen Bescheid zukommen lässt, in dem es heißt:

1. Ich gebe Ihnen auf, die auf Ihrem Grundstück befindliche Eiche zu fällen.
2. Hinsichtlich vorgenannter Verpflichtung wird die sofortige Vollziehung angeordnet.
3. Für den Fall, dass Sie dieser Verpflichtung nicht innerhalb von einer Woche nachkommen, drohe ich Ihnen die Ersatzvornahme an. Die Kosten der Ersatzvornahme werden vorläufig auf 2.500 Euro veranschlagt.

B ist der Ansicht, der Baum stelle gar keine Gefahr für das Nachbarhaus dar, er sehe nur ein bisschen mitgenommen aus. Dementsprechend sei die behördliche »Baumfäll-Verfügung« rechtswidrig, was nach Meinung des B auch die Rechtswidrigkeit der Ersatzvornahme zur Folge habe.

B möchte nun wissen, ob die Behörde rechtmäßig den Baum fällen lassen kann.

Schwerpunkte: Verwaltungsvollstreckung nach dem Bundesverwaltungsvollstreckungsgesetz; Prüfung der Rechtmäßigkeit der Verwaltungsvollstreckung; gestrecktes Verfahren nach § 6 Abs. 1 VwVG; die Ersatzvornahme als Zwangsmittel.

Lösungsweg

Einstieg: Wie das Fällchen und spätestens die Fragestellung erkennen lassen, beschäftigen wir uns jetzt mit der ***Verwaltungsvollstreckung***. Die Verwaltungsvollstreckung gehört in den Grundzügen zum Standardprogramm des Allgemeinen Verwaltungsrechts und ist daher auch regelmäßig Gegenstand von Klausuren und Hausarbeiten. Wir wollen uns anhand des vorliegenden Falls gleich mal die Grundlagen erarbeiten und können dabei – sozusagen als sinnvolles Beiwerk – auch schon einen ersten Blick auf den einstweiligen Rechtsschutz werfen, der uns dann in den letzten beiden Fällen des Buches beschäftigen wird.

Zum Einstieg in die Thematik schauen wir uns zunächst – losgelöst vom eigentlichen Fall – ein paar grundsätzliche Dinge an und beginnen dabei mit der Definition für die Verwaltungsvollstreckung, die da lautet:

> **Definition:** Unter ***Verwaltungsvollstreckung*** ist allgemein die Möglichkeit der zwangsweisen Durchsetzung öffentlich-rechtlicher Ansprüche der Verwaltung zu verstehen (*Erichsen/Rauschenberg* in JURA 1998, 31; *Maurer*, AllgVerwR, § 20 Rz. 1; *Weber* in VR 2004, 181).

Durchblick: Dem Staat wird mit der Verwaltungsvollstreckung ein Instrument an die Hand gegeben, mit dem er seine Ansprüche gegen den nicht leistungsbereiten Bürger selbst durchsetzen kann. Die Verwaltung muss also nicht erst die Gerichte einschalten, ein Urteil erwirken und dieses mittels eines anderen staatlichen Organs (z.B. Gerichtsvollzieher) vollstrecken lassen, sondern kann dies selbst vornehmen (*App* in JuS 2004, 786; *Brühl* in JuS 1997, 926). Ausgangspunkt hierfür ist die Tatsache, dass einem Verwaltungsakt selbst schon eine sogenannte »Titelfunktion« zukommt, auf dessen Grundlage dann die Verwaltung unter bestimmten Voraussetzungen in der Lage ist, das im Verwaltungsakt geregelte Gebot oder Verbot durch eigene Zwangsmaßnahmen durchzusetzen (*Horn* in JURA 2004, 447; *Maurer*, AllgVerwR, § 20 Rz. 2).

Problem: Wie wir nun mittlerweile wissen, ist auch ein ***rechtswidriger*** Verwaltungsakt grundsätzlich ***wirksam*** (bitte lesen: **§ 43 Abs. 2 VwVfG**). Dementsprechend stellt auch ein solcher rechtswidriger Verwaltungsakt einen Titel der eben genannten Art dar, aufgrund dessen auch vollstreckt werden kann. Dies ist aus der Sicht des Bürgers dann allerdings ein vergleichsweise unglücklicher bzw. unerträglicher Zustand, denn er muss sich ja einer Vollstreckung aussetzen, die als Grundlage einen rechtswidrigen Verwaltungsakt hat. Der Bürger ist aber auch in dieser Lage nicht schutzlos; folgende Möglichkeiten kommen für den Betroffenen in Betracht:

→ Sofern der Bürger davon ausgeht, dass ein an ihn gerichteter belastender Verwaltungsakt rechtswidrig ist, muss er – um die Wirksamkeit zu beseitigen (§ 43 Abs. 2 VwVfG) – ein behördliches und gegebenenfalls gerichtliches Aufhebungsverfahren (***Widerspruch*** bzw. ***Anfechtungsklage***) anstrengen.

→ Diese ihm zur Verfügung stehenden Rechtsbehelfe haben nach **§ 80 Abs. 1 VwGO** (lesen, bitte!) in der Regel ***aufschiebende Wirkung***. Hierunter ist zu verstehen, dass der fragliche Verwaltungsakt nicht vollzogen werden, das heißt jedenfalls nicht vollstreckt werden darf (OVG Bautzen SächsVBl **2001**, 40; *Kopp/Schenke* § 80 VwGO Rz. 27). Im Regelfall ist der Bürger also durch Einlegung eines Widerspruchs und einer Anfechtungsklage vor Vollstreckungsmaßnahmen der Behörde geschützt, muss also nicht damit rechnen, dass das ihm auferlegte Tun, Dulden oder Unterlassen zwangsweise durchgesetzt wird.

→ Zu dieser gerade aufgezeigten Regel gibt es indessen eine wichtige ***Ausnahme***: Diese hält **§ 80 Abs. 2 VwGO** (lesen!) für den Grundsatz der aufschiebenden Wirkung bereit. Die aufschiebende Wirkung entfällt nach § 80 Abs. 2 Satz 1 Nr. 1–3 und Satz 2 VwGO von Gesetzes wegen in bestimmten Konstellationen und nach § 80 Abs. 2 Satz 1 Nr. 4 VwGO durch die behördliche Anordnung ***sofortiger Vollziehung***. In diesen Fällen ist der Bürger also nicht durch Einlegung eines Widerspruchs bzw. einer Anfechtungsklage vor der Vollstreckung des Verwaltungsaktes geschützt. Rechtsschutz kann er in diesen Fällen nur durch einen Antrag auf einstweiligen Rechtsschutz nach § 80 Abs. 5 VwGO erhalten (Einzelheiten dazu in Fall 19).

Beachte bitte, dass Gegenstand unseres Falles nicht die Frage nach Rechtsschutzmöglichkeiten gegen die belastende Handlungspflicht (»Fäll den Baum!«) ist; wir beschränken uns hier vielmehr darauf, zu prüfen, ob die angekündigte Vollstreckungsmaßnahme (Ersatzvornahme = behördliche Selbstvornahme) ***rechtmäßig*** ist.

Das Verwaltungsvollstreckungsrecht wird sowohl bundesgesetzlich als auch landesgesetzlich geregelt. Grundsätzlich gilt, dass Vollstreckungsmaßnahmen von Landesbehörden sich nach dem jeweiligen Landesvollstreckungsgesetz, Vollstreckungsmaßnahmen von Bundesbehörden nach dem Bundesvollstreckungsgesetz richten (*App/Wettlaufer*, VerwVollstreckungsR, § 1 Rz. 6 ff.; *Horn* in JURA 2004, 447). Auf Bundesebene kommen ergänzend das »Gesetz über den unmittelbaren Zwang bei Ausübung öffentlicher Gewalt durch Vollzugsbeamte des Bundes« (UZwG) und das »Gesetz über die Anwendung unmittelbaren Zwanges und die Ausübung besonderer Befugnisse durch Soldaten der Bundeswehr und verbündeter Streitkräfte sowie zivile Wachpersonen« (UZwGBw) zur Anwendung. Daneben gibt es noch einige spezialgesetzliche Vollstreckungsregeln, zum Beispiel im Bereich des Steuerrechts (§§ 249–346 Abgabenordnung). Auf Landesebene sind die speziellen Vollstreckungsvorschriften der Polizeigesetze zu beachten. Die landesrechtlichen Verwaltungsvollstreckungsgesetze stimmen inhaltlich zwar zum Teil mit dem Bundesverwaltungsvollstreckungsgesetz überein oder nehmen auf dieses Bezug (*App* in DÖV 1991, 415; *Horn* in JURA 2004, 447), eine nahezu komplette Übereinstimmung wie sie im Bereich der Verwaltungsverfahrensgesetze zu finden ist, existiert jedoch nicht. Trotzdem sind die grundsätzlichen Systematiken, nach welchen Voraussetzungen ein Verwaltungsakt vollstreckt werden kann, sehr ähnlich. Aufgrund dessen wollen wir unsere Lösung hier auf das Verwaltungsvollstreckungsgesetz des Bundes (VwVG) stützen.

Die Verwaltungsvollstreckungsgesetze unterscheiden dabei allgemein ***zwei*** verschiedene Arten der Vollstreckung: Zum einen die Vollstreckung von ***Geldforderungen*** (§§ 1–5 VwVG) und die Vollstreckung von ***sonstigen Handlungs-, Duldungs- sowie Unterlassungspflichten*** (Verwaltungszwang → §§ 6–18 VwVG). Klausuren an den Universitäten und auch im Examen haben regelmäßig die Vollstreckung sonstiger Pflichten zum Gegenstand, auf die wir daher auch unsere Darstellung beschränken werden.

So. Das war jetzt genug Vorspiel, wir haben die grundsätzlichen Dinge, die man überhaupt zur Verwaltungsvollstreckung erst mal kennen muss, angesehen und werden uns jetzt mit der Lösung des konkreten Falls um die hier in Frage stehende Eiche beschäftigen. Wir erinnern uns bitte, dass dem B von der Behörde aufgegeben war, die Eiche zu fällen, dass ihm insoweit die sofortige Vollziehung angedroht wurde und der B jetzt wissen will, ob eine mögliche Ersatzvornahme durch die Behörde – also das kostenpflichtige Fällen des Baumes, wenn er selbst der Anordnung nicht nachkommt – rechtmäßig wäre. Und genau das werden wir jetzt prüfen:

Einleitungssatz der Prüfung: Die Behörde kann rechtmäßig den Baum selbst fällen (lassen), wenn sie die entsprechenden Voraussetzungen des Verwaltungszwangs beachtet hat.

I. Rechtsgrundlage für die Ersatzvornahme

Auch (und gerade) die zwangsweise Durchsetzung einer Handlungs-, Duldungs- oder Unterlassungspflicht stellt einen Eingriff in die Rechte eines Betroffenen dar, der eine gesetzliche Rechtsgrundlage erfordert. Ausgangspunkt ist **§ 6 VwVG** (lesen!). Nach **§ 6 Abs. 1 VwVG** kann ein ***Verwaltungsakt***, der auf die Herausgabe einer Sache oder auf die Vornahme einer Handlung oder auf Duldung oder Unterlassung gerichtet ist, mit Zwangsmitteln durchgesetzt werden, wenn bestimmte Voraussetzungen erfüllt sind (vgl. OVG Münster NWVBl **2007**, 26). Unter den besonderen Voraussetzungen des **§ 6 Abs. 2 VwVG** kann Verwaltungszwang auch ohne vorausgehenden Verwaltungsakt angewendet werden (sogenannter ***Sofortvollzug*** – nicht zu verwechseln mit der Anordnung sofortiger Vollziehung nach § 80 Abs. 2 Satz 1 Nr. 4 VwGO).

Zum Fall: Die Ordnungsbehörde hat dem B auferlegt, die Eiche zu fällen. Hierin ist die Maßnahme einer Behörde auf dem Gebiet des öffentlichen Rechts (→ Gefahrenabwehr) zu sehen. Die Behörde verpflichtet den B zu einer bestimmten Handlung, setzt dadurch für ihn eine Rechtsfolge. Somit liegt auch eine Einzelfallregelung mit Außenwirkung vor. Die Verpflichtung stellt also einen ***Verwaltungsakt*** nach § 35 Satz 1 VwVfG dar, für dessen zwangsweise Durchsetzung der § 6 Abs. 1 VwVG die taugliche Rechtsgrundlage ist.

Feinkostabteilung: Der Vorschrift des § 6 Abs. 1 VwVG entsprechend gibt es auf Landesebene folgende Regelungen: Baden-Württemberg (§ 2 VwVG); Bayern (Art. 19 Abs. 1 VwZVG); Brandenburg (§ 15 Abs. 1 VwVG); Bremen (§ 11 Abs. 1 VwVG); Hamburg (§ 18 Abs. 1 VwVG); Hessen (§ 2 VwVG); Mecklenburg-Vorpommern (§§ 79, 80 Abs. 1 SOG); Niedersachsen (§ 70 VwVG i.V.m. § 64 Abs. 1 GefAG); Nordrhein-Westfalen (§ 55 Abs. 1 VwVG); Rheinland-Pfalz (§ 3 VwVG); Saarland (§ 18 VwVG); Sachsen (§ 2 VwVG); Sachsen-Anhalt (§ 71 Abs. 1 VwVG i.V.m. § 53 Abs. 4 SOG); Schleswig-Holstein (§ 229 VwG); Thüringen (§ 19 VwZVG). In Berlin wird über § 5 Abs. 2 VwVfG auf das VwVG des Bundes verwiesen. Zur Möglichkeit des Sofortvollzugs auf Landesebene vergleiche *Engelhardt/App* § 6 VwVG Rz. 31.

II. Formelle Rechtmäßigkeit der Ersatzvornahme

In der Verwaltungsvollstreckung sind die formellen Rechtmäßigkeitsvoraussetzungen zahlreicher, gewichtiger und fehleranfälliger als beim Erlass des zu vollstreckenden Grundverwaltungsaktes (vgl. VGH Mannheim NJW **2007**, 2058). Dementsprechend umfangreich und klausurrelevant sind auch die einzelnen formellen Voraussetzungen (*Brühl* in JuS 1997, 926), nämlich:

1. Zuständigkeit

Die sachliche Zuständigkeit für die Anwendung von Verwaltungszwang richtet sich nach **§ 7 VwVG**. Nach Abs. 1 der genannten Norm wird ein Verwaltungsakt von der Behörde vollzogen, die ihn erlassen hat. Dies gilt nach Abs. 1 Halbsatz 2 auch für die Vollziehung von Widerspruchsbescheiden. Dementsprechend ist in unserem Fall auch die Behörde für die Ersatzvornahme zuständig, die den zugrunde liegenden Verwaltungsakt erlassen hat.

2. Besondere Verfahrensvoraussetzungen

Neben den allgemeinen Verfahrensvoraussetzungen der §§ 10 ff. VwVfG hält das VwVG besondere Voraussetzungen für das Vollstreckungsverfahren bereit:

a) Androhung

In **§ 13 VwVG** (lesen!) wird die sogenannte ***Androhung*** geregelt. Nach § 13 Abs. 1 Satz 1 VwVG müssen Zwangsmittel außerhalb der Fälle des Sofortvollzugs nach § 6 Abs. 2 VwVG ***schriftlich*** angedroht werden. Hierbei ist nach § 13 Abs. 1 Satz 2 VwVG für die Erfüllung der Verpflichtung (durch den Adressaten) eine ***Frist*** zu bestimmen, innerhalb derer dem Pflichtigen der Vollzug billigerweise zugemutet werden kann.

> **Beachte:** Die Androhung eines Zwangsmittels stellt im Hinblick auf die in ihr enthaltene Auswahl unter den möglichen Zwangsmitteln und der notwendigen Fristsetzung eine eigenständige Regelung und damit einen ***Verwaltungsakt*** nach § 35 Satz 1 VwVfG dar (BVerwG NVwZ-RR **1989**, 337; *Brühl* in JuS 1997, 926). Sie erfüllt hierbei eine dreifache Funktion (*Brühl* in JuS 1997, 926): Es soll dem Pflichtigen zunächst die Möglichkeit eröffnet werden, durch freiwillige Erfüllung der Pflicht die Vollstreckung abzuwenden. Zugleich soll die Androhung die möglicherweise notwendige Vollstreckungsmaßnahme so weit konkretisieren, dass das geeignete Zwangsmittel festgesetzt und später dann angewendet werden kann. Außerdem soll dem Pflichtigen noch einmal eine wirksame Anfechtungsmöglichkeit gegeben werden.

Nach § 13 Abs. 2 Satz 1 VwVG ***kann*** die Androhung mit dem zu vollstreckenden Verwaltungsakt verbunden werden. Nach § 13 Abs. 2 Satz 2 VwVG ***soll*** sie sogar mit ihm verbunden werden, wenn ein Rechtsmittel wegen § 80 Abs. 2 VwGO keine aufschiebende Wirkung hat. Nach § 13 Abs. 3 Satz 1 VwVG muss sich die Androhung auf ein ***bestimmtes*** Zwangsmittel beziehen. Die Vollstreckungsbehörde muss eines der zulässigen Zwangsmittel der §§ 9-12 VwVG ausdrücklich benennen (OVG Magdeburg DÖV **1995**, 385; *App/Wettlaufer*, VerwVollstreckungsR, § 37 Rz. 7). Nach § 13

Abs. 4 Satz 1 VwVG müssen hierbei schließlich auch die Kosten einer Ersatzvornahme angegeben werden.

Zum Fall: Innerhalb des Bescheides wurde dem B die Ersatzvornahme schriftlich angedroht, falls er die Eiche nicht innerhalb einer Woche fällt. Hierbei hat die Behörde auch die voraussichtlichen Kosten der Ersatzvornahme angegeben. Die Verbindung von Androhung und Grundverwaltungsakt war wegen § 13 Abs. 2 VwVG zulässig, sodass die Androhung insgesamt den Anforderungen von § 13 VwVG genügt.

Noch mal Feinkost: Auch auf Landesebene gibt es dem § 13 VwVG entsprechende oder zumindest ähnliche Regelungen: Baden-Württemberg (§§ 19 Abs. 4, 20 VwVG); Bayern (Art. 36 VwZVG); Brandenburg (§ 23 VwVG); Bremen (§ 17 VwVG); Hamburg (§ 18 Abs. 2 VwVG); Hessen (§ 69 VwVG); Mecklenburg-Vorpommern (§ 87 SOG); Niedersachsen (§ 70 GefAG); Nordrhein-Westfalen (§ 63 VwVG); Rheinland-Pfalz (§ 66 VwVG); Saarland (§ 19 VwVG); Sachsen (§§ 19 Abs. 5, 20 VwVG); Sachsen-Anhalt (§ 71 Abs. 1 VwVG i.V.m. §§ 54 ff. SOG); Schleswig-Holstein (§ 236 VwG); Thüringen (§§ 46, 47 VwZVG).

b) Festsetzung

Wird die Verpflichtung innerhalb der in der Androhung bestimmten Frist nicht erfüllt, setzt die Vollzugsbehörde das Zwangsmittel nach **§ 14 Satz 1 VwVG** fest. Diese Festsetzung ist die Anordnung, dass das angedrohte Zwangsmittel nunmehr wegen Fristablaufs angewendet werden soll (*Engelhardt/App* § 14 VwVG Rz. 1; *Gusy*, Polizeirecht, Rz. 452). Die Festsetzung beinhaltet die Regelung, das Zwangsmittel zu einer bestimmten Zeit und in einer bestimmten Weise anzuwenden; sie stellt daher einen selbstständig anfechtbaren ***Verwaltungsakt*** dar (BVerwG DVBl **1998**, 230; OVG Berlin OVGE **12**, 1; *Sadler* § 14 VwVG Rz. 1). An die Form der Festsetzung stellt § 14 VwVG keine Anforderungen. Dementsprechend kann sie zwar grundsätzlich formlos erfolgen, sollte jedoch aus Praktikabilitätsgründen schriftlich vorgenommen werden und so gefasst sein, dass einer reibungslosen Vollstreckung nichts im Wege steht (hierzu ausführlich *Brühl* in JuS 1997, 1021; vergleiche auch *App/Wettlaufer*, VerwVollstreckungsR, § 37 Rz. 14 ff.).

Zum Fall: Bevor die Behörde den Verwaltungsakt vollstrecken kann, muss sie das Zwangsmittel (Ersatzvornahme) noch gemäß § 14 VwVG festsetzen. Das erfolgt im Falle der Ersatzvornahme sinnvollerweise durch Beauftragung eines Dritten mit der Durchführung der Pflicht und der Mitteilung darüber an den Pflichtigen (*Brühl* in JuS 1991, 1021; *Engelhardt/App* § 14 Rz. 3).

Beachte: In den Verwaltungsvollstreckungsgesetzen auf Landesebene kommt die Festsetzung zum Teil gar nicht, zum Teil nur beim Zwangsgeld vor: Baden-Württemberg (§§ 23, 25 VwVG); Brandenburg (§ 24 VwVG); Bremen (§ 18 VwVG); Hamburg (§ 20 VwVG); Hessen (§ 76 VwVG); Mecklenburg-Vorpommern (§ 88 Abs. 2 SOG); Niedersachsen (§ 67 GefAG); Nordrhein-Westfalen (§ 64 VwVG);

Rheinland-Pfalz (§ 64 VwVG); Saarland (§ 28 Abs. 1 Satz 1 Nr. 2 VwVG); Sachsen (§ 22 Abs. 2 VwVG); Sachsen-Anhalt (§ 71 Abs. 1 VwVG i.V.m. § 56 SOG); Schleswig-Holstein (§ 237 Abs. 2 VwG); Thüringen (§ 48 Abs. 1 VwZVG).

c) Anwendung des Zwangsmittels

Sofern Gegenstand einer Klausur die Überprüfung einer bereits erfolgten Zwangsmittelanwendung ist, muss man weiterhin prüfen, ob das Zwangsmittel gemäß **§ 15 Abs. 1 VwVG** der Festsetzung entsprechend angewendet wurde. Das bedeutet, dass kein anderes Zwangsmittel als das festgesetzte und auch nur in der der Festsetzung entsprechenden Art und Weise angewendet werden darf (*Engelhardt/App* § 15 VwVG Rz. 1 ff.; *Sadler* § 15 VwVG Rz. 4 ff.).

Umstritten ist übrigens die Rechtsnatur der Zwangsmittelanwendung und damit auch die Frage, mit welchem Rechtsbehelf man gerade gegen die Art und Weise der Zwangsmittelanwendung vorgehen kann: Teilweise wird auch hierin – zumindest bei besonders grundrechtsrelevanten Maßnahmen – ein ***Verwaltungsakt*** gesehen (BVerwGE **26**, 161; VGH München NVwZ **1988**, 1055). Im sogenannten gestreckten Verfahren – also beim Vorliegen einer vollstreckbaren Grundverfügung und nach Androhung und Festsetzung des Zwangsmittels – enthält die Zwangsmittelanwendung jedenfalls außerhalb polizeilicher grundrechtsintensiver Maßnahmen keine über den Inhalt von Androhung und Festsetzung hinausgehende Regelung. Sie ist lediglich auf die tatsächliche Herbeiführung des Erfolges (Pflichterfüllung) gerichtet und stellt daher einen ***Realakt*** dar (VG Weimar NVwZ-RR **2000**, 478; *Erichsen/Rauschenberg* in JURA 1998, 31; *Horn* in JURA 2004, 597; *Sadler* § 15 VwVG Rz. 1; *Wind* in VR 1988, 133).

3. Allgemeine Verfahrensvoraussetzungen

Auch das Vollstreckungsverfahren ist ein Verwaltungsverfahren im Sinne des **§ 9 VwVfG** (lesen), für das die allgemeinen Verfahrensvoraussetzungen der §§ 10 ff. VwVfG gelten (*Brühl* in JuS 1997, 926). Wichtig ist hierbei allerdings, dass von der grundsätzlichen Anhörungspflicht nach § 28 Abs. 1 VwVfG vor Erlass eines belastenden Verwaltungsaktes (Androhung und Festsetzung!) gemäß **§ 28 Abs. 2 Nr. 5 VwVfG** abgesehen werden kann.

<u>ZE.</u>: Mit Festsetzung der Ersatzvornahme kann die Vollzugsbehörde somit formell rechtmäßig vollstrecken.

III. Materielle Rechtmäßigkeit der Ersatzvornahme

1. Tatbestandsvoraussetzungen

a) Voraussetzung für eine zwangsweise Durchsetzung nach § 6 Abs. 1 VwVG ist zunächst das Vorliegen eines ***Verwaltungsaktes***, der auf die Vornahme einer Handlung oder auf Duldung oder Unterlassung gerichtet ist. Rechtsgestaltende und feststellende Verwaltungsakte entfalten ihre Rechtsfolgen unmittelbar mit der Bekanntgabe; sie bedürfen keines weiteren Vollzugs und sind auch nicht vollstreckungsfähig (OVG Hamburg NZV **2008**, 313; *Brühl* in JuS 1997, 1021; *Engelhardt/App* § 6 VwVG Rz. 1).

Hier: Wie oben bereits festgestellt, ist in der behördlichen Anweisung, die Eiche zu fällen, ein Verwaltungsakt zu sehen. Dieser Verwaltungsakt verpflichtet den B, eine bestimmte Handlung (→ Baum fällen) durchzuführen. Er ist folglich auf die Vornahme einer Handlung im Sinne des § 6 Abs. 1 VwVG gerichtet.

b) Damit ein solcher Verwaltungsakt aber auch vollziehbar ist und vollstreckt werden kann, muss er entweder ***unanfechtbar*** sein oder es darf einem zur Verfügung stehenden Rechtsmittel ***keine aufschiebende Wirkung*** (§ 80 Abs. 2 Satz 1 Nr. 1–3 und Satz 2 VwGO) zukommen oder der ***sofortige Vollzug angeordnet*** worden sein (§ 80 Abs. 2 Satz 1 Nr. 4 VwGO).

Definition: Ein Verwaltungsakt ist ***unanfechtbar***, wenn er nicht mehr mit einem förmlichen Rechtsmittel angefochten werden kann (*Engelhardt/App* § 6 VwVG Rz. 3; *Sadler* § 6 VwVG Rz. 30 ff.).

Dementsprechend wird ein Verwaltungsakt unanfechtbar, wenn der Betroffene es versäumt hat, innerhalb der jeweiligen Fristen Widerspruch und/oder Anfechtungsklage einzulegen oder wenn die Klage durch rechtskräftige Entscheidung, Klagerücknahme oder Vergleich beendet wird (*App/Wettlaufer*, VerwVollstreckungsR, § 30 Rz. 11, 12; *Sadler* § 6 VwVG Rz. 31 ff.).

Zum Fall: Der Sachverhalt gibt keine Auskunft darüber, ob B die Widerspruchsfrist bereits versäumt hat, sodass der Verwaltungsakt jedenfalls nicht unanfechtbar geworden ist.

Wegen der noch vorliegenden Anfechtbarkeit des Verwaltungsaktes kommen als Vollziehbarkeitsvoraussetzungen demnach nur die Möglichkeiten in Betracht, dass einem Rechtsmittel gegen den Verwaltungsakt entweder durch gesetzlichen Ausschluss (§ 80 Abs. 2 Satz 1 Nr. 1–3, Satz 2 VwGO) oder durch behördliche Vollzugsanordnung (§ 80 Abs. 2 Satz 1 Nr. 4 VwGO) keine aufschiebende Wirkung nach § 80 Abs. 1 VwGO zukommt. Diese aufschiebende Wirkung bzw. die Ausnahmen davon haben eine beachtliche Bedeutung im Verwaltungsverfahren; wir wollen uns die gesetzlich geregelten Fälle, in denen die aufschiebende Wirkung entfällt, deshalb in einem Zwischenschritt mal näher ansehen:

Ausnahmen der aufschiebenden Wirkung – Überblick:

(1) Öffentliche Abgaben und Kosten (§ 80 Abs. 2 Satz 1 Nr. 1 VwGO)

Nach § 80 Abs. 2 Satz 1 Nr. 1 VwGO entfällt die aufschiebende Wirkung, wenn Gegenstand der Anfechtung ein Verwaltungsakt ist, mit dem ***öffentliche Abgaben*** oder ***Kosten*** angefordert werden. Sinn dieser Ausnahmeregelung ist es, die ordnungsgemäße Haushaltsplanung der öffentlichen Hand zu gewährleisten (*Hummel* in JuS 2011, 413). Es soll vor allem verhindert werden, dass den öffentlichen Haushalten durch Einlegung von Rechtsbehelfen auf unabsehbare Zeit Einnahmen entzogen werden (BVerwG DVBl **1993**, 441; OVG Hamburg DÖV **2000**, 780; *Pietzner/Ronellenfitsch*, Assessorexamen, § 54 Rz. 2; *Schoch* in JURA 2001, 671). Eine Begriffsbestimmung der öffentlichen Abgaben und Kosten hat unter Berücksichtigung dieses Zwecks zu erfolgen.

Definition: ***Öffentliche Abgaben*** sind dem Bürger auferlegte Geldleistungen, deren Zweck die Deckung des allgemeinen öffentlichen Finanzbedarfs ist, gleichgültig, ob es sich hierbei um eine *Steuer*, eine *Gebühr*, einen *Beitrag* oder eine *sonstige Abgabe* handelt (BVerwG NVwZ **1993**, 1112; VGH München BayVBl **2000**, 724; *Kopp/Schenke* § 80 VwGO Rz. 57).

Definition: ***Öffentliche Kosten*** sind grundsätzlich alle Gebühren und Auslagen, die den Beteiligten für Verwaltungsleistungen, die in einem förmlichen Verwaltungsverfahren entstanden sind, auferlegt werden (VGH Mannheim NVwZ-RR **2000**, 189; *Eyermann/Schmidt* § 80 VwGO Rz. 23; *Kopp/Schenke* § 80 VwGO Rz. 62). Es muss sich indes um ***selbstständige*** Kosten handeln, das heißt um solche, die nicht aufgrund eines Verwaltungsaktes oder eines Widerspruchsbescheides entstanden und mit diesen verbunden sind (VGH Mannheim NVwZ **1987**, 1087; *Kopp/Schenke* § 80 VwGO Rz. 62; *Schoch* in JURA 2001, 671).

(2) Polizeiliche Maßnahmen (§ 80 Abs. 2 Satz 1 Nr. 2 VwGO)

Nach § 80 Abs. 2 Satz 1 Nr. 2 VwGO entfällt die aufschiebende Wirkung bei unaufschiebbaren Anordnungen und Maßnahmen von Polizeivollzugsbeamten. Diese Regelung soll den Bedürfnissen der polizeilichen Praxis nachkommen, unaufschiebbare Maßnahmen sofort durchführen zu können (*Pietzner/Ronellenfitsch*, Assessorexamen, § 54 Rz. 14; *Schoch* in JURA 2001, 671).

Definition: Unter ***Anordnungen*** und ***Maßnahmen*** von Polizeivollzugsbeamten sind vollzugspolizeiliche Verwaltungsakte zu verstehen (*Finkelnburg/Jank*, Vorläufiger RS, Rz. 696; *Kopp/Schenke* § 80 VwGO Rz. 64). Sie sind beschränkt auf die Vollzugspolizei im institutionellen Sinne. Erfasst werden Maßnahmen zum Beispiel der Kriminal-, Verkehrs- und Wasserschutzpolizei, nicht jedoch solche »polizeilich tätiger« Ordnungsbehörden (*Pietzner/Ronellenfitsch*, Assessorexamen, § 54 Rz. 14; *Schenke*, VerwProzessR, Rz. 969). ***Unaufschiebbar*** ist ein solcher Verwaltungsakt, wenn der von ihm beabsichtigte Zweck mit hoher Wahrscheinlichkeit nur bei sofortiger Durchsetzung erreichbar ist (BVerfG NJW **2004**, 2297; OVG Münster GesR **2005**, 185).

Die Regelung des § 80 Abs. 2 Satz 1 Nr. 2 VwGO findet auch in Bereichen Anwendung, die nach dem Wortlaut nicht erfasst sind. Wichtigstes Beispiel für Klausuren sind hierbei Anordnungen, die durch ***Verkehrszeichen oder -einrichtungen*** (→ Verkehrsschilder, Ampeln, Parkuhren usw.) getroffen werden (BVerwGE **102**, 316; OVG Münster NJW **1998**, 329).

(3) Andere gesetzliche Fälle (§ 80 Abs. 2 Satz 1 Nr. 3 und Satz 2 VwGO)

Die aufschiebende Wirkung entfällt gemäß § 80 Abs. 2 Satz 1 Nr. 3 VwGO des Weiteren in anderen durch Bundesgesetz oder für Landesrecht durch Landesgesetz vorgeschriebenen Fällen. § 80 Abs. 2 Satz 2 VwGO erweitert die Aussetzungskompetenz der Landesgesetzgeber auch auf Vollstreckungsmaßnahmen, die von ***Landes***behörden nach ***Bundes***recht getroffen werden (vgl. zu den Einzelheiten *Pietzner/Ronellenfitsch*, Assessorexamen, § 54 Rz. 17 und *Finkelnburg/Jank*, Vorläufiger RS, Rz. 716 ff.).

(4) Anordnung sofortiger Vollziehung (§ 80 Abs. 2 Satz 1 Nr. 4 VwGO)

Sofern ein öffentliches Interesse oder ein überwiegendes Interesse eines Beteiligten an der sofortigen Vollziehung besteht, kann diese gemäß § 80 Abs. 2 Satz 1 Nr. 4 VwGO besonders angeordnet werden. Wenn man in der Klausur die Vollziehbarkeit eines Verwaltungsaktes als Voraussetzung für dessen Vollstreckung untersucht, beschränkt sich die Prüfung dann auf die Feststellung, dass die sofortige Vollziehung angeordnet wurde. Ob dies rechtmäßig geschah, ist insofern unerheblich, da nicht die Anordnung der sofortigen Vollziehung Prüfungsgegenstand ist, sondern die Vollstreckung des Verwaltungsaktes (zur Rechtmäßigkeit einer solchen Anordnung vgl. bitte den nächsten Fall).

Zu unserem Fall: Die Behörde hat unter Punkt 2 des Bescheides die sofortige Vollziehung des Verwaltungsaktes im Sinne des § 80 Abs. 2 Satz 1 VwGO angeordnet. Dementsprechend ist er auch vollziehbar.

Wir gehen zurück zu unserer Ausgangsnorm, § 6 Abs. 1 VwVG:

c) Weitere Voraussetzungen sind dem § 6 Abs. 1 VwVG nicht zu entnehmen. Unser B hat allerdings eingewandt, der Baum stelle keine Gefahr dar, weswegen die Grundverfügung rechtswidrig sei. Deshalb sei auch die angedrohte Vollstreckungsmaßnahme rechtswidrig.

Problem: Es stellt sich demnach die Frage, ob als weitere (ungeschriebene) Voraussetzung die Rechtmäßigkeit des zu vollstreckenden Verwaltungsaktes untersucht werden muss. Dieses Problem lässt sich erfreulicherweise mit der Systematik zur Wirksamkeit von Verwaltungsakten aus dem VwVfG beantworten.

> **Denn:** Ein Verwaltungsakt wird nach § 43 Abs. 1 VwVfG unabhängig von seiner Rechtmäßigkeit mit der Bekanntgabe ***wirksam***. Und er bleibt nach § 43 Abs. 2 VwVfG auch wirksam, solange er nicht aufgehoben wird oder sich auf andere Weise

erledigt. ***Unwirksam*** ist nach § 43 Abs. 3 VwVfG lediglich ein nach § 44 VwVfG nichtiger Verwaltungsakt. Hieraus ergibt sich jetzt bekanntermaßen die Tatsache, dass der Adressat das im Verwaltungsakt ausgesprochene Gebot oder Verbot zu befolgen hat, sofern der Verwaltungsakt wirksam ist, unabhängig von dessen Rechtmäßigkeit. Geht der Adressat von der Rechtswidrigkeit des Verwaltungsaktes aus, muss er diesen durch einen Rechtsbehelf aufheben lassen (→ Widerspruch/Anfechtungsklage). Tut er dies nicht, muss er auch die (dann rechtmäßige) Vollstreckung eines rechtswidrigen Verwaltungsaktes dulden. Dementsprechend ist die Rechtmäßigkeit des Grundverwaltungsaktes ***keine*** Vollstreckungsvoraussetzung (BVerwG NJW **1984**, 2591; *App* in JuS 2004, 786; *Maurer*, AllgVerwR, § 20 Rz. 12; *Schwerdtfeger*, Öffentliches Recht, Rz. 133; *Weber* in VR 2004, 181). Sehr wichtiger Gedankengang; bitte den gesamten Absatz mindestens noch einmal lesen.

Und noch die Feinkostabteilung: Dieses Ergebnis kann jedenfalls für die Vollstreckung von bestandskräftigen (= unanfechtbaren!) Verwaltungsakten als allgemeine Meinung angesehen werden (BVerwG NJW **1984**, 2591; *App* in JuS 2004, 786; *Maurer*, AllgVerwR, § 20 Rz. 12). Trotz der oben dargestellten Systematik ist die Frage der Rechtmäßigkeit des Grundverwaltungsaktes bei der Vollstreckung von Verwaltungsakten, die aus anderen Gründen vollziehbar sind, umstritten. Dies gilt auch für das sogenannte abgekürzte Verfahren (= ohne Androhung und Festsetzung) und besonders im Polizeirecht. Einen guten Überblick zum Meinungsstand und ziemlich hilfreiche Argumentationswege gibt es im Bedarfsfalle bei *Weiß* in der DÖV 2001 auf Seite 275.

ZE.: Die Voraussetzungen von § 6 Abs. 1 VwVG liegen im hier zu entscheidenden Fall vor.

2. Richtiger Vollstreckungsadressat

Vollstreckungsmaßnahmen müssen natürlich immer gegen den richtigen Adressaten gerichtet werden. Das ist grundsätzlich derjenige, der aus dem zu vollstreckenden Verwaltungsakt verpflichtet wird. Die Vollstreckung kann aber auch gegen den ***Rechtsnachfolger*** des Pflichtigen durchgeführt werden, wenn der Verwaltungsakt auch gegen diesen wirkt und die weiteren Vollstreckungsvoraussetzungen in seiner Person vorliegen (*Brühl* in JuS 1998, 65; *Engelhardt/App* Vorb. § 6 VwVG Rz. 9).

Hier: Dementsprechend ist B als aus dem Grundverwaltungsakt Verpflichteter auch richtiger Vollstreckungsadressat.

3. Richtiges Zwangsmittel

Das ausgewählte Zwangsmittel (§§ 9-12 VwVG) muss auch das ***richtige*** gewesen sein. Das VwVG unterscheidet zwischen ***drei*** verschiedenen Zwangsmitteln:

→ Die ***Ersatzvornahme*** (§§ 9 Abs. 1a, 10 VwVG) kommt dann in Betracht, wenn die Verpflichtung, eine Handlung vorzunehmen, deren Vornahme durch einen anderen möglich ist (= **vertretbare Handlung**), nicht erfüllt wird. Sie sieht vor, dass die Vollzugsbehörde einen Dritten auf Kosten des Pflichtigen mit der Pflichtenvornahme beauftragt. Von der Möglichkeit zur Vornahme einer Pflicht durch einen anderen ist dann auszugehen, wenn es für den Berechtigten wirtschaftlich und tatsächlich egal ist, ob der Pflichtige oder ein anderer die Leistung erbringt (OVG Berlin JR **1969**, 476; *Engelhardt/App* § 10 VwVG Rz. 6).

→ Das ***Zwangsgeld*** (§§ 9 Abs. 1b, 11 VwVG) führt im Unterschied zur Ersatzvornahme den Erfolg nicht selbst herbei, sondern soll den Pflichtigen mit Hilfe des psychischen Drucks, der von der Zahlungspflicht bei Nichtbefolgen des Verwaltungsaktes ausgeht, dazu bringen, die Pflicht zu erfüllen (*Brühl* in JuS 1998, 65; *Horn* in JURA 2004, 447). Nach § 11 Abs. 1 Satz 1 VwVG kommt das Zwangsgeld immer bei ***unvertretbaren*** Handlungspflichten in Betracht. Nach § 11 Abs. 1 Satz 2 VwVG kann es aber auch bei vertretbaren Handlungen verhängt werden, wenn die Ersatzvornahme ***untunlich*** ist, besonders, wenn der Pflichtige außerstande ist, die Kosten der Ausführung einer Ersatzvornahme zu tragen. Schließlich ist das Zwangsgeld nach § 11 Abs. 2 VwVG auch bei Duldungs- und Unterlassungspflichten zulässig. Die ***Höhe*** des Zwangsgeldes muss sich im Rahmen der Vorgaben des § 11 Abs. 3 VwVG halten. Ist das Zwangsgeld uneinbringlich, so kann das Verwaltungsgericht auf Antrag der Vollzugsbehörde nach Anhörung des Pflichtigen nach § 16 Abs. 1 VwVG die sogenannte ***Ersatzzwangshaft*** anordnen, wenn bei Androhung des Zwangsgeldes darauf hingewiesen wurde.

→ Das letzte mögliche Zwangsmittel ist der ***unmittelbare Zwang*** (§§ 9 Abs. 1c, 12 VwVG). Führen weder die Ersatzvornahme noch das Zwangsgeld zum Ziel oder sind sie untunlich, so kann die Vollzugsbehörde den Pflichtigen zwingen oder die Handlung selbst vornehmen. Dieser Zwang ist nach § 2 Abs. 1 UZwG die Einwirkung auf Personen oder Sachen durch körperliche Gewalt, ihre Hilfsmittel und durch Waffen. Aufgrund seiner einschneidenden Wirkung auf den Pflichtigen muss unmittelbarer Zwang immer ***ultima ratio*** sein (*Brühl* in JuS 1998, 65; *Engelhardt/App* § 12 VwVG Rz. 7 ff.).

Zum Fall: Die Pflicht, einen Baum zu fällen, ist eine Handlungspflicht, die aus Sicht der Vollzugsbehörde von jedem erfüllt werden kann; der Behörde ist es egal, ***wer*** den Baum fällt, wichtig ist nur, ***dass*** er gefällt wird. Es liegt somit eine ***vertretbare*** Handlung vor, die im Wege der ***Ersatzvornahme*** vollstreckt werden kann. Diese Ersatzvornahme ist auch nicht ***untunlich*** im Sinne von § 11 Abs. 1 Satz 2 VwVG, es ist nicht ersichtlich, dass B nicht in der Lage ist, die Kosten einer Ersatzvornahme zu tragen.

4. Rechtsfolge

Die Anwendung von Verwaltungszwang nach § 6 Abs. 1 VwVG steht im Ermessen der Behörde. Eine besondere Bedeutung kommt hierbei – wie durch die ausdrückliche Erwähnung in § 9 Abs. 2 VwVG klargestellt – dem Grundsatz der ***Verhältnismäßigkeit*** zu (OVG Hamburg NZV **2008**, 313; *Muckel* in JA 2012, 355). Der Ermessensspielraum der Behörde erstreckt sich auf die Frage, ***ob*** sie den Verwaltungsakt überhaupt vollstrecken will (Entschließungsermessen) und auf die ***Auswahl*** zwischen mehreren richtigen Adressaten und zulässigen Zwangsmitteln (Auswahlermessen).

Hinsichtlich des Entschließungsermessens gilt der Grundsatz, dass ein befehlender Verwaltungsakt im Falle der Nichtbefolgung auch zwangsweise durchgesetzt werden soll (*Henneke* in JURA 1989, 64). Bezüglich der Auswahl zwischen mehreren ***richtigen Adressaten*** ist von der Behörde zu berücksichtigen, wer durch den Zwang am wenigsten belastet wird (*Engelhardt/App* Vorb. § 6 VwVG Rz. 11) ***und*** durch wen aber gleichzeitig eine effektive und schnelle Durchsetzung des Verwaltungsaktes ermöglicht wird (*Brühl* in JuS 1998, 65). Bei der Auswahl zwischen mehreren ***zulässigen Zwangsmitteln*** ist gerade im Hinblick auf die Verhältnismäßigkeit der Vollstreckung das für den Pflichtigen mildeste Mittel zu wählen. Für die Durchsetzung einer vertretbaren Handlung ist hier vor allem nach den jeweiligen Umständen des Einzelfalls zwischen einer Zwangsgeldfestsetzung und einer Ersatzvornahme abzuwägen (*Engelhardt/App* § 9 VwVG Rz. 3; *Horn* in JURA 2004, 447).

Zum Fall: Hinsichtlich der behördlichen Entschließung, den Verwaltungsakt zu vollstrecken, sind keine Ermessensfehler ersichtlich. Fraglich ist demzufolge nur, ob die Auswahl des Zwangsmittels der Ersatzvornahme verhältnismäßig war. Die Ersatzvornahme ist geeignet, den legitimen Zweck (→ Gefahrenbeseitigung) zu fördern. Ein milderes, gleich geeignetes Mittel ist nicht ersichtlich. Insbesondere kann ein Zwangsgeld als alternatives Zwangsmittel nicht zur Anwendung kommen. Die Ersatzvornahme ist – wie oben bereits dargestellt – nicht ***untunlich*** im Sinne von § 11 Abs. 1 Satz 2 VwVG. Zweifel an der Angemessenheit bestehen ebenfalls nicht; vor allem hat B genug Zeit, der behördlichen Pflicht selbst nachzukommen oder gegen den Grundverwaltungsakt ein Rechtsmittel einzulegen.

Ergebnis: Sofern die von der Behörde eingeräumte Frist fruchtlos abläuft und sie die Vollstreckungsmaßnahme danach festsetzt, kann sie den Baum im Wege der Ersatzvornahme rechtmäßig auf Kosten des B fällen lassen.

Kurzer Nachschlag im Hinblick auf die Rechtsschutzmöglichkeiten:

Da der B davon ausgeht, der Baum stelle keine Gefahr für das Haus des N dar, muss er – um die Ersatzvornahme der Behörde zu verhindern – gegen den ***Grundverwaltungsakt*** vorgehen. Normalerweise müsste er insoweit nur ***Widerspruch*** einlegen, um über § 80 Abs. 1 VwGO gegen Vollstreckungsmaßnahmen geschützt zu sein. Im Falle einer behördlichen Anordnung des sofortigen Vollzugs nach § 80 Abs. 2 Satz 1 Nr. 4 VwGO steht ihm der Schutz über die aufschiebende Wirkung eines Rechtsbehelfs allerdings nicht zur Verfügung (vgl. insoweit die Ausführungen weiter oben). In solchen Fällen hilft nur der gerichtliche Eilrechtsschutz. Und mit diesem beschäftigen wir uns dann im nächsten Fall.

Gutachten

Die Behörde kann rechtmäßig den Baum selbst fällen (lassen), wenn sie die entsprechenden Voraussetzungen des Verwaltungszwangs beachtet.

I. Rechtsgrundlage

Die Ordnungsbehörde hat dem B auferlegt, die Eiche zu fällen. Hierin ist die Maßnahme einer Behörde auf dem Gebiet des öffentlichen Rechts (Gefahrenabwehr) zu sehen. Die Behörde verpflichtet den B zu einer bestimmten Handlung, setzt dadurch für ihn eine Rechtsfolge. Folglich liegt auch eine Einzelfallregelung mit Außenwirkung vor. Die Verpflichtung stellt also einen Verwaltungsakt nach § 35 Satz 1 VwVfG dar, für dessen zwangsweise Durchsetzung § 6 Abs. 1 VwVG taugliche Rechtsgrundlage ist.

II. Formelle Rechtmäßigkeit

Die Ordnungsbehörde ist als Erlassbehörde gemäß § 7 Abs. 1 VwVG auch für die Vollstreckung des Verwaltungsaktes zuständig.

Nach § 13 Abs. 1 Satz 1 VwVG müssen Zwangsmittel außerhalb der Fälle des Sofortvollzugs nach § 6 Abs. 2 VwVG schriftlich angedroht werden. Hierbei ist nach § 13 Abs. 1 Satz 2 VwVG für die Erfüllung der Verpflichtung eine Frist zu bestimmen, innerhalb derer der Vollzug dem Pflichtigen billigerweise zugemutet werden kann. Nach § 13 Abs. 3 Satz 1 VwVG muss sich die Androhung auf ein bestimmtes Zwangsmittel beziehen. Die Vollstreckungsbehörde muss eines der zulässigen Zwangsmittel (§§ 9-12 VwVG) ausdrücklich benennen. Nach § 13 Abs. 4 Satz 1 VwVG müssen hierbei die Kosten einer Ersatzvornahme angegeben werden. Innerhalb des Bescheides wurde dem B die Ersatzvornahme schriftlich angedroht, falls er die Eiche nicht innerhalb einer Woche fällt. Hierbei hat die Behörde auch die voraussichtlichen Kosten der Ersatzvornahme angegeben. Eine Verbindung der Grundverfügung mit der Androhung war gemäß § 13 Abs. 2 VwVG auch zulässig, sodass die Androhung insgesamt den Anforderungen von § 13 VwVG genügt.

Bevor die Behörde den Verwaltungsakt vollstrecken kann, muss sie das Zwangsmittel (Ersatzvornahme) noch gemäß § 14 VwVG festsetzen. Eine gesonderte Anhörung des B vor einer Maßnahme innerhalb der Verwaltungsvollstreckung ist gemäß § 28 Abs. 2 Nr. 5 VwVfG entbehrlich.

III. Materielle Rechtmäßigkeit

1. Tatbestandsvoraussetzungen

Voraussetzung für eine zwangsweise Durchsetzung nach § 6 Abs. 1 VwVG ist zunächst das Vorliegen eines Verwaltungsaktes, der auf die Vornahme einer Handlung oder auf Duldung oder Unterlassung gerichtet ist. Wie oben bereits festgestellt, ist in der behördlichen Anweisung, die Eiche zu fällen, ein Verwaltungsakt zu sehen. Dieser Verwaltungsakt verpflichtet den B, eine bestimmte Handlung (Baum fällen) durchzuführen. Er ist folglich auf die Vornahme einer Handlung im Sinne des § 6 Abs. 1 VwVG gerichtet.

Damit ein solcher Verwaltungsakt aber auch vollziehbar ist und vollstreckt werden kann, muss er entweder unanfechtbar sein oder es darf einem zur Verfügung stehenden Rechtsmittel keine aufschiebende Wirkung (§ 80 Abs. 2 Satz 1 Nr. 1–3 und Satz 2VwGO) zukommen oder der sofortige Vollzug angeordnet worden sein (§ 80 Abs. 2 Satz 1 Nr. 4

VwGO). Der Sachverhalt gibt keine Anhaltspunkte, ob B die Widerspruchsfrist bereits versäumt hat, sodass der Verwaltungsakt nicht unanfechtbar geworden ist. Die Behörde hat aber unter Punkt 2 des Bescheides die sofortige Vollziehung des Verwaltungsaktes im Sinne des § 80 Abs. 2 Satz 1 VwGO angeordnet. Dementsprechend ist er auch vollziehbar.

Weitere Voraussetzungen sind § 6 Abs. 1 VwVG nicht zu entnehmen. B wendet indes ein, einer rechtmäßigen Vollstreckung stehe die Rechtswidrigkeit des Grundverwaltungsaktes entgegen. Es stellt sich folglich die Frage, ob als weitere (ungeschriebene) Voraussetzung die Rechtmäßigkeit des zu vollstreckenden Verwaltungsaktes untersucht werden muss. Hierbei ist zu berücksichtigen, dass ein Verwaltungsakt nach § 43 Abs. 1 VwVfG unabhängig von seiner Rechtmäßigkeit mit der Bekanntgabe wirksam wird. Er bleibt nach § 43 Abs. 2 VwVfG wirksam, solange er nicht aufgehoben wird oder sich auf andere Weise erledigt. Unwirksam ist nach § 43 Abs. 3 VwVfG lediglich ein nach § 44 VwVfG nichtiger Verwaltungsakt. Hieraus ergibt sich, dass der Adressat das im Verwaltungsakt ausgesprochene Gebot oder Verbot zu befolgen hat, sofern der Verwaltungsakt wirksam ist, unabhängig von dessen Rechtmäßigkeit. Geht der Adressat von der Rechtswidrigkeit des Verwaltungsaktes aus, muss er diesen durch einen Rechtsbehelf aufheben lassen (Widerspruch oder Anfechtungsklage). Tut er dies nicht, muss er auch die (rechtmäßige) Vollstreckung eines rechtswidrigen Verwaltungsaktes dulden. Dementsprechend ist die Rechtmäßigkeit des Grundverwaltungsaktes keine Vollstreckungsvoraussetzung.

2. Richtiger Vollstreckungsadressat

Als aus dem zu vollstreckenden Verwaltungsakt Verpflichteter ist B auch richtiger Vollstreckungsadressat.

3. Richtiges Zwangsmittel

Die Ersatzvornahme (§§ 9 Abs. 1a, 10 VwVG) kommt dann in Betracht, wenn die Verpflichtung, eine Handlung vorzunehmen, deren Vornahme durch einen anderen möglich ist (vertretbare Handlung), nicht erfüllt wird. Sie sieht vor, dass die Vollzugsbehörde einen Dritten auf Kosten des Pflichtigen mit der Pflichtenvornahme beauftragt. Von der Möglichkeit zur Vornahme einer Pflicht durch einen anderen (vertretbare Handlung) ist dann auszugehen, wenn es für den Berechtigten wirtschaftlich und tatsächlich gleichgültig ist, ob der Pflichtige oder ein anderer die Leistung erbringt. Die Pflicht, einen Baum zu fällen, ist eine Handlungspflicht, die aus Sicht der Vollzugsbehörde von jedem erfüllt werden kann. Es liegt somit eine vertretbare Handlung vor, die im Wege der Ersatzvornahme vollstreckt werden kann. Diese Ersatzvornahme ist auch nicht untunlich im Sinne von § 11 Abs. 1 Satz 2 VwVG, es ist nicht ersichtlich, dass B nicht in der Lage ist, die Kosten einer Ersatzvornahme zu tragen.

4. Rechtsfolge

Die Anwendung von Verwaltungszwang nach § 6 Abs. 1 VwVG steht im Ermessen der Behörde. Eine besondere Bedeutung kommt hierbei – wie durch die ausdrückliche Erwähnung in § 9 Abs. 2 VwVG klargestellt – dem Grundsatz der Verhältnismäßigkeit zu. Der Ermessensspielraum der Behörde erstreckt sich auf die Frage, ob sie den Verwaltungsakt überhaupt vollstrecken will (Entschließungsermessen) und auf die Auswahl zwischen mehreren richtigen Adressaten und zulässigen Zwangsmitteln (Auswahlermessen).

Hinsichtlich des Entschließungsermessens gilt der Grundsatz, dass ein befehlender Verwaltungsakt im Falle der Nichtbefolgung auch zwangsweise durchgesetzt werden soll. Diesbezüglich sind keine Ermessensfehler ersichtlich.

Bei der Auswahl zwischen mehreren zulässigen Zwangsmitteln ist gerade im Hinblick auf die Verhältnismäßigkeit der Vollstreckung das für den Pflichtigen mildeste Mittel zu wählen. Für die Durchsetzung einer vertretbaren Handlung ist hier vor allem nach den jeweiligen Umständen des Einzelfalls zwischen einer Zwangsgeldfestsetzung und einer Ersatzvornahme abzuwägen. Einer solchen Abwägung bedurfte es vorliegend indes nicht, da ein Zwangsgeld mangels Untunlichkeit der Ersatzvornahme wegen § 11 Abs. 1 Satz 2 VwVG nicht in Betracht kam. Fraglich ist demzufolge nur, ob die Auswahl des Zwangsmittels (Ersatzvornahme) verhältnismäßig war. Die Ersatzvornahme ist geeignet, den legitimen Zweck (Gefahrenbeseitigung) zu fördern. Ein milderes, gleich geeignetes Mittel ist nicht ersichtlich. Zweifel an der Angemessenheit bestehen nicht – vor allem hat B genug Zeit, der behördlichen Pflicht selbst nachzukommen oder gegen den Grundverwaltungsakt ein Rechtsmittel einzulegen.

Ergebnis: Sofern die von der Behörde eingeräumte Frist fruchtlos abläuft und sie die Vollstreckungsmaßnahme danach gemäß § 14 VwVG festsetzt, kann sie den Baum im Wege der Ersatzvornahme rechtmäßig auf Kosten des B fällen lassen.

Fall 19

Fußball ist unser Leben!

Rechtsstudent R wohnt in der kreisfreien Stadt K im Bundesland X und ist aktives Mitglied einer Hooligan-Gruppe, die dafür bekannt ist, dass sie zu Länderspielen durch ganz Europa reist, um sich mit »Fangruppen« anderer Nationen zu prügeln. In diesem Zusammenhang ist R bereits mehrfach festgenommen worden und gilt in Polizeikreisen als »gewaltbereit«. Zur Vorbereitung auf die Fußball-WM in Russland im Jahre 2018 plant die Deutsche Nationalmannschaft als amtierender Weltmeister, an einem Turnier in England mit renommierten Gegnern teilzunehmen. Um gewaltsame Übergriffe zu verhindern, möchten die deutschen Behörden in Kooperation mit ihren englischen Kollegen schon im Vorfeld gegen potenziell gewaltbereite Fans vorgehen. Szenekundige Beamte beider Länder gehen davon aus, dass es zu gewalttätigen Auseinandersetzungen vor allem mit deutschen Hooligans kommen wird.

R erhält zwei Wochen vor Beginn des Turniers vom Oberbürgermeister der Stadt K – als zuständige untere Landesbehörde – eine Verfügung, durch die der Geltungsbereich seines Reisepasses und seines Personalausweises in der Form eingeschränkt wird, dass ihm eine Ausreise aus Deutschland nach England unmittelbar oder über Drittstaaten für die Zeit des Turniers verboten ist. Die Behörde hatte erst wenige Tage zuvor von den Aktivitäten des R erfahren. Vor Erlass der Verfügung wurde ihm seitens der Behörde keine Möglichkeit gegeben, Stellung zu nehmen. Ihm wird eine Frist von einer Woche eingeräumt, diese Beschränkungen in seinen Papieren vermerken zu lassen. Die Verfügung wird – auch hinsichtlich des Absehens der Anhörung aufgrund der besonderen Eilbedürftigkeit – ausführlich begründet. Darüber hinaus wird die sofortige Vollziehung angeordnet. Auch diese wird ausführlich begründet.

R, der noch keinen Widerspruch eingelegt hat, sieht sich in seinen Grundrechten verletzt und fragt Rechtsanwalt A, welche Art gerichtlichen Rechtsschutzes ihm beim Verwaltungsgericht in K zur Verfügung steht und ob dieser Aussicht auf Erfolg hat.

Was ist dem R aus anwaltlicher Sicht anzuraten?

Schwerpunkte: Vorläufiger Rechtsschutz nach § 80 Abs. 5 VwGO – Aufbau und Voraussetzungen; Rechtmäßigkeit einer Anordnung nach § 80 Abs. 2 Satz 1 Nr. 4 VwGO; Beschränkungen des Reisepasses nach den §§ 7, 8 PassG und des Personalausweises nach § 2 Abs. 2 PAuswG; Art. 11 Abs. 1 und Art. 2 Abs. 1 GG.

Lösungsweg

Einstieg: In den letzten beiden Fällen dieses Buches beschäftigen wir uns mit den Problematiken rund um den vorläufigen Rechtsschutz. Die erste Geschichte mit dem Hooligan R oben soll dabei Ausgangspunkt sein und ist selbstverständlich nicht frei aus der Luft gegriffen. Sie ist vielmehr genau so, wie sie da steht, auch abgelaufen, indessen mit einer kleinen, für uns aber unbedeutenden Änderung: Der Fall spielt im Original nämlich im Vorfeld der Europameisterschaft des Jahres 2000 in Holland und Belgien (wo unsere Jungs übrigens ziemlich jämmerlich in der Vorrunde rausgeflogen sind) und wurde entschieden vom VGH Mannheim (NJW **2000**, 3658). Die Geschichte hat, wie leicht erkennbar ist, bis heute – und vermutlich auch in der Zukunft – erhebliche Praxis- und damit auch Prüfungsrelevanz und eignet sich deswegen erstklassig dazu, einen vernünftigen Einstieg in die außerordentlich knifflige Problematik des einstweiligen Rechtsschutzes zu finden (zur Ausreisebeschränkung für Hooligans vgl. etwa VG Stuttgart NJW **2006**, 1017 und VG Hannover SpuRt **2005**, 258 sowie im Hinblick auf politische Aktivisten BVerwG DÖV **2008**, 28). Beachte bitte, dass die jetzt folgende Lösung recht lang ist und daher vom Leser Durchhaltevermögen fordert. Leider geht das nicht anders, das Thema ist sehr komplex.

Jetzt aber zur Materie:

Verwaltungsgerichtlicher Rechtsschutz, mit dem wir uns nun beschäftigen wollen, ist nur dann tatsächlich wirksam, wenn er verhindert, dass durch behördliches Handeln oder Unterlassen irreversible Tatsachen geschaffen werden, die sich also nicht mehr rückgängig machen lassen, wenn sich das Verhalten der Behörde bei (späterer) gerichtlicher Überprüfung als rechtswidrig erweisen sollte (BVerfGE **94**, 216; BVerfGE **93**, 13; *Kopp/Schenke* § 123 VwGO Rz. 1 ff.). Der Gesetzgeber hat den – aus **Art. 19 Abs. 4 GG** resultierenden – Verfassungsauftrag, einen wirksamen gerichtlichen (Eil-) Rechtsschutz zu schaffen, für die Verwaltungsgerichtsbarkeit in den **§§ 80 ff., 123 und 47 Abs. 6 VwGO** umgesetzt (BVerfGE **79**, 74; *Finkelnburg/Jank*, Vorläufiger RS, Rz. 7).

Wir werden uns ausnahmslos mit dem vorläufigen Rechtsschutz gegen behördliche ***Einzelakte*** beschäftigen und wollen dabei als Erstes beachten, dass dieser zweispurig angelegt ist, nämlich: Gegen ***belastende*** Verwaltungsakte wird er nach den §§ 80 ff. VwGO und im Übrigen nach § 123 VwGO gewährt (*Finkelnburg/Jank*, Vorläufiger RS, Rz. 12; *Schoch* in JURA 2001, 671). Gegenstand dieses Falles ist vorläufiger Rechtsschutz nach **§ 80 Abs. 5 VwGO** gegen belastende Verwaltungsakte.

> **Durchblick:** In Fall 18 haben wir im Rahmen der Verwaltungsvollstreckung schon gelernt, dass ein belastender Verwaltungsakt eine sogenannte »**Titelfunktion**« besitzt, die es der Verwaltung ermöglicht, ihn unter bestimmten Voraussetzungen selbst zu vollziehen und zu vollstrecken. Der Bürger ist vor solchen Vollstreckungsmaßnahmen grundsätzlich durch Einlegung von Widerspruch und Anfechtungsklage geschützt, da diese Rechtsbehelfe nach **§ 80 Abs. 1 VwGO** (lesen, bitte!) in der Regel aufschiebende Wirkung haben, also jedenfalls dafür sorgen, dass der Verwaltungsakt nicht vollstreckt werden darf. Dieser Grundsatz der aufschiebenden Wirkung wird aber durch die Ausnahmeregelung des **§ 80 Abs. 2 VwGO** (lesen!)

durchbrochen, wonach die aufschiebende Wirkung in bestimmten Fällen per se nicht besteht oder durch eine behördliche Anordnung der sofortigen Vollziehung außer Kraft gesetzt werden kann. Um sich dennoch effektiv gegen die Maßnahme wehren zu können, bedarf es des vorläufigen Rechtsschutzes nach **§ 80 Abs. 5 VwGO**. Hiernach kann das Gericht der Hauptsache auf Antrag die aufschiebende Wirkung anordnen oder wiederherstellen. Ein solcher Rechtsschutz ist notwendig, da im Falle der Rechtswidrigkeit des Verwaltungsaktes die gerichtliche Aufhebung regelmäßig zu spät, das heißt, erst nachdem die Behörde bereits vollstreckt hat, käme.

So. Mit diesen Vorkenntnissen werden wir jetzt an die Lösung des Falls gehen:

Unser Sportsfreund R bittet seinen Anwalt um Auskunft über gerichtlichen Rechtsschutz. Solcher kommt in Form einer Klage gegen die Maßnahme(n) der Behörde oder mittels eines Antrags auf vorläufigen Rechtsschutz in Betracht. Da die Veranstaltung, an der R teilnehmen möchte, allerdings schon in zwei Wochen stattfindet, käme eine Klage jedenfalls zu spät, sodass ***effektiver*** gerichtlicher Rechtsschutz nur in Form eines Antrags auf vorläufigen Rechtsschutz gewährt wird. Und zwar so:

Ein solcher Antrag wird Erfolg haben, wenn er zulässig und begründet ist.

A. Zulässigkeit

I. Verwaltungsrechtsweg

Für alle Anträge im Bereich des einstweiligen Rechtsschutzes muss der Verwaltungsrechtsweg eröffnet sein (BVerwG DÖV **1994**, 433; *Kopp/Schenke* § 40 VwGO Rz. 2). Die Regelung des § 40 Abs. 1 VwGO gilt nicht nur für Klagen im Hauptsacheverfahren, sondern auch für jede andere selbstständige Verfahrensart (VGH Kassel NVwZ **1996**, 683; *Brühl* in JuS 1995, 917). Dies ergibt sich für den einstweiligen Rechtsschutz aus § 123 Abs. 2 Satz 2 VwGO und aus § 80 Abs. 5 VwGO.

Mangels Spezialzuweisung kann sich der Verwaltungsrechtsweg nur nach § 40 Abs. 1 Satz 1 VwGO ergeben. Fraglich ist einzig, ob eine öffentlich-rechtliche Streitigkeit vorliegt. Die Beteiligten streiten über die Rechtmäßigkeit der behördlichen Verfügung. Diese Streitigkeit ist öffentlich-rechtlicher Natur, wenn die streitentscheidenden Normen einzig einen Hoheitsträger berechtigen oder verpflichten, also Sonderrecht des Staates sind. Die Verfügung wurzelt in den Vorschriften des PassG und des PAuswG, die einzig Hoheitsträger berechtigen und verpflichten. Aufgrund der Rechtsnatur der streitentscheidenden Normen ist die Streitigkeit folglich eine öffentlich-rechtliche. Der Verwaltungsrechtsweg ist nach § 40 Abs. 1 Satz 1 VwGO eröffnet.

II. Statthafte Antragsart

Die statthafte ***Antrags***art im einstweiligen Rechtsschutz richtet sich entsprechend § 88 VwGO nach dem Begehren des ***Antrags***stellers. R möchte gegen die Verfügung der Behörde vorgehen, um seine in Kürze bevorstehende Reise nach England antreten zu können. Hierfür könnte ein Antrag auf Gewährung vorläufigen Rechtsschutzes statthaft sein. Grundsätzlich richtet sich vorläufiger Rechtsschutz nach **§ 123 Abs. 1 VwGO** (lesen). Hierbei ist jedoch immer die Regelung des **§ 123 Abs. 5 VwGO** zu berücksichtigen, wonach die **§§ 80 ff. VwGO** vorrangig sind. Sofern diese einschlägig sind, richtet sich die Antragsart nach diesen – dem § 123 VwGO vorgehenden – Bestimmungen. In Betracht kommt hier ein Antrag nach **§ 80 Abs. 5 VwGO**. Voraussetzung hierfür ist, dass der Antragssteller gegen einen ***Verwaltungsakt*** vorgehen möchte, gegen den ein Widerspruch und eine Anfechtungsklage keine aufschiebende Wirkung entfalten (*Hummel* in JuS 2011, 317; *Bodanowitz* in JuS 1999, 574; *Kopp/Schenke* § 80 VwGO Rz. 120 ff.; *Zacharias* in JA 2002, 345).

Hier: Die Verfügung der Behörde ist öffentlich-rechtlicher Natur und beinhaltet die Beschränkung der Ausreisemöglichkeiten des R, regelt also einen Einzelfall mit Außenwirkung. Es liegt ein belastender Verwaltungsakt nach § 35 VwVfG vor.

Wie oben bereits festgestellt, haben Widerspruch und Anfechtungsklage nach § 80 Abs. 1 VwGO ***grundsätzlich*** aufschiebende Wirkung, es sei denn, es liegt ein ***Ausnahmefall*** des § 80 Abs. 2 Satz 1 Nr. 1–4, Satz 2 VwGO vor. Ein gesetzlicher Ausschlussfall der aufschiebenden Wirkung ist nicht einschlägig, sodass nur eine Anordnung sofortiger Vollziehung in Betracht kommt.

Wiederholung: Behördliche Vollzugsanordnung, § 80 Abs. 2 Satz 1 Nr. 4 VwGO:

Sofern ein öffentliches Interesse oder ein überwiegendes Interesse eines Beteiligten an der sofortigen Vollziehung besteht, kann diese gemäß § 80 Abs. 2 Satz 1 Nr. 4 VwGO durch die zuständige Behörde besonders angeordnet werden. Eine solche Anordnung muss formell und materiell rechtmäßig ergehen (*Kopp/Schenke* § 80 Rz. 80 ff.; *Schoch* in JURA 2001, 671). In der Klausur beschränkt sich innerhalb der ***Statthaftigkeit*** die Untersuchung darauf, ob eine Anordnung vorliegt oder nicht. Die Frage der Rechtmäßigkeit wird ausschließlich in der ***Begründetheit*** des Antrags überprüft. Merken.

Zum Fall: Die Behörde hat in ihrem Schreiben die sofortige Vollziehung angeordnet, sodass die aufschiebende Wirkung eines Rechtsbehelfs wegen § 80 Abs. 2 Satz 1 Nr. 4 VwGO entfällt.

ZE.: Die Voraussetzungen des § 80 Abs. 5 VwGO liegen vor. R möchte gegen einen belastenden Verwaltungsakt vorgehen (Anfechtungssituation), gegen den ein Rechtsbehelf (Widerspruch oder Anfechtungsklage) wegen § 80 Abs. 2 Satz 1 Nr. 4 VwGO keine aufschiebende Wirkung hat. Sein Antrag ist demnach als ein solcher zur Wiederherstellung der aufschiebenden Wirkung nach § 80 Abs. 5 Satz 1 Var. 2 VwGO statthaft.

Beachte: Ein Sonderproblem kann bestehen, wenn eine Behörde bei eigentlich nicht nach § 80 Abs. 2 VwGO sofort vollziehbaren Verwaltungsakten die bestehende aufschiebende Wirkung eines Rechtsbehelfs missachtet und Vollzugsmaßnahmen durchführt oder diese auch nur androht. In einem solchen Fall sogenannter »**faktischer Vollziehung**« kann unter Umständen eine Entscheidung nach § 80 Abs. 5

VwGO analog beantragt werden (VGH München NVwZ-RR **2009**, 787; VGH Mannheim NVwZ-RR **2007**, 296).

III. Besondere Sachentscheidungsvoraussetzungen

Aufgrund der Akzessorietät des vorläufigen Rechtsschutzes im Hinblick auf das Hauptsacheverfahren (*Kopp/Schenke* § 80 VwGO Rz. 133) richten sich die besonderen Sachentscheidungsvoraussetzungen nach der in der Hauptsache statthaften Anfechtungsklage, und zwar:

1. Antragsbefugnis

Antragsbefugt (§ 42 Abs. 2 VwGO analog) ist im Verfahren nach § 80 Abs. 5 VwGO nur derjenige, der hinsichtlich des Verwaltungsaktes im Hauptsacheverfahren geltend machen kann, möglicherweise in seinen Rechten verletzt zu sein (BVerwG LKV **2007**, 132; BVerwG NVwZ **1993**, 566; VGH Mannheim NJW **1990**, 61). Als Adressat des belastenden Verwaltungsaktes ist eine Rechtsverletzung des R jedenfalls im Hinblick auf Art. 2 Abs. 1 GG möglich. Daher wäre er in einem möglichen Hauptsacheverfahren (Anfechtungsklage) klagebefugt und ist daher hier auch antragsbefugt.

2. Antragsgegner

Antragsgegner ist in ***entsprechender*** Anwendung des § 78 Abs. 1 Nr. 1 VwGO mangels einer dem § 78 Abs. 1 Nr. 2 VwGO entsprechenden landesrechtlichen Regelung das Land X als Rechtsträger.

3. Antragsfrist

Für einen Eilantrag nach § 80 Abs. 5 VwGO ist im Gesetz keine Frist vorgesehen. Grundsätzlich kann ein solcher Antrag demnach in jeder Lage des Verfahrens gestellt werden, sofern der Rechtsbehelf im Hauptsacheverfahren (Widerspruch oder Anfechtungsklage) nicht seinerseits schon verfristet und der Verwaltungsakt dadurch bestandskräftig geworden ist (*Finkelnburg/Jank*, Vorläufiger RS, Rz. 848).

Zum Fall: Die Widerspruchsfrist ist noch nicht abgelaufen. Daher ist der Hauptsacherechtsbehelf nicht verfristet und der Verwaltungsakt nicht bestandskräftig geworden.

Feinkost: Zwar sind nach § 80 VwGO keine Fristen für einen Antrag nach § 80 Abs. 5 VwGO vorgeschrieben, solche werden jedoch neuerdings in bestimmten fachrechtlichen Vorschriften normiert. So ist der Antrag nach § 80 Abs. 5 VwGO im Asylrecht zum Beispiel gegen eine Abschiebungsanordnung nach § 36 Abs. 3 Satz 1 AsylVfG innerhalb einer Woche nach Bekanntgabe des Verwaltungsaktes zu stellen. Als weitere Beispiele sind § 18a Abs. 4 Satz 1 AsylVfG, § 17 Abs. 6a Satz 2 und 3 FStrG, § 19 Abs. 2 Satz 1 und 2 WaStrG, § 10 Abs. 6 Satz 2 LuftVG zu nennen.

IV. Allgemeine Sachentscheidungsvoraussetzungen

1. Beteiligten- und Prozessfähigkeit

R ist nach § 61 Nr. 1 VwGO beteiligten- und nach § 62 Abs. 1 Nr. 1 VwGO prozessfähig. Auch das Land X ist nach § 61 Nr. 1 VwGO beteiligtenfähig. Es muss sich allerdings nach Maßgabe des § 62 Abs. 3 VwGO im Prozess vertreten lassen.

2. Zuständiges Gericht

Zuständig ist nach § 80 Abs. 5 VwGO das Gericht der Hauptsache, also das Gericht, das im Hinblick auf die künftige Anfechtungsklage sachlich und örtlich zuständig wäre. Dieses ist nach §§ 45, 52 Nr. 3 VwGO das Verwaltungsgericht in K.

3. Form des Antrags

Grundsätzlich muss ein Antrag auf Gewährung vorläufigen Rechtsschutzes die Formerfordernisse der §§ 80 ff. VwGO erfüllen (*Kopp/Schenke* § 81 VwGO Rz. 1).

Noch mal Feinkost: Fraglich ist, ob es besondere Ausnahmesituationen geben kann, in denen auch ein ***telefonischer*** Antrag notwendig und daher zulässig ist. Teilweise wird dies ***abgelehnt***: Dem Antragssteller stünden schon die Möglichkeiten einer Antragsstellung per Telefax oder zu Protokoll der Geschäftsstelle zu Verfügung. Eine darüber hinaus gehende Erweiterung auf telefonische Antragsstellungen sei daher nicht notwendig (*Schoch/Schneider/Bier* § 123 VwGO Rz. 125). Wenn die Einlegung durch ein anerkanntes Medium zeitlich möglich und ausreichend ist, kann dieser Ansicht ohne weiteres gefolgt werden. Sofern allerdings im Einzelfall eine telefonische Antragsstellung die einzige Möglichkeit ist, effektiven Rechtsschutz zu gewähren, sollte man mit einer anderen Auffassung im Hinblick auf die Rechtsschutzgarantie des Art. 19 Abs. 4 GG auch die telefonische Antragsstellung für zulässig erachten (so VG Wiesbaden InfAuslR **1987**, 193; vgl. auch *Clausing* in JuS 1998, 56 und *Kopp/Schenke* § 80 VwGO Rz. 128).

4. Allgemeines Rechtsschutzbedürfnis

Hinsichtlich des allgemeinen Rechtschutzbedürfnisses bei einem Eilantrag nach § 80 Abs. 5 VwGO gibt es zwei Punkte, die in Klausuren als Probleme auftauchen können:

a) Vorherige Einlegung eines Widerspruchs

Im Rahmen vorläufigen Rechtsschutzes nach § 80 Abs. 5 VwGO ist zunächst umstritten, ob der Antragssteller Widerspruch gegen den ihn belastenden Verwaltungsakt einlegen muss, bevor er einen Eilantrag stellen kann:

- Ausgehend vom ***Wortlaut*** des § 80 Abs. 5 **Satz 2** VwGO, wonach ein Eilantrag nach § 80 Abs. 5 schon vor Erhebung der Anfechtungsklage zulässig ist, könnte man davon ausgehen, dass eine vorherige Widerspruchseinlegung erforderlich ist (OVG Koblenz NJW **1995**, 1043; OVG Münster DÖV **1995**, 874; *Eyermann/Schmidt* § 80 VwGO Rz. 65; *Schoch/Schneider/Bier* § 80 VwGO Rz. 314). Es wird vorgebracht, der Gesetzgeber habe schließlich ausdrücklich nur die vorherige ***Erhebung*** der ***Anfechtungsklage*** ausgenommen. Für eine solche Sichtweise sprächen auch die in § 80 Abs. 5 VwGO verwendeten Begriffe des »Anordnens« und »Wiederherstellens«. Ohne Widerspruch könne keine aufschiebende Wirkung des § 80 Abs. 1 VwGO eintreten, dementsprechend könne sie auch nicht angeordnet oder wiederhergestellt werden.

- Nach einer Gegenansicht ist eine vorherige Einlegung eines Widerspruchs indes nicht erforderlich (VGH Mannheim DVBl **1995**, 302; *Kopp/Schenke* § 80 VwGO Rz. 139; *Schmitt Glaeser/Horn*, VerwProzessR, Rz. 279; *Zacharias* in JA 2002, 345). Auch diese Meinung geht vom Wortlaut des § 80 Abs. 5 Satz 2 VwGO aus, versteht ihn allerdings anders: Wenn schon eine vorherige Anfechtungsklage nicht erforderlich sei, so müsse das erst recht für den Widerspruch gelten. Hinzukomme, dass die Einlegung des Widerspruchs ja gerade die Regelwirkung des § 80 Abs. 1 VwGO (aufschiebende Wirkung) wegen § 80 Abs. 2 VwGO nicht auslösen könne. Dem Antragssteller würde also etwas abverlangt, was für ihn völlig sinnlos ist. Außerdem sei ein solches Erfordernis unter Berücksichtigung des verfassungsrechtlichen Gebots effektiven Rechtsschutzes mit dem Sinn und Zweck eines gerichtlichen Eilverfahrens nicht zu vereinbaren (VGH Mannheim DVBl **1995**, 302; lesenswert: *Shirvani/Heidebach* in DÖV 2010, 254).

Zum Fall: Unser R hat bislang keinen Widerspruch eingelegt. Folgt man der zuletzt genannten Ansicht, muss er dies für einen Antrag nach § 80 Abs. 5 VwGO auch nicht machen. Allein um jedoch die Widerspruchsfrist für ein mögliches Hauptsacheverfahren (Anfechtungsklage/Fortsetzungsfeststellungsklage) zu wahren, sollte man als Anwalt ihm allerdings raten, trotzdem Widerspruch einzulegen.

> **Tipp:** In Klausuren, in denen die Fragestellung auf einen juristischen ***Rat*** abzielt, kann man an solchen Punkten glänzen. Wir sollen dem R ja raten, was er tun kann (anwaltliches Gutachten). Wenn man den Streit in Richtung der zweiten Ansicht entscheidet und dem R trotzdem rät, aus anderen Gründen Widerspruch einzulegen, beweist man juristischen Weitblick. Wichtig ist aber, dass man diesen oben dargestellten Streit nur erwähnt bzw. entscheidet, wenn aus dem Sachverhalt hervorgeht, dass ein Widerspruch (noch) nicht eingelegt wurde. Nur dann ist das Ganze nämlich fallrelevant und bedarf einer Erläuterung. Merken.

Und: Das allgemeine Rechtsschutzbedürfnis ist übrigens zwingend dann nicht gegeben, wenn der einzulegende Rechtsbehelf offensichtlich unzulässig/unbegründet ist – zum Beispiel, wenn der Verwaltungsakt schon bestandskräftig ist (*Stein* in DVP 2009, 398). Teilweise wird dieser Aspekt auch bereits im Rahmen der statthaften Antragsart geprüft. Dies hat letztlich jedoch keine wirkliche praktische Konsequenz (*Jansen/Wesseling* in JuS 2009, 322).

b) Vorheriger Antrag nach § 80 Abs. 4 Satz 1 VwGO

Nach **§ 80 Abs. 4 VwGO** kann auch die Behörde, die den Verwaltungsakt erlassen oder über den Widerspruch zu entscheiden hat, in Fällen des Abs. 2 (= Ausschluss der aufschiebenden Wirkung) die Vollziehung aussetzen. Es stellt sich die Frage, ob ein Antrag des Betroffenen auf Aussetzung der Vollziehung nach § 80 Abs. 4 VwGO nicht einen einfacheren Weg darstellt, sein Rechtsschutzziel zu erreichen. Nach **§ 80 Abs. 6 VwGO** ist ein Antrag nach § 80 Abs. 5 VwGO in Fällen des § 80 Abs. 2 Nr. 1 VwGO – öffentliche Abgaben und Kosten – nur statthaft, wenn die Behörde vorher einen Antrag auf Aussetzung der Vollziehung abgelehnt hat. Aus dieser Regelung folgt aber, dass außerhalb der Fälle des § 80 Abs. 2 Nr. 1 VwGO ein Antrag auf behördliche Aussetzung nach Abs. 4 gerade ***keine*** zwingende Voraussetzung ist. Beide Rechtsschutzmöglichkeiten stehen vielmehr ***gleichwertig*** zur Verfügung (OVG Bremen NVwZ **1993**, 592; OVG Hamburg DÖV **1995**, 476; *Kopp/Schenke* § 80 VwGO Rz. 138; *Schoch* in JURA 2002, 37).

Zum Fall: R muss daher keinen Antrag auf behördliche Aussetzung der sofortigen Vollziehung nach § 80 Abs. 4 VwGO stellen, bevor er gerichtlichen Rechtsschutz in Anspruch nimmt.

ZE.: Ein Antrag des R auf Wiederherstellung der aufschiebenden Wirkung nach § 80 Abs. 5 Alt. 2 VwGO wäre unter den vorgenannten Voraussetzungen zulässig.

B. Begründetheit

Durchblick: Der Gesetzgeber hat für die Gerichte (und damit auch die Studenten!) hinsichtlich der Entscheidung über einen Antrag nach § 80 Abs. 5 VwGO keine dem § 113 Abs. 1 VwGO entsprechende Regelung über den Prüfungsmaßstab getroffen. Materieller Kern der Prüfung ist aber – wie sich aus der ratio des § 80 Abs. 2 VwGO ergibt – eine Abwägung zwischen dem ***Vollzugsinteresse*** und dem privaten ***Aussetzungsinteresse*** (VGH Kassel NVwZ **1993**, 491; *Kutscheidt* in NVwZ 1987, 33). Für den Aufbau der Begründetheitsprüfung ist nun zwischen einem ***Anordnungsantrag*** (§ 80 Abs. 2 Nr. 1–3 VwGO) und einem ***Wiederherstellungsantrag*** (§ 80 Abs. 2 Satz 1 Nr. 4 VwGO) zu differenzieren:

> In den Fällen einer Anordnung der aufschiebenden Wirkung trifft das Gericht eine eigene Entscheidung über die widerstreitenden Interessen (*Schröppel/Schübel-Pfister* in JuS 2007, 1001). Diese richtet sich vornehmlich nach den ***Erfolgssausichten*** des ***Hauptsacheverfahrens***. Sofern der zu vollziehende Verwaltungsakt nämlich rechtswidrig ist, besteht regelmäßig ***kein*** Interesse an dessen Vollziehung. Ist er aber rechtmäßig, spricht die durch § 80 Abs. 2 Nr. 1–3 VwGO getroffene gesetzgeberische Grundentscheidung über den Wegfall der aufschiebenden Wirkung regelmäßig für ein überwiegendes Vollzugsinteresse (*Kopp/Schenke* § 80 VwGO Rz. 152; *Schoch* in JURA 2002, 37; *Zacharias* in JA 2002, 345). In besonderen Ausnahmefällen kann eine unabhängig von den Erfolgsaussichten durchzuführende Interessenabwägung auch zu anderen Ergebnissen führen (ausführlich und lesenswert zur Interessenabwägung: *Kopp/Schenke* § 80 VwGO Rz. 152 ff.).

Im Fall der behördlichen Vollzugsanordnung nach § 80 Abs. 2 Satz 1 Nr. 4 VwGO muss überprüft werden, ob die Anordnung sofortiger Vollziehung ***rechtmäßig*** war. Die Rechtmäßigkeits-***Überprüfung*** beschränkt sich allerdings nur auf die Frage der formellen Rechtmäßigkeit. In materieller Hinsicht trifft das Gericht eine eigene Ermessensentscheidung (*Schübel-Pfister* in JuS 2009, 517) und wiegt – wie auch in den Fällen des § 80 Abs. 2 Satz 1 Nr. 1–3 VwGO – das Vollzugsinteresse gegen das Aussetzungsinteresse ab (BVerwG NVwZ **1997**, 68; *Gatz* in ZAP 2002, 547). Ausgangspunkt dieser Interessenabwägung ist hierbei wieder das Hauptsacheverfahren. Wie schon beim Anordnungsverfahren besteht regelmäßig kein Interesse am sofortigen

Vollzug eines rechtswidrigen Verwaltungsaktes. Sofern dieser aber rechtmäßig ist, muss weiterhin das besondere ***Dringlichkeitsinteresse*** an der sofortigen Vollziehung dargelegt werden (BVerfG NVwZ **1996**, 58; *Schoch* in JURA 2002, 37; *Zacharias* in JA 2002, 345). Anders als in den Anordnungsfällen besteht hier nämlich eigentlich gemäß § 80 Abs. 1 VwGO die aufschiebende Wirkung.

> **Tipp:** Teilweise wird in der Literatur gleichwohl auch von »Materieller Rechtmäßigkeit der Vollziehungsanordnung« gesprochen (*Erbguth* in JA 2008, 357). Andere halten dies für einen schweren Klausurfehler (*Schröppel/Schübel-Pfister* in JuS 2007, 1001). Entscheidend dürfte aus unserer Sicht sein, dass man jedenfalls klarstellt, dass das Gericht in materieller Hinsicht eine eigene Ermessensentscheidung zwischen dem öffentlichen Vollzugs- und dem privaten Aussetzungsinteresse trifft. Wie man das Kind nennt, ist letztlich egal und im besten Sinne des Wortes »gleichgültig«. Merken.

Zur Verdeutlichung der Prüfung des Antrags nach § 80 Abs. 5 VwGO die Grafik:

<table>
<tr><th>§ 80 Abs. 2 Satz 1 Nr. 1–3 VwGO</th><th>§ 80 Abs. 2 Satz 1 Nr. 4 VwGO</th></tr>
<tr><td>Der Antrag auf Anordnung der aufschiebenden Wirkung nach § 80 Abs. 5 Satz 1 Var. 1 VwGO ist begründet, wenn eine vom Gericht durchzuführende Interessenabwägung ergibt, dass das private Aussetzungsinteresse das behördliche Vollzugsinteresse überwiegt. Dies bemisst sich überwiegend an den Erfolgsaussichten des Hauptsacheverfahrens.</td><td>Der Antrag auf Wiederherstellung der aufschiebenden Wirkung nach § 80 Abs. 5 Satz 1 Var. 2 VwGO ist begründet, wenn die Anordnung der sofortigen Vollziehung nach § 80 Abs. 2 Satz 1 Nr. 4 VwGO formell rechtswidrig war und/oder das Aussetzungs- das Vollzugsinteresse überwiegt.</td></tr>
<tr><td>I. Interessenabwägung nach den Erfolgsaussichten der Hauptsache.
  1. EGL
  2. Formelle RM des VA
  3. Materielle RM des VA
II. Interessenabwägung nach umfassender Abwägung aller sonstiger Interessen
  – Findet aber grundsätzlich nicht statt bei rechtswidrigen Verwaltungsakten.
  – Wenn der Verwaltungsakt rechtmäßig ist, muss die gesetzgeberische Grundentscheidung für den Ausschluss der aufschiebenden Wirkung berücksichtigt werden.</td><td>I. Rechtsgrundlage
  ⇨ § 80 Abs. 2 Satz 1 Nr. 4 VwGO
II. Formelle Rechtmäßigkeit
III. Anordnungsvoraussetzung
  1. Interessenabwägung nach den Erfolgsaussichten der Hauptsache.
    a. EGL
    b. Formelle RM des VA
    c. Materielle RM des VA
  2. Besondere Dringlichkeit der sofortigen Vollziehung (findet grundsätzlich nicht statt bei rechtswidrigen Verwaltungsakten).</td></tr>
</table>

Zum Fall: Aufgrund der behördlichen Anordnung der sofortigen Vollziehung formulieren wir unseren Obersatz wie folgt:

Der Antrag auf Wiederherstellung der aufschiebenden Wirkung nach § 80 Abs. 5 Satz 1 Alt. 2 VwGO ist begründet, wenn die Anordnung der sofortigen Vollziehung formell rechtswidrig war und/oder das Aussetzungs- das Vollzugsinteresse überwiegt.

I. Rechtsgrundlage

Rechtsgrundlage der behördlichen Anordnung sofortiger Vollziehung war **§ 80 Abs. 2 Satz 1 Nr. 4 VwGO**.

Beachte bitte: Bisher haben wir – sofern die Rechtmäßigkeit eines Verwaltungsaktes überprüft wurde – diesen Prüfungspunkt »Ermächtigungsgrundlage« genannt. Hinsichtlich der Anordnung sofortiger Vollziehung nach § 80 Abs. 2 Nr. 4 VwGO ist allerdings strittig, ob darin ein Verwaltungsakt zu sehen ist (Lösung folgt unten). Um insofern nicht vorweg zu greifen, sollte man lieber den neutralen Terminus »Rechtsgrundlage« verwenden, da der Begriff Ermächtigungsgrundlage von manchen nur im Zusammenhang mit dem Erlass belastender Verwaltungsakte verwendet wird.

II. Formelle Rechtmäßigkeit der Anordnung der sofortigen Vollziehung

Wie immer, wenn eine Behörde eine für den Bürger belastende Maßnahme trifft, muss auch bei einer Anordnung sofortiger Vollziehung untersucht werden, ob die handelnde Behörde ***zuständig*** war, das richtige ***Verfahren*** eingehalten und etwaige ***Formvorschriften*** beachtet hat (*Kaltenborn* in DVBl 1999, 828; *Schoch* in JURA 2001, 671; *Zacharias* in JA 2002, 345).

1. Zuständigkeit

Für die Anordnung der sofortigen Vollziehung ist nach **§ 80 Abs. 2 Satz 1 Nr. 4 VwGO** sowohl die Ausgangsbehörde, die den Verwaltungsakt erlassen hat, als auch die Widerspruchsbehörde zuständig.

Zum Fall: Die Behörde, die den (Grund-) Verwaltungsakt erlassen hat, war demnach auch für die Anordnung der sofortigen Vollziehung nach § 80 Abs. 2 Satz 1 Nr. 4 VwGO zuständig.

Feinkostabteilung: Umstritten ist, in welchem Zeitraum die Widerspruchsbehörde für den Erlass des Verwaltungsaktes zuständig ist. Unstreitig zuständig ist die Widerspruchsbehörde jedenfalls in dem Zeitraum, in dem sie über den Widerspruch entscheidet. Problematisch sind jedoch die Zeiträume vor Einlegung des Widerspruchs und nach Erlass des Widerspruchsbescheides. Sollte das mal wichtig werden – etwa in einer Hausarbeit –, kann man die Lösung bzw. den aktuellen Streitstand nachschlagen bei *Kaltenborn* in DVBl 1999, 828 oder *Kopp/Schenke* § 80 VwGO Rz. 81.

2. Verfahren

Aus dem Sachverhalt geht hervor, dass R vor Erhalt des behördlichen Schreibens keine Gelegenheit hatte, Stellung zu nehmen. Bei einem solchen Satz müssen die Alarmglocken läuten. Es stellt sich natürlich die Frage, ob dies nicht eine Verletzung des Anhörungsgebotes des **§ 28 Abs. 1 VwVfG** darstellt. Insoweit müssen wir prüfen (→ Standardproblem), ob die Behörde den Betroffenen auch vor Erlass der Anordnung sofortiger Vollziehung ***gesondert*** gemäß § 28 Abs. 1 VwVfG anhören muss:

Voraussetzung für eine unmittelbare Anwendung von § 28 Abs. 1 VwVfG ist, dass es sich bei der Anordnung sofortiger Vollziehung um einen ***Verwaltungsakt*** handelt (bitte lies: § 28 Abs. 1 VwVfG). Hierfür muss die Anordnung sofortiger Vollziehung alle Voraussetzungen des § 35 Satz 1 VwVfG erfüllen. Dies erscheint vor allem im Hinblick auf eine selbstständige ***Regelung*** fraglich.

Man könnte nun argumentieren, dass sie eine – über den Inhalt des eigentlichen Grundverwaltungsaktes hinausgehende – eigenständige ***Rechtsfolge*** setzt, indem sie gerade die ***sofortige*** Vollziehung anordnet (so *Ganter* in DÖV 1985, 398; *Terwiesche* in NWVBl 1996, 461; *Grigoleit*, Die AoSV, S. 122 ff.). Hierbei ist jedoch zu berücksichtigen, dass der Grundverwaltungsakt selbst schon die grundsätzliche Vollziehbarkeit (ab Bestandskraft) regelt. Diese wird durch die Anordnung sofortiger Vollziehung lediglich zeitlich vorverlegt (*Kaltenborn* in DVBl 1999, 828; *Stober* in BayVBl 1976, 169). Dementsprechend trifft die Anordnung sofortiger Vollziehung aber gerade ***keine*** eigenständige Regelung. Hinzukommt, dass es der Anordnung sofortiger Vollziehung an der für den Verwaltungsakt typischen Bestandskraftfähigkeit mangelt. Dies zeigt sich daran, dass § 80 Abs. 5 VwGO keine Fristbestimmung enthält (VGH Mannheim NvWZ-RR 1990, 561; OVG Koblenz NVwZ **1988**, 748; *Hamann* in DVBl 1989, 969; *Müller* in NvWZ 1988, 702). Dementsprechend ist der Anordnung der sofortigen Vollziehung mit der herrschenden Meinung die Verwaltungsaktqualität abzusprechen (BVerwGE **24**, 94; VGH Mannheim NVwZ-RR **1995**, 19; *Hufen*, VerwProzessR, § 32 Rz. 17; *Kaltenborn* in DVBl 1999, 828; *Kopp/Schenke* § 80 VwGO Rz. 82; *Schoch* in JURA 2001, 671). Eine unmittelbare Anwendung von § 28 Abs. 1 VwVfG scheidet demnach aus.

Teilweise wird dennoch vertreten, dass es zumindest einer ***analogen*** Anwendung des § 28 Abs. 1 VwVfG auf die Anordnung sofortiger Vollziehung bedürfe (OVG Lüneburg NVwZ-RR **1993**, 585; *Finkelnburg/Jank*, Vorläufiger RS, Rz. 848; *Müller* in NVwZ 1988, 702; *Redeker/von Oertzen* § 80 VwGO Rz. 27). Grundvoraussetzung für die Bildung einer Analogie ist aber das Vorliegen einer ***planwidrigen Regelungslücke*** (*Larenz*, Methodenlehre, Seite 373). Der Gesetzgeber muss also vergessen haben, die Anhörungspflicht zu regeln, obwohl es eigentlich seine Intention hätte sein müssen. Die in § 80 Abs. 3 VwGO getroffene spezielle Begründungsregel für die Anordnung sofortiger Vollziehung zeigt indes, dass sich der Gesetzgeber mit den verfahrensrechtlichen Anforderungen der Anordnung sofortiger Vollziehung auseinander gesetzt hat. Es hätte nahe gelegen, auch eine Anhörungspflicht mit aufzunehmen, sofern es beabsichtigt gewesen wäre. Aus diesem Grund ist eine planwidrige Regelungslücke und damit die Notwendigkeit einer analogen Anwendung von § 28 Abs. 1 VwVfG abzulehnen (OVG Koblenz NVwZ **1988**, 748; VGH Mannheim NVwZ-RR

1990, 561; *Kopp/Schenke* § 80 VwGO Rz. 82; *Schoch/Schneider/Bier* § 80 VwGO Rz. 182; *Würtenberger*, VerwProzessR, Rz. 519).

Zum Fall: Demzufolge findet § 28 Abs. 1 VwVfG – auch analog – keine Anwendung auf die Anordnung sofortiger Vollziehung. ***Diesbezüglich*** liegt also kein Verfahrensfehler vor.

Tipp: Sofern man in der Klausur merkt, dass noch genügend Zeit zur Verfügung ist, kann man die Frage der analogen Anwendung auch etwas umfangreicher diskutieren. Gegen unser vorgebrachtes Argument kann man nämlich einwenden, dass die verfahrensrechtlichen Aspekte der Anordnung sofortiger Vollziehung in § 80 Abs. 3 VwGO lediglich fragmentarisch geregelt (OVG Lüneburg NVwZ-RR **1993**, 585) und nicht abschließend sind (*Müller* in NVwZ 1988, 702). Auf dieser Grundlage kann man dann eine planwidrige Regelungslücke durchaus annehmen. Diese muss aber auch mit der geregelten Situation ***vergleichbar*** sein (→ Erlass eines belastenden Verwaltungsaktes/Anordnung sofortiger Vollziehung). Dies wird teilweise über die Wirkung auf den Betroffenen (*Hamann* in DVBl 1989, 969) und auch über das Rechtsstaatsprinzip konstruiert (*Müller* in NVwZ 1988, 702). Die besseren Argumente sprechen aber gegen die Vergleichbarkeit der Interessenlagen. Die Vollzugsanordnung ist hinsichtlich ihrer Eingriffsintensität nicht mit einem Verwaltungsakt zu vergleichen. Für ein gerichtliches Vorgehen gegen sie bestehen keine Fristen; außerdem kann sie nicht in Bestandskraft erwachsen (*Kopp/Schenke* § 80 VwGO Rz. 82; *Schoch/Schneider/Bier* § 80 VwGO Rz. 182).

3. Form

Nach § 80 Abs. 3 Satz 1 VwGO ist das besondere Interesse an der sofortigen Vollziehung ***schriftlich*** zu begründen. Diese Begründung darf sich nicht in der Wiedergabe des Gesetzestextes erschöpfen, sondern muss dem Bürger klar machen, warum gerade das ***besondere*** Interesse an der sofortigen Vollziehung besteht und sein individuelles Aussetzungsinteresse überwiegt (*Kopp/Schenke* § 80 VwGO Rz. 84 ff.; *Schoch* in JURA 2001, 671). Einer besonderen Begründung bedarf es nach § 80 Abs. 3 Satz 2 VwGO lediglich dann nicht, wenn die Behörde bei Gefahr im Verzug, insbesondere bei drohenden Nachteilen für Leben, Gesundheit oder Eigentum, vorsorglich eine als solche bezeichnete ***Notstandsmaßnahme*** im öffentlichen Interesse trifft.

Zum Fall: Die Anordnung der sofortigen Vollziehung wurde ausführlich begründet. Die Voraussetzungen des § 80 Abs. 3 Satz 1 VwGO sind damit erfüllt.

ZE.: Die Anordnung der sofortigen Vollziehung erging formell rechtmäßig.

Feinkost: In Universitätsklausuren stellt sich oftmals das Problem, dass eine Begründung – außerhalb von Notstandsmaßnahmen – erst im Laufe eines gerichtlichen Eilverfahrens erfolgt. Ob dies dann noch zulässig ist, ist natürlich umstritten: Nach einer Auffassung kann eine fehlende/unzureichende Begründung nicht mehr heilend nachgeholt werden, da andernfalls der besondere Schutzzweck des Begründungserfordernisses unterlaufen würde (VGH München NVwZ-RR **2002**, 646; *Schoch/Schmidt/Aßmann/Pietzner* § 80 VwGO Rz. 179). Die Gegenmeinung gestattet eine Nachholung der Begründung und stützt dies letztendlich auf den Grundsatz der ***Prozessökonomie***. Die Rechtsschutz- und Warnfunktion der Begründung werde gewahrt; sofern die Erfolgsaussichten eines Antragsstellers nach erfolgter Begründung beeinträchtigt werden, könne dieser immer noch kostengünstige prozessuale Maßnahmen ergreifen (OVG Berlin-Brandenburg NVwZ-RR **2008**, 727; VG Neustadt GewArch **2008**, 121). Zu jüngeren Entwicklungen in der Rechtsprechung vgl. *Schübel/Pfister* in JuS 2012, 993.

III. Materielle Voraussetzungen der Anordnung der sofortigen Vollziehung

Wie oben bereits ausgeführt, müssen in materieller Hinsicht die widerstreitenden Interessen gegeneinander abgewogen werden. Dies erfolgt maßgeblich durch eine Überprüfung der Erfolgsaussichten des Hauptsacheverfahrens. Ist der zugrunde liegende Verwaltungsakt rechtswidrig, ist davon auszugehen, dass das private Aussetzungsinteresse überwiegt. Ist der Verwaltungsakt hingegen rechtmäßig, muss weiterhin untersucht werden, ob gerade die ***sofortige*** Vollziehung des Verwaltungsaktes im öffentlichen Interesse (oder im überwiegenden Interesse eines Beteiligten) ist – Stichwort: Dringlichkeit.

1. Ermächtigungsgrundlage für das Ausreiseverbot

Ermächtigungsgrundlage für die Beschränkung des Reisepasses sind die §§ 7 Abs. 1 Nr. 1 und Abs. 2, 8 PassG; für die Beschränkung des Personalausweises § 2 Abs. 2 PAuswG.

2. Formelle Rechtmäßigkeit des Ausreiseverbotes

Im Sachverhalt steht, dass die zuständige Behörde gehandelt hat. Aufgrund der Schriftlichkeit und der ausführlichen Begründung (§ 39 Abs. 1 VwVfG) der Verfügung bestehen auch hinsichtlich der Form keine Bedenken. Vor Erlass eines belastenden Verwaltungsaktes muss der Betroffene allerdings gemäß § 28 Abs. 1 VwVfG angehört werden. Eine solche Anhörung hat hier nicht stattgefunden. Möglicherweise war sie aber gemäß **§ 28 Abs. 2 Nr. 1 VwVfG** entbehrlich. Gemäß § 28 Abs. 2 Nr. 1 VwVfG kann von der Anhörung abgesehen werden, wenn eine sofortige Entscheidung unter anderem wegen ***Gefahr im Verzug*** notwendig erscheint.

Definition: Der Begriff ***Gefahr im Verzug*** erfasst Fälle, in denen durch die Anhörung selbst bei Setzung kurzer Äußerungsfristen ein Zeitverlust eintreten würde, der mit hoher Wahrscheinlichkeit zur Folge hätte, dass die in der Sache gebotenen Maßnahmen zu spät kommen (BVerwGE **68**, 271; *Knack/Henneke/Ritgen* § 28 VwVfG Rz. 17; *Kopp/ Schenke* § 28 VwVfG Rz. 52; *Schoch* in JURA 2006, 833).

Die Entscheidung über das Absehen der Begründung muss von der Behörde gesondert im Sinne des § 39 Abs. 1 VwVfG begründet werden (OVG Münster NJW **1978**, 1764).

Zum Fall: Die Behörde hat erst kurz vor dem Erlass der Verfügung von den Hooligan-Aktivitäten des R erfahren. Der Turnierbeginn und damit auch die Ausreise des R standen unmittelbar bevor. Aufgrund der sehr kurzen Zeitspanne war zu befürchten, dass die Maßnahmen der Behörde nicht mehr greifen könnten, wenn dem R noch die Möglichkeit gegeben worden wäre, sich zu äußern. Damit wären dann aber Maßnahmen der Behörde zu spät gekommen, sodass von einem Fall der Gefahr im Verzug im oben benannten Sinne auszugehen ist. Die Behörde hat folglich bezüglich des Absehens der Anhörung ermessensfehlerfrei gehandelt (***kann*** abgesehen werden). Ihre Entscheidung hat sie innerhalb der Verfügung auch begründet. Ein Anhörungsverzicht war demzufolge zulässig.

ZE.: Das Ausreiseverbot erging formell rechtmäßig.

3. Materielle Rechtmäßigkeit des Ausreiseverbotes

a) Tatbestandsvoraussetzungen

Nach **§ 8 PassG** kann ein Pass dem Inhaber entzogen werden, wenn Tatsachen bekannt werden, die nach **§ 7 Abs. 1 PassG** die Passversagung rechtfertigen würden. Zwar geht es hier nicht um die Entziehung eines Passes, sondern um dessen Beschränkung; eine Beschränkung ist als ***Minus*** zur Entziehung (VG Minden DVP **2001**, 129) allerdings auch von der Ermächtigung erfasst (Grund: Wenn man entziehen kann, kann man erst recht beschränken). Hinsichtlich des Personalausweises regelt **§ 2 Abs. 2 PAuswG**, dass die zuständige Behörde im Einzelfall – ebenfalls unter den Voraussetzungen des **§ 7 Abs. 1 PassG** – anordnen kann, dass der Personalausweis nicht zum Verlassen des Gebietes des Geltungsbereiches des Grundgesetzes über eine Auslandsgrenze berechtigt. Voraussetzung für beide Beschränkungen ist also, dass ein ***Passversagungsgrund*** des **§ 7 Abs. 1 PassG** vorliegt:

Nach § 7 Abs. 1 Nr. 1 PassG ist ein Pass zu versagen, wenn die innere oder äußere Sicherheit oder sonstige erhebliche Belange der Bundesrepublik Deutschland gefährdet sind. Eine Gefährdung der inneren oder äußeren Sicherheit kommt ersichtlich nicht in Betracht, sodass zu untersuchen ist, ob ***sonstige erhebliche Belange*** der Bundesrepublik Deutschland gefährdet sind, wenn R nach England ausreist. Bei dieser Voraussetzung handelt es sich um einen unbestimmten Rechtsbegriff, der einer umfassenden richterlichen Auslegung und Überprüfung zugänglich ist (VGH Mannheim NJW **2000**, 3658; *Medert/Süßmuth* § 7 PassG Rz. 13). Nach dem Wortlaut des Gesetzes (***sonstige*** erhebliche Belange) müssen für die Feststellung einer solchen Gefährdung bestimmte Tatsachen sprechen, die den beiden anderen Merkmalen des § 7 Abs. 1 Nr. 1 PassG – innere oder äußere Sicherheit – in ihrer Gewichtigkeit nahe kommen (BVerfGE **6**, 32; BVerwG DVBl **1995**, 360; VG Stuttgart NJW **2006**, 1017). Als eine Gefährdung erheblicher Belange können auch Handlungen gewertet werden, die geeignet sind, dem internationalen Ansehen Deutschlands zu schaden (BVerwG DÖV **1969**, 74; OVG Bremen NordÖR **2001**, 107; VGH Mannheim NJW **2000**, 3658).

Zum Fall: Nach der Einschätzung der szenekundigen Beamten ist damit zu rechnen, dass es im Rahmen der Fußballspiele in England zu gewalttätigen Auseinandersetzungen von Hooligan-Gruppen kommt. Solche radikalen Aktivitäten können dem Ansehen der Bundesrepublik Deutschland erheblichen Schaden zufügen, wenn deutsche Staatsbürger beteiligt sind. Dies liegt daran, dass Fußball als ***die*** europäische Fernseh-Sportart von einem weltweiten Publikum verfolgt wird. Dies gilt insbesondere für solche Spiele, an denen renommierte Mannschaften, wie zum Beispiel Deutschland oder England, teilnehmen.

Unser R ist ein aktives Mitglied einer Hooligan-Gruppe. Aufgrund seiner einschlägigen Vergangenheit kann er als gewaltbereit eingestuft werden. Bei einem gewaltbereiten Hooligan ist es sehr wahrscheinlich, dass er sich auch im Rahmen der Fußballspiele in England an gewalttätigen Auseinandersetzungen beteiligen wird. Daher ist er eine Person, bei deren Aufenthalt in England während der Freundschaftsspiele eine Schädigung des Ansehens der Bundesrepublik Deutschland ernsthaft zu erwarten ist. Demzufolge liegt eine Gefährdung erheblicher Belange der Bundesrepublik Deutschland vor.

b) Rechtsfolge

Sowohl § 8 PassG als auch § 2 Abs. 2 PAuswG räumen der entscheidenden Behörde ***Ermessen*** ein. Die Ausreisebeschränkungen könnten im Hinblick auf eine mögliche Grundrechtsverletzung des R ermessensfehlerhaft sein.

Diesbezüglich ist zunächst eine Verletzung von **Art. 11 Abs. 1 GG** in Erwägung zu ziehen. Hiernach genießen alle Deutschen ***Freizügigkeit*** im gesamten Bundesgebiet.

Definition: Unter ***Freizügigkeit*** ist das Recht zu verstehen, an jedem Ort innerhalb des Bundesgebietes Aufenthalt und Wohnsitz zu nehmen (BVerfGE **80**, 137; *Ipsen*, StaatsR II, Rz. 575). Mit umfasst werden dabei die ***Einreise***freiheit, nicht aber die ***Ausreise***freiheit, also die Freiheit, die Bundesrepublik Deutschland zu verlassen. Diese unterliegt allein der allgemeinen Handlungsfreiheit nach Art. 2 Abs. 1 GG (BVerfGE **6**, 32; *Pieroth/Schlink/Kingreen/Poscher*, StaatsR II, Rz. 797).

Demzufolge fällt das Begehren des R – nach England zu reisen – nicht in den Schutzbereich des Art. 11 Abs. 1 GG, sondern lediglich unter **Art. 2 Abs. 1 GG**.

In das Grundrecht der allgemeinen Handlungsfreiheit aus Art. 2 Abs. 1 GG wird durch die Ausreisebeschränkung auch eingegriffen. Dieser Eingriff könnte allerdings verfassungsrechtlich gerechtfertigt sein. Die allgemeine Handlungsfreiheit findet ihre Schranken in den »Rechten anderer«, der »verfassungsmäßigen Ordnung« und dem »Sittengesetz« (bitte lies: Art. 2 Abs. 1 GG). Die verfassungsmäßige Ordnung umfasst alle formell und materiell verfassungsmäßigen Rechtsnormen (BVerfGE **90**, 145; *Dreier* Art. 2 GG Rz. 38; *Sachs* Art. 2 GG Rz. 89), also auch die hier einschlägigen Ermächtigungsgrundlagen. Sofern diese also ***verhältnismäßig*** angewendet wurden, ist der Eingriff in Art. 2 Abs. 1 GG gerechtfertigt.

Hier: Die Ausreisebeschränkung ist ***geeignet,*** den mit der Verfügung angestrebten ***Zweck,*** das Ansehen der Bundesrepublik Deutschland zu schützen, zu fördern (vgl. auch *Weber* in KommPSpezial 4/2009). Diesbezüglich ist sie auch ***erforderlich***; mildere, gleich geeignete Mittel sind nicht ersichtlich. Schließlich muss sie auch ***angemessen*** sein. Hierbei ist zu berücksichtigen, dass die Ausreisefreiheit des R nicht generell, sondern nur hinsichtlich der Ausreise nach England eingeschränkt wird. Hinzukommt, dass die Beschränkung zeitlich auf die Dauer der Vorbereitungsspiele befristet ist. Demzufolge ist die Einschränkung, die R zugefügt wird, als relativ gering einzustufen und stellt sich insgesamt unter Berücksichtigung der Belange der Bundesrepublik Deutschland als angemessen dar.

ZE.: Dementsprechend erfolgte die Ausreisebeschränkung ermessensfehlerfrei und damit insgesamt rechtmäßig.

4. Besondere Dringlichkeit

Sofern der Verwaltungsakt – dessen sofortiger Vollzug angeordnet wurde – rechtmäßig ist, muss weiterhin das besondere Interesse gerade an der ***sofortigen*** Vollziehung dargelegt werden, um den Ausnahmecharakter einer solchen Maßnahme zu verdeutlichen. Dieses Interesse muss grundsätzlich über das Interesse hinausreichen, das den Verwaltungsakt selbst rechtfertigt (BVerfG NVwZ **1996**, 58; OVG Koblenz NVwZ-RR **1991**, 307; *Schoch* in JURA 2002, 37; *Zacharias* in JA 2002, 345). Entscheidendes Kriterium ist hierbei das Zeitmoment, das der Vollziehung des Verwaltungsaktes zukommt und für dessen besondere ***Eilbedürftigkeit*** spricht (VGH Mannheim ZAR **2005**, 129; VGH Mannheim VBlBW **1997**, 390; *Finkelnburg/Jank,* Vorläufiger RS, Rz. 860; *Schenke* in JZ 1996, 1155).

Zum Fall: Wenn der R die Möglichkeit hat, durch Einlegung eines Widerspruchs die aufschiebende Wirkung im Sinne von § 80 Abs. 1 VwGO auszulösen und dadurch die Vollziehbarkeit des Verwaltungsaktes verhindern kann, ist es der Behörde nicht möglich, das (rechtmäßige) Ausreiseverbot auch praktisch durchzusetzen. Selbst wenn R innerhalb weniger Tage – was schon völlig illusorisch ist – von der Widerspruchsbehörde beschieden würde, könnte er die aufschiebende Wirkung durch eine anschließende Anfechtungsklage weiter aufrechterhalten. Die Ausreise des R und damit die oben beschriebene Gefährdung stehen aber unmittelbar bevor. Sie können nur effektiv verhindert werden, wenn die sofortige Vollziehung angeordnet wird. Demzufolge besteht hieran auch ein besonderes öffentliches (Dringlichkeits-) Interesse.

Ergebnis: Die Anordnung der sofortigen Vollziehung nach § 80 Abs. 2 Satz 1 Nr. 4 VwGO war formell rechtmäßig, und das Vollzugsinteresse überwiegt das Aussetzungsinteresse. Der Antrag auf Wiederherstellung der aufschiebenden Wirkung nach § 80 Abs. 5 Var. 2 VwGO wird daher ohne Erfolg bleiben. Dementsprechend ist dem R zu raten, keinen gerichtlichen Rechtsschutz anzustreben. Auch ein Widerspruchsverfahren sollte er aus Kostengründen (**§ 80 Abs. 1 Satz 3 VwVfG** – lesen, bitte!) nicht in die Wege leiten.

Ein letzter Tipp zum Schluss:

In Gerichtsurteilen zum Antrag nach § 80 Abs. 5 VwGO und auch in der Ausbildungsliteratur sind regelmäßig Begriffe wie »summarische Prüfung« und »offensichtliche Rechtmäßigkeit/Rechtswidrigkeit des Verwaltungsaktes« zu finden. Das hat folgenden **Hintergrund:** Der prägende Faktor im vorläufigen Rechtsschutz ist die ***Eilbedürftigkeit***. Das Gericht muss eine schnelle Entscheidung treffen, deshalb finden keine umfangreichen Beweisaufnahmen statt und der Sachverhalt kann oftmals nicht abschließend aufgeklärt werden, er wird lediglich ***summarisch*** (= kurz und bündig) erfasst (*Kopp/Schenke* § 80 VwGO Rz. 125; *Schoch* in JURA 2002, 37). Daraus folgt aber, dass noch nicht abschließend über die Rechtswidrigkeit oder Rechtmäßigkeit des Verwaltungsaktes entschieden werden kann – ist ja auch nicht Antragsgegenstand! –, sondern lediglich geprüft wird, ob der Verwaltungsakt ***offensichtlich*** rechtmäßig oder rechtswidrig ist. In Universitätsklausuren vor dem ersten Staatsexamen werden nun allerdings in der Regel bereits ***feststehende*** und ***unstreitige*** Sachverhalte begutachtet. Anhand dieser kann man grundsätzlich abschließend feststellen, ob der Verwaltungsakt, dessen Vollzug angeordnet wurde, rechtmäßig oder rechtswidrig ist. Dementsprechend wird auch in einigen Klausurlösungen auf eine Prüfung der besonderen Dringlichkeit verzichtet und lediglich auf die Erfolgsaussichten des Hauptsacheverfahrens abgestellt. Aus unserer Sicht ist es jedoch sinnvoller, auch zu diesem Punkt noch Stellung zu nehmen, um das Regel-/Ausnahmeverhältnis von § 80 Abs. 1 und § 80 Abs. 2 Satz 1 Nr. 4 VwGO klarzustellen. Wichtig ist allerdings, dass man innerhalb der Prüfung ***nicht*** hinschreibt, diese verlaufe nur summarisch und deshalb könne man die Rechtmäßigkeit auch nur oberflächlich untersuchen (vgl. auch *Stein* in DVP 2009, 398). Das Summarische beschränkt sich in der Regel nur auf die Sachverhaltsaufklärung, die jedoch nicht Prüfungsgegenstand im ersten Staatsexamen ist. Merken.

Gutachten

R bittet um Auskunft über gerichtlichen Rechtsschutz. Solcher kommt in Form einer Klage gegen die Maßnahme(n) der Behörde oder mittels eines Antrags auf vorläufigen Rechtsschutz in Betracht. Da die Veranstaltung, an der R teilnehmen möchte, allerdings schon in zwei Wochen stattfindet, käme eine Klage jedenfalls zu spät, sodass effektiver gerichtlicher Rechtsschutz nur in Form eines Antrags auf vorläufigen Rechtsschutz gewährt werden kann. Ein solcher Antrag wird Erfolg haben, wenn er zulässig und begründet ist.

A. Zulässigkeit

I. Verwaltungsrechtsweg

Für alle Anträge im Bereich des einstweiligen Rechtsschutzes muss der Verwaltungsrechtsweg eröffnet sein. Die Regelung des § 40 Abs. 1 VwGO gilt nicht nur für Klagen im Hauptsacheverfahren, sondern auch für jede selbstständige Verfahrensart. Dies ergibt sich für den einstweiligen Rechtsschutz aus § 123 Abs. 2 Satz 2 VwGO und aus § 80 Abs. 5 VwGO.

Mangels Spezialzuweisung kann sich der Verwaltungsrechtsweg nur nach der Generalklausel des § 40 Abs. 1 Satz 1 VwGO ergeben. Fraglich ist einzig, ob eine öffentlich-rechtliche Streitigkeit vorliegt. Die Beteiligten streiten über die Rechtmäßigkeit der behördlichen Verfügung. Diese Streitigkeit ist öffentlich-rechtlicher Natur, wenn die streitentscheidenden Normen einzig einen Hoheitsträger berechtigen oder verpflichten, also Sonderrecht des Staates sind. Die Verfügung wurzelt in den Vorschriften des PassG und des PAuswG, die einzig Hoheitsträger berechtigen und verpflichten. Aufgrund der Rechtsnatur der streitentscheidenden Normen ist die Streitigkeit folglich eine öffentlich-rechtliche. Der Verwaltungsrechtsweg ist daher nach § 40 Abs. 1 Satz 1 VwGO eröffnet.

II. Statthafte Antragsart

Die statthafte Antragsart im einstweiligen Rechtsschutz richtet sich entsprechend § 88 VwGO nach dem Begehren des Antragsstellers. R möchte gegen die Verfügung der Behörde vorgehen, um seine in Kürze bevorstehende Reise nach England antreten zu können. Grundsätzlich richtet sich vorläufiger Rechtsschutz nach § 123 Abs. 1 VwGO. Hierbei ist jedoch die Regelung des § 123 Abs. 5 VwGO zu berücksichtigen, wonach die §§ 80 ff. VwGO vorrangig sind. Sofern diese einschlägig sind, richtet sich die Antragsart nach diesen – dem § 123 VwGO vorgehenden – Bestimmungen.

In Betracht kommt ein Antrag nach § 80 Abs. 5 VwGO. Voraussetzung hierfür ist, dass der Antragssteller gegen einen Verwaltungsakt vorgehen möchte, gegen den ein Widerspruch und eine Anfechtungsklage keine aufschiebende Wirkung entfalten. Die Verfügung der Behörde ist öffentlich-rechtlicher Natur und beinhaltet die Beschränkung der Ausreisemöglichkeiten des R, regelt also einen Einzelfall mit Außenwirkung. Es liegt ein belastender Verwaltungsakt vor. Gegen diesen haben Rechtsbehelfe im Sinne des § 80 Abs. 1 VwGO wegen der behördlichen Anordnung der sofortigen Vollziehung keine aufschiebende Wirkung nach § 80 Abs. 2 Satz 1 Nr. 4 VwGO.

Der Antrag des R ist demnach als ein solcher zur Wiederherstellung der aufschiebenden Wirkung nach § 80 Abs. 5 Satz 1 Var. 2 VwGO statthaft.

III. Besondere Sachentscheidungsvoraussetzungen

Aufgrund der Akzessorietät des vorläufigen Rechtsschutzes im Hinblick auf das Hauptsacheverfahren richten sich die besonderen Sachentscheidungsvoraussetzungen nach der in der Hauptsache statthaften Anfechtungsklage.

1. Antragsbefugnis

Antragsbefugt (§ 42 Abs. 2 VwGO analog) ist im Verfahren nach § 80 Abs. 5 VwGO nur derjenige, der hinsichtlich des Verwaltungsaktes im Hauptsacheverfahren geltend machen kann, möglicherweise in seinen Rechten verletzt zu sein. Als Adressat des belastenden Verwaltungsaktes ist eine Rechtsverletzung des R jedenfalls im Hinblick auf Art. 2 Abs. 1 GG möglich. Daher ist er antragsbefugt.

2. Antragsgegner

Antragsgegner ist in entsprechender Anwendung des § 78 Abs. 1 Nr. 1 VwGO das Land X als Rechtsträger.

IV. Allgemeine Sachentscheidungsvoraussetzungen

1. Beteiligten- und Prozessfähigkeit

R ist nach § 61 Nr. 1 VwGO beteiligten- und nach § 62 Abs. 1 Nr. 1 VwGO prozessfähig. Auch das Land X ist nach § 61 Nr. 1 VwGO beteiligtenfähig. Es muss sich allerdings nach Maßgabe des § 62 Abs. 3 VwGO im Prozess vertreten lassen.

2. Zuständiges Gericht

Zuständig ist nach § 80 Abs. 5 VwGO das Gericht der Hauptsache, also das Gericht, das im Hinblick auf die künftige Anfechtungsklage sachlich und örtlich zuständig wäre. Dieses ist nach §§ 45, 52 Nr. 3 VwGO das Verwaltungsgericht in K.

3. Allgemeines Rechtsschutzbedürfnis

a) Vorherige Einlegung eines Widerspruchs

Im Rahmen vorläufigen Rechtsschutzes nach § 80 Abs. 5 VwGO ist umstritten, ob der Antragssteller Widerspruch gegen den ihn belastenden Verwaltungsakt einlegen muss, bevor er einen Eilantrag stellen kann. Ausgehend vom Wortlaut des § 80 Abs. 5 Satz 2 VwGO, wonach ein Eilantrag nach § 80 Abs. 5 VwGO schon vor Erhebung der Anfechtungsklage zulässig ist, könnte man davon ausgehen, dass eine vorherige Widerspruchseinlegung erforderlich ist. Es wird vorgebracht, der Gesetzgeber habe schließlich ausdrücklich nur die vorherige Erhebung der Anfechtungsklage ausgenommen. Für eine solche Sichtweise sprächen auch die in § 80 Abs. 5 VwGO verwendeten Begriffe des »Anordnens« und »Wiederherstellens«. Ohne Widerspruch könne per se keine aufschiebende Wirkung des § 80 Abs. 1 VwGO eintreten, dementsprechend könne sie auch nicht angeordnet oder wiederhergestellt werden.

Nach anderer Ansicht ist eine vorherige Einlegung eines Widerspruchs indes nicht erforderlich. Auch sie geht vom Wortlaut des § 80 Abs. 5 Satz 2 VwGO aus, versteht diesen jedoch anders. Wenn schon eine vorherige Anfechtungsklage nicht erforderlich sei, so müsse das erst recht für den Widerspruch gelten. Hinzukomme, dass die Einlegung des

Widerspruchs ja gerade die Regelwirkung des § 80 Abs. 1 VwGO (aufschiebende Wirkung) wegen § 80 Abs. 2 VwGO nicht auslösen könne. Dem Antragssteller würde also etwas abverlangt, was für ihn völlig sinnlos sei. Außerdem sei ein solches Erfordernis unter Berücksichtigung des verfassungsrechtlichen Gebotes effektiven Rechtsschutzes mit dem Sinn und Zweck eines gerichtlichen Eilverfahrens nicht zu vereinbaren.

R hat bislang keinen Widerspruch eingelegt. Folgt man der zuletzt genannten Ansicht, muss er dies für einen Antrag nach § 80 Abs. 5 VwGO auch nicht vornehmen. Allein um jedoch die Widerspruchsfrist für ein mögliches Hauptsacheverfahren (Anfechtungsklage/Fortsetzungsfeststellungsklage) zu wahren, sollte man ihm indes raten, trotzdem Widerspruch einzulegen. Dementsprechend bedarf es auch keiner Streitentscheidung.

b) Vorheriger Aussetzungsantrag

Aufgrund des eindeutigen Wortlautes des § 80 Abs. 6 VwGO bedarf es vor einem Antrag gemäß § 80 Abs. 5 VwGO keines vorherigen Antrags an die Behörde auf Aussetzung der Vollziehung nach § 80 Abs. 4 VwGO.

Ein Antrag des R auf Wiederherstellung der aufschiebenden Wirkung nach § 80 Abs. 5 Var. 2 VwGO wäre unter den vorgenannten Voraussetzungen zulässig.

B. Begründetheit

Der Antrag auf Wiederherstellung der aufschiebenden Wirkung nach § 80 Abs. 5 Satz 1 Var. 2 VwGO ist begründet, wenn die Anordnung der sofortigen Vollziehung formell rechtswidrig war und/oder das Aussetzungs- das Vollzugsinteresse überwiegt.

I. Rechtsgrundlage

Rechtsgrundlage der behördlichen Anordnung sofortiger Vollziehung ist § 80 Abs. 2 Satz 1 Nr. 4 VwGO.

II. Formelle Rechtmäßigkeit der Anordnung

1. Zuständigkeit und Form

Für die Anordnung der sofortigen Vollziehung ist nach § 80 Abs. 2 Satz 1 Nr. 4 VwGO sowohl die Ausgangsbehörde, die den Verwaltungsakt erlassen hat, als auch die Widerspruchsbehörde zuständig. Die Behörde, die den (Grund-) Verwaltungsakt erlassen hat, war demnach auch für die Anordnung der sofortigen Vollziehung nach § 80 Abs. 2 Satz 1 Nr. 4 VwGO zuständig.

Nach § 80 Abs. 3 Satz 1 VwGO ist das besondere Interesse an der sofortigen Vollziehung schriftlich zu begründen. Die Anordnung der sofortigen Vollziehung erging schriftlich und wurde ausführlich begründet. Die Voraussetzungen des § 80 Abs. 3 Satz 1 VwGO sind erfüllt.

2. Verfahren

Aus dem Sachverhalt geht hervor, dass R vor Erhalt des behördlichen Schreibens keine Gelegenheit hatte, Stellung zu nehmen. Es stellt sich die Frage, ob dies nicht eine Verletzung des Anhörungsgebotes des § 28 Abs. 1 VwVfG darstellt. Hierfür muss § 28 Abs. 1 VwVfG auf die Anordnung sofortiger Vollziehung aber überhaupt Anwendung finden.

Voraussetzung für eine unmittelbare Anwendung von § 28 Abs. 1 VwVfG ist, dass es sich bei der Anordnung sofortiger Vollziehung um einen Verwaltungsakt handelt. Dafür müssen alle Voraussetzungen des § 35 Satz 1 VwVfG erfüllt sein. Dies erscheint vor allem im Hinblick auf eine selbstständige Regelung fraglich. Man könnte argumentieren, dass sie eine – über den Inhalt des eigentlichen Grundverwaltungsaktes hinausgehende – eigenständige Rechtsfolge setzt, indem sie gerade die »sofortige« Vollziehung anordnet.

Hierbei ist jedoch zu berücksichtigen, dass der Grundverwaltungsakt selbst schon die grundsätzliche Vollziehbarkeit (ab Bestandskraft) regelt. Diese wird durch die Anordnung sofortiger Vollziehung lediglich zeitlich vorverlegt. Dementsprechend trifft die Anordnung sofortiger Vollziehung aber gerade keine eigenständige Regelung. Hinzukommt, dass es der Anordnung sofortiger Vollziehung an der für den Verwaltungsakt typischen Bestandskraftfähigkeit mangelt. Dies zeigt sich daran, dass § 80 Abs. 5 VwGO keine Fristbestimmung enthält. Dementsprechend ist der Anordnung der sofortigen Vollziehung die Verwaltungsaktqualität abzusprechen; eine unmittelbare Anwendung von § 28 Abs. 1 VwVfG scheidet demnach aus.

Teilweise wird dennoch vertreten, dass es zumindest einer analogen Anwendung des § 28 Abs. 1 VwVfG auf die Anordnung sofortiger Vollziehung bedürfe. Grundvoraussetzung für die Bildung einer Analogie ist aber, dass eine planwidrige Regelungslücke vorliegt. Die in § 80 Abs. 3 VwGO getroffene spezielle Begründungsregel für die Anordnung sofortiger Vollziehung zeigt indes, dass sich der Gesetzgeber mit den verfahrensrechtlichen Anforderungen auseinander gesetzt hat. Es hätte nahe gelegen, auch eine Anhörungspflicht mit aufzunehmen, sofern es beabsichtigt gewesen wäre. Aus diesem Grund ist eine planwidrige Regelungslücke und damit die Notwendigkeit einer analogen Anwendung von § 28 Abs. 1 VwVfG abzulehnen. Die Anhörungspflicht des § 28 Abs. 1 VwVfG kommt also auch nicht analog zur Anwendung; die Anordnung sofortiger Vollziehung erging somit insgesamt formell rechtmäßig.

III. Materielle Voraussetzungen der Anordnung

In materieller Hinsicht wiegt das Gericht im Rahmen einer eigenen Ermessensentscheidung das Aussetzungsinteresse des R und das öffentliche Vollzugsinteresse gegeneinander ab. Dies erfolgt maßgeblich durch eine Überprüfung der Erfolgsaussichten des Hauptsacheverfahrens.

1. Ermächtigungsgrundlage für das Ausreiseverbot

Ermächtigungsgrundlage für die Beschränkung des Reisepasses sind §§ 7 Abs. 1 Nr. 1 und Abs. 2, 8 PassG; für die Beschränkung des Personalausweises § 2 Abs. 2 PAuswG.

2. Formelle Rechtmäßigkeit des Ausreiseverbotes

Vorliegend hat die zuständige Behörde gehandelt. Aufgrund der Schriftlichkeit und der ausführlichen Begründung (§ 39 Abs. 1 VwVfG) der Verfügung bestehen auch hinsichtlich der Form keine Bedenken. Vor Erlass eines belastenden Verwaltungsaktes muss der Betroffene allerdings gemäß § 28 Abs. 1 VwVfG angehört werden. Eine solche Anhörung hat nicht stattgefunden. Möglicherweise war sie aber gemäß § 28 Abs. 2 Nr. 1 VwVfG entbehrlich. Hiernach kann von der Anhörung abgesehen werden, wenn eine sofortige Entscheidung unter anderem wegen Gefahr im Verzug notwendig erscheint.

Der Begriff Gefahr im Verzug erfasst Fälle, in denen durch die Anhörung selbst bei Setzung kurzer Äußerungsfristen ein Zeitverlust eintreten würde, der mit hoher Wahrscheinlichkeit zur Folge hätte, dass die in der Sache gebotenen Maßnahmen zu spät kommen. Die Entscheidung über das Absehen der Anhörung muss von der Behörde gesondert im Sinne des § 39 Abs. 1 VwVfG begründet werden. Die Behörde hat erst kurz bevor sie die Verfügung erlassen hat, von den Hooligan-Aktivitäten des R erfahren. Der Turnierbeginn und damit auch die Ausreise des R standen unmittelbar bevor. Aufgrund der sehr kurzen Zeitspanne war zu befürchten, dass die Maßnahmen der Behörde nicht mehr greifen könnten, wenn dem R noch die Möglichkeit gegeben worden wäre, sich zu äußern. Damit wären dann aber Maßnahmen der Behörde zu spät gekommen, sodass von einem Fall der Gefahr im Verzug auszugehen ist. Die Behörde hat bezüglich des Absehens der Anhörung folglich ermessensfehlerfrei gehandelt. Ihre Entscheidung hat sie innerhalb der Verfügung auch begründet. Ein Anhörungsverzicht war demzufolge zulässig.

3. Materielle Rechtmäßigkeit des Ausreiseverbotes

a) Tatbestandsvoraussetzungen

Nach § 8 PassG kann ein Pass dem Inhaber entzogen werden, wenn Tatsachen bekannt werden, die nach § 7 Abs. 1 PassG die Passversagung rechtfertigen würden. Zwar geht es hier nicht um die Entziehung eines Passes, sondern um dessen Beschränkung. Eine Beschränkung ist als Minus zur Entziehung allerdings auch von der Ermächtigung erfasst. Hinsichtlich des Personalausweises statuiert § 2 Abs. 2 PAuswG, dass die zuständige Behörde im Einzelfall unter den Voraussetzungen des § 7 Abs. 1 PassG anordnen kann, dass der Personalausweis nicht zum Verlassen des Gebietes des Geltungsbereiches des Grundgesetzes über eine Auslandsgrenze berechtigt. Voraussetzung für beide Beschränkungen ist also, dass ein Passversagungsgrund des § 7 Abs. 1 PassG vorliegt.

Nach § 7 Abs. 1 Nr. 1 PassG ist ein Pass zu versagen, wenn die innere oder äußere Sicherheit oder sonstige erhebliche Belange der Bundesrepublik Deutschland gefährdet sind. Eine Gefährdung der inneren oder äußeren Sicherheit kommt ersichtlich nicht in Betracht, sodass zu untersuchen ist, ob sonstige erhebliche Belange der Bundesrepublik Deutschland gefährdet sind, wenn R nach England ausreist. Bei dieser Voraussetzung handelt es sich um einen unbestimmten Rechtsbegriff, der wegen Art. 19 Abs. 4 GG einer vollumfänglichen richterlichen Auslegung und Überprüfung zugänglich ist.

Nach dem Wortlaut des Gesetzes müssen für die Feststellung einer solchen Gefährdung bestimmte Tatsachen sprechen, die den beiden anderen Merkmalen des § 7 Abs. 1 Nr. 1 PassG (innere oder äußere Sicherheit) in ihrer Gewichtigkeit nahe kommen. Als eine Gefährdung erheblicher Belange können auch Handlungen gewertet werden, die geeignet sind, dem internationalen Ansehen Deutschlands zu schaden. Nach der Einschätzung der szenekundigen Beamten ist damit zu rechnen, dass es im Rahmen der Fußballspiele in England zu gewalttätigen Auseinandersetzungen von Hooligan-Gruppen kommt. Solche radikalen Aktivitäten können dem Ansehen der Bundesrepublik Deutschland erheblichen Schaden zufügen, wenn deutsche Staatsbürger beteiligt sind. Dies liegt daran, dass Fußball als die europäische Fernseh-Sportart von einem weltweiten Publikum verfolgt wird. Dies gilt insbesondere für solche Spiele, an denen renommierte Mannschaften teilnehmen. R ist ein aktives Mitglied einer Hooligan-Gruppe. Aufgrund seiner einschlägigen Vergangenheit wird er als gewaltbereit eingestuft. Als solch ein gewaltbereiter Hooligan ist es sehr wahrscheinlich, dass er sich auch im Rahmen der Fußballspiele in England an gewalttätigen Auseinandersetzungen beteiligen wird. Daher ist er eine Person, bei deren Aufenthalt in England während der Freundschaftsspiele eine Schädigung des Ansehens der Bundesrepublik Deutschland ernsthaft zu erwarten ist. Demzufolge liegt eine Gefährdung erheblicher Belange vor.

b) Rechtsfolge

Sowohl § 8 PassG als auch § 2 Abs. 2 PAuswG räumen der entscheidenden Behörde Ermessen ein. Die Ausreisebeschränkungen könnten im Hinblick auf eine mögliche Grundrechtsverletzung des R ermessensfehlerhaft sein.

Diesbezüglich ist zunächst eine Verletzung von Art. 11 Abs. 1 GG in Erwägung zu ziehen. Hiernach genießen alle Deutschen Freizügigkeit im gesamten Bundesgebiet. Unter Freizügigkeit ist das Recht zu verstehen, an jedem Ort innerhalb des Bundesgebietes Aufenthalt und Wohnsitz zu nehmen. Mit umfasst werden die Einreisefreiheit, nicht aber die Ausreisefreiheit, also die Freiheit, die Bundesrepublik Deutschland zu verlassen. Diese unterliegt allein der allgemeinen Handlungsfreiheit nach Art. 2 Abs. 1 GG.

Demzufolge fällt das Begehren des R – nach England zu reisen – nicht in den Schutzbereich des Art. 11 Abs. 1 GG, sondern lediglich unter Art. 2 Abs. 1 GG. In das Grundrecht der allgemeinen Handlungsfreiheit wird durch die Ausreisebeschränkung auch eingegriffen. Dieser Eingriff könnte allerdings verfassungsrechtlich gerechtfertigt sein. Die allgemeine Handlungsfreiheit findet ihre Schranken in den »Rechten anderer«, der »verfassungsmäßigen Ordnung« und dem »Sittengesetz«. Die verfassungsmäßige Ordnung umfasst alle formell und materiell verfassungsmäßigen Rechtsnormen, also auch die hier einschlägigen Ermächtigungsgrundlagen. Sofern diese also verhältnismäßig angewendet wurden, ist der Eingriff in Art. 2 Abs. 1 GG gerechtfertigt. Die Ausreisebeschränkung ist geeignet, den mit der Verfügung angestrebten Zweck – das Ansehen der Bundesrepublik Deutschland zu schützen – zu fördern. Diesbezüglich ist sie auch erforderlich; mildere, gleich geeignete Mittel sind nicht ersichtlich. Schließlich muss sie auch angemessen sein. Hierbei ist zu berücksichtigen, dass die Ausreisefreiheit des R nicht generell, sondern nur hinsichtlich der Ausreise nach England eingeschränkt wird. Hinzukommt, dass die Beschränkung zeitlich auf die Dauer der Vorbereitungsspiele befristet ist. Demzufolge ist die Einschränkung, die R zugefügt wird, als relativ gering einzustufen; sie stellt sich insgesamt unter Berücksichtigung der Belange der Bundesrepublik Deutschland als angemessen dar.

Dementsprechend erfolgte die Ausreisebeschränkung ermessensfehlerfrei und damit insgesamt rechtmäßig.

4. Besondere Dringlichkeit

Sofern der Verwaltungsakt, dessen sofortiger Vollzug angeordnet wurde, rechtmäßig ist, muss weiterhin das besondere Interesse gerade an der sofortigen Vollziehung untersucht werden, um dem Ausnahmecharakter einer solchen Maßnahme gerecht zu werden. Dieses Interesse muss grundsätzlich über das Interesse hinausreichen, das den Verwaltungsakt selbst rechtfertigt. Entscheidendes Kriterium ist hierbei das Zeitmoment, das der Vollziehung des Verwaltungsaktes zukommt und für dessen besondere Eilbedürftigkeit spricht. Wenn R die Möglichkeit hat, durch Einlegung eines Widerspruchs die aufschiebende

Wirkung im Sinne von § 80 Abs. 1 VwGO auszulösen und dadurch die Vollziehbarkeit des Verwaltungsaktes verhindern kann, ist es der Behörde nicht möglich, das (rechtmäßige) Ausreiseverbot auch praktisch durchzusetzen. Selbst wenn R innerhalb weniger Tage von der Widerspruchsbehörde beschieden würde, könnte er die aufschiebende Wirkung durch eine anschließende Anfechtungsklage weiter aufrechterhalten.

Die Ausreise des R und damit die oben beschriebene Gefährdung stehen aber unmittelbar bevor. Sie können nur effektiv verhindert werden, wenn die sofortige Vollziehung angeordnet wird. Demzufolge besteht hieran auch ein besonderes öffentliches (Dringlichkeits-) Interesse.

Ergebnis: Die Anordnung der sofortigen Vollziehung nach § 80 Abs. 2 Satz 1 Nr. 4 VwGO war daher formell rechtmäßig und das öffentliche Vollzugsinteresse überwiegt das Aussetzungsinteresse des R. Der Antrag auf Wiederherstellung der aufschiebenden Wirkung nach § 80 Abs. 5 Var. 2 VwGO wird daher ohne Erfolg bleiben. Dementsprechend ist R zu raten, keinen gerichtlichen Rechtsschutz einzulegen. Auch ein Widerspruchsverfahren sollte er aus Kostengründen (§ 80 Abs. 1 Satz 3 VwVfG) nicht einleiten.

Fall 20

Kindersegen?!

Der ehemalige Rechtsstudent R und sein Kommilitone K haben vor fünf Jahren gemeinsam das Zweite Staatsexamen mit »befriedigend« bestanden. Im Anschluss daran bewarben sich beide für den öffentlichen Dienst und wurden auch beide als Beamte in den Bundesdienst übernommen.

Seit ihrer Einstellung arbeiten R und K jetzt in derselben Bundesbehörde. Als vor kurzem eine Beförderungsstelle frei wurde, haben sich sowohl R als auch K für diese beworben. Beide werden gleichermaßen als gut beurteilt. Auch sonst sind sie durchweg unterschiedslos qualifiziert. K hat drei Kinder, R bislang nur einen Sohn. Unter Berufung auf den Kinderreichtum des K will nun der Dienstherr den K entsprechend befördern, was er dem R in einem Schreiben auch mitteilt.

R fragt nun Rechtsanwalt A, ob er im Hinblick auf die in Kürze bevorstehende Beförderung seines Konkurrenten vorläufigen gerichtlichen Rechtsschutz anstreben sollte.

Was ist dem R aus anwaltlicher Sicht zu raten?

Schwerpunkte: Vorläufiger Rechtsschutz nach § 123 Abs. 1 VwGO – Aufbau und Voraussetzungen; beamtenrechtliche Streitigkeiten – § 126 BRRG; vorbeugende Abwehr von Verwaltungsakten; notwendige Beiladung; subjektives Abwehrrecht aus Art. 33 Abs. 2 GG i.V.m. § 8 Abs. 1 BBG; Leistungsprinzip.

Lösungsweg

Einstieg: Gegenstand unseres letzten Falls ist der vorläufige Rechtsschutz nach § 123 VwGO, eingebettet in eine klassische beamtenrechtliche Beförderungsproblematik, die so tagtäglich in Deutschland vorkommt und deshalb auch immer wieder zum Thema von universitären Klausuren und Hausarbeiten wird. Das Fällchen basiert daher selbstverständlich auch auf einer Original-Entscheidung, und zwar der des OVG Münster vom 04.01.1999, abgedruckt in der NJW **1999** auf Seite 1203.

Zum Inhalt: Wie wir aus dem letzten Fall bereits wissen, kommt vorläufiger Rechtsschutz nach § 123 VwGO immer nur dann in Betracht, wenn kein Fall der §§ 80 ff. VwGO vorliegt, also bei allen sonstigen Begehren innerhalb des einstweiligen Rechtsschutzes (lies § 123 Abs. 5 VwGO). Der R fragt seinen Anwalt – und damit uns – ausdrücklich nach den Möglichkeiten vorläufigen gerichtlichen Rechtsschutzes, sodass wir dann auch sogleich in diesen Bereich einsteigen können, ohne uns noch weitere Gedanken über andere Verfahrensarten machen zu müssen. Der Rat des Anwalts hängt jetzt konkret davon ab, ob vorläufiger gerichtlicher Rechtsschutz aus Sicht des R auch Aussicht auf Erfolg haben würde. Daher beginnen wir die Prüfung mit dem Obersatz:

Ein Antrag auf vorläufigen gerichtlichen Rechtsschutz wird Erfolg haben, wenn er zulässig und begründet ist.

A. Zulässigkeit

I. Verwaltungsrechtsweg

Wie sich aus dem § 123 Abs. 2 VwGO und aus § 80 Abs. 5 VwGO ergibt, muss auch in Verfahren des vorläufigen Rechtsschutzes der Verwaltungsrechtsweg eröffnet sein (*Kopp/Schenke* § 80 VwGO Rz. 128; § 123 VwGO Rz. 17). Dies könnte sich im vorliegenden Fall aus § 40 Abs. 2 Satz 2 Var. 1 VwGO i.V.m. § 126 Abs. 1 BRRG ergeben. Demnach ist der Verwaltungsrechtsweg unter anderem für alle Klagen von Beamten aus dem Beamtenverhältnis eröffnet. Ausweislich des Sachverhaltes ist unser R ein Beamter.

Definition: Eine ***Klage*** aus dem ***Beamtenverhältnis*** ist anzunehmen, wenn der geltend gemachte Anspruch seine Grundlage im Beamtenrecht hat und in einem Bezug zu einem konkreten Beamtenverhältnis steht (BVerwG NJW **1957**, 539; *Schoch/Schneider/Bier/Ehlers/Schneider* § 40 VwGO Rz. 45; *Ule*, Beamtenrecht, § 126 BRRG Rz. 1).

Zum Fall: R wendet sich gegen die bevorstehende Beförderung des K, die ihre Rechtsgrundlage in Normen des Bundesbeamtengesetzes (vergleiche nur § 9 BBG) findet und deren Abwehr in einem konkreten Zusammenhang mit dem Beamtenverhältnis des R steht. Dementsprechend ist der Verwaltungsrechtsweg über § 126 Abs. 1 BRRG eröffnet.

II. Statthafte Antragsart

Die statthafte Antragsart im einstweiligen Rechtsschutz richtet sich entsprechend § 88 VwGO nach dem Begehren des Antragsstellers. R möchte gegen die anstehende Beförderung des K vorgehen, um selbst befördert zu werden. Diesbezüglich kann ein Antrag auf Erlass einer einstweiligen Anordnung nach **§ 123 Abs. 1 VwGO** (lesen, bitte!) statthaft sein, wenn nach **§ 123 Abs. 5 VwGO** kein Fall der §§ 80 ff. VwGO gegeben ist. Wir müssen also wieder – wie schon im vorherigen Fall – prüfen, ob in der Hauptsache nicht eine Anfechtungssituation (→ belastender Verwaltungsakt) vorliegt. Denn wenn dem so sein sollte, wäre für den einstweiligen Rechtsschutz nicht § 123 VwGO, sondern die §§ 80 ff. VwGO einschlägig. Die Bestimmung der konkreten Situation – also Anfechtungslage oder eben nicht – ist hier komplizierter als es auf den ersten Blick aussieht; der Reihe nach:

Die Beförderung in eine höhere Dienststelle bedeutet zunächst einmal die Verleihung eines anderen Amtes im statusrechtlichen Sinne und stellt dadurch eine Regelung mit Außenwirkung dar, die insgesamt die Voraussetzungen eines – den Beförderten begünstigenden – Verwaltungsaktes erfüllt (*Bürger* in ZBR 2003, 267; *Tegethoff* in JA 2004, 732). Die Frage, ob ein solcher Verwaltungsakt ***Drittwirkung*** hat und durch einen nicht beförderten Konkurrenten – im Hinblick auf den Grundsatz der Ämterstabilität – angefochten werden kann (BVerwG NJW **2011**, 695 sowie dazu unter anderem *Battis* in DRiZ 2011, 174; *Muckel* in JA 2011, 479; *Schenke* in NVwZ 2011, 321), bedarf an dieser Stelle keiner Beantwortung; die Beförderung des K steht zwar unmittelbar bevor, hat allerdings noch nicht stattgefunden. Unter Berücksichtigung dessen liegt also schon mal ***keine*** Anfechtungssituation vor.

Möglicherweise ist aber die Mitteilung der Bundesbehörde an R, dass der K und nicht er befördert werden soll, als ein Verwaltungsakt anzusehen, dessen Anfechtung dem Begehren des R entspräche. Fraglich ist hierbei insbesondere, ob die Mitteilung auch eine ***Regelung*** enthält, also eine verbindliche Rechtsfolge setzt (**→ § 35 Satz 1 VwVfG!**). Im Hinblick auf die Beförderung eines Konkurrenten kündigt die Mitteilung hierüber dem unterlegenen Bewerber jedoch nur an, dass die Beförderung bevorsteht. Diesbezüglich setzt sie noch keine Rechtsfolge, sondern bereitet den späteren Verwaltungsakt (Beförderung) lediglich vor. Hierin ist also kein Verwaltungsakt zu sehen (*Bürger* in ZBR 2003, 267; *Kopp/Ramsauer* § 35 VwVfG Rz. 50).

Und Achtung: Gleichwohl enthält eine solche Mitteilung gleichzeitig die Ablehnung des Konkurrenten, setzt also diesem gegenüber sehr wohl eine verbindliche Rechtsfolge (»du bist nicht dabei«) und hat daher Verwaltungsaktqualität (BVerwG NVwZ **1989**, 158; *Bürger* in ZBR 2003, 267; *Millgramm* in JURA 1996, 28). Der übergangene Konkurrent muss also gegen diese ablehnende Mitteilung ***Widerspruch*** einlegen, um dessen Bestandskraft zu verhindern (*Tegethoff* in JA 2004, 732; *Wittkowski* in NJW 1993, 817). Dies genügt jedoch nicht, um sein Rechtsschutzziel zu erreichen: Durch Einlegung des Widerspruchs gegen die Mitteilung, nicht befördert zu werden, kann nämlich nicht verhindert werden, dass der Dienstherr trotzdem den Konkurrenten ernennt (*Bürger* in ZBR 2003, 267; *Tegethoff* in JA 2004, 732). Es entspricht also nicht dem Begehren des R, lediglich gegen die ihn belastende Mitteilung einstweiligen Rechtsschutz zu ersuchen. Auch insofern liegt somit kein Fall der §§ 80 ff. VwGO vor.

Folge: Das Begehren eines übergangenen Konkurrenten ist darauf gerichtet, dass der Dienstherr verpflichtet wird, den ausgeschriebenen Beförderungsposten nicht mit dem Konkurrenten zu besetzen (OVG Münster NVwZ-RR **2004**, 436; *Wittkowski* in NJW 1993, 817). Dies kann in der Hauptsache mittels einer ***vorbeugenden Unterlassungsklage*** – einem Unterfall der allgemeinen Leistungsklage – erreicht werden (*Kopp/Schenke* Vorb. § 40 VwGO Rz. 34).

ZE.: Folglich liegt mangels Anfechtungssituation kein Fall der §§ 80 ff. VwGO vor, sodass der Antrag auf Gewährung vorläufigen Rechtsschutzes in Form einer einstweiligen Anordnung gemäß § 123 Abs. 1 VwGO statthaft ist.

III. Besondere Sachentscheidungsvoraussetzungen

1. Antragsbefugnis

Der Antragssteller muss analog § 42 Abs. 2 VwGO geltend machen können, möglicherweise in einem subjektiv-öffentlichen Recht verletzt zu sein (OVG Bautzen NJW **1999**, 2832; VGH München BayVBl **1998**, 597). Nach Art. 33 Abs. 2 GG hat »*jeder Deutsche nach seiner Eignung, Befähigung und fachlichen Leistung gleichen Zugang zu jedem öffentlichen Amte*«. Hieraus wird (i.V.m. § 9 Abs. 1 BBG) das Recht auf ermessensfehlerfreie Entscheidung der Behörde im Hinblick auf die Auswahl zwischen mehreren Bewerbern abgeleitet (BVerfG NVwZ **2003**, 200; BVerwG ZBR **2003**, 420; OVG Münster NJW **1999**, 1203; *Wittkowski* in NJW 1993, 817). Dass dieses Recht des R durch die Beförderung des K verletzt wird, ist nicht von vornherein ausgeschlossen, also möglich. Demnach ist er antragsbefugt nach § 42 Abs. 2 VwGO analog.

2. Antragsgegner

Unabhängig davon, ob man in der Hauptsache lediglich eine allgemeine Leistungsklage in Form der vorbeugenden Unterlassungsklage oder zusätzlich noch eine Verpflichtungsklage im Hinblick auf die eigene Beförderung des R annimmt, bestimmt sich der Klagegegner nach dem ***Rechtsträgerprinzip*** (§ 78 Abs. 1 Nr. 1 VwGO analog). Demnach ist vorliegend der Bund richtiger Antragsgegner.

3. Sonstiges

Normalerweise hat die – hier in der Hauptsache statthafte – allgemeine Leistungsklage keine weiteren Sachentscheidungsvoraussetzungen. Über § 126 Abs. 3 BRRG finden allerdings die Vorschriften der §§ 68 ff. VwGO entsprechende Anwendung. Es bedarf also eines (ordnungsgemäßen) Vorverfahrens. Aus der Besonderheit des vorläufigen Rechtsschutzes ergibt sich indessen, dass dieses Vorverfahren zeitlich nur möglich, jedoch nicht tatsächlich durchgeführt worden sein muss (*Eyermann/Happ* § 123 VwGO Rz. 43). Dass ein solches Vorverfahren hier noch fristgemäß durchgeführt werden kann, ist anzunehmen.

IV. Allgemeine Sachentscheidungsvoraussetzungen

1. Beteiligten- und Prozessfähigkeit

Sowohl R als natürliche als auch der Bund als juristische Person sind beteiligtenfähig nach § 61 Nr. 1 VwGO. Der R ist nach § 62 Abs. 1 Nr. 1 VwGO auch prozessfähig; der Bund muss sich gemäß § 62 Abs. 3 VwGO vertreten lassen.

2. Allgemeines Rechtsschutzbedürfnis

R möchte gerichtlich gegen etwas vorgehen, das erst ***zukünftig*** passieren wird, nämlich die Beförderung des K. Der Rechtsschutz der VwGO ist aber grundsätzlich nur auf eine ***nachträgliche*** Kontrolle von Verwaltungshandeln angelegt (sogenanntes »Prinzip des ***repressiven Rechtsschutzes***«, *Kopp/Schenke* Vorb. § 40 VwGO Rz. 33).

Fraglich ist daher, ob R im Hinblick auf diesen von ihm angestrebten ***vorbeugenden*** vorläufigen Rechtsschutz auch rechtsschutzbedürftig ist. Sowohl bei vorbeugendem Rechtsschutz in Hauptsacheverfahren als auch in Eilrechtsschutzverfahren ist hierbei ein »**qualifiziertes Rechtsschutzbedürfnis**« erforderlich (BVerwG NVwZ **1989**, 1157; *Dreier* in JA 1987, 415).

> **Definition:** Ein ***qualifiziertes Rechtsschutzbedürfnis*** im benannten Sinne liegt vor, wenn es für den Betroffenen unzumutbar ist, auf nachträglichen Rechtsschutz verwiesen zu werden (BVerwGE **51**, 69; VGH Mannheim NVwZ **1994**, 801). Dies kann zum Beispiel daran liegen, dass der noch zu erlassende Verwaltungsakt aus rechtlichen Gründen später nicht mehr aufgehoben werden kann (*Kopp/Schenke* Vorb. § 40 VwGO Rz. 34).

Zur Verdeutlichung: Die Ernennung/Beförderung wurde bislang als ein Verwaltungsakt ohne Drittwirkung angesehen, da sie lediglich das Rechtsverhältnis des Dienstherrn zum beförderten Beamten betreffen (*Bracher* in ZBR 1989, 139; *Wittkowski* in NJW 1993, 817). Als solches sei die Ernennung ***rechtsbeständig*** und nur nach Maßgabe des § 13 BBG ***nichtig*** und könne von dem Dienstherrn ausschließlich unter den Voraussetzungen des **§ 14 BBG** zurückgenommen werden. Unter die Rücknahmegründe des § 14 BBG fällt aber gerade nicht eine mögliche Rechtswidrigkeit der Auswahlentscheidung. Dementsprechend sollte eine rechtswidrige Beförderung auch nicht mehr gerichtlich aufgehoben werden können (Grundsatz der *Ämterstabilität*: BVerwG NJW **2004**, 870; OVG Münster NVwZ-RR **2004**, 436; *Bürger* in ZBR 2003, 267; *Tegethoff* in JA 2004, 732; *Wittkowski* in NJW 1993, 817).

Folglich könnte der R hiernach nachträglich nicht mehr gegen die Beförderung des K vorgehen, selbst wenn diese rechtswidrig war. Daher wäre es für ihn unzumutbar, auf nachträglichen Rechtsschutz verwiesen zu werden.

Beachte: In einer Entscheidung vom **4. November 2010** hat sich das BVerwG (NJW **2011**, 695 = NVwZ **2011**, 358) allerdings von diesen Grundsätzen verabschiedet. Die Ernennung eines nach Maßgabe des Art. 33 Abs. 2 GG ausgewählten Bewerbers für ein Amt stelle einen Verwaltungsakt dar, der darauf gerichtet sei, unmittelbare Rechtswirkungen für die gewährleisteten Bewerbungsverfahrensansprüche der unterlegenen Bewerber zu entfalten (Drittwirkung). Die Ernennung sei nach ihrem Regelungsgehalt auf unmittelbare Rechtswirkungen für diejenigen Bewerber gerichtet, die sich erfolglos um die Verleihung des Amtes beworben haben. Die Bewerbungsverfahrensansprüche der unterlegenen Bewerber gingen durch die Ernennung unter, wenn diese das Auswahlverfahren endgültig abschließt. Dies ist regelmäßig der Fall, weil die Ernennung nach dem Grundsatz der Ämterstabilität nicht mehr rückgängig gemacht werden kann, sodass das Amt unwiderruflich vergeben ist. Ein unterlegener Bewerber kann seinen Anspruch allerdings dann durch eine ***Anfechtungsklage*** gegen die Ernennung verfolgen, wenn er unter Verstoß gegen **Art. 19 Abs. 4 GG** daran gehindert worden ist, seine Rechtsschutzmöglichkeiten vor der Ernennung auszuschöpfen.

Der Grundsatz der Ämterstabilität gilt also nur, wenn unterlegene Bewerber ihren Bewerbungsverfahrensanspruch vor der Ernennung des Konkurrenten in der grundrechtlich gebotenen Weise gerichtlich geltend machen können. Es muss nach dem BVerwG sichergestellt sein, dass ein unterlegener Bewerber die Auswahlentscheidung des Dienstherrn ***vor*** der Ernennung in einem ***gerichtlichen Verfahren*** überprüfen lassen kann. Hierfür hat sich eine Praxis der Verwaltungsgerichte herausgebildet, einen unterlegenen Bewerber zur Durchsetzung seines Bewerbungsverfahrensanspruchs darauf zu verweisen, eine ***einstweilige Anordnung*** nach § 123 Abs. 1 VwGO zu beantragen, durch die dem Dienstherrn die Ernennung des ausgewählten Bewerbers untersagt wird. Der Dienstherr darf den ausgewählten Bewerber erst ernennen, wenn feststeht, dass der Antrag auf Erlass einer einstweiligen Anordnung keinen Erfolg hat. Ein Hauptsacheverfahren findet dann wegen der Rechtsbeständigkeit der Ernennung nicht mehr statt.

<u>ZE.</u>: Obwohl die Ernennung des K nach der neueren Rechtsprechung des BVerwG einen Verwaltungsakt mit Drittwirkung darstellt, kann dieser nach wie vor wegen des Grundsatzes der Ämterstabilität nur unter eingeschränkten Voraussetzungen mittels der Anfechtungsklage angegriffen werden. Deshalb hat R ein qualifiziertes Rechtsschutzbedürfnis für den vorbeugenden vorläufigen Rechtsschutz.

Feinkostabteilung: Der Grundsatz der Ämterstabilität gilt uneingeschränkt nur für Beamte. Hinsichtlich der Rolle von Angestellten im öffentlichen Dienst wird dies unterschiedlich beurteilt (vgl. OVG Münster NWVBl **2006**, 262). Verschläft ein übergangener Beamtenbewerber übrigens die Möglichkeit vorläufigen Rechtsschutzes vor Ernennung des Konkurrenten, beschränken sich seine Rechtsschutzmöglichkeiten auf die Geltendmachung von Schadensersatzansprüchen (zu den Voraussetzungen vgl. BVerwG DÖV **2006**, 264). Dies dürfte auch nach der eben benannten Entscheidung des BVerwG vom November 2010 fortgelten.

Der Grundsatz der Ämterstabilität stand der Klage eines übergangenen Beamten bereits in der Vergangenheit nicht entgegen, wenn der Dienstherr eine vorher ergangene gerichtliche einstweilige Anordnung missachtet hat (lesenwert BVerwG NJW **2004**, 870 und die Anmerkung dazu von *Haurand* in DVP 2005, 122).

3. Notwendige Beiladung

Der Antrag des R richtet sich unmittelbar gegen die ausstehende Beförderung des K. Fraglich ist, wie dieser an dem Verfahren beteiligt werden muss. In Betracht kommt eine ***notwendige Beiladung*** nach **§ 65 Abs. 2 VwGO** (lesen, bitte).

Definition: Nach der Legaldefinition des § 65 Abs. 2 VwGO ist eine ***notwendige Beiladung*** dann erforderlich, wenn an dem streitigen Rechtsverhältnis Dritte derart beteiligt sind, dass die Entscheidung auch ihnen gegenüber nur einheitlich ergehen kann.

Beachte: Durch eine solche Beiladung wird der Dritte zwar ***Beteiligter*** im Sinne des § 63 Nr. 3 VwGO, nicht jedoch Partei des Rechtsstreits (BVerwGE **40**, 101; *Kopp/Schenke* § 65 VwGO Rz. 2).

Eine Situation, die eine notwendige Beiladung erforderlich macht, ist anzunehmen, wenn die begehrte Sachentscheidung des Gerichts nicht wirksam getroffen werden kann, ohne dass dadurch gleichzeitig Rechte des Beizuladenden ***gestaltet***, ***bestätigt*** oder ***festgestellt*** werden (BVerwGE **57**, 35; VGH München NVwZ-RR **1999**, 148; *Kopp/Schenke* § 65 VwGO Rz. 14). Sofern der Antrag des R Erfolg haben wird, verhindert die gerichtliche Entscheidung die Beförderung des K, gestaltet also dessen Rechte. Bleibt der Antrag indes erfolglos, stellt das Gericht inzident fest, dass der Beförderung des K nichts im Wege steht. Dementsprechend sind jedenfalls Rechte des K durch die Entscheidung betroffen, sodass er im Sinne von § 65 Abs. 2 VwGO notwendig beizuladen ist.

Übrigens: Sofern eine notwendige Beiladung unterblieben ist, führt das zwar nicht zur Unzulässigkeit der Klage oder des Antrags, die Sachentscheidung hat dann allerdings gegenüber dem übergangenen Dritten keine Wirkung (BVerwGE **18**, 127; VGH Mannheim NVwZ **1986**, 141). In Klausurlösungen findet sich dieser Prüfungspunkt sowohl innerhalb der Zulässigkeit (wie bei uns) als auch als gesonderter Punkt zwischen Zulässigkeit und Begründetheit (wie auch bei der Klagehäufung, vergleiche Fall 13). Beide Aufbauvarianten sind gut vertretbar, man kann also nichts wirklich falsch machen, egal, wofür man sich entscheidet. Beachte bitte, dass solche Feinheiten wie die Beiladung eines Dritten vom Studenten in der Regel nicht erwartet und deshalb stets besonders honoriert werden. Ein paar wenige Sätze bringen hier schon wertvolle Sonderpunkte. Wie man das in der Klausur am sinnvollsten macht, steht weiter unten im Gutachten. Nachlesen schadet sicher nicht.

<u>ZE.</u>: Ein Antrag des R auf Gewährung vorläufigen Rechtsschutzes nach § 123 Abs. 1 VwGO wird zulässig sein.

B. Begründetheit

Durchblick: In § 123 Abs. 1 VwGO werden <u>zwei</u> verschiedene Arten der einstweiligen Anordnung unterschieden.

→ Nach § 123 Abs. 1 **Satz 1** VwGO kann das Gericht eine einstweilige Anordnung treffen, *wenn die Gefahr besteht, dass durch eine Veränderung des bestehenden Zustands die Verwirklichung eines Rechts des Antragsstellers vereitelt oder wesentlich erschwert werden könnte.*

→ Nach § 123 Abs. 1 **Satz 2** VwGO ist eine einstweilige Anordnung *auch zur Regelung eines vorläufigen Zustands in bezug auf ein streitiges Rechtsverhältnis zulässig, wenn diese Regelung (...) um wesentliche Nachteile abzuwenden (...) nötig erscheint.*

Die Anordnung nach Satz 1 wird ***Sicherungsanordnung***, die Anordnung nach Satz 2 wird ***Regelungsanordnung*** genannt (*Kopp/Schenke* § 123 VwGO Rz. 6; *Zacharias* in JA 2002, 345). Weitere Anhaltspunkte, nach welchen Maßgaben sich die Begründetheit eines solchen Anspruchs ergibt, lassen sich in § 123 VwGO nicht finden. In § 123 **Abs. 3** VwGO wird jedoch auf die Vorschriften über den zivilrechtlichen vorläufigen Rechtsschutz der **§§ 920 ff. ZPO** verwiesen. Insbesondere aus dem Verweis auf § 920 Abs. 2 ZPO ergibt sich, dass der Erlass einer einstweiligen Anordnung die ***Glaubhaftmachung*** eines Anordnungs***anspruchs*** und eines Anordnungs***grundes*** erfordert (VGH Mannheim NVwZ **2012**, 837; *Kopp/Schenke* § 123 VwGO Rz. 23; *Schoch* in JURA 2002, 318).

Dementsprechend formulieren wir unseren Obersatz:

> *Der Antrag auf Erlass einer einstweiligen Anordnung nach § 123 Abs. 1 und Abs. 3 VwGO i.V.m. §§ 920 ff. ZPO ist begründet, wenn der Antragssteller einen Anordnungsanspruch im Sinne eines Rechtes nach § 123 Abs. 1 Satz 1 VwGO oder eines Rechtsverhältnisses im Sinne des § 123 Abs. 1 Satz 2 VwGO und einen Anordnungsgrund glaubhaft gemacht hat.*

Bevor wir das jetzt im Einzelnen durchprüfen, noch eine kurze Erläuterung zur Begrifflichkeit: ***Glaubhaftmachen*** bedeutet, dass der Antragssteller die Tatsachen, die einen Anordnungsanspruch und einen Anordnungsgrund begründen, nicht beweisen, sondern das Gericht lediglich davon ***überzeugen*** muss (VGH Mannheim NVwZ-RR 2000, 303; Schoch in JURA 2002, 318). Wie auch schon ganz zum Schluss von Fall 19 angesprochen, sind im Ersten Staatsexamen und in der universitären Ausbildung allerdings grundsätzlich immer ***feststehende*** Sachverhalte zu begutachten, sodass sich die Frage der Glaubhaftmachung in der eben beschriebenen Form nicht stellt. Man prüft als Klausurbearbeiter stets feststehende Tatsachen, Glaubhaftmachen muss man demnach nichts mehr. Merken.

Und jetzt zur inhaltlichen Prüfung:

I. Art der einstweiligen Anordnung

Zu Beginn der Prüfung muss man in der Klausur aufzeigen, welche der beiden in § 123 Abs. 1 VwGO vorgesehenen Arten von Anordnungen (Sicherungs- und Regelungsanordnung) in Betracht kommt. Und das macht man am besten anhand der geltenden Definitionen, nämlich:

> **1. Definition:** Eine ***Sicherungsanordnung*** ist anzunehmen, wenn ein bestehender Zustand geschützt werden soll. Dies ist vornehmlich der Fall, wenn Abwehrrechte des Antragsstellers Gegenstand der Anordnung sind (*Schenke,* VerwProzessR, Rz. 1025; *Schoch/Schneider/Bier* § 123 VwGO Rz. 25). Stichwort: Sicherung des status quo.

2. Definition: Eine ***Regelungsanordnung*** hat demgegenüber solche Maßnahmen zum Gegenstand, die der (vorläufigen) Erweiterung einer Rechtsposition dienen (*Schenke*, VerwProzessR, Rz. 1027; *Schoch/Schneider/Bier* § 123 VwGO Rz. 56). Stichwort: Vorläufige Rechtskreiserweiterung.

Zum Fall: Unser R möchte verhindern, dass es zu einer Beförderung des K kommt, damit nicht die Möglichkeit der Geltendmachung seines subjektiven Rechts aus Art. 33 Abs. 2 GG i.V.m. § 9 BBG vereitelt wird. In der Sache geht es also um die Bewahrung des ***jetzigen*** Zustands (vor der Beförderung des K). Folglich liegt eine ***Sicherungsanordnung*** nach § 123 Abs. 1 Satz 1 VwGO vor.

Beachte: Die Unterscheidung zwischen Sicherungs- und Regelungsanordnung ist oftmals schwer einzuhalten und wird auch von den Gerichten nicht immer stringent durchgeführt (siehe etwa VGH München NVwZ **2001**, 828; VGH München NVwZ-RR **1990**, 99). Das Gesetz differenziert nun aber zwischen den verschiedenen Anordnungstypen, und deshalb darf auch eine Unterscheidung in der Klausur ***nicht*** ausgespart werden. Freilich sollte man dabei immer im Hinterkopf haben, dass bei beiden Arten der Anordnungen die Prüfungsvoraussetzungen im Wesentlichen die gleichen sind. Dementsprechend unterscheidet sich auch der Begründetheitsaufbau kaum, ungeachtet dessen, ob man nun eine Sicherungs- oder Regelungsanordnung trifft. Aus diesen Gründen darf eine Differenzierung in der Übungsarbeit zwar nicht fehlen, sollte aber auch nicht zu breit ausfallen, ansonsten ärgert man den Prüfer. Merken.

II. Anordnungsanspruch

Durchblick: Unter dem prozessualen Begriff »**Anordnungsanspruch**« ist der materiell-rechtliche Anspruch zu verstehen, für den die einstweilige Anordnung begehrt wird. Er lässt sich durch eine Prüfung der Erfolgsaussichten des Hauptsacheverfahrens bestimmen (OVG Saarlouis NVwZ **2006**, 956; VGH Kassel NVwZ-RR **2001**, 366; *Kopp/Schenke* § 123 VwGO Rz. 25). Dementsprechend muss in der Klausur an dieser Stelle die ***Begründetheitsprüfung*** vorgenommen werden, die in einem entsprechenden Hauptsacheverfahren durchzuführen wäre.

Wir müssen also untersuchen, ob die in der Hauptsache statthafte allgemeine Leistungsklage in Form der vorbeugenden Unterlassungsklage begründet wäre. Dies ist der Fall, wenn dem R ein Unterlassungsanspruch im Hinblick auf den noch zu erlassenden Verwaltungsakt (→ Beförderung des K) zusteht. Dafür ist entscheidend, ob die vorzunehmende Beförderung des K und die damit verbundene Ablehnung des R rechtswidrig wären. Hierbei ist zunächst zu beachten, dass ein Beamter grundsätzlich ***keinen*** Rechtsanspruch auf Beförderung hat (BVerwG DVBl **1990**, 1235; OVG Münster NJW **1999**, 1203; *Wittkowski* in NJW 1993, 817). Allerdings hat er einen Anspruch auf eine rechtsfehlerfreie Auswahlentscheidung unter Beachtung des gesetzlich vorgeschriebenen Verfahrens und des Leistungsprinzips (BVerwGE **86**, 244; VGH Kassel NJW **1985**, 1103; *Wittkowski* in NJW 1993, 817). Prüfen wir mal:

1. Verfahrensfehler

In verfahrensrechtlicher Hinsicht kommen – sofern dies ausweislich des Sachverhalts problematisch ist – vor allem die Notwendigkeit einer ordnungsgemäßen Ausschreibung freier Beförderungsstellen, die mögliche Mitwirkung besonderer Dienststellen innerhalb des Auswahlverfahrens und bestimmte Akteneinsichtsrechte von Bewerbern in Betracht (ausführlich zu Verfahrensfehlern *Wittkowski* in NJW 1993, 817).

Zum Fall: Der Sachverhalt bietet keinerlei Anhaltspunkte im Hinblick auf mögliche Verfahrensfehler.

2. Materielle Fehler

Aus Art. 33 Abs. 2 GG i.V.m. § 9 Abs. 1 BBG ergibt sich, dass der Dienstherr eine Beförderungsentscheidung nach dem Grundsatz des Leistungsprinzips (auch irgendwie blöd »**Bestenauslese**« genannt) vorzunehmen hat (*Eckstein* in ZBR 2009, 86). Die Auswahl zwischen mehreren Bewerbern muss primär nach deren ***Eignung, Befähigung*** und ***fachlicher Leistung*** erfolgen (BVerwG NVwZ-RR **2012**, 241). Der für die Bewerberauswahl maßgebende Leistungsvergleich ist anhand aktueller dienstlicher Beurteilungen vorzunehmen. Entscheidend hierfür ist in erster Linie das abschließende Gesamtrurteil, das durch eine Würdigung, Gewicthung und Abwägung der einzelnene leistunsgbezogenen Gesichtspunkte zu bilden ist (BVerwG NVwZ **2014**, 75).

Nur wenn mehrere Bewerber diese Kriterien in gleicher Weise erfüllen, darf der Dienstherr andere Kriterien hilfsweise heranziehen, muss dabei aber innerhalb seiner Auswahl ermessensfehlerfrei entscheiden (BVerwG NJW **2004**, 870; OVG Schleswig DVBl **2002**, 134; *Wittkowski* in NJW **1993**, 817). Grundsätzlich steht es dem Dienstherrn innerhalb seines Ermessens frei, welchen »**sachgerechten**« Hilfskriterien er größere Bedeutung beimisst (BVerwG DVBl **1986**, 1156; VG Braunschweig DöD **1992**, 142), sofern dadurch das Leistungsprinzip nicht selbst in Frage gestellt wird (BVerwG DVBl **1990**, 867; OVG Münster NJW **1999**, 1203).

Zum Fall: Sowohl R als auch K haben das Zweite juristische Staatsexamen mit »befriedigend« bestanden. Beide werden zudem gleichermaßen als gut beurteilt. Auch sonst sind sie durchweg gleich qualifiziert. Hinsichtlich ihrer Eignung, Befähigung und fachlichen Leistung ist zwischen beiden Beförderungskandidaten also kein Unterschied auszumachen. Somit stand es dem Dienstherrn innerhalb seines pflichtgemäßen Ermessens grundsätzlich frei, bei seiner Auswahlentscheidung auf andere Kriterien hilfsweise abzustellen. Hierbei hat er sich vorliegend darauf berufen, dass K – im Gegensatz zu R – drei Kinder hat.

Fraglich ist nunmehr, ob das Kriterium des ***Kinderreichtums*** sich im Hinblick auf das Leistungsprinzip als ***sachgerecht*** darstellt, insbesondere ermessensfehlerfrei ist.

- Teilweise wird insoweit vertreten, der Dienstherr habe bei gleich qualifizierten Bewerbern ein weites Ermessen. Es gebe keine starre Rangfolge etwaiger Hilfskriterien. Soziale Gesichtspunkte wie der Kinderreichtum seien Ausdruck der sich aus § 78 BBG ergebenden Fürsorgepflicht des Dienstherrn und der daraus resultierenden besonderen Schutzpflicht gerade für kinderreiche Familien (Art. 6 GG). Dementsprechend sei das Auswahlkriterium des ***Kinderreichtums*** auch im Hinblick auf das Leistungsprinzip sachgerecht und eine darauf gestützte Auswahlentscheidung ermessensfehlerfrei (*Bockey* in NWVBl 2000, 151).

Beachte: Nachvollziehbar ist hieran, dass dem Dienstherrn bei gleich qualifizierten Bewerbern ein weites Ermessen zustehen muss, damit er überhaupt zu einer Entscheidung kommen kann. Fraglich erscheint aber, ob die Heranziehung der Fürsorgepflicht den Grundsatz des Leistungsprinzips in nicht sachgerechter Weise untergräbt.

- Das OVG Münster (NJW **1999**, 1203) führt hierzu aus:

  »Die Fürsorge, die der Dienstherr auch in Richtung auf die Familie des Beamten schuldet, ist mit der familienstandsabhängigen Besoldung, Versorgung und Beihilfe, der gesetzlichen Regelung zur Teilzeitermäßigung und Beurlaubung aus familienpolitischen Gründen abschließend konkretisiert. Es ist nicht zusätzlich möglich, einem Beamten wegen Kinderreichtums ein Amt mit höherem Endgrundgehalt zu verleihen.«

Also: Es ist zwar zutreffend, dass sich aus der allgemeinen Fürsorgepflicht für Beamte eine besondere Fürsorgepflicht gerade im Hinblick auf dessen Familie konkretisieren lässt. Der Erfüllung dieser Pflicht ist der Gesetzgeber allerdings durch die gesetzliche Ausformung oben genannter Vergünstigungen nachgekommen. Er hat sich gerade nicht darauf beschränkt, allgemein zu bestimmen, dass Beamte mit Kindern förderungswürdig seien, sondern hat diesbezüglich im Detail bestimmte Regelungen getroffen. Damit ist allerdings klargestellt, dass es keine allgemeine Fürsorgepflicht im Hinblick auf möglichen Kinderreichtum gibt (OVG Münster NJW **1999**, 1203).

Zum Fall: Demnach konnte dieses Kriterium auch nicht als Hilfskriterium der Auswahlentscheidung herangezogen werden, die Ausfüllung des Leistungsprinzips erfolgte also anhand ***sachfremder*** Erwägungen, mithin ***ermessensfehlerhaft***.

> **Beachte bitte:** Damit haben wir lediglich klargestellt, dass die Auswahlentscheidung des Dienstherrn, so wie sie getroffen wurde, rechtswidrig war. Ob eine erneut durchzuführende Auswahlentscheidung eine Beförderung des R mit sich bringen würde, wurde nicht geprüft, war aber auch nicht Gegenstand der Untersuchung. Geklärt wurde bislang nur, dass der Dienstherr sich anderer Hilfskriterien im Rahmen seiner Ermessensentscheidung bedienen muss.

III. Anordnungsgrund

Durch den Anordnungsgrund muss seitens des Antragsstellers aufgezeigt werden, worin sein besonderes Bedürfnis gerade an ***vorläufigem*** Rechtsschutz liegt (*Schoch* in

JURA 2002, 318; *Zacharias* in JA 2002, 345). Maßgeblich ist hierbei die ***Eilbedürftigkeit*** der Sache, also die Frage, warum sie als besonders dringlich einzustufen ist (VGH Mannheim NVwZ-RR **2000**, 162; *Eyermann/Happp* § 123 VwGO Rz. 53).

Für die ***Regelungsanordnung*** übrigens normiert § 123 Abs. 1 Satz 2 VwGO diesbezüglich unter anderem die Notwendigkeit, wesentliche Nachteile abzuwenden. Es muss unzumutbar sein, den Antragssteller auf den Hauptsacherechtsschutz zu verweisen (*Brühl* in JuS 1995, 916; *Zacharias* in JA 2002, 345).

Hinsichtlich der hier einschlägigen ***Sicherungsanordnung*** sieht § 123 Abs. 1 Satz 1 VwGO vor, dass die Rechtsverwirklichung des Antragsstellers gefährdet sein muss. Sicherer Indikator ist hierbei vor allem der Eintritt irreversibler Fakten (*Schoch/Schneider/Bier* § 123 VwGO Rz. 78; *Schoch* in JURA 2002, 318). Hierfür ist der beamtenrechtliche Konkurrentenstreit ein klassisches Beispiel: Durch die Ernennung/Beförderung des Konkurrenten droht aufgrund des Prinzips der Ämterstabilität eine vollendete – weil nicht mehr aufhebbare – Tatsache (VGH München NVwZ-RR **1999**, 641; OVG Münster NWVBl **1999**, 220). Hieran hat sich prinzipiell auch nichts durch die bereits zitierte BVerwG-Entscheidung (NJW **2011**, 695) geändert. Auch kann ein ausgewählter Mitbewerber in der Zwischenzeit einen Erfahrungsvorsprung erlangen, der im Falle des Obsiegens des übergangenen Konkurrenten bei einer erneuten Auswahlentscheidung zu berücksichtigen wäre (OVG Magdeburg IÖD **2014**, 15).

Zum Fall: Nach der Beförderung des K könnte R wegen des Grundsatzes der Ämterstabilität nicht mehr gegen diese Beförderung vorgehen. Daher ist die Rechtsverwirklichung des Antragsstellers gefährdet, mithin besteht ein Anordnungsgrund.

IV. Gerichtliche Ermessensentscheidung

Nach § 123 Abs. 1 VwGO ***kann*** das Gericht eine einstweilige Entscheidung treffen; es entscheidet also nach freiem Ermessen (vgl. § 123 Abs. 3 VwGO i.V.m. § 938 Abs. 1 ZPO – bitte lesen!). Dieses freie Ermessen darf allerdings nicht falsch verstanden werden: Hat der Antragssteller einen Anordnungsanspruch und einen Anordnungsgrund glaubhaft gemacht, steht dem Gericht im Hinblick auf die Rechtsschutzgarantie des Art. 19 Abs. 4 GG kein ***Entschließungs***ermessen mehr zu. Es muss von seiner Anordnungsbefugnis Gebrauch machen und kann lediglich im Rahmen der Ermessensbetätigung entscheiden, ***wie*** die Anordnung ergehen wird (*Eyermann/Happ* § 123 VwGO Rz. 61; *Kopp/Schenke* § 123 VwGO Rz. 23, 28; *Loos* in JA 2001, 871; *Mückl* in JA 2000, 329).

Feinkost: Im Zusammenhang mit dieser Ermessensbetätigung des Gerichts muss man sich noch mit der Thematik des ***Verbots der Vorwegnahme der Hauptsacheentscheidung*** auseinander setzen. Hierunter ist zu verstehen, dass ein Gericht aufgrund des vorläufigen Charakters einer einstweiligen Anordnung die Entscheidung, die erst in der Hauptsache ergehen würde, grundsätzlich nicht schon durch eine einstweilige Anordnung treffen darf (BVerwG NVwZ **1999**, 650; VGH Mannheim NVwZ-

RR **2000**, 470). Diesbezüglich ist einiges streitig und zum Teil auch reichlich kompliziert (vgl. zuletzt *Hummel* in JuS 2011, 502). Vereinfachte Fassung: Man muss wieder zwischen einer Sicherungs- und einer Regelungsanordnung unterscheiden. Eine Sicherungsanordnung dient ja nur der Statusbewahrung. Es soll das geschützt werden, was ***jetzt*** besteht. Typische Anwendungsfälle sind Unterlassungsbegehren wie das vorliegende. Auch in der Hauptsache wird die Unterlassung der Verwaltungshandlung begehrt. Dementsprechend nimmt aber eine einstweilige Anordnung insoweit die Hauptsache vorweg, indem sie ein Unterlassen anordnet. Dies geschieht allerdings nur ***vorläufig***. In der Hauptsache kann etwas ganz anderes herauskommen und die einstweilige Anordnung damit hinfällig werden. Damit ist aber klargestellt, dass solche Sicherungsanordnungen die Hauptsache immer nur auf Zeit vorwegnehmen und deshalb grundsätzlich zulässig sind (*Schoch* in JURA 2002, 318; *Schrader* in JuS 2005, 37). Demgegenüber ist Gegenstand einer Regelungsanordnung die ***Rechtserweiterung***. Diesbezüglich ist der Problemkreis der Hauptsachevorwegnahme wesentlich schwieriger und auch im Einzelnen umstritten: Begehrt der Antragssteller den Erlass eines Verwaltungsaktes, kann das Gericht eine Behörde auch nur zum vorläufigen Erlass eines solchen verpflichten (*Kopp/Schenke* § 123 VwGO Rz. 13). Das Verbot der Vorwegnahme der Hauptsache wird nach h.M. aber in besonderen Fällen wegen Art. 19 Abs. 4 GG durchbrochen. Kommt der Hauptsacherechtsschutz zu spät und führt dies zu schlechterdings unzumutbaren Nachteilen (Grundrechte!) des Antragsstellers, die sich später nicht mehr abwenden oder ausgleichen lassen, ist ausnahmsweise eine Vorwegnahme geboten (VGH Mannheim NVwZ-RR **1996**, 681; OVG Koblenz NVwZ-RR **1995**, 411; VG Regensburg BeckRS **2013**, 454441; *Brühl* in JuS 1995, 919; *Kopp/Schenke* § 123 VwGO Rz. 13). Hinsichtlich der an dem Vorwegnahmeverbot geäußerten Kritik lohnt sich für die besonders interessierten Kandidaten ein Blick in *Schoch/Schneider/Bier* § 123 VwGO Rz. 146 ff. Umfangreich und sehr lehrreich zur Vorwegnahme der Hauptsache im Allgemeinen: *Finkelnburg/Jank*, Vorläufiger RS, Rz. 202 ff.

In unserem Fall brauchen wir uns mit dieser schwierigen Geschichte nicht zu befassen, denn wir haben es eben gesagt: Die Sicherungsanordnung hat stets nur vorläufigen Charakter und nimmt die Hauptsacheentscheidung dementsprechend nicht vorweg.

Streng genommen postuliert die Rechtsprechung des BVerwG bei Anordnungen nach § 123 VwGO im Rahmen von Konkurrentenstreitigkeiten sogar eine ***Ausnahme*** vom Verbot der Vorwegnahme der Hauptsache. Das (Anordnungs-)Verfahren dürfe in solchen Fällen nach Prüfungsmaßstab, -umfang und -tiefe nicht hinter einem Hauptsacheverfahren zurückbleiben. Dies bedeute sogar, dass sich die Verwaltungsgerichte nicht auf eine wie auch immer geartete summarische Prüfung beschränken dürfen. Vielmehr ist eine umfassende ***tatsächliche*** und ***rechtliche*** Überprüfung der Bewerberauswahl verfassungsrechtlich geboten. Auch dürften die Verwaltungsgerichte die Anforderungen an einen Erfolg des unterlegenen Bewerbers nicht überspannen. Sofern sie eine Verletzung des Bewerbungsverfahrensanspruchs feststellten, müsse die Ernennung des ausgewählten Bewerbers bereits dann durch einstweilige Anordnung untersagt werden, wenn die Auswahl des Antragstellers bei rechtsfehlerfreier Auswahl jedenfalls möglich erscheint.

Ergebnis: Ein Antrag auf Erlass einer einstweiligen Anordnung wird im vorliegenden Fall Erfolg haben, da er zulässig und begründet ist. Daher sollte R solchen gerichtlichen Rechtsschutz beantragen. Weiterhin ist ihm auch zu raten, gegen die Mitteilung des Dienstherrn, er sei nicht für die Beförderung ausgewählt worden (belastender Verwaltungsakt, vgl. oben), Widerspruch einzulegen.

Gutachten

Dem R ist zu raten, einen Antrag auf Gewährung vorläufigen Rechtsschutzes zu stellen, wenn ein solcher zulässig und begründet sein wird.

A. Zulässigkeit

I. Verwaltungsrechtsweg

Wie sich aus den §§ 80 Abs. 5 und § 123 Abs. 2 VwGO ergibt, muss auch für einen Antrag auf einstweiligen Rechtsschutz der Verwaltungsrechtsweg eröffnet sein. Dies könnte vorliegend entsprechend § 40 Abs. 2 Satz 2 Var. 1 VwGO i.V.m. § 126 Abs. 1 BRRG der Fall sein. Hiernach ist der Verwaltungsrechtsweg unter anderem für alle Klagen von Beamten aus dem Beamtenverhältnis eröffnet. R ist Beamter. Eine Klage aus dem Beamtenverhältnis ist anzunehmen, wenn der geltend gemachte Anspruch seine Grundlage im Beamtenrecht hat und in einem Bezug zu einem konkreten Beamtenverhältnis steht. R wendet sich gegen die bevorstehende Beförderung des K, die ihre Rechtsgrundlage in Normen des Bundesbeamtengesetzes findet und deren Abwehr in einem konkreten Zusammenhang mit dem Beamtenverhältnis des R steht. Dementsprechend ist der Verwaltungsrechtsweg über § 126 Abs. 1 BRRG eröffnet.

II. Statthafte Antragsart

Die statthafte Antragsart im einstweiligen Rechtsschutz richtet sich entsprechend § 88 VwGO nach dem Begehren des Antragsstellers. R möchte gegen die ausstehende Beförderung des K vorgehen, um selbst befördert zu werden. Diesbezüglich kann ein Antrag auf Erlass einer einstweiligen Anordnung nach § 123 Abs. 1 VwGO statthaft sein, wenn nach § 123 Abs. 5 VwGO kein Fall der §§ 80 ff. VwGO gegeben ist. Dementsprechend stellt sich die Frage, ob R gegen einen belastenden Verwaltungsakt vorgehen möchte.

a) Die Beförderung in eine höhere Dienststelle bedeutet die Verleihung eines anderen Amtes im statusrechtlichen Sinne und stellt dadurch eine Regelung mit Außenwirkung dar, die insgesamt die Voraussetzungen eines – den Beförderten begünstigenden – Verwaltungsaktes erfüllt. Die Frage, ob ein solcher Verwaltungsakt Drittwirkung hat und durch einen nicht beförderten Konkurrenten – im Hinblick auf den Grundsatz der Ämterstabilität – angefochten werden kann, bedarf an dieser Stelle keiner Beantwortung; die Beförderung des K steht zwar unmittelbar bevor, hat allerdings noch nicht stattgefunden. Insofern liegt also keine Anfechtungssituation vor.

b) Möglicherweise ist aber die Mitteilung der Bundesbehörde an R, der K und nicht er werde befördert, als ein Verwaltungsakt zu sehen, dessen Anfechtung dem Begehren des R entspräche. Fraglich ist hierbei, ob die Mitteilung auch eine Regelung im Sinne des § 35 Satz 1 VwVfG enthält, also eine verbindliche Rechtsfolge setzt. Im Hinblick auf die Beförderung eines Konkurrenten kündigt die Mitteilung hierüber dem unterlegenen Bewerber jedoch nur an, dass die Beförderung bevorsteht. Diesbezüglich setzt sie noch keine Rechtsfolge, sondern bereitet den späteren Verwaltungsakt (Beförderung) lediglich vor. Hierin ist also kein Verwaltungsakt zu sehen. Zwar enthält eine solche Mitteilung gleichzeitig die Ablehnung des Konkurrenten, setzt also diesem gegenüber eine verbindliche Rechtsfolge und hat daher Verwaltungsaktqualität. Eine Anfechtung dieser Ablehnung genügt jedoch nicht, um sein Rechtsschutzziel zu erreichen. Durch Einlegung des Widerspruchs gegen die Mitteilung, nicht befördert zu werden, kann nicht verhindert werden, dass der Dienstherr trotzdem den Konkurrenten ernennt. Es entspricht also nicht dem Begehren des R, lediglich gegen die ihn belastende Mitteilung einstweiligen Rechtsschutz zu ersuchen. Auch insofern liegt kein Fall der §§ 80 ff. VwGO vor.

c) Demzufolge ist das Begehren des R darauf gerichtet, dass der Dienstherr verpflichtet wird, den ausgeschriebenen Beförderungsposten nicht mit dem Konkurrenten (K) zu besetzen. Dies kann in der Hauptsache mittels einer allgemeinen Leistungsklage in Form der vorbeugenden Unterlassungsklage erreicht werden. Folglich liegt mangels Anfechtungssituation kein Fall der §§ 80 ff. VwGO vor, sodass der Antrag auf Gewährung vorläufigen Rechtsschutzes in Form einer einstweiligen Anordnung gemäß § 123 Abs. 1 VwGO statthaft ist.

III. Besondere Sachentscheidungsvoraussetzungen

Der Antragssteller muss analog § 42 Abs. 2 VwGO geltend machen können, möglicherweise in einem subjektiv-öffentlichen Recht verletzt zu sein. Nach Art. 33 Abs. 2 GG i.V.m. § 9 BBG hat jeder Deutsche nach seiner Eignung, Befähigung und fachlichen Leistung gleichen Zugang zu jedem öffentlichen Amte. Hieraus lässt sich das Recht auf ermessensfehlerfreie Entscheidung der Behörde im Hinblick auf die Auswahl zwischen mehreren Bewerbern ableiten. Dass dieses Recht des R durch die Beförderung des K verletzt wird, ist nicht von vornherein ausgeschlossen, also möglich. Demnach ist er antragsbefugt nach § 42 Abs. 2 VwGO analog.

Unabhängig davon, ob man in der Hauptsache lediglich eine allgemeine Leistungsklage (in Form der vorbeugenden Unterlassungsklage) oder zusätzlich noch eine Verpflichtungsklage im Hinblick auf die eigene Beförderung des R annimmt, bestimmt sich der Klagegegner nach dem Rechtsträgerprinzip (§ 78 Abs. 1 Nr. 1 VwGO analog). Dies ist vorliegend der Bund.

IV. Allgemeine Sachentscheidungsvoraussetzungen

1. Beteiligten- und Prozessfähigkeit

Sowohl R als natürliche als auch der Bund als juristische Person sind beteiligtenfähig nach § 61 Nr. 1 VwGO. R ist nach § 62 Abs. 1 Nr. 1 VwGO auch prozessfähig; der Bund muss sich gemäß § 62 Abs. 3 VwGO vertreten lassen.

2. Allgemeines Rechtsschutzbedürfnis

R möchte gerichtlich gegen die noch ausstehende Beförderung des K vorgehen. Der Rechtsschutz der VwGO ist aber grundsätzlich nur auf eine nachträgliche Kontrolle von Verwaltungshandeln angelegt. Fraglich ist daher, ob er im Hinblick auf diesen von ihm angestrebten vorbeugenden vorläufigen Rechtsschutz auch rechtsschutzbedürftig ist.

Sowohl bei vorbeugendem Rechtsschutz in Hauptsacheverfahren als auch in Eilrechtsschutzverfahren ist ein qualifiziertes Rechtsschutzbedürfnis erforderlich. Hierfür muss es für den Betroffenen unzumutbar sein, auf nachträglichen Rechtsschutz verwiesen zu werden. Dies kann zum Beispiel daran liegen, dass der noch zu erlassende Verwaltungsakt aus rechtlichen Gründen später nicht mehr aufgehoben werden kann.

Die Ernennung/Beförderung eines Beamten ist prinzipiell rechtsbeständig. Generell kann sie nur nach Maßgabe des § 13 BBG nichtig und vom Dienstherrn ausschließlich über die Voraussetzungen des § 14 BBG zurückgenommen werden. Unter die Rücknahmegründe des § 14 BBG fällt aber gerade nicht eine mögliche Rechtswidrigkeit der Auswahlentscheidung. Dementsprechend kann eine rechtswidrige Beförderung grundsätzlich auch nicht mehr gerichtlich aufgehoben werden (Grundsatz der Ämterstabilität). Folglich droht, dass R nachträglich nicht mehr gegen die Beförderung des K vorgehen kann, selbst wenn diese rechtswidrig war. Daher ist es für ihn aber auch unzumutbar, auf den nachträglichen Rechtsschutz verwiesen zu werden. Er hat demnach das für vorbeugenden vorläufigen Rechtsschutz erforderliche qualifizierte Rechtsschutzbedürfnis.

3. Notwendige Beiladung

Der Antrag des R richtet sich unmittelbar gegen die ausstehende Beförderung des K. Sofern der Antrag des R Erfolg haben wird, verhindert die gerichtliche Entscheidung die Beförderung des K, gestaltet also dessen Rechte. Bleibt der Antrag indes erfolglos, stellt das Gericht inzident fest, dass der Beförderung des K nichts im Wege steht. Dementsprechend sind jedenfalls Rechte des K durch die Entscheidung betroffen, sodass er im Sinne von § 65 Abs. 2 VwGO notwendig beizuladen ist.

Ein Antrag auf vorläufigen Rechtsschutz ist zulässig.

B. Begründetheit

Der Antrag auf Erlass einer einstweiligen Anordnung nach § 123 Abs. 1 und Abs. 3 VwGO i.V.m. §§ 920 ff. ZPO ist begründet, wenn der Antragssteller einen Anordnungsanspruch im Sinne eines Rechts nach § 123 Abs. 1 Satz 1 VwGO oder eines Rechtsverhältnisses im Sinne des § 123 Abs. 1 Satz 2 VwGO und einen Anordnungsgrund glaubhaft gemacht hat.

I. Art der einstweiligen Anordnung

Zunächst ist zu prüfen, ob eine Sicherungsanordnung nach § 123 Abs. 1 Satz 1 VwGO oder eine Regelungsanordnung nach § 123 Abs. 1 Satz 2 VwGO in Betracht kommt. Eine Sicherungsanordnung ist anzunehmen, wenn ein bestehender Zustand geschützt werden soll. Dies ist vornehmlich der Fall, wenn Abwehrrechte des Antragsstellers Gegenstand der Anordnung sind. Demgegenüber hat eine Regelungsanordnung solche Maßnahmen zum Gegenstand, die der (vorläufigen) Erweiterung einer Rechtsposition dienen.

R möchte verhindern, dass es zu einer Beförderung des K kommt, damit nicht die Möglichkeit der Geltendmachung seines subjektiven Rechts aus Art. 33 Abs. 2 GG i.V.m. § 9 BBG vereitelt wird. In der Sache geht es um die Bewahrung des jetzigen Zustandes (vor der Beförderung des K). Folglich liegt eine Sicherungsanordnung nach § 123 Abs. 1 Satz 1 VwGO vor.

II. Anordnungsanspruch

Ein Anordnungsanspruch ist gegeben, wenn dem R ein materiell-rechtlicher Unterlassungsanspruch im Hinblick auf den noch zu erlassenden Verwaltungsakt (Beförderung des K) zusteht. Dafür ist entscheidend, ob die vorzunehmende Beförderung des K und die damit verbundene Ablehnung des R rechtswidrig wären.

Aus Art. 33 Abs. 2 GG i.V.m. § 9 Abs. 1 BBG ergibt sich, dass der Dienstherr eine Beförderungsentscheidung nach dem Grundsatz des Leistungsprinzips vorzunehmen hat. Die Auswahl zwischen mehreren Bewerbern muss primär nach deren Eignung, Befähigung und fachlichen Leistung erfolgen. Nur wenn mehrere Bewerber diese Kriterien in gleicher Weise erfüllen, darf der Dienstherr andere Kriterien hilfsweise heranziehen, muss dabei aber innerhalb seiner Auswahl ermessensfehlerfrei entscheiden. Grundsätzlich steht es dem Dienstherrn innerhalb seines Ermessens frei, welchen sachgerechten Hilfskriterien er größere Bedeutung beimisst, sofern dadurch das Leistungsprinzip nicht selbst in Frage gestellt wird. Sowohl R als auch K haben das Zweite juristische Staatsexamen mit befriedigend bestanden. Beide werden gleichermaßen als gut beurteilt. Auch sonst sind sie durchweg gleich qualifiziert. Hinsichtlich ihrer Eignung, Befähigung und fachlichen Leistung ist zwischen beiden Beförderungskandidaten also kein Unterschied auszumachen. Somit stand es dem Dienstherrn innerhalb seines pflichtgemäßen Ermessens grundsätzlich frei, bei seiner Auswahlentscheidung auf andere Kriterien hilfsweise abzustellen. Hierbei hat er sich vorliegend darauf berufen, dass K – im Gegensatz zu R – drei Kinder hat. Fraglich ist nunmehr, ob das Kriterium des Kinderreichtums sich im Hinblick auf das Leistungsprinzip als sachgerecht darstellt, insbesondere ermessensfehlerfrei ist.

Hierfür ließe sich anführen, dass soziale Gesichtspunkte wie der Kinderreichtum Ausdruck der sich aus § 78 BBG ergebenden Fürsorgepflicht des Dienstherrn und der daraus resultierenden Schutzpflicht für die Familie seien. Dementsprechend könnte das Auswahlkriterium des Kinderreichtums auch im Hinblick auf das Leistungsprinzip sachgerecht und eine darauf gestützte Auswahlentscheidung ermessensfehlerfrei sein. Hierbei ist jedoch zu berücksichtigen, dass der Gesetzgeber diese Fürsorgepflicht schon gesetzlich konkretisiert hat (familienstandsabhängige Besoldung, Versorgung und Beihilfe, Teilzeitermäßigung und Beurlaubung) und seiner Pflicht vollumfänglich nachgekommen ist. Er hat sich gerade nicht darauf beschränkt, allgemein zu statuieren, dass Beamte mit Kindern förderungswürdig seien, sondern hat diesbezüglich im Detail bestimmte Regelungen getroffen. Damit ist aber klargestellt, dass es keine allgemeine Fürsorgepflicht im Hinblick auf möglichen Kinderreichtum gibt. Demzufolge konnte dieses Kriterium auch nicht als Hilfskriterium der Auswahlentscheidung herangezogen werden, die Ausfüllung des Leistungsprinzips erfolgte also anhand sachfremder Erwägungen, mithin ermessensfehlerhaft.

Dementsprechend war die Auswahlentscheidung des Dienstherrn rechtswidrig; es liegt ein Anordnungsanspruch vor.

III. Anordnungsgrund

Durch den Anordnungsgrund muss durch den Antragssteller aufgezeigt werden, worin sein besonderes Bedürfnis gerade an vorläufigem Rechtsschutz liegt. Maßgeblich ist die Eilbedürftigkeit der Sache, also die Frage, warum sie als besonders dringlich einzustufen ist. Hinsichtlich der hier einschlägigen Sicherungsanordnung sieht § 123 Abs. 1 Satz 1

VwGO vor, dass die Rechtsverwirklichung des Antragsstellers gefährdet sein muss. Sicherer Indikator ist hierbei vor allem der Eintritt irreversibeler Fakten. Durch die Ernennung oder Beförderung des Konkurrenten droht aufgrund des Prinzips der Ämterstabilität eine vollendete – weil nicht mehr aufhebbare – Tatsache. Daher liegt auch ein Anordnungsgrund vor.

Ergebnis: Ein Antrag auf Erlass einer einstweiligen Anordnung wird Erfolg haben, weil er zulässig und begründet ist. Daher sollte R solchen gerichtlichen Rechtsschutz beantragen. Weiterhin ist ihm auch zu raten, gegen die Mitteilung des Dienstherrn, er sei nicht für die Beförderung ausgewählt worden, Widerspruch einzulegen, damit dieser belastende Verwaltungsakt nicht bestandskräftig wird.

Sachverzeichnis

Irmgard Fides Behrendt

Zerissen ist das Netz … und wir sind frei